国家级精品课程教材
旅游管理国家级教学团队
资　深　教　授　主讲课程教材

国家文化产业资金支持媒体融合重大项目

21世纪新概念教材：多元整合型一体化·“传承-创新”系列

普通高等学校旅游管理类教材新系

旅游管理学

Lüyou Guanlixue

（第三版）

田里　主编　|　李雪松　副主编

东北财经大学出版社
Dongbei University of Finance & Economics Press
大连

图书在版编目（CIP）数据

旅游管理学 / 田里主编．—3版．—大连：东北财经大学出版社，2021.8（2023.8重印）
（普通高等学校旅游管理类教材新系）
ISBN 978-7-5654-4241-4

Ⅰ.旅…　Ⅱ.田…　Ⅲ.旅游经济-经济管理-高等学校-教材　Ⅳ.F590

中国版本图书馆CIP数据核字（2021）第119757号

东北财经大学出版社出版
（大连市黑石礁尖山街217号　邮政编码　116025）
网　　址：http：//www.dufep.cn
读者信箱：dufep@dufe.edu.cn
大连图腾彩色印刷有限公司印刷　东北财经大学出版社发行

幅面尺寸：185mm×260mm　字数：432千字　印张：21.25
2021年8月第3版　2023年8月第2次印刷

责任编辑：许景行　郭海雷　责任校对：思　齐
封面设计：冀贵收　版式设计：钟福建

定价：52.00元

教学支持　售后服务　联系电话：（0411）84710309

如有印装质量问题，请联系营销部：（0411）84710711

总序

“整体论”课程观指导下的中国高校课程及其教材建设

“整体论”课程观是反映当代世界特别是美欧发达国家高等教育课程观综合化趋势，通过博采诸多课程观之所长、避其所短而产生的一种课程理论取向，也是面向未来的中国高校课程及其教材建设的指导性理念。这种取向有着充分的历史依据、坚实的现实基础与深刻的逻辑反思背景。

一、当代美欧大学高校课程改革

（一）社会背景

当代美欧大学课程观及其指导下的高校课改，与时代发展、世界政治格局变化、科学文化走向、社会经济结构和职业结构转型等“社会背景”要素密切相关。

1.恢复与发展经济，打赢“冷战”

第二次世界大战（以下简称“二战”）后初期，世界政治格局发生变化，进入“冷战”时期。美欧主要发达国家面临两大任务：一是由战时经济转向战后经济的恢复与发展；二是使国家发展服务于美苏“冷战”需要。

战后经济恢复与发展需要培养大批高等专业人才，“专业化”“职业化”一度引领美欧高校的办学方向，并推进了高校建设的数量增长与规模扩张；“冷战”对抗的加剧，使以“提高科技竞争力”和“强化西方价值观”为内涵的“普通教育”被视为战胜苏联的手段。

2.关注“职业流动性”

20世纪70—80年代以来，以原子能、计算机、微电子技术、生物工程技术和空间技术广泛应用为标志的第三次科学技术革命席卷美欧，传统工业时代的产业结构、市场需求结构和职业结构发生改变，行业内乃至跨行业的职业流动渐成常态。

联合国教科文组织国际教育发展委员会在《学会生存——教育世界的今天与明天》（1972）的报告中，最早提醒包括高等教育在内的世界各国教育要关注“职业流动性”。

进入21世纪，随着以物联网、大数据、机器人及人工智能等技术为驱动力的第四次工业革命席卷全球，职业及就业结构转型方兴未艾，职业能力中的“通能”特别是“4Cs[①]”重要性日益受到各国教育专家的关注，针对特定技能的“专能”职业教育，越来越让位于兼顾“专能”与“通能”的职业教育。

3.转变国家发展战略

美欧主要国家发展战略经历了从“争办世界工厂”的“贸易战略”（1757年至第一次世界大战），到“争夺投资场所”的“资本战略”（两次世界大战期间），再到立足“科技创新”的“技术战略”（20世纪50年代以后）的转变。

依据美国熊彼特“创新理论”（20世纪初）和英国学者弗里曼“国家创新体系理论”（20世纪80年代），将“技术创新”作为经济社会发展的核心驱动力，建立创新型国家，是新时期美欧国家发展战略的选择；为国家培养和输送高等“创新型人才”，是20世纪下半叶该战略向美欧国家高校提出的要求。

4.应对“知识流变性”

联合国教科文组织的研究表明：19世纪到20世纪初，知识更新周期为30年；20世纪六七十年代，一般学科的知识更新周期为5~10年；到了20世纪八九十年代，许多学科的知识更新周期缩短为5年；进入21世纪，不少学科知识更新周期已缩短至2~3年。这意味着相当多在校学习的知识毕业后已经过时。

统计资料还显示，不同层次的知识，其更新周期是不同的：深层知识（哲学和人文层面的知识）更新周期最长；中层知识（科学基础理论知识）更新周期居中；表层知识（专业知识）更新周期最短。

作为迎接上述挑战的对策：欧美高校通过导入“通识课程”，以具有普遍性的“不变”或“缓变”知识，应对“知识流变”；通过导入“学习策略”和“学习方法”知识，培养学生的“自主学习”能力。

5.高技术产业崛起

20世纪90年代，美国进入了以信息和网络技术为基础，以高技术产业为支撑，以生产率增长和结构转换为特征，以“科学、技术与生产一体化”为发展趋势的战后经济增长期。

为提升高等人才的国际竞争力，美国政府通过制订相应计划，在大学建立研究中心，从事高新技术基础研究；在高等职业教育中倡导“职业性”与“学术性”并重。

6.欧洲“一体化”与“碎片化”

1965年组建的“欧洲共同体”，到1993年发展成“政治经济一体化”的“欧洲政治经济联盟”（“欧盟”）。2022年3月，趁俄乌冲突之机，欧盟批准《安全与防务战略指南》，实现了军事层面的“一体化”进程。

然而，欧洲一些国家在20世纪末已经进入经济低速增长甚至负增长的阶段。先前的“福利国家”模式所推高的财政开支与日益衰减的财政收入形成了巨大反差。随着“一体化”边际效益递减，欧盟的认同感和凝聚力不断下降，分离主义不断高涨，欧洲已经走到了“推进一体化”和“地缘政治碎片化”的十字路口。

“欧洲高等教育一体化”进程就是在这一背景下展开的。

---

① 所谓“4Cs”，即批判性思考（critical thinking）、沟通（communication）、合作（collaboration）和创意（creativity）。

7.英国脱欧

2020年1月31日，英国正式“脱欧”。英国脱欧的影响是多重的。

对英国而言，退出欧盟可以节省每年缴纳给欧盟财政的80亿英镑款项，同时增加中小企业的就业机会，从而在短期内是有利的；从长远影响看，失去欧盟成员国的资格，英国难以依托欧盟在欧洲和世界事务中发挥重要作用，其国际地位和影响将大打折扣。不仅如此，脱欧对英国高等教育的影响也不容小觑：英国高校此后失去了不少研发经费、国际学生和科研人员，其国际声誉、世界竞争力和全球排名也大打折扣。

对欧盟而言，在经济全球化和区域合作深入发展的时代背景下，加入欧盟47年的英国脱欧，表明欧盟内部治理机制失灵和成员国在应对多重危机时出现了难以弥合的分歧，促使新老成员国反思欧盟的发展方向，推动欧盟加速改革。

对世界而言，英国脱欧对全球股市、汇市、债市、大宗商品和全球资产配置格局都产生了不同程度的影响，并引发国际高等教育中新一轮学生和人才流动，以及全球大学排名格局的变化。

8.现代科学发展趋势

现代科学发展呈现两方面趋势：一方面是学科的不断分化，另一方面是学科的交叉和渗透。分化导致学科数量的增长；学科的交叉、渗透导致学科综合化、整体化。学科的分化与综合，使现代科学技术形成一个多层结构、纵横联系、动态发展、综合一致的整体网络。

当代人类还面临诸多现实问题，如科学技术问题、环境问题、社会问题、经济问题等，也都具有综合性质，这些问题的解决都超出了单一科学领域的范围，需要综合运用自然科学、社会科学和人文科学知识去研究解决。

研究对象的高度综合性决定了研究主体知识结构的高度综合性：作为未来研究主体的大学生，既需要具有基于现代科学技术整体网络的综合知识，又需要具有必要的自然科学、人文科学和社会科学素养。这一切赋予美国高校的“通识教育”以新的历史特定性。

9.全球化与逆全球化

“全球化”和“国际化”是20世纪80年代以来世界发展的两个新趋势。“全球化”是指以经济联系为核心的全球联系不断增强，国与国之间在政治、经济贸易上互相依存，人类生活在全球范围内的发展和全球意识的崛起。“国际化”是指“全球化”内涵在国际范围内的流动。

“旧全球化”由美国主导，其指导思想是20世纪80年代美国里根政府和英国撒切尔政府奉为准则的新自由主义经济政策，该政策宣扬“自由化”、“私有化”和“市场化”，奉行“弱肉强食”的“丛林法则”和“你输我赢”的“零和博弈”。“新自由主义”泛滥引发了2008年金融危机，加剧了劳资收入差距和就业困难，促使贸易保护主义、民粹主义抬头，“反全球化”或“逆全球化”（以“英国脱欧”为最新代表）思潮涌动。

近年来，美国政府无视全球产业分工，基于地缘战略需求，不断鼓吹对华“脱钩断链”，试图打造“基于价值观的供应链体系”，意图将中国排除在全球供应链之外，这是美国逆全球化思潮进一步发酵的表现。这些做法不仅违反经济规律，造成效率损失，也与经济全球化的大势背道而驰，将持续损害开放的世界经济和贸易体系，阻碍全球经济复苏和进一步增长。世界发展需要新一轮全球化。

“新全球化”由中国主导，以“一带一路”沿线国家为主体，以推动基础设施建设、制造业为核心的工业化和发展中国家合作为主要内容，其指导理念是“人类命运共同体”，基本价值观是相互依存的国际权力观、共同利益观、可持续发展观和全球治理观①。

可以把“新全球化”视为对“反全球化”或“逆全球化”的否定，“旧全球化”的“否定之否定”。

“全球化”不仅塑造着世界经济和文化的新模式，也影响着高等教育向“国际化”方向发展。越来越多的高校把高等教育国际化作为学校建设理念和强校战略，要求课程建设与国际接轨。“为‘全球胜任力’而教”已成为各国重点大学的共识，“适应多元文化的素养”和“全球化素养”被提升为大学生最重要的教育目标之一。

10.单边主义与多边主义

单边主义与多边主义是关于国家行为模式的一种分类。前者指一家独大的霸权主义模式；后者指“国际上的事由大家共同商量着办，世界前途命运由各国共同掌握”。

多边主义是适应经济全球化、世界多极化时代要求的产物。前苏联解体后形成的美国“单极世界”展示了太多弊端。人们领教了什么是“让美国再次伟大”，也体验过被架在火上烤的“选边站”。在霸权主义面前，所有其他国家一律平等，或者不如说同样卑微。“美国霸权主义”与受霸权欺凌的所有其他国家（包括西方国家②）的矛盾，已经或正在上升为世界的主要矛盾，是国际政治格局中的最大“公约数”。越来越多的国家开始着眼这个“公约数”制定和实施未来发展战略。

坚持多边主义，就是“要守正出新、面向未来，既要坚持多边主义的核心价值和基本原则，也要立足世界格局变化，着眼应对全球性挑战需要，在广泛协商、凝聚共识基础上改革和完善全球治理体系。”

在高等教育和课程建设领域坚持多边主义，就是高举和平、发展、合作、共赢的旗帜，坚持共商共建共享原则，处理好世界文化统一性与多样性的关系，加强跨文化协同合作能力（特别是“OECD PISA的框架”③下的“全球胜任力”）培养。

应当指出：特朗普执政时期推行的“单边主义”政策及对赴美留学访学的限制措施，阻碍了国际交流的正常进行，是世界“多边主义”高等教育中的一股“逆流”；拜登上台以来延续特朗普时代的行政令，限制中国理工科留学生签证，本质是一种对华技术封锁，是美科技霸权的体现。

11.社会转型

工业经济时代的“价值链”是“开采→制造→装配→销售→配送→产品（和服

---

① 习近平倡导的“构建人类命运共同体”理念已多次被写入联合国决议。以该理念为指导的“中国倡议”是推动建设“五个世界”，即：1.建设一个持久和平的世界；2.建设一个普遍安全的世界；3.建设一个共同繁荣的世界；4.建设一个开放包容的世界；5.建设一个清洁美丽的世界。

② 欧盟批准《安全与防务战略指南》，将导致美国主导的“北约”解体，有助于军事领域“多极”世界格局的形成。

③ 这个框架主要是基于哈佛大学零点工程的维罗妮卡·博克森·曼斯勒（Veronica bBoixi Mansilla）教授团队的研究成果，他们认为“全球胜任力”是指理解全球性问题并为之做出行动的能力与倾向（详后）。

务）”；知识经济时代的“价值链”是“数据→信息→知识→专长→销售→服务（和产品）”。

上述“社会转型”使单纯生产性劳动持续减少，基于知识的服务持续增加，对能胜任知识性工作的劳动者需求剧增；在工作方式上，要求“日常操作”和“常规认知”的传统工作，越来越让位于“包含高层次知识及其应用技能的工作”（如“专家思维”和“复杂沟通”等）；工作性质也由“基于规则的、程序的、操作的、普通环境适应性和人际适应性”（如流水线工人、图书管理员、司机、服务员等），逐渐向“抽象解决问题”和“思考灵活性”（如科学家、程序员、设计者、经理等）转换。

“价值链”和“工作方式”的变化，迫使“转型”中的国家变革高等教育体制，导入“新平衡学习”。

（二）当代美欧高校课改历程

第二次世界大战后到21世纪初，美欧主要发达国家高校课程改革分为两大层次：职业高校课改经历了由“知识本位”的“学术性课改”到“‘能力本位’的‘职业性课改’”，再到“‘学术性’与‘职业性’整合课改”的三阶段发展过程；本科以上高校课改经历了由“多种课程思想纷争”，进向两种“融合统一”的发展过程。

1.职业高校课改

1）“学术性”课改

二战后初期，随着美苏“冷战”对抗的加剧，科技竞争成为人们关注的焦点。美国把强化“普通教育”视为战胜苏联的手段；欧洲主要发达国家的高职院校也普遍重视“普通教育”。

在总体上由“学术性”向“职业性”转变的继起阶段，“学术课程”在美国社区学院的“转学教育”、英国第三级学院、德国完全中学和其他学术性高校等教育机构或职能中得以延续。

2）“职业性”课改

20世纪60年代，美国经济发展迅速，技能型人才供不应求，高职教育朝着职业化、大众化和规模化方向发展。《职业教育法》（1963）出台后，初级学院规模迅速扩大，其功能由“转学教育”为主转向“职业教育”为主，“非学术课程改革运动”取代“学科结构运动”成为主流，培训与企业岗位对接的技能成为人们关注的重点，并催生了DACUM模式的CBE课程开发与推广。

20世纪70—80年代新技术革命席卷美欧国家，传统工业时代的产业结构、市场需求结构和职业结构发生改变，行业内乃至跨行业的职业流动渐成常态。为满足新时期职业需求，美国“职业群集课程”、德国“双元制”和英国BTEC等课程模式，通过导入“关键能力”或“通用能力”，将“能力本位”由“专能”提升为“‘专能’与‘通能’并重”。

20世纪90年代以来，德国不来梅大学技术与教育研究所（ITB）以菲利克斯·劳耐尔（Felix Rauner）教授为首的研究团队与德国大众汽车公司合作，提出并推广了一种“基于工作过程”的“学习领域”（Lernfeld）职业教育课程模式。该模式主张以工匠或“职业成手”的“工作过程为导向”，要求从其“职业活动”或“职业行动”领域导出“学习领域”和“学习情境”，并兼顾“关键能力”的培养。

3）“整合性”课改

在西方发达国家，高等职业教育“‘学术性’与‘职业性’整合”课程改革兴起于20世纪末至21世纪初。

（1）美国：从AIO到“生技教育”

①AIO指导下的课改

从20世纪90年代起，美国“非学术课程改革运动”所导致的过度“职业化”和教育质量下降受到关注，一种倡导“职业教育与学术教育有机结合”（AIO）的职业教育观应运而生。在AIO和相关立法的推动下，美国各州社区学院进行了整合“学术课程”与“职业课程”的多种尝试。

②“生技教育”阶段的课改

进入21世纪后，美国在延续“整合性”课改策略的同时，着眼可持续发展，“从学校到工作”的课改主题被“学校到生涯”的主题取代，“职业技术教育”更名为“生涯与技术教育”（简称“生技教育”）[①]。

A.社区学院的课程改革

在实施“‘职业性’与‘学术性’融合”策略的“生技教育”阶段，美国社区学院在“整体观”课程理念指导下，通过“学科性与职业性课程融合改革”，形成了诸多新课程模式，其中包括：

a.应用学术课程（Applied Academics Courses）

应用学术课程是指在常规学术课程中加入应用性要素，使其与诸多领域的职业项目衔接。

b.适用于转学的应用学术课程（Applied Academics Courses for Transfer）

此类课程与应用学术课程类似，其途径是在学术核心课中加入应用学术课。其中，职业主修课程可以通过学分转换，获得应用科学副学士学位认可，转学到4年制大学。

c.连接课程和多学科课程

连接课程（Linked）由同一学科内多种课程组成，亦称课程集群。连接课程运用现代课程编制理论和设计方法，重新规划和设计相关课程，形成整体性的有机集群。

多学科课程（Multidisciplinary Courses）是从不同学科视角开展的多学科学习，强调“职业所需的相关学术能力”。

d.基于“学习共同体”的融合课程

“学习共同体”（Learning Communities）是由一些课程集群或项目组成的课程体系。其中：建立在学术上的共同体，为学生提供连贯的、整体的综合性学习；建立在社会关系上的共同体，通过共同参与学习，在师生间形成大型学习型群体。

e.基于“学习技术”的融合课程

基于“学习技术”的融合（Integration through Learning Technologies）课程，是指通过远程教学、计算机软硬件、互联网和其他信息技术的使用，为促进“学术性”和“职业性”融合提供的一种课程设计。

---

① 美国的“生技教育”或者通过社区学院实施，或者通过在普通高校附设的职业技术学院实施，修满60学分可获得生技教育证书或副学士学位证书。

f.基于“工作本位”的融合课程

基于“工作本位”的学习（Integration through Learning Work-Based Learning），是指参加与工作相关、将融合“学术性”和“职业性”作为明确目标的课程。

B.部分高等院校的课程改革

从21世纪第二个10年起，美国部分两年制社区学院、四年制公立和私立大学开始或计划增设“职业学位教育”。此类教育主要为在线学习的成人提供可授予学士学位的“‘学习结果’导向”项目课程。这些课程参照“欧洲资格框架”（EQF），以“知识、技能和能力”（统称“胜任力”）为“目标描述”，以“融合框架、模块化结构和综合评价”为核心构成要素。

（2）欧盟各国：“学习结果”导向

①职业资格框架

2008年，欧洲议会和欧盟理事会颁布欧洲资格框架（European Qualification Framework，缩写为EQF），在职业教育与培训领域建立了一个“以就业为目标”、旨在“实现学分转换”的欧盟各国资格互认的参照标准。“框架”中的“职业教育与培训”，是指“一种与工作世界对接”的教育，即“为人们提供某一特定职业或更广泛劳动力市场所需的知识、技术、技能或能力的教育”。

2021年，欧洲议会通过《关于建立终身学习资格框架的提议》，强调“增加资格透明度”和“促进终身学习”，将“职业资格框架”拓展至继续教育和终身教育。

EQF的等级资格标准采用“学习结果”描述，各级描述对应不同层面“特定工作”的“知识、技能和能力”。其中：“知识”（Knowledge）是指通过学习，对信息消化之后产生的成果，即与学习和工作相关的事实、原理、理论和实践规范集合体；技能（Skill）是指应用知识和技巧完成任务和解决问题的才能与本领；能力（Competence）是指“责任与自主性”，即在工作、学习情境中经证实的“应用‘知识与技能’”的才能与本领。

②EQF5级：短期高等职业教育

按照“欧洲资格框架（EQF）”与“欧洲高等教育区资格框架（QF-EHEA，详后）”的等值关系，EQF5级职业教育资格相当于QF-EHEA中的“短期高等教育”（二年制专科）资格。

在EQF5级的“学习结果”描述中，“知识”、“技能”和“能力”要求分别如下：“能掌握某一工作或学习领域内综合的、专门的事实与理论性知识，以及跨学科知识”；“能掌握创造性地解决抽象问题所需要的一系列综合性认识和实践技能”；“能在不可预测的工作或学习环境中进行管理和监督、反思和发展自身及他人的行为”。

③“整合性”特征

欧盟各国“‘学习结果’导向”课程改革，相当于美国“生技教育”阶段的“‘整合性’课改”，是一种“基于‘工作本位’的融合课程”改革。其课程的“整合性”特征主要体现在如下三方面：

其一，这些课程都“兼顾‘典型职业性因素’与‘学术性因素’”；

其二，这些课程都在其“学术性因素”中整合了“专业知识、综合知识与跨学科知识”“事实知识与理论知识”，在其“典型职业性因素”中整合了“专业能力”与

"关键能力"（Key Competences）[①]；

其三，这些课程都是"基于工作本位"、对标"工作世界"中高端层面的"'职业性–学术性'融合课程"。

2.本科以上高校课改

1）美国大学课改

①多种课程思想竞争

二战后初期，受哈佛大学《自由社会的普通教育》报告书（1945）和美国总统高等教育委员会《美国民主社会中的高等教育》报告（1947—1948）的影响，经历了自19世纪以来第三次也是规模最大的普通教育思想运动。这次运动致力于把博雅和人文传统注入大学的教育体制，为造就共同的美国公民而传递共同的文化传统与"民主"价值观，借以挽救普通教育，纠正大学本科过度专业化的偏向。

20世纪50年代末至60年代初，美国大学课程改革受国家功利主义和科学主义课程思想左右，将重点移至加强科学基础教育，课程设置向"科学中心"的方向发展，旨在造就足够多的科学家和工程师。

20世纪60年代末到70年代中期，美国大学教育规模迅速扩张。社会动荡和反"越战""柬战"所引发的学生运动相互交织，出现了冲击"普通教育"的反主流文化运动，大学课改一度转向"以学生为中心"，更多地关注与社会问题相关的知识需求，并向市场化、多元化、专业化方向发展。

20世纪70年代后期，强调大学"普通教育"课程思想的浪潮在美国高校重现。哈佛大学提出了强化"普通教育"课程思想的"核心课程计划"（1975—1978），推动了包括"分布必修型""核心课程型""名著课程型""自由选修型"等美国大学"通识"课程体系的研发。

②"整体知识观"指导下的课改

20世纪80年代至90年代，美国大学课改从"规模速度型"向"质量效率型"转变，致力于通过整合"普通教育"与"专业教育"，解决大学规模过度扩张和多种教育思想无序竞争导致的教育质量下降问题。其总体特征是：在"整体知识观"的指导下，通过建立融"'普通教育课程'（通识课程）和'专业教育课程'（专识课程）的平衡"，"自然科学课程、社会科学课程和人文科学课程的平衡"（"三种文化的平衡"），"国际化课程的设置"，"理论与实践的统合"，"道德与伦理知识的渗透"，以及"批判思维与创新能力的培养"于一体的大学本科课程体系。

20世纪90年代以后，美国高校通过倡导自主学习、合作学习、实践学习（体验学习）和以研究为基础的学习（探究式学习），进行了与上述改革相配套的教学方法改革。

③从"研究型"向"创业型"转型

自20世纪末以来，美国一些研究型大学凭借"知识创新"优势，投入"知识生产"浪潮，从"学术型共同体"进向"创业型共同体"，向"以创新性知识生产、应用和成果转让为中心"的"创业型大学"转型。这些"创业型大学"集"知识传承"、

① 被纳入EQF的"关键能力"（Key Competences）有八种，即"母语交流""外语交流""数学、科学和技术""数字化""学会学习""社会和公民""首创精神和企业精神""文化意识与表达"。

“科学研究”和“创新创业”三大任务于一体，依托大学内部的跨学科组织（研究中心、孵化器、科技园等），通过“大学、企业和政府的‘三螺旋’”结构，在培养“高等‘创新-创业型’人才”的同时，为国家经济发展服务。

④为“全球胜任力”而教

“全球胜任力”观念是随着美国国际教育交流协会发表《为全球胜任力而教》（Educating for Global Competence）（1988）报告，在高等教育领域逐步传播和发展的。

21世纪初，哈佛大学率先提出了“全球性大学”的教育理念，把“适应多元文化的素养”和“全球化素养”提升为大学生最重要的教育目标之一。

2004年，美国里海大学的威廉姆·亨特（William D.Hunter）博士建构了包括“知识、技能/经历和态度”3个维度的共17个指标的“全球胜任力”指标模型。

2006年，美国《美国竞争力计划》提出通过培养具备STEM（Science，Technology，Engineering，Mathematics）素养的人才强化全球竞争力方案。

2010年，美国智库胡佛研究所《美国教育2030》报告提出了以“批判性思维”、“问题解决”、“沟通技能”、“合作技能”、“创造力和创新技能”（简称“4C”）为核心的“21世纪技能”。

2016年，经济合作与发展组织（以下简称“经合组织”）发布了《全球素养培养：为了一个更加包容的社会》报告，将“全球胜任力”解构成知识、认知技能、社会技能和态度、价值四个维度，提出“全球胜任力”是指“在尊重人性尊严的前提下，个人拥有从多元观点批判性地分析全球与跨文化议题的能力；能充分理解差异是如何影响自我及他人的观点、判断与诠释；能够开放、适宜、有效率地与不同文化背景的人沟通的能力”。

2017年12月12日，经合组织在美国哈佛大学正式发布维罗妮卡·博克森·曼斯勒（Veronica bBoixi Mansilla）教授团队提出的“PISA 2018全球胜任力评估框架”，该框架包括“体察本地、跨文化和全球议题”、“理解、欣赏他人的看法和世界观”、“与不同文化背景的人进行开放、得体和有效的互动”和“为集体福祉和可持续发展采取负责任的行动”在内的“四个维度或步骤”。

至此，“全球胜任力”被公推为21世纪美国大学生培养不可或缺的素质和能力。

⑤发展趋势

无论是《美国教育2030》（美国智库胡佛研究所，2010）关注的“21世纪核心技能（4C）”，还是“PISA 2018全球胜任力评估框架”确立的“四维度内涵”，都把“兼顾‘专能’与‘通能’”的能力培养纳入包括“研究-创业”型大学在内的美国教育视野。

从最初“多种课程思想竞争”，到20世纪80-90年代“‘整体知识观’指导下的课改”和“从‘研究型’”向“‘创业型’转型”，再到本世纪第二个年的“21世纪技能”和“PISA 2018全球胜任力评估框架”，表明美国大学教育与课程建设已展现向“整合‘整体知识观’与‘整体能力观’”发展的雏形和趋势。

2）欧洲各国大学课改

①多样纷呈的课程改革

A.英国。二战后初期，英国高校致力于发展科技教育。1961年对原有高等教育模式进行调整，提出高等教育目的是“传授工作技能，发展一般智力，增进学问知识，传授共同文化和共同公民准则”。其后，经历了10年的再调整与收缩期，转向课程设置现代化，提高教学与科研的质量和效率，要求大学密切与企业之间的联系，并将市场机制引入高等教育。20世纪90年代，受同期美国大学课改影响，英国新型大学对课程设置进行了再调整：打破了传统单学科分系制，设置学科群，开设相关学科；避免过早专业化，强化低年级的普通教育；设置文、理、工课程交叉渗透的跨学科综合课程或学科群；扩大专业选修课程比例；强调课程与“工作世界”之间的联系，将“核心能力”融入大学专业课程中。

B.法国。20世纪60年代起，法国大学一改二战后初期对规模、数量的追求，进行了三次改革。1968年改革规定：高等教育的“基本任务是传授知识，发展研究，培养人才”，高等教育要贯彻“自治”、“参与”和“多学科”三原则。1984年颁布新《高等教育法》，致力于解决“招生与就业”的矛盾，规定了高等教育的总体目标：开放、教学改革和职业化。1986年颁布《高等教育改革法》，以“竞争、创造性和责任感”取代先前“现代化、职业化和民主化”提法。20世纪90年代，受同期美国大学课改的影响，对课程设置进行了调整：一方面，通过基础科学与技术、工程相结合，人文科学、社会科学和自然科学相互渗透，从先前注重“专业教育”转向兼顾“通才教育”；另一方面，突出课程设置的“职业性”和“应用性”，强调大学培养目标的“职业化”方向。

C.德国。二战后，由于德国大学精英严重外流，其高等教育失去了国际领跑地位。大学改革分两个阶段进行：20世纪60—70年代致力于建立新高校、扩大招生规模，满足社会日益增长的人才需要；20世纪80年代，“以提高教育质量为中心”，致力于“应用教育与学术教育并存”的高等教育多层次化。两德统一后，德国着手对东部大学进行改造，于1993年初步完成高等教育一体化进程。

②“整体能力观”指导下的“欧洲一体化”课改

A.“博洛尼亚进程”（以下简称“进程”）下的欧洲大学课程改革

1999年，欧洲29个国家在意大利博洛尼亚举行会议，签署了博洛尼亚宣言，确定到2010年建立包括“容易理解和可以比较的学位体系”、“一个以本硕连读为基础的高等教育体系”和“欧洲学分转换体系”在内的“欧洲高等教育一体化”发展目标。

“博洛尼亚进程”的主要产物，是制定了欧洲高等教育区资格框架（QF-EHEA），该框架以共同的参照标准，将欧洲各国的高等教育区资格系统联系在一起，并区别于EQF6-8级的高层次职业资格。

与侧重“学术性”的“‘通识’与‘专识’融合”的美国大学课改不同，“进程”及其QF-EHEA致力于通过整合“通能教育”与“专能教育”，建立“整体能力观”指导下的“模块化”课程体系。

B.以德国课改为例

德国应用科技大学先于综合大学完成了向欧洲“新体制”的转型：其专业设置面向行业；培养目标以行业需要为依据；课程设置模块化，每个模块由主题相互关联的几种课程组成；“关键能力”和“统整能力”作为“通能”被导入所有学士和硕士课程教学中；教学理念从“讲授导向”转向“自主学习导向”。

“进程”启动五年后，德国意识到“一体化”导致与美国大学的差距增大，提出“精英大学计划”，力图通过财力资助，把从全国遴选出来的五所大学打造成世界一流大学。该计划出台后，引发了德国各层面的批评，诸如“不切实际”（大学层面）、“瞒天过海”和“把视线从致命的德国财政困难上引开”（政党层面）、“拆东墙补西墙”和“有违公正”（同行层面）等。

C.“进程”的得与失

“进程”是1968年以来欧洲最重要、范围最广的一次高等教育改革。一方面，它解决了欧洲高等教育区的“高度异质性”问题，实现了欧洲各国高等教育体制的协调一致；另一方面，也存在种种弊端，如“教育均质化”“急功近利”“浓重的商业化倾向”“学制过短”“学生就业能力下降”等。

（三）理论反思

与欧美职业高校“转学教育”和“学术性课改”、本科以上高校“普通教育”思想运动和“‘整体知识观’指导下的‘专识’与‘通识’融合”课改相对应的课程理论，是“知识本位”课程理论；与欧美职业高校“职业性课改”和“‘整体能力观’指导下的‘专能’与‘通能’整合”课改相对应的课程理论，是“能力本位”课程理论；介于两者之间的课程理论，是“两极互渗”中的理论探索；与欧美职业高校“‘学术性’与‘职业性’整合课改”相对应的课程理论，是课程社会学中的“辩证课程理论”；超越“知识本位”与“能力本位”的理论尝试，是“21世纪教育基本要求”和“21世纪学习框架”。

对这些课程理论及其利弊得失进行必要反思，有助于我们在借鉴中扬长避短，为面向未来的中国高校课程与教材建设提供参照。

1.“知识本位”课程理论

1）代表性理论

“知识本位”的代表性课程理论有布鲁纳（J.S.Bruner）的“结构主义课程理论（20世纪50年代）”、皮亚杰（Jean Piaget）的“双向建构理论”（20世纪60年代）、维果斯基（Lev Vygotsky）的“最近发展区理论”（20世纪20—30年代）、冯·格拉塞斯菲尔德（Von Glasersfeld）的“概念框架理论”（20世纪80年代）、维特罗克（M.C. Wittrock）的“生成过程理论”（1983）和斯皮罗（R.J.Spiro）与乔纳生（D.H. Jonassen）的“认知灵活性理论”（1991），以及融合“专识”与“通识”的“整体知识观”（欧内斯特·博耶、克拉克·克尔、德里克·博克和小贝诺·施密德特等，20世纪90年代以来）。

2）可取之处

“知识本位”课程理论的可取之处主要有三：其一，将“学会认知”作为课程教学的宗旨，依照“学会认知”有赖“知识迁移”，“知识迁移”有赖“知识学习”，“知识学习”有赖“课程设计”的基本思路进行课程建设。这样的宗旨和思路在今天也有生命力。其二，“学科导向”所坚持的课程设计“纵向组织”原则，即要求在课程设计中依照逻辑次序循序渐进地展开知识内容。比起“工作过程”和人类知识产生的“时间次序”，这个“逻辑次序”更接近“学生认知的心理发展次序”。其三，作为

"知识本位"最高存在形式的"整体知识观"反映了当代科学发展"分化与综合并行"的总趋势，实现了由"专识"到"'通识'与'专识'融合"的提升，这是二战以来美国高等教育课改中最重要的指导性理念。

3）主要局限性

"知识本位"课程理论的主要局限性涉及五个层面：其一，"知识本位"教育是人类历史上"体力劳动"与"脑力劳动"分工加剧时代的产物，反映了工业时代和后工业时代职业结构的特定需求，其课程适用于该时段的基础教育、美国社区学院的转学教育和大学的"精英"教育，服务于少数高端学术人才培养。这是它的历史局限性。其二，"知识本位"侧重于"学会认知"，相对忽视"学会做事"和"学会做人"。如果用于造就今日高等人才，不仅存在"行为自律"欠缺问题，其多数还将面临结构性失业。这是它的现实局限性。其三，"知识本位"诉诸的"学科导向"，在某些倡导者（如美国伍兹霍尔会议代表，即以布鲁纳为首的约35位美国科学家、学者和教育家）那里，主张依照学科的"基本结构"展开教学内容，这个"基本结构"与"发生学"意义上的"学生认知心理发展次序"是有区别的。这是它的课程理论局限性①。其四，在"知识本位"课程理论的建构主义早期代表（如皮亚杰和布鲁纳）那里，未能完全摆脱经验主义、行为主义和认知主义的影响。这是它的哲学和心理学基础局限性。其五，"整体知识观"轻视"整体能力观"。这是它最新存在形式的局限性。

2."能力本位"课程理论

1）代表性理论

北美早期CBE课程理论以"学会在企业特定职业岗位做事"为宗旨，其"教学计划开发"着眼于"特殊技能培训与迁移"；美英德中期"能力本位"课程理论以"学会在行业职业群综合岗位做事"为宗旨，其"课程开发"着眼于"综合技能培训与迁移"；德国后期"学习领域"课程理论以"学会在行业职业群系统工作岗位做事"为宗旨，其课程设计着眼于"系统技能培训与迁移"；"进程"中的欧洲各国大学以满足欧洲"社会需要"为宗旨，其课程设置着眼于"整合'专能'与'通能'"的"整体能力"迁移。

2）可取之处

"能力本位"课程理论主要可取之处有四：其一，将"学会做事"作为课程教学宗旨，依照"学会做事"有赖"技能迁移"，"技能迁移"有赖"技能训练"，"技能训练"有赖"课程设计"的基本思路进行课程建设。在优化其课程设计原则的前提下，这样的宗旨和思路有可取之处。其二，着眼于企业对"技术技能型"人才的需求，发掘被"学科导向"课程忽视的"职业工作要素"，有助于克服传统"学科导向"课程观的片面性，历史上功不可没，现实中有借鉴价值。其三，通过导入"横向组织"原则，将"工作要素"融入课程设计是其亮点。在面向未来的高等教育课程改革中，"横向组织"是课程设计中一个不可或缺的维度，而应否"横向为主"则需研究。其

① 实践是检验真理的唯一标准。布鲁纳"学科结构"课程改革运动失败，证明了一个事实，即其以之为据的"任何学科都能够用在智育上是正确的方式，有效地教给任何发展阶段的任何儿童"著名假设是伪命题。该假设的提出以所谓"中心信念"为前提，就是"无论在哪里，在作为'知识高端'的科学家研究室也好，在小学生教室也好，其智力活动全都一样"。此等"信念"不足为凭。因为由小学生的"智力活动"进达科学家的"研究活动"，是一种"学术性"的跨越升级。"跨度"越大，实施教育的难度就越大，并且这种"难度"又远非依照"行为主义"、"认知主义"和"建构主义"等经验主义课程理论所能化解。

四，“整体能力观”反映了新技术革命以来当代职业结构变化及其流动性加剧的发展趋势，堪称二战后欧洲职业教育课改指导性理念的最重要提升。

3）主要局限性

“能力本位”课程理论的主要局限性涉及更多层面：其一，该理论也产生于“脑力劳动”与“体力劳动”社会分工加剧的时代，在一定程度上满足了特定时期企业对“工匠”和“工程师”的规模化需求。随着世界由后工业时代进入知识经济时代，反映旧有产业结构和职业需求的“能力本位”课程观渐失根基，其历史局限性也越来越明显。其二，该理论侧重“学会做事”，忽视“学会认知”和“学会做人”，与21世纪的职业需求不符。这是它的现实局限性。其三，该理论主张学校复制企业，教学模仿工作，学生模仿工匠或工程师，反过来又向企业输送“克隆工匠”或“克隆工程师”。其所陷入的“克隆”怪圈，有导致产业结构落后和人才结构僵化之风险。这是它的模式局限性。其四，该理论倡导的“横向串行”建构原则，是将“高等职业个体发生机制”嫁接于“高等职业成体行动机制”，其做法有如生物学领域将“胚胎发育机制”嫁接于“成体生理活动机制”；而其要求学员通过“从生手到专家”的“工作情境”进行技能建构，又将“发生中的职业个体”混同于“职业成体”[①]。这是其理论局限性。其五，该理论早期是还原论、构造主义和行为主义的；在后期发展中，尽管立足于整体论反对CBE还原论，立足于格式塔心理学反对构造主义和行为主义心理学，但未与经验主义彻底划清界限[②]。这是其哲学与心理学基础局限性。其六，在该理论中，学员只扮演“工具理性”的角色，重“功利”而轻“人本”。不仅如此，将“工匠或工程师行动能力”作为目标，让学员围绕“工作过程”旋转，还会导致主体的缺失。这是其人才目标局限性。其七，“整体能力观”无视“整体知识观”的积极作用，舍弃“通识教育”，所培养的人才文化底蕴单薄，科学素养缺失，发展后劲不足。这是“能力本位”现存形式的局限性。

3.“两极互渗”中的理论探索

1）从“学术性”向“职业性”延伸

综观当代“知识本位”课程观发展，可发现其呈现一种趋势：其“学习迁移”理论内涵经历了由E.L.桑代克的“文化共同要素”和“经验类化”、布鲁纳“学科的基本结构”和D.P.奥苏贝尔的“认知结构”等迁移，进向J.安德森“产生式迁移”和弗拉威尔“认知策略迁移”的发展；其“学习理论”指向的“知识”，经历了由概念原理知识、策略性知识和图式知识（鲁梅尔哈特，1977；威多森，1983；汤姆斯·迪瓦恩，1987）等“结构良好领域知识”，向“结构不良领域”的“情境知识”以及“从生手到专家”的业务知识（斯皮罗和乔纳森，1990）的发展；其研究重心经历了由一般性的“学术认知”向较具体的“职业认知”的发展。

这种趋势表明：传统“知识本位”课程观在发展过程中，出于“突破自身发展瓶颈”的内在需要，已通过“职业性”要素的导入而渗入另一极，即“能力本位”的世

① “生手”也是职业成体，只不过是刚走上工作岗位的职业成体罢了。然而高等职业技术教育的对象不是“高等职业成体”，而是“发生中的高等职业个体”；为“发生中的高等职业个体”开设“非发生学”意义上的“职业成体”课程，总体上是一种自相矛盾。

② 格式塔理论自诩秉承了康德先验论，然而它至多接受了康德的整体论，却始终未将整体论提升到超越经验论的先验论高度。

袭领域。

2）在“职业性”中导入“学术性”

当代“能力本位”课程观发展呈现的则是相反趋势：由北美CBE模式关注的“特殊技能迁移”，经过美国“职业群课程”、英国BTEC和德国“双元制”课程关注的“综合技能迁移”，进向德国“学习领域”理论关注的“系统技能迁移”和“能力导向新制”关注的“统整能力迁移”。这种由“特殊性”到“综合性”、“系统性”和“统整性”的发展，显示了“能力一般化”的倾向。应当指出的是：在“系统”与“一般”之间尚存有质的差异，这个差异不可能在“能力本位”范围内消除。要将“系统技能”和“统整能力”提升到“一般能力”，须借助于“学术性”的“一般性认知要素”或“普通认知要素”，无论这种“一般性认知要素”或“普通认识要素”是“抽象的一般性”、“自身特殊化的一般性”还是“重建自身的一般性”。

上述趋势表明：由关注“特殊技能”进向关注“综合技能”、“系统技能”和“统整能力”的“能力本位”课程观，要“突破自身发展瓶颈”，也不得不考虑导入“学术性”或“普通性”的认知要素，从而指向另一极，即“知识本位”的世袭领域。

4.课程社会学中的“辩证课程理论”

课程社会学中“辩证课程理论”的代表是麦克·扬（MichaelYoung），他在1998年出版的专著——《未来的课程》——中，对这一理论进行了系统阐述。

该理论揭示了教育和课程模式转换与时代、社会及其经济结构变化的密切联系，剖析了二战以来美欧特别是英国职业院校课程发展中“学术课程”与“职业课程”的分离过程及相关课程理论的局限性，并着眼于后工业时代的经济变革及由此引起的职业结构变化，指明其未来课程发展的总趋势是“学术课程”与“职业课程”的整合。

麦克·扬关于课程模式转换与社会经济结构变化相关的研究，对于“学术学习与职业学习”“作为事实课程与作为实践课程”等片面观点的批判，对于“以结果定义课程方式”和“模块化课程方式”利弊的分析，对于从“分化的专业化”“总和的专业化”向“联系的专业化”发展趋势的描述，以及将“联系的策略”作为未来课程内容组织的新方式，特别是将“辩证形式”作为未来课程原则的主张，既是对美英职业院校“整合性”课改的理论总结，也是对其未来发展的指导性建议。

5.超越“知识本位”与“能力本位”的尝试

联合国教科文组织提出的“21世纪教育基本要求”和“美国21世纪技能联盟”制定的“21世纪学习框架”，是超越“知识本位”与“能力本位”的理论尝试。

1）“21世纪教育基本要求”

1996年，由雅克·德格尔任主席的国际21世纪教育委员会在其向联合国教科文组织提交的《教育——财富蕴藏其中》报告中，对21世纪教育提出了四个“基本要求”：使学生“学会认知、学会做事、学会共同生活、学会生存”。它们合起来构成了未来人才的四大支柱。“学会共同生活”强调的是“与人合作”、“与人交流”和“团队精神”等社会协调能力，可并入“学会做事”；“学会生存”的核心是“学会做人”。

四个“基本要求”是在总结“整合”阶段世界特别是美欧发达国家教育和课改经验的基础上提出的前瞻性要求，是对“知识本位”与“能力本位”教育观的超越。

2）"21世纪学习框架"

成立于2002年的"美国21世纪技能联盟"经过10年研究，提出了"21世纪学习框架"（以下简称"框架"）。根据该"框架"，"21世纪的学习"正在由"师本教学、直接讲解、聚集知识、覆盖内容、基本技能、事实与原理、掌握理论、设置课程、相互竞争、局限课堂、基于文本、总结性考试、为就业而学"等，加速转向由前者与"生本教学、互动交流、重视能力、落实过程、应用技能、设问与问题、重视实践、项目学习（或探究式学习）、彼此合作、放眼全球、基于网络、形成性评估、为生活而学"等携手并进的一种新平衡。

"框架"倡导的不是在诸多对立环节中做"非此即彼"的选择，而是要求这些对立环节"携手并进"、建立一系列"新的平衡"，诸如"师本教学与生本教学"的"新平衡"、"直接讲解与互动交流"的"新平衡"、"聚集知识与重视能力"的"新平衡"、"覆盖内容与落实过程"的"新平衡"、"基本技能与应用技能"的"新平衡"、"'事实与原理'同'设问与问题'"的"新平衡"、"掌握理论与重视实践"的"新平衡"、"设置课程与项目学习"的"新平衡"、"相互竞争与彼此合作"的"新平衡"、"局限课堂与放眼全球"的"新平衡"、"基于文本与基于网络"的"新平衡"、"总结性考试与形成性评估"的"新平衡"，以及"'为就业而学'与'为生活（生涯）而学'"的"新平衡"等等。

"框架"体现了美国高校课程和教学设计理论发展研究的最新成果。"新平衡"就是"新整合"。如果说在20世纪末，美国综合大学的课程改革侧重的是"通识"与"专识"的"整合"（"融合"），欧洲新制下的大学课改侧重的是"通能"与"专能"的"整合"，那么"框架"已开始关注"知识"与"能力"的全面整合，可视为超越"整体知识观"与"整体能力观"的尝试。

二、"改革开放"以来中国高校课程改革

（一）现实背景

"改革开放"以来，中国高校的课程改革是在如下"现实背景"中进行的。

1."总依据"、"总布局"和"总任务"

党的十八大强调，建设中国特色社会主义，"总依据"是社会主义初级阶段，"总布局"是经济建设、政治建设、文化建设、社会建设、生态文明建设"五位一体"，"总任务"是实现社会主义现代化和中华民族伟大复兴。

"中国特色社会主义进入了新时代，这是我国发展新的历史方位"牢牢把握"八个明确"的主要内容和"十四个坚持"的基本方略

要推进包括高等教育与课程改革在内的中国任何改革发展，都要立足于"总依据"这个当代中国最现实的国情和最大实际，都要服务于"总布局"的"五位一体"全面建设，都要聚焦于"总任务"的完成。

2."创新驱动"发展战略

中国通过"跨越式发展"，只用30多年就完成了由"世界工厂"到"境外投资"再到"创新驱动"的发展战略转变。

党的十七大报告提出"建设创新型国家"，党的十八大报告正式提出"实施创新驱动发展战略"。《国家创新指数报告2013》显示：中国的国家创新指数排名在全球

40个主要国家中已位居第19位；知识创造分指数排名第18位。报告同时指出，中国创新基础仍比较薄弱，提升创新能力仍需长期持续努力。

提升国家创新能力的责任在教育，特别是高等教育。通过“教育创新”提升“国家创新能力”，是“创新驱动”发展战略向中国高校提出的新要求。

3.“科学大众化时代”

以《国家中长期科学和技术发展规划纲要》（2006—2020）和《全民科学素质行动规划纲要》（2006—2010—2020）颁布为标志，中国已进入“科技大众化”时代。在这一时段，以科学知识为基础，以提高全社会科技认知和科学素养为目的，推进自然科学和工程技术成果的普及应用，引导公众进入对科技从“知”到“用”的过程，是国家的战略选择；超越“知识本位”与“能力本位”的“两极对峙”，是高校课改的大势所趋。

4.“两化融合”与“两性整合”

在经济全球化大背景下，中国产业价值链正在由中低端向中高端提升，产业结构将沿着后工业化和信息化“两化融合”的道路发展：其结构重心在由一、二次产业向三次产业转移的同时，将与信息化同步推进，各次产业结构将日趋“软化”。产业结构的这种“两化融合”将导致科学、技术与生产朝着“一体化”方向发展。“一体化”的内涵之一是“科学技术化与技术科学化”：一方面，高新技术是知识密集型技术，其发展离不开科学的突破与指导；另一方面，科学的深化需要得到各种技术的支持和保证，更离不开各种类型技术人员的合作。科学与技术相互依赖、促进与融合，导致了技术科学化和科学技术化的发展。“一体化”的内涵之二是“产业科技化与科技产业化”：产业结构升级是通过科学技术向生产的高度渗透实现的；这种渗透反过来又使现代生产日益成为科技化的生产。

与产业结构“两化融合”和科学、技术与生产“一体化”的发展趋势相伴随，中国职业结构将沿着“‘职业性’和‘学术性’两性整合”的道路发展：其结构重心在由农业、制造业向服务业转移的同时，将与科技化同步推进，科学技术将日趋“产业化”，各次产业的生产性职业将日趋“科技化”“知识化”。

受中国产业结构“两化融合”和职业结构“两性整合”发展总趋势制约，中国高等教育的人才培养目标将沿着“‘知识’与‘能力’并重”的“复合型”道路发展。

5.“刘易斯拐点”和“库兹涅茨拐点”

中国经济发展正处于“刘易斯拐点”和“库兹涅茨拐点”：一方面，农业富余劳动力向非农产业转移正在逐渐减少，直至达到瓶颈状态；另一方面，随着收入差距的逐步缩小，经济发展的关注点将从“注重效率”向“注重公平”转化。两个“拐点”的到来，预示着中国剩余劳动力无限供给时代结束，面临“中等收入陷阱”。

通过“创新红利”和“人才红利”，在“创新驱动”中实现产业结构升级和经济转型，是“经济新常态”下超越两个“拐点”对策的重要选项。

6.高等教育的内涵式发展

习近平同志在党的十九大报告中对高等教育发展提出了明确要求，即“加快一流大学和一流学科建设，实现高等教育内涵式发展。”

高等教育只有实现内涵式发展，才能为实现“两个一百年”奋斗目标、实现中华民族伟大复兴的中国梦源源不断培养大批德才兼备的优秀人才。

我国高校要实现内涵式发展，必须始终把提高教育教学质量作为出发点和落脚点，一切工作都要服从和服务于学生的成长成才，尤其要注重提升本科教育教学质量。为此，要切实加强师资队伍建设，建设高层次人才队伍，不断提升教学育人水平。

7.“双一流”战略决策

世界一流大学和世界一流学科（First-class universities and disciplines of the world），简称“双一流”，是中共中央、国务院做出的重大战略决策，也是中国高等教育领域继“211工程”“985工程”之后的又一国家战略。实施这一战略，有利于提升中国高等教育综合实力和国际竞争力，为实现“两个一百年”奋斗目标和实现中华民族伟大复兴的中国梦提供有力支撑。

对标2030年更多的大学和学科进入世界一流行列以及2035年建成教育强国、人才强国的目标，应更加突出“双一流”建设培养一流人才、服务国家战略需求、争创世界一流的导向，深化体制机制改革，统筹推进、分类建设一流大学和一流学科，在关键核心领域加快培养战略科技人才、一流科技领军人才和创新团队，为全面建成社会主义现代化强国提供有力支撑。

8.“三个第一”和“三位一体”

“三个第一”是指习近平总书记在党的二十大报告中强调的：必须坚持科技是第一生产力、人才是第一资源、创新是第一动力，深入实施科教兴国战略、人才强国战略、创新驱动发展战略，开辟发展新领域新赛道，不断塑造发展新动能新优势。这一论述深刻揭示了科技进步、教育发展、经济社会前行三者之间相互推升、彼此促进的耦合关系，也为提升国家创新体系的整体效能指明了方向和路径。

“三位一体”是指习近平总书记在党的二十大报告中提出的教育、科技、人才“三位一体”，即要求“坚持教育优先发展、科技自立自强、人才引领驱动，加快建设教育强国、科技强国、人才强国，坚持为党育人、为国育才，全面提高人才自主培养质量，着力造就拔尖创新人才，聚天下英才而用之”。这一论述明确了进一步做好人才培养工作的战略思路和根本遵循。

9.其他“背景”要素

“当代美欧国家高校课程改革”之“社会背景”中的如下要素，也是今日中国高校课改不得不面对的：“关注‘职业流动性’”、“应对‘知识流变性’”、“欧洲‘一体化’与‘碎片化’”、“英国脱欧”、“现代科学发展趋势”、“‘全球化’与‘逆全球化’”、“单边主义与多边主义”和“社会转型”等。

（二）中国高校课改历程

1.高职高专层次课改

1）作为“本科压缩”的专科

“文革”后初期，中国高职教育部分受苏联影响，部分受普通本科教育影响，“知识本位”一度占主导地位。高职院校的主要类型是“高等专科学校”，而专科学校早在“文革”前就已存在，其中有不少是借鉴20世纪50年代苏联模式建立起来的。“专科”被理解为“专门学科”，教学理论尚未完全摆脱凯洛夫“三中心”框架，开设的课程大都是“学科导向”。在这里，“专科”与“普通本科”的区别被理解为“‘专科’是简化和压缩的‘本科’”。

2）对“工作导向课程”的诉求

20世纪80年代中期起，中国职教界借鉴美欧模式，进入了类似20世纪60—80年代美欧高职“职业性课改”的发展阶段，由“学科导向”的“知识本位”向“工作导向”的“能力本位”转变，致力于培养“高端技能型人才”，其中包括20世纪80年代中期借鉴德国“双元制”模式，20世纪90年代借鉴北美-加拿大CBE模式和英国BTEC课程模式，20世纪90年代末借鉴德国“双元制”模式，21世纪初借鉴德国“学习领域”课程模式等。

目前，我国关于高职高专层次课改取向的较为流行主张是：建构与“‘知识本位’学科体系”相对峙的“‘能力本位’行动体系”。

2.本科及以上层次的课改

1）高等教育和学位新类型的推出

近年来，在教育部“就业导向”口号的感召下，国内外职业教育课程改革的这股浪潮也波及我国普通高等教育本科及以上层次，冲击了“研究型课程”或“学术型课程”及其教学资源建设。我国本科和研究生教育正在部分地融入“高等职业教育”范畴。更受职场欢迎的区别于“研究型本科”的“应用型本科”的推出，区别于“学术型研究生”的面向应用的“专业型研究生”的出台等等，便是此种融入的证明。在这里，如何摆正“学科导向课程”与“工作导向课程”的关系，是继续搞“学科导向”的一统天下，还是应当借鉴“工作导向”的某些要素，或者在更高的框架中整合这两种课程模式，既是广大高校教育工作者不得不面对的理论热点问题，也是其亟待解决的重大课改实践难题。

2）普通高校的课改

①“从改革开放到21世纪头十年”课改

改革开放以来，中国普通高校本科及以上层次课改的总趋势是告别“文革”前的“苏联模式”，转而学习和借鉴发达国家特别是“美国模式”和“欧洲模式”。

“文革”后头几年，中国本科以上普通高校课改朝着“宽专业，窄方向”进行，拓宽了专业课程口径，细化了方向课程。

20世纪90年代以来，中国首先规划和启动了研究型重点大学建设，实施了旨在提高教学质量的一系列工程和计划（“211工程”，1995；“985工程”，1999）；随后，又将“质量工程”向1000所本科高校整体推进（2007）。

在此期间，部分中国普通高校学习和借鉴发达国家特别是美国大学20世纪90年代以来的课改模式，探讨“素质教育”框架下的“通识课程”加“专业课程”的课程体系建设。教育部发布文件对包括“人才培养”、“教学理念”、“课程体系”和“教学方法”在内的普通高校教育教学改革，提出了许多重要意见和要求，诸如：“加强实践教学，注重学生创新精神和实践能力的培养”（教高〔2001〕4号）；“积极推进研究型教学、讨论式教学、案例教学等教学方法和合作式学习方式，引导大学生了解多种学术观点并开展讨论、追踪本学科领域最新进展，提高自主学习和独立研究能力”（教高〔2005〕1号）；“推进高等学校在教学内容、课程体系、实践环节等方面进行人才培养模式的综合改革，以倡导启发式教学和研究性学习为核心，探索教学理念、培养模式和管理机制的全方位创新”，“激发大学生的兴趣和潜能，培养大学生的团队协作意识、创新精神和创新能力”（教高〔2007〕1号和2号）等。

②“21世纪第二个十年”课改

在21世纪第二个十年，中国普通高校在坚持“走以质量提升为核心的内涵式发展道路”的同时，开始探索旨在“克服同质化倾向的高校分类体系”，确定“特色鲜明的办学定位和人才培养规格”，其课程建设可概括为三个“进入”：

A.“以‘整体知识观’为指导”和“从‘研究型’”向“‘创业型’转型”

研究型大学继续实施“985工程”、“211工程”和优势学科创新平台，“探索拔尖创新人才培养模式”，启动“以人才、学科、科研三位一体的创新能力提升为核心任务，以高校、科研机构、企业协同创新中心为载体，以创新发展方式转变为主线”的“211计划”，向“创业型大学”转型。普通高校经管类本科探索“科学基础、人文素养、创新能力和实践能力融合发展”、专业特色鲜明的“应用型”“复合型”人才培养模式，其课程建设进入与美国20世纪90年代以来“以‘整体知识观’为指导”和“从‘研究型’”向“‘创业型’转型”发展相应的阶段。

B.以“整体能力观”为指导

行业高校或与新兴产业相关专业从“学术型”向“应用技术型”转型，“探索‘应用技术型’、‘技术技能型’人才培养模式”（《关于全面提高高等教育质量的若干意见》(2012)，《关于加快发展现代职业教育的决定》(2014)），其课程建设进入与21世纪初以来“博洛尼亚进程”下欧洲大学以“整体能力观”为指导相应的发展阶段[①]。

C.“整合‘整体知识观’与‘整体能力观’”

由教育部、财政部、国家发展和改革委员会联合印发的《统筹推进世界一流大学和一流学科建设实施办法（暂行）》(2017)和《关于深入推进世界一流大学和一流学科建设的若干意见》(2022)，将“培养拔尖创新人才”，即“坚持立德树人，突出人才培养的核心地位，着力培养具有历史使命感和社会责任心，富有创新精神和实践能力的各类创新型、应用型、复合型优秀人才。加强创新创业教育，大力推进个性化培养，全面提升学生的综合素质、国际视野、科学精神和创业意识、创造能力”，作为“双一流大学”建设任务。这标志中国“双一流”大学的课程建设正在进入与美国大学“向整合‘整体知识观’与‘整体能力观’发展”相应的阶段。

（三）思考差距，研究问题，全面推进

1.高职高专层面

与欧美职业院校20世纪90年代以来的课改主流相比，目前中国高职课程建设的主要差距是缺少“整合”环节，这个差距体现在许多层面，诸如：“‘专能’与‘通能’的整合”仅限于个别院校探索；“‘学术性课程’与‘职业性课程’整合”试验正在起步；其他方面的“整合”未曾顾及；“整合性”课程理论研究相当薄弱等等。

---

① 《职业教育提质培优行动计划（2020—2023年）》、《国际胜任力培养专业委员会第一次全国会员代表大会暨国际胜任人才培养论坛》(2021)等文件出台，标志“整体能力观”指导下的中国高校课改开始向纵深发展。

尝试第一种“整合”，将第二种“整合”作为高职课改重点，研究与落实其他层面的“整合”，全面推进“整合型”高职课程建设及其理论研究，是有待完成的任务。

2.本科以上高校层面

上文将“21世纪第二个十年”的中国本科以上高校课程建设概括为“三个进入”。从“进入”到“完成”，有许多问题需要研究和解决。

1）“类型不同各有侧重”的中国高校课改问题

目前，本科以上“类型不同各有侧重”的中国高校课程建设面临如下问题：是否需要在“专业课程”中融入“通识课程”要素？对于美国大学“‘整体知识观’指导下的‘通识’与‘专识’融合”和“博洛尼亚进程”下欧洲大学“‘整体能力观’指导下的‘通能’与‘专能’整合”，类型不同的中国高校是应当对其各取所需，还是立足“整体课程观”，各有侧重地对其兼收并蓄[①]？

单就中国行业高校或与新兴产业相关专业课程建设来说，其面临的问题是：应当“由‘学术性’向‘职业性’转型”，还是应当“在‘学术性’中导入‘职业性’”？本科与高专课程体系的主要区别是否在于设不设置“通识课程”？“‘工作过程导向’的‘行动体系’课程”行得通吗？其理论误区在哪里？

2）中国各类高校课改的共性问题

中国各类高校课程建设要研究解决的共性问题主要有：

为了破解“钱学森之问”，改变“大学以‘严进宽出’承接中学‘应试教育’”的旧常态，课程建设层面上应采取哪些配合措施？

教育部近年文件中关于高校“人才培养”、“教学理念”、“课程体系”、“教学方法”和“考核方法”等方面的创新要求，还有哪些没有落到实处？如何落实？

在改革基本取向上，是坚持“就业导向”，还是借鉴美欧高校20世纪90年代以来的做法，将“就业导向”提升为“创业与就业并重”，将“从学校到工作”提升为“从学校到生涯”？“两种提升”向大学课程建设提出的要求是什么？

在课程类型上，如何解决好“多与一”的关系？各类高校在“克服同质化倾向”的同时，应以何种更具创新性的“课程理念”为指导？

在课程目标上，如何以更高的“学力框架”来整合“知识”、“能力”、“道德”与“价值观”等诸多内涵？

在课程方法上，是应当像传统做法那样，在“学科中心”与“工作中心”、“知识中心”与“行动中心”、“教师中心”与“学生中心”等“两极对立”之间作“非此即彼”的选择，还是以某种方式扬弃这些对立？

在课程组织上，如何扬弃“‘知识本位’的‘学科体系’”与“‘能力本位’的‘行动体系’”、“课程的‘纵向组织’与‘横向组织’”、“知识展开的逻辑顺序”与“大学生心理发展顺序”等“两极对立”？其理论依据是什么？

在教学方法上，同美国20世纪90年代后的“教学方法改革”和“21世纪技能联盟”倡导的“新平衡学习”相比，还存在哪些差距？

---

① 直至20世纪末，美国大学（职业高校除外）都视“通能教育”为“新体制”下欧洲高等教育“量化宽松政策”的产物（即档次欠佳）而弃之；与之相反，欧洲大学迄今仍不搞“通识教育”，因为它在“一体化”超短学制下无法实施。对于中国大学教育来说，两种做法都不可取。

3. 因势利导，全面推进

解决中国高校课程建设面临的上述问题，需要立足中国国情，在充分反思“现实背景”的基础上，取美欧“整体知识观”和“整体能力观”（特别是已显示整合两者趋势的美国大学近期课改）之所长，发掘其“两极互渗”趋势中的积极要素，吸收“辩证课程观”、“21世纪教育基本要求”和“21世纪学习框架”的合理内核，深化课程理论研究，推进有中国特色的“整体课程观”指导下的课程与教材建设。

三、深化课程理论研究，推进面向未来的中国高校课程与教材建设

习近平总书记在党的二十大报告中指出，“教育、科技、人才是全面建设社会主义现代化国家的基础性、战略性支撑。教育是国之大计、党之大计。培养什么人、怎样培养人、为谁培养人是教育的根本问题。”这是以习近平同志为核心的党中央对新时代教育事业的总体战略部署，也是新时期中国高校课程与教材建设的指导思想。贯彻落实这一战略部署，应当从以下方面入手：

（一）建构“信息层面”的课程理论

深化课程理论研究，需要探索“高等职业个体发生机制”，建构“信息层面”的课程理论。

1. 区别“两类高等职业个体”

所谓“两类高等职业个体”，是指“发生中的高等职业个体”和“高等职业成体”。前者指以“基础教育”阶段“学力结构”为“原格局”、接受高校学历教育的在校生；后者指高等职业岗位中“从生手到专家”的各级在职人员。高校学历教育的对象不是“高等职业成体”，而是“发生中的高等职业个体”。“高等教育过程”是后基础教育阶段“发生中的高等职业个体”向“高等职业成体”一系列有序的变化发展过程。就像高等动物个体的“发育过程”不同于其成体“生理活动的序化过程”一样，“发生中的高等职业个体”（高校在校生）之“教育过程”也不同于“高等职业成体”（科学家和工匠）的“工作过程”。

2. 从“文化信息”层面切入的必要性

布鲁纳的“结构课程理论”和始于皮亚杰的建构主义课程理论是在个体层面，分别将“学科知识结构”和心理发展的“结构-建构”活动置于课程中心地位，其结果同CBE课程理论一样进入误区①；面向未来的中国高校课程理论建设需要从“文化信息”即“觅母”层面，将“教育过程”中的“人类职业文化信息传递”置于课程中心地位。

从“文化信息”层面研究“高等职业个体发生”机制，就是研究与“课程觅母”、“觅母表达”以及“觅母突变”相关、“纵向为主、纵横交错”的“高等学力”建构规律或法则。

3. 需要导入的基本概念与原理

1）“课程觅母”

道金斯（Richard Dawkins，1941—）在其开山之作《自私的基因》中，比照生物

① 在“错把‘发生中的高等职业个体’的教育过程当作‘高等职业成体’职业活动的序化过程”教学误区上，德国“学习领域”课程理论把学员当作“生手”，倡导“‘教育过程’模仿‘工匠’、‘专家’或工程师‘工作过程’”的“行动学习”；布鲁纳的“课程结构理论”把中小学生当作科研见习者，倡导“‘教育过程’模仿科学家‘思考过程’”的“发现学习”。两种诉求殊途同归。

基因，将通过教育过程传递的人类“文化编码结构”称为“觅母”(meme)。表征“高等职业个体发生”机制时，有必要使用这一术语[①]。

我们用“课程觅母”指谓以教材为载体、教师为实现课程目标在教学活动中引导学生建构“学力”的“职业文化信息编码系统”，这个编码系统凝结着人类职业活动的历史积淀与现实发展各种要素之精华。“发生中的高等职业个体”之“高等学力”建构过程，应理解为“课程觅母”逻辑结构在高级阶段的程序化表达过程。

2）“觅母表达”

在“高等职业个体发生”中，“觅母表达”起决定作用。所谓“觅母表达”，是指浓缩在高校教材的“课程觅母”中被编码的“人类高等职业文化信息”，通过教师（相当于高等职业文化“信使RNA”）备课与授课（相当于高等职业文化“激活”与“转录”）和学生的学习与训练（相当于高等职业文化“翻译”），到学生“高等职业胜任力”建构（相当于高等职业文化“蛋白”）的信息流动过程。

比照分子生物学的“中心法则”(Francis.C.Crick，1958，1970)，可以把这种“觅母表达”机制称为现代教育学的“中心法则”。

3）“觅母表达”的特异性、纽带和关键

人类的“觅母表达”在儿童接受早期教育时就开始了，贯穿于从那时起到高等教育乃至终生教育的始终。在所有各阶段，“中心法则”对于文化层面的人类“个体发生”都起决定性作用。“高等职业个体”的“学力建构”发生于“觅母表达”的高级阶段，即“后基础教育”阶段。通过“觅母表达”，课程教材中关于“高等职业活动文化信息”的编码程序，一方面转化为具有时间特异性的“高等学力”结构发展，另一方面转化为具有逻辑特异性的“高等学力”结构形态。

在这一过程中：个体层面以“同化”“顺应”“平衡”为主要机制的“高等学力”之“结构-建构”活动，是“文化信息”层面连接“课程觅母”与“教学诱导”的纽带；教师对“人类高等职业文化信息”传递的有组织的“教学诱导”与调控，是学生“高等学力”之“结构-建构”水平发展的关键。

4）“觅母表达”与“环境要素”的关系

“觅母表达”主导的“高等学力”建构，不是在一个自我封闭的系统中进行的，而是在与高等教育环境要素相互作用的开放系统中进行的。

高等教育的环境要素包括实体环境与虚拟环境。实体环境又包括内环境与外环境：前者指由课堂、学校及其规章制度、教育技术、设备设施等构成的要素；后者指由家庭、社区、社会（特别是由国家发展战略、现实产业结构与职业结构决定的高等职业需求，以及体现于国家教育体制、方针、政策、规划与机构中的“高等教育导向”）和世界（特别是其政治、经济、科技、教育等现实发展态势）构成的要素。虚拟环境指以图书馆和互联网为载体和中介的人类科技文化信息要素。

---

① 在科学发展史上，不同领域（特别是层次相近领域）的学术研究相互借鉴并有所成就的例子屡见不鲜：康德借鉴比较解剖学（居维叶（1748—1795））创立了精神解剖学（参看他的代表作“三批判”(1781，1788，1790)）；黑格尔借鉴比较解剖学和古生物学创立了“精神重演论”(参看他的《精神现象学》(1807)和《逻辑学》(1812—1816)）；皮亚杰借鉴冯·贝尔的比较胚胎学（《动物的发育》，1828））创立了“发生认识论”（参看他的《儿童心理学》(1966)和《发生认识论原理》(1970)）；道金斯借鉴摩尔根的“基因”学说（《基因论》，1926）创立了“觅母”学说（参看他的《自私的基因》，1976)；如此等等。笔者认为，在与“高等职业个体发生机制”相关的教育过程和课程理论的研究上，有必要借鉴分子生物学的“基因表达”理论。

着眼于“开放系统”，可以将“发生中的高等职业个体”之“高等学力”建构过程，更具体地表述为“以高校教学活动为中介，受制于内外高等教育环境要素并与之非线性互动的‘觅母表达’过程”。这个过程决定个体“高等学力”结构的最终形态。

5）“觅母突变”

“课程觅母”在“自我复制”过程中，通过内因（课程与教材设计、师生互动、自主性选择等要素）与外因（各种教育环境要素）的交互作用，会发生结构性改变，包括组成、排序、量的变化与质的“创新”等，这种改变可称为课程的“觅母突变”。

导入“觅母突变”可以使“高等职业个体发生机制”进一步具体化：一方面承认“觅母表达”在高等教育过程中的“中心地位”，从而与过分强调“自我活动”的自然主义、过分强调“从做中学”的经验主义乃至过分强调师生“主观目的”和“行为作用”的激进建构主义划清界限；另一方面承认“创新型教学”“研究性学习”和实践（个体的与社会的）在高等教育过程中的“主动性”“否定性”作用，从而同将高校课程视为一成不变的单纯“知识传承”、“社会化”和“心理转录”的保守建构主义划清界限。

从本质上看，现代课程论中的保守建构主义和激进建构主义分别立足于人类职业文化的历史积淀和每一代人对职业文化的现实创新：两种观点各有片面性，又各有合理内核；全盘否定其一，也就否定了其他。

（二）推进“整体论”课程观指导下的中国高校课程及其教材建设

面向未来的中国本科及以上高校课程及其教材建设，要以《中国教育现代化2035》和《“十四五”时期教育强国推进工程实施方案》（发改社会〔2021〕671号）等文件精神为指导，以教育部《普通高等学校教材管理办法》（教材〔2019〕3号）的“总则”为原则，以贯彻落实《办法》中的“一个坚持”“五个体现”“四个自信”和“第十三条”各项要求为基点，以新近修订的《普通高等学校教学质量国家标准》为既定规范，在体现党和国家意志、国家和民族的基本价值观，包括中华优秀传统文化在内的人类文化知识积累与创新成果的同时，把学习党的二十大精神作为学校思想政治教育和课堂教学的重要内容，推动党的二十大精神进教材、进课堂、进头脑，努力构建“中国特色、融通中外的概念范畴、理论范式和话语体系”，将“整体论”课程观作为中国高校课程及其教材建设的一个指导性理念来定位，其中包括课程内容、课程类型、课程目标、课程方法、课程设计、课程组织、教学途径、教学方法及训练考核等层面“具体观念”的“多元整合”取向。

1.课程内容取向

在课程内容上，应当及时反映“知识经济”“数字经济”“服务经济”“体验经济”“共享经济”叠加背景下的国家相关产业新发展，及其与5G、人工智能、生物技术、大数据、云计算、物联网和智能移动终端App等新技术融合的新趋势，借以对接日益增长的“高素质”“知识密集型”人力资源市场新需求。

2.课程类型取向

在课程类型上，应当着眼于“从学校到生涯”，与时俱进地从人类文化信息“觅母库”中有选择地提取“人类高等职业活动的历史积淀与现实发展各种要素之精华”，扬弃传统高校课程中“整体知识观”与“整体能力观”、“学术性”与“职业性”、“人本主义”与“工具主义”、“道德主义”与“功利主义”等“两极对立”，推进以“课程觅母”建构为信息基础、以“整体论”课程观为指导、“类型不同各有侧重”的“多元整合型”高校课程及其教材建设。

扬弃传统高校课程类型中“整体知识观”与“整体能力观”的“两极对立”，就是既吸收20世纪90年代以来美国大学“‘整体知识观’指导下‘专识’与‘通识’融合”的基本内核，也吸收“博洛尼亚进程”下欧洲大学“‘整体能力观’指导下‘专能’与‘通能’整合”的合理内核，把整合“整体知识观”、“整体能力观”与“整体价值观[①]”的“整体论”课程观作为有中国特色高校课程与教材建设的“指导性理念”。

扬弃传统高校课程类型中“学术性”与“职业性”的“两极对立”，就是“类型不同各有侧重”地使传统“学术性”课程“职业化”，使传统“职业性”课程“学术化”。其中：“学术化”要兼顾“科学化”与“技术化”、“核心化”与“专业化”；“职业化”要兼顾“类化”与“群化”，“全球化”与“本土化[②]”。

扬弃传统高校课程类型中“人本主义”与“工具主义”的“两极对立”，就是使其兼具“人本属性”与“工具属性”：课程的“人本属性”是指坚持“以人为本”，把全面提高学生的教育水平、文化品位、价值追求和道德修养作为课程的根本；课程的“工具属性”是指把树立大学生的“服务意识”作为课程的宗旨。

扬弃传统高校课程类型中的“道德主义”与“功利主义”的“两极对立”，就是使其兼具“道德属性”与“功利属性”：课程的“道德属性”是指把“社会公德”和“职业道德”作为课程价值的主导取向[③]；课程的“功利属性”是指把“为社会、为国家、为人民谋利益”作为课程价值的基本取向，把“三个有利于”作为判断课程的最终标准。

3.课程目标取向

在课程目标上，应当借鉴人类文化信息“觅母库”中的“21世纪教育‘基本要求’”和“21世纪学习框架”，扬弃传统高校课程中“重认知轻做事”与“重做事轻认知”的“两极对立”，推进以“健全职业人格（包括“全球胜任力”）[④]”为“高等学力”框架、兼顾学生发展后劲、“不同类型各有侧重”的“多元整合型”高校课程体系及其教材建设。

扬弃传统课程目标中的“两极对立”，就是在兼顾“整体知识”与“整体能力”目标的同时，导入体现全人类共同价值、党和国家意志、社会主义核心价值观及道德伦理行为规范等“课程思政”目标，借以克服传统高校课程目标中“重成才轻成人”“重文凭轻人品”的通病，用“健全职业人格”的“高等学力”框架来整合“整

① “整体价值观”是“人类共同价值观”、“国家和民族基本价值观”与“社会主义核心价值观”三者的整合，其中“人类共同价值观”作为“人类命运共同体”理念的价值观基础，是对西方宣扬的“普世价值”的批判与超越。

② “本土化”可具体表述为“以马克思列宁主义、毛泽东思想、邓小平理论、‘三个代表’重要思想、科学发展观、习近平新时代中国特色社会主义思想（特别是党的二十大报告）为指导，有机融入中华优秀传统文化、革命传统、法治意识和国家安全、民族团结以及生态文明教育”。

③ “道德属性”或“立德树人”，即“扎根中国大地，站稳中国立场，充分体现社会主义核心价值观，加强爱国主义、集体主义、社会主义教育，引导学生坚定道路自信、理论自信、制度自信、文化自信，成为担当中华民族复兴大任的时代新人。”

④ “健全职业人格”作为立足于中国特色社会主义制度、物质经济关系、科学技术、道德文化、价值取向、理想情操、行为方式和全球视野等全方位“职业要素”的整合框架，是新时代中国职业人“职业胜任力”的核心和灵魂。

体知识”、“整体能力”与“整体价值”等基本内涵，向培养“既会认知，也能做事，更懂做人”，兼备“通识”与“专识”、“通能”与“专能”、“全人类共同价值观[①]”与“社会主义核心价值观”的“健全型高等职业人”目标转型。

兼顾大学生发展后劲，就是兼顾其“高等学力”建构中的“通层”和“专层”，并用“与生涯对接”扬弃相对狭隘的“与工作对接”。

4.课程方法取向

课程方法上，应当扬弃传统课程模式“学科中心”与“工作中心”、“知识中心”与“活动中心”、“教师中心”与“学生中心”等“两极对立”，推进以“觅母表达”为中心、“类型不同各有侧重”的“多元整合型”高校课程及其教材建设。

扬弃上述“两极对立”，就是将教材、教师与学生组成的“整合系统”作为高校课程主体，用“觅母表达中心”取代传统课程方法中的诸多“中心”。其中：“课程觅母”是人类文化传递的信息基础；教师具有“文化信使RNA”的地位，其“备课”与“授课”相当于对“课程觅母”的“激活”与“转录”，“教学诱导”（而非“主导”）与“调控”对学生学习水平的发展起关键作用；学生的“学习活动”是连接“课程觅母”与教师“教学诱导”的纽带；“中心法则”在“觅母表达”过程中起决定作用。

5.课程设计取向

在课程设计上，应当通过借鉴“21世纪学习框架”，扬弃传统高校课程“目标模式”（Ralph Taylor）与“‘实践–历程’模式”（Jeseph Schwab，Lawrence Stenhouse）的“两极对立”，推进兼顾“情境模式”（M.Skilbelk，D.Lawton）、“类型不同各有侧重”的“多元整合型”高校课程及其教材建设。

扬弃“目标模式”与“‘实践–过程’模式”中的“两极对立”，就是既承认基于“觅母表达”的“传承型”课程目标的中心地位，也承认基于教师和学生“问题思维”、“研究探索”和“实践活动”（个体的与社会的）等“创新型”“创业型”课程目标的“否定性”作用；兼顾“情境模式”，就是兼顾课程设计对诸多“内外情境”要素的“高等文化选择”。

6.课程组织取向

高校课程的组织取向包括“要素组织取向”与“结构组织取向”。

1）要素组织取向

在课程的“要素组织”上，应当扬弃传统高校课程中“纵向组织”与“横向组织”、“逻辑顺序”与“心理顺序”、“直线式”与“螺旋式”等“两极对立”，推进立足于“高等职业个体发生机制”、“类型不同各有侧重”的“多元整合型”高校课程及其教材建设。

扬弃“纵向组织”与“横向组织”的“两极对立”，就是用“纵向为主、横向为辅、纵横交错”的基本原则取代传统“知识本位”课程的“纵向组织”与传统“能力本位”的“横向组织”基本原则；扬弃“逻辑顺序”与“心理顺序”的“两极对立”，就是通过导入“高等职业个体发生机制”，将两者统一于“觅母表达顺序”中，

① 2023年3月，在中国共产党与世界政党高层对话会上，习近平总书记提出全球文明倡议，深刻指出“和平、发展、公平、正义、民主、自由是各国人民的共同追求”。

借以清除传统“学科导向”与“工作导向”课程模式中的各种经验主义残余；摒弃“直线式”与“螺旋式”的“两极对立”，就是通过将“通用层面”的“道德要素”按照“顺从级、认同级和内化级”，“通用层面”的“知识要素”与“能力要素”按照“初级、中级和高级”分阶段螺旋式地融入课程中，将“专业”层面的“知识要素”与“能力要素”在课程教学中直线式展开，使其各得其所。

2）结构组织取向

“结构组织”包括“层次结构组织”与“内容结构组织”。为从容应对不断加速的“知识更新”、“技术更新”和“生产更新”挑战，应当探索使知识“层次结构合理化”“内容结构无限化”“类型不同各有侧重”的“多元整合型”高校课程及其教材建设，借以克服现行高校课程中知识“层次结构单一”“内容结构有限”的片面性。

①层次结构合理化

使高校课程中知识“层次结构合理化”，就是合理配置“深层”“中层”“浅层”知识，通过深层知识对中层知识、中层知识对浅层知识的“一般性”、“稳定性”和“指导性”作用，赋予课程以应对当代愈演愈烈的“知识流变”的必要弹性。

②内容结构无限化

使高校课程中知识“内容结构无限化”，就是在“授之以鱼”的同时“授之以渔”，通过“学会学习”，导入关于“学习理论”、“学习方法”与“学习策略”等“否定性”的“自主学习”机制，赋予课程以应对“从学校到生涯”的“知识流变”（=“重建自身的一般性”）之无限潜力。

7.教学途径取向

在教学途径上，应当借鉴认知心理学和建构主义学习理论中的合理内核，克服传统高校课程模式中各教学环节相互脱节的弊端，推进“原理居先、实务跟进、案例同步、实践到位”、“类型不同各有侧重”的“多元整合型”高校课程及其教材建设。

借鉴认知心理学和建构主义学习理论中的合理内核，就是借鉴J.安德森“产生式迁移理论”关于“‘产生式规则’的获得必须先经历一个‘陈述性阶段’”、弗拉威尔“认知策略迁移理论”关于“‘反省认知过程’是在新的情境下使用‘认知过程’的前提”、斯皮罗（R.J.Spiro）和乔纳生（D.H.Jonassen）“认知灵活性理论”关于“‘高级学习’以‘初级学习’为前提”等研究成果，将各阶段“程序性知识”教学置于“陈述性知识”教学之后，将“认知策略知识”教学置于“反省认知过程”教学之后，将“结构不良领域知识”教学置于“结构良好领域知识”教学之后，将“实践教学”置于以之为据的“陈述性知识”、“程序性知识”和“结构不良知识”教学之后，将“创新型训练”置于“传承型训练”之后，围绕“觅母表达”这个“中心”，进行以“整体知识”、“整体能力”和“整体道德”为基本内涵的系列阶段性建构，将“高等学力”最终打造成各类“学习迁移”由以出发的结构中心与枢纽。

8.教学方法取向

在教学方法上，应当着眼每种方法的特定适用性，推进将各种方法“兼收并蓄”“类型不同各有侧重”的“多元整合型”高校课程及其教材建设。

将各种方法“兼收并蓄”，就是将“学导式教学法”、“互动式教学法”、“案例式教学法”、“讨论式教学法”、“体验式教学法”、“专题式教学法”、“分众式教学法”和

“项目式教学法”等诸多教学法，以及“自主学习”、“合作学习”、“实践学习”等学习方式有针对性地运用于相应教学环节，使其相辅相成、相得益彰，借以克服教学“重鱼”“轻渔”，教师“一言堂”“满堂灌”，和学生“轻交流”“少体验”等传统教学方法的弊端。

9.训练、考核与评价取向

在训练、考核与评价上，应当以中共中央、国务院关于《深化新时代教育评价改革总体方案》（2020.10）为指导，扬弃传统课程模式中的各种片面性，推进“融多种训练与考核方式于一体”“类型不同各有侧重”的“多元整合型”高校课程及其教材建设。

“融多种训练与考核方式于一体”，就是在实施“教学途径取向”各环节的训练时，融“传承型训练与考核”和“创新型训练与考核”、“过程性训练与考核”和“成果性训练与考核”于一体；在考核评价中，改进结果评价，强化过程评价，探索增值评价，健全综合评价，完善素质评价，充分利用信息技术，提高评价的科学性、专业性和客观性，建构新时代中国特色的高等教育考核评价体系。

（三）概括性表述

一位哲人说过：“把抽象的观念生硬地应用于现实，就是破坏了现实。”

在世界教育领域，历史上的“抽象观念”，部分是“分化现实”的反映，部分是“认识局限性”的反映。

就“分化现实”而言，“知识本位”与“能力本位”两种“抽象观念”，是工业时代和后工业时代早期“脑力劳动”与“体力劳动”社会分工“两极对立”的反映。在这个可以称为“分化的现实”的历史阶段，人们在“理论的态度”中一面提炼出反映“脑力劳动”的“学术性结晶”，一面提炼出反映“体力劳动”的“职业性结晶”；在“实践的态度”中分别实施了“知识本位”与“能力本位”教育。两种做法因受制于那个时代产业结构与职业结构的“分化的现实”，皆属“历史性”无奈。

就“认识局限性”而言，无论是“知识本位”与“能力本位”教育之各种理论与哲学基础局限性，还是体现于课程类型、课程目标、课程方法、课程设计、课程组织、教学途径、教学方法等诸多传统观念的对立，都带有人类认识发展的阶段性烙印，皆属“认识性”无奈。

在今日中国，随着经济全球化、产业结构“两化融合”、职业结构“两性整合”和“‘科学、技术与生产’一体化”纷至沓来，“脑力劳动”与“体力劳动”已由传统的“两极对立”转化为“两极互渗”和“两极相通”；“现实”正在由“分化的现实”转化为“联系的现实”。

在今日世界，以数字化、网络化、信息化为标志的信息革命已为人类认识“从抽象上升到具体”提供了方便、及时的信息共享平台，条件性“无知”再不能被当作“充足理由”。

在这种情况下，如果在“理论的态度”中仍止步于各种“分离的观念”之“两极对立”，在“实践的态度”中仍把这些“分离的观念”生硬地应用于“联系的、具体的现实”，就是破坏了现实。

从哲学层面概括以上阐述，可以将“‘整体课程观’指导下的中国高校课程及其教材建设”简要地表述为：

在“理论的态度”中，深入研究世界特别是美欧发达国家高校课程改革的当代历程、经验及其利弊得失，通过扬长避短，创造性地探索与建构“反映联系的、具体的教育现实”之中国高校课程改革各种“具体观念”；在“实践的态度”中，将这些“具体观念”能动地运用于中国特色、融通中外的高校课程与教材建设之“联系的、具体的教育现实”，借以贯彻落实国家新时代教育强国战略，服务中华民族伟大复兴。

许景行

2015年1月初稿

2023年6月修订

第三版前言

旅游管理学是一门研究旅游业经营管理的新兴学科，与工商管理并列为管理学下的一级学科，有广阔的发展空间和巨大的发展潜力。随着社会经济的发展和国民追求幸福感意识的增强，旅游活动已经成为人们日常生活中的组成部分。有效的旅游管理不仅是旅游活动正常开展的保障，也是促进旅游业健康可持续发展的客观要求。今天，伴随着旅游者数量的增长和旅游活动方式的多样化，各种负面影响也不断凸显，旅游管理的作用显得更为重要。为此，本书综合运用多学科理论知识和方法，借鉴国内外典型案例来阐述旅游管理方式和方法。

旅游管理学是一门实践性、应用性很强的学科，面临不断变化的环境和问题。旅游管理学教科书必须通过最新案例来跟上时代变化，这些案例有成功的，也有失败的。本书的上一版引用了人们普遍关注的热点事件——通过实施旅游不文明行为记录管理以提高中国公民的文明旅游素质；从2017年中国旅游业十大政策盘点到全域旅游背景下的景区门票价格探索；从乌镇接待众多国际大型会展活动到上海国家会展中心商业广场的建成使用；从洲际酒店的人才回流政策到经济型酒店的出路探讨……这些案例与时俱进，对旅游管理的实践有一定借鉴意义。

本书是为满足中国旅游产业结构升级对旅游管理类专业高级管理人才的需要，研究和开发集“传承型”和“创新型”于一体的新型专业课程教材而编写的，建构了以“职业知识”、“职业能力”和“职业道德”为“三重本位”，以“健全职业人格”为最高整合框架的旅游管理类高等“职业学力”。

本书依照“原理先行、实务跟进、案例同步、训练到位”的原则，循序渐进地展开教材内容。在训练模式上，秉承“传承型训练”与“创新型训练”并重、“学术型训练”与“应用型训练”并重的原则，整合了“学导式教学法”“互动式教学法”“案例教学法”“讨论教学法”等教学方法，设计了“引例”“同步案例”“同步思考”“深度思考”“深度剖析”“教学互动”等功能性专栏，力求体现“生动活泼、形式多样的教学方法创新”等教学过程规范（《普通高等学校本科专业类教学质量国家标准》（2018））。

关于本书第三版，还有两点需要特别说明：

1.在保持第二版教材结构设计的前提下，对照教育部提出的创新“课程思政”“专业思政”的要求，根据《旅游管理类教学质量国家标准》修订了各章局部教学内容、引例、同步案例、业务链接等，以及部分“单元训练”中的“案例分析”和“善恶研判”内容。

2.增加二维码教学资源，解决了传统教材所缺少的“互联网+”移动学习，即纸质教材与二维码数字资源融合的问题。

本书重印之际作了再次修订，主要更新如下：

（1）加快推进党的二十大精神进教材、进课堂、进头脑。各章加入了与教学内容相关、反映二十大内容的“同步链接”。

（2）将各章“学习目标”中原“认知弹性”的“职业道德与企业伦理”子目标、正文中的原“职业道德与企业伦理”专栏和章后“单元训练”中“案例题”的“善恶研判”等，统一提升为“课程思政”，并同步更新了其相关述项和部分案例内容。

为方便教学，本书“附录”配有“职业核心能力强化训练‘知识准备’参照范围”等各种参照规范和“课业范例”，并制作了与主教材相配套的“教学资源包”（包括教学大纲、教学日历、电子教案、PPT电子课件、“单元训练参考答案与提示”和“试题题库”）。使用本书的教师可登录东北财经大学出版社网站查询或下载使用。

本书第三版由云南大学工商管理与旅游管理学院田里教授任主编、云南财经大学旅游与酒店管理学院李雪松任副主编，还有来自云南民族大学、桂林理工大学的教师参与了编写工作。具体编写分工如下：田里，编写第1、3章，并负责全书总纂定稿；陈永涛，编写第1章；王桀，编写第2章；李雪松，编写第3、5章，课业范例；徐尤龙，编写第4章；张鹏杨，编写第6章。研究生李翠梅、王正桥、许秋云、郭弯弯、陈秀珍、明瑶、黄艳梅、郑婷为二维码资源和案例搜集、数据查询、文字审读做了大量工作。“总序”和书后五个“附录”由东北财经大学出版社许景行编审撰写。

本书可作为普通高校旅游管理类各专业的通用教材，也可供旅游企业管理人员、文化和旅游行政管理人员参考。

在编写过程中，编者广泛吸取并引用或参考了近年来国内外有关研究成果，引用了相关案例和文献，在此对有关著作和文章的作者表示最诚挚的谢意！

由于编者水平有限，书中难免存在缺陷和疏漏，敬请广大同仁及读者批评指正。

编　者
2021年5月
2023年8月修订

第一版前言

随着综合国力的增强和居民收入的增加，我国旅游业迅速发展，不仅成为旅游客源接待大国，而且成为旅游客源输出大国，旅游业成为我国重要的战略性支柱产业。在此产业背景下，为适应旅游人才培养的要求和强化旅游学科建设，教育部《普通高等学校本科专业目录（2012年）》将“旅游管理”升格为与“工商管理”并列的一级学科，在旅游管理类专业下设旅游管理、酒店管理、会展经济与管理三个专业，使旅游管理类专业在适应旅游产业发展的基础上置于较高的学科地位上和较大的专业发展空间之中。

为满足新形势下中国旅游产业结构升级对旅游管理高等人才的需求和普通高校旅游管理类专业的教学需要，在教育部旅游管理类教学指导委员会的直接指导和东北财经大学出版社的支持下，我们组织编写了这本《旅游管理学》。

本书围绕“十三五”时期起我国高等教育旅游管理类新型人才培养目标，运用管理学、经济学、旅游学等多学科知识与方法，依照“原理先行、实务跟进、案例同步、训练到位”的原则，全面、系统地阐述了旅游管理学的架构、理论、实务与方法，主要内容包括：旅游管理概述、旅游开发管理、旅游产业管理、旅游目的地管理、会展旅游管理和旅游酒店管理等。其主要特色如下：

1.体系构建。本书与最新《普通高等学校本科专业目录（2012年）》旅游管理类所设专业相对接，以旅游管理概述（横向）与旅游开发管理（纵向）作为起点，按照旅游产业管理、旅游目的地管理、会展旅游管理、旅游酒店管理的逻辑框架展开，使其内容涵盖了旅游管理类专业所包含的旅游管理、酒店管理、会展经济与管理三个专业。

2.理念与导向。本书根据“21世纪新概念教材：多元整合型一体化·‘传承-创新’系列”最新课程理念设计，以新时期“就业-创业”、“与生涯对接”和“人才竞争”为导向，在立足现代教材编写理念基础上，充分吸收和借鉴了旅游学科研究的最新成果和作者从事旅游管理教学积累的经验，既是关于旅游管理的探索性论著，又是旅游管理专业的课程教材。

3.课程观取向。一是借鉴当代美国大学“‘整体知识观’指导下的‘专识’与‘通识’互相融合”的课程改革基本内核，力求“专业知识”以“通识”为基础；二是借鉴“博洛尼亚进程”下当代欧洲大学“‘整体能力观’指导下的‘专能’与‘通能’整合”的课程改革合理内核，将“职业核心能力”训练融入“专业能力”训练中；三是将“整体知识观”、“整体能力观”与“整体道德观”三位一体的“整体课程观”，作为有中国特色的普通高校旅游管理类教材建设的指导性“课程理念”。

4.学力建构。引导学生建构以整合“专识”与“通识”的“全识”、整合“专能”与“通能”的“全能”、整合“职业道德”与“做人道德”的“全德”为“三重本位”，以“健全职业人格”为追求的旅游管理类专业“高等学力”。在训练模式上，采取“传承型训练”与“创新型训练”并重，“学术型训练”与“职业型训练”并行，“认知性训练”与“实践性训练”并举的模式。

5.教学方法。本书借鉴“美国21世纪技能联盟”提出的“学习框架”合理内核，引导学生体验“整合‘传统学习’与‘21世纪学习’的‘新平衡学习’”。教学方法上，整合“学导教学法”“互动教学法”“案例教学法”“实践教学法”“探究教学法”等教学方法，使其在教学设计中相得益彰。

需要说明的是：在本书各章“单元训练”的诸多题型中，“实践题”“自主学习”“拓展创新”三种题型要求写出书面报告或论文。着眼于学生课后训练负担的适度性，我们将每种题型的题量大体压缩至总章数的三分之一，以确保在本课程有限学时内有质量地完成全部训练任务。

为方便教学，本书“附录”编制了“职业核心能力强化训练‘知识准备’参照范围”等各种参照规范，书后为各章“单元训练”课业提供了“范例”，并制作了与主教材相配套的 “网络教学资源包”。使用本教材的教师可登录东北财经大学出版社网站（www.dufep.cn）使用或下载“网络教学资源包”中的教学大纲、教学日历、电子教案、PPT电子课件、参考答案与提示和试题库等全套教学资源。

本书的编写以“总序”中阐明的“整体课程观”理念为基础，教材设计遵循了“21世纪新概念教材：多元整合型一体化·‘传承-创新’系列”的统一布局。阅读“总序”，借以了解“整体课程观”指导下的课程建设要求，有助于更好地把握和使用本教材。

本书由云南大学工商管理与旅游管理学院田里教授任主编，李雪松任副主编，具体编写分工如下：田里，大纲，第1、3章，课业范例，全书总纂定稿；陈永涛，第1章；王桀，第2章；李雪松，第3、5章，课业范例；徐尤龙，第4章；张鹏杨，第6章。研究生杨雨潋、卞芳、于荟鹏、刘莎、张永辉、吴江涛为案例搜集、数据查询、文字审读做了大量工作。“总序”和书后五个“附录”由许景行撰写。

本书可作为普通高校旅游管理类各专业的通用教材，也可供旅游企业管理人员、文化和旅游行政管理人员参考。

在编写过程中，我们参阅并借鉴了大量国内外专家、学者相关著作和论文等成果。在此谨向所有相关作者表示诚挚的谢意！东北财经大学出版社的许景行编审在本书课程理念定位、教材设计、审稿以及对初稿提出具体修改建议等方面做了大量工作，对于他付出的辛勤劳动，表示衷心的感谢！

由于作者水平有限，书中难免有缺陷和疏漏之处，敬请读者不吝赐教。

编著者

2015年8月

目录

第1章
旅游管理概述

▶ 学习目标

▷ 传承型学习

通过以下目标，建构以“旅游管理概述”为阶段性内涵的“传承型”专业学力：

理论知识：学习和把握“六要素说”，“三体说”，旅游功能系统，旅游管理的概念、特征、性质与意义，旅游管理学的沿革及趋势等陈述性知识；用其指导“同步思考”、“深度思考”和相关题型的“单元训练”；体验“旅游管理概述”中“理论知识”的“传承型学习”及其迁移。

实务知识：学习和把握旅游管理的内容与任务，以及“业务链接”等程序性知识；用其规范“深度剖析”、“教学互动”和相关题型的“单元训练”；体验“旅游管理概述”中“实务知识”的“传承型学习”及其迁移。

认知弹性：运用本章理论与实务知识研究相关案例，对“引例”、“同步案例”和“高铁延展旅游半径带动沿线旅游发展”等案例情境进行多元表征，体验“旅游管理概述”中“结构不良知识”的“传承型学习”及其迁移；依照相关行为规范对“课程思政1-1”和章后“课程思政-I”等案例进行善恶研判，促进健全职业人格的塑造。

▷ 创新型学习

通过以下目标，建构以“旅游管理概述”为阶段性内涵的“创新型”专业学力：

自主学习：参加“自主学习-I”训练。在实施自主学习计划的基础上，通过阶段性学习和应用附录一附表1“自主学习”（初级）“‘知识准备’参照范围”所列知识，搜集、整理与综合“旅游管理学基础理论研究”前沿知识，讨论、撰写和交流《“旅游管理学基础理论研究”最新文献综述》，撰写《“自主学习-I”训练报告》等活动，体验关于“旅游管理学基础理论研究”的“自主学习”（初级）及其迁移。

引例：中国旅游业高质量发展的空间

背景与情境：从质量上看，目前我国旅游业仍然更多地呈现出“旅游大国”的面貌，但在深层次结构上与“旅游强国”仍有较大的差距。这些质量层面的差距是可以通过产业运行机制的调整来追赶的，并且这些质量方面的提升能为我国旅游业的进一步发展提供广阔的再发展空间。

第一，提升游客人均消费，将为产业升级奠定基石。2019年，我国国内游客人均消费为953.23元，入境游客人均消费为903.59美元，与此相比，2018年全球国内游客人均消费为347.5美元、入境游客人均消费为1 243.2美元，均高于我国游客的人均消费。从世界旅游总收入排名前20位的国家来看，游客人均消费平均为392.3美元，中国仅为244.7美元，排在20个国家之末。从我国居民的旅游消费潜能看，游客人均消费有较大提升空间，从人次的增长转向人均消费的增长，不仅能带来旅游消费的升级，也为产业的发展带来新的发展动能。

第二，提升旅游业对GDP的综合贡献率，令旅游业发挥更大的产业带动作用。2015年到2019年，全国旅游总收入占GDP的比重从6.10%提高到11.05%，但与国际水平相比仍然存在差距。以新兴经济体为例，2018年新兴经济体旅游业收入占GDP的比重平均值为15.4%，中国与之相比仍有较大差距。随着服务经济时代的来临，旅游业收入和GDP之间的关系仍将发生变化，旅游业对GDP的综合贡献率仍有较大的提升空间。

第三，提高旅游企业综合效益，构建产业高质量运行的基石。旅游企业是旅游产业的基本运行单位，但我国旅游企业“小弱散差”的基本特征长期没有得到改变。2019年，我国旅行社共计38 943家，平均营业利润为7.7万元；星级饭店10 003家，其中通过省级审核的8 920家，星级饭店平均利润为62.32万元。旅游企业总体盈利能力相对较低，特别是与全球主要旅游企业相比差距明显。

第四，提升旅游业的国际竞争力，将推动我国走向旅游强国。《2019年全球旅游业竞争力报告》显示了中国的旅游业的发展情况：旅游商业环境方面排名第53位，安全防范方面排名第59位，旅游健康与卫生方面排名第62位，信息技术与通信技术方面排名第58位，旅游业的优先程度方面排名第66位，旅游国际开放度方面排名第76位，价格竞争力方面排名第43位，环境可持续性方面排名第120位，旅游服务基础设施方面排名第86位，旅游业大而不强的特点彰显无遗。

第五，提升旅游业的全要素生产率，将在本质上推动旅游业的发展转型。与传统的旅游强国相比，我国旅游业在全要素生产率增长方面仍有较大差距，如与美国相比，我国的入境旅游全要素生产率增长幅度与其相差14%。进一步分解，中国入境旅游业的技术进步和美国不相上下，说明中国旅游业在新科技的采用或新产品的开发方面已经有了很大进步，但技术效率和规模效率均为负增长，拖累了整体技术效率的发挥。特别是规模效率的不足，说明中国旅游业在组织和管理大企业的能力及知识方面仍有缺陷。提升旅游业的全要素生产率，将全面转变旅游业的增长方式，带来产业面貌的全面改变。

资料来源　金准．我国旅游业高质量发展的空间和方向［J］．中国发展观察，2020（Z8）：103-105.

旅游管理学是一门新兴的部门管理科学，它既是管理科学的一个分支，又是旅游科学的组成部分。它综合运用自然科学、社会科学和技术科学的原理和方法，研究旅游系统构成要素及其整体的规律性问题。

1.1　旅游管理学的发展

1.1.1　旅游管理学的发展历程

旅游管理学是一门新兴的学科，它的产生和发展与旅游业的发展息息相关。综观世界各地旅游活动的产生与发展，不难看出旅游活动的出现需要一些客观条件的支撑：其一是旅游者的可自由支配收入要达到一定的水平；其二是旅游者需要拥有一定的闲暇时间；其三是其他的一些因素，诸如旅游者的身体健康状况、旅游目的地的交通状况、旅游目的地的旅游环境等。西方国家自工业革命以来尤其是在第二次世界大战（以下简称“二战”）之后，由于各国均致力于本国经济力量的恢复和发展，许多战时的军用技术转化为民用技术，国家的生产力水平得到了极大的提高，国民经济也获得较快的发展。经济的发展提高了西方国家居民的收入水平和可自由支配收入，同时生产力水平的巨大进步也提高了生产的效率，从而增加了人们的闲暇时间。这些因素的出现以及长期的和平安定环境为西方国家旅游业的迅速发展起到了巨大的推动作用，旅游业的发展又促进了一系列管理活动的形成与发展，于是以研究旅游管理活动为内容的旅游管理学应运而生。从二战后开始，旅游管理学的研究与发展过程大致可以分为以下四个阶段：

1）旅游管理学的萌芽阶段（20世纪40年代中期—60年代末）

二战后，随着各国社会经济的发展、城市化进程的加快和科技教育的进步，大众旅游得到了迅猛发展。与此同时，依托现代管理理论对旅游业的管理行为研究普遍展开，不少旅游经营者开始尝试运用管理学原理指导自身的经营活动。但在这一阶段，旅游管理还不是一种普遍的行为，旅游科学理论也没有系统化，因此还没有人将管理科学与旅游科学结合起来，将旅游管理学作为管理科学的一个学科分支开展独立研究。所以，从二战结束一直到20世纪60年代末，旅游管理学都处于萌芽阶段。

2）旅游管理学的初创阶段（20世纪60年代末—70年代末）

在20世纪60年代，世界旅游业取得了长足的发展。许多发达国家纷纷加大发展旅游业的力度，旅游企业的投资也迅速增加。这使得旅游市场竞争更加激烈，越来越多的旅游经营者意识到科学管理的重要性。在此背景下，一些西方发达国家和地区的政府部门以及众多的旅游企业成为旅游管理的实践者，为旅游管理学的研究提供了丰富的素材。到70年代末，在大量的个案研究基础上，旅游管理学形成了一定的理论体系。但由于个案研究的局限性，这些理论成果缺乏对规律的揭示与总结，不具有广泛适应性，难以普遍推广。然而在这一时期，旅游管理学逐步从管理科学中独立出来成为一个学科分支，这是不争的事实，因此这一阶段是旅游管理学的初创时期。由于遭到“文化大革命”的严重破坏和干扰，中国旅游业在1966年后近10年内基本处于停滞状态。20世纪70年代，中日、中美先后建交，使关闭了10多年的中国大门向西方敞开，美国、日本及其他国家和地区的来华旅游者迅速增加，中国旅游业又有所复苏。但总体来看，整个20世纪70年代中国旅游业受到很大冲击，从政府到旅游企业都没有条件去考虑旅游管理的问题。

3）旅游管理学的发展阶段（20世纪80年代初—90年代初）

进入20世纪80年代，随着旅游业逐步呈现高回报率，越来越多的部门、企业和投资者把资金投到旅游项目上，促使旅游供给持续增长，旅游竞争进一步加剧，旅游管理现象日益普遍，旅游管理关系日益复杂。在这一背景下，从政府部门到旅游企业都迫切要求对旅游管理学开展深入研究，并在旅游管理现象研究的基础上进一步寻找具有广泛适应性的旅游管理方法以及旅游管理发展变化的规律等，以指导日益普遍和复杂的旅游管理行为。正是在这样的形势下，旅游管理学得到了长足的发展。这一时期，中国旅游业逐步由计划经济走向市场经济，开展了对旅游管理学的初步研究。首先是各级文化和旅游管理部门的设立和各地旅游管理条例的颁布实施，其次是各旅游企业管理意识的提高。在这一背景下，我国的旅游管理行为进一步规范和法治化，旅游管理水平有了较大提高。

4）旅游管理学的成熟阶段（20世纪90年代以后）

这一阶段是国际旅游业的大发展时期。随着人们旅游活动的广泛开展，全球范围内的旅游大环境逐渐形成，系统的旅游管理理念与方法开始被旅游界接受和应用。同时，对旅游管理学的研究，从发展阶段对规律的探寻进一步过渡到成熟期对管理体制、管理模式的探讨与研究。旅游管理学逐步形成了涵盖现象与关系，提示方法与规律，提炼体制与模式，为政府和企业管理各方服务的系统化理论体系。旅游管理学逐步走向成熟的另外一个重要标志是旅游战略管理理论的出现。这一理论反映了旅游管理的一种新的导向——面向未来对旅游管理活动进行根本性和长远性的规划与指导，确保国家、地方和企业旅游活动的持续存在与发展。它使旅游管理学在可持续发展观念的支撑下拥有更加持久的生命力。

1.1.2 旅游管理学的发展趋势

1）全球化趋势

随着经济全球化的发展，各国在旅游管理体制、旅游管理技术以及旅游管理实务方法等方面开始全面接轨，在各国旅游管理实践的基础上总结归纳出一套全面、系统的旅游管理理论。加入世界贸易组织（以下简称“入世”）为中国旅游管理学的发展提供了与世界接轨的契机。一方面，中国政府的旅游主管部门从入世的碰撞交流中，充分学习和借鉴了旅游业发达的国家在旅游管理体制上的成功经验；另一方面，中国的旅游企业在入世后借鉴了国外旅游企业先进的管理经验和技术，在管理标准上与世界先进水平接轨。因此，中国旅游管理实践的国际化水平得到了全面提高，从而为旅游管理学的全球化发展奠定了基础。除此以外，国内的旅游管理学者和专家逐步树立了更加强烈和全面的竞争意识，与国外旅游管理学的研究者开展广泛的合作和交流。

2）战略化趋势

旅游管理理论是用来指导国家和企业各项旅游经营活动的理论。由于旅游活动本身往往带有一定的风险性，因此现代旅游管理理论必须指导旅游管理者从战略管理的角度出发，准确把握旅游活动未来的发展方向，及时了解旅游环境的变化，预见可能出现的危机与风险，不断提高应变能力。同时，战略化发展也是可持续发展观念对旅游管理学的要求。唯有旅游战略管理理论的形成，才能确保旅游活动中人、资源、环境三者的协调发展，培植国家和企业在旅游业上的核心竞争力。总体来说，现代旅游管理学应当指导旅游管理者以特色为战略灵魂，以质量为战略根本，以效益为战略目标，立足于国家或企业在旅游业上的长远发展，推动旅游管理资源与旅游环境变化的协调发展。

3）系统化趋势

旅游管理不是一项独立的工作，它涉及政府、旅游主管部门、旅游企业和旅游者等方面，为了完成旅游管理任务，需要将旅游业内部之间相互作用、相互依存的事物组织起来形成一个社会系统进行研究，任何一个方面的关系处理不当都不利于旅游管理水平的提高。因此，今后的旅游管理工作要以系统化的观点进行指导，旅游管理的每个过程和环节之间要进行有机的协调和控制，共同实现一个特定的旅游管理目标。旅游管理学今后的发展具有明显的系统化趋势。

4）市场化趋势

现代旅游管理将向着更加市场化的方向发展，表现在以下三个方面：首先，旅游管理学以旅游市场上的管理现象为研究对象。旅游管理学的产生经历了从个案研究到规律探寻再到模式研究的发展阶段，是一个从现象到本质的不断深入的过程，研究的出发点是在特定市场环境下的各种旅游管理现象，因此研究的依据来源于市场。其次，旅游管理学以提高旅游活动的市场经济效益为研究目的。提高经济效益是一切经营活动的中心，因此指导旅游经营活动的一切理论都必须坚持以效益为中心的原则，旅游管理理论的研究也不例外，以提高旅游活动的经济效益，增强其市场竞争力为目标。最后，旅游管理学的研究过程始终贯穿“服务市场”的理念。以市场现象为出发点，以市场效益为目标，旅游管理学的整个研究过程都与市场息息相关，来源于市场并服务于市场。

5）创新化趋势

由于旅游发展环境不断变化，旅游管理学的各项研究唯有不断创新才能在高度变化的环境中保持对旅游活动的指导作用。中国对旅游管理学的研究刚刚起步，在研究中应贯彻创新精神，从旅游管理理念、旅游管理内容和旅游管理技术等方面实现现代旅游管理学的创新。旅游管理理念创新是指在旅游管理工作中应树立以顾客为导向的市场经济的管理理念，无论是政府还是旅游企业都要将市场经济理念牢固地植入管理战略中去。旅游管理内容创新是指旅游管理学的研究内容要随着旅游活动内涵与外延的深入与延伸不断调整，适应新的旅游管理实践的需要。旅游管理技术创新则是指旅游管理学要在所使用的研究技术上不断突破，及时更新研究方法与手段。只有这样，旅游管理学的研究成果才能具备较强的生命力和竞争力。

6）多元化趋势

旅游管理学的多元化发展趋势是由旅游管理学的学科特点决定的。旅游管理学既是管理科学的一个分支，又是旅游科学的组成部分。因此，需要综合运用社会科学、自然科学、技术科学的原理和方法，从不同国家、不同地区、不同部门、不同企业的旅游管理实际出发，研究旅游管理现象、旅游管理关系以及旅游管理发展变化的规律。这就决定了现代旅游管理学在研究人员、研究层次、研究方法等方面的多元化。

在研究人员方面，仅仅靠一方面的人才无法完成对某项旅游管理实践的系统化研究；在研究层次方面，旅游管理学涵盖了从上至下对国家、地区、部门以及企业各个层次旅游管理行为的研究；在研究方法方面，旅游现象的多样性和综合性特点使旅游管理学必须综合运用多种学科的技术方法与手段。

7）信息化趋势

旅游管理学的信息化趋势是由时代特征与旅游业本身的特征决定的，旅游管理的信息化有其必然性。一方面，当今时代信息化快速推进，给人类生产生活方式带来深刻变革，人类社会正从工业社会迈入信息社会，从一定意义上说，信息化的过程是信息技术应用与经济社会活动相融合的过程。展望信息化发展的未来，信息技术将在物联网和智慧城市建设、云计算平台建设与大数据分析、新兴电子商务应用、企业信息化的新拓展、绿色信息化路径等方面发挥主导作用。另一方面，旅游业是信息密集型产业，信息是其得以生存和运转的根本基础，同时现代信息技术的发展和广泛运用给旅游业带来了新的机遇，拓展了旅游业的深度、广度和高度，使旅游管理手段、思维和方式都发生了根本性的变化。

学习微平台

延伸阅读1-1

1.2 旅游系统构成

旅游系统构成，是从系统角度出发考察旅游活动的结构。**旅游系统**是各种旅游现象的集合体，通过旅游者的活动使得各组成要素相互联系、相互作用，进而构成的一个有机整体①。现代旅游活动的复杂性、外部环境的动态性都要求我们从全面、整体、运动的视角把握旅游系统的运行。运用旅游系统的分析方法，有助于人们既考察旅游系统本身，又不忽略旅游系统与外部环境之间的相互作用。自20世纪70年代以来，国内外旅游系统类型比较典型的有以下几种：

1.2.1 六要素说

“六要素说”是指在旅游者旅游过程中，为了满足自身生活、体验和享受的需要所购买的“食、住、行、游、购、娱”六种基本要素产品和服务，这六种要素可以涵盖现代旅游活动的基本特点。该观点的提出与我国旅游业发展的历程密切相关。改革开放初期，为解决外汇资金紧缺问题，邓小平同志提出：“旅游事业大有文章可做，要突出地搞，加快地搞。旅游赚钱多，来得快。”1989年我国著名经济学家孙尚清提出旅游业“适度超前发展”战略。1991年，孙尚清在《中国旅游经济发展战略研究报告》中正式提出了“食、住、行、游、购、娱”六要素概念。中国旅游业的快速发展，不能不说与旅游业发展前期的经济主导定位密切相关。时至今日，在各种政府报告、旅游教科书、学术研讨中，人们仍能见到“六要素”的相关提法。“六要素”的提出为指导人们去认识、开发旅游业发挥了重要的作用，为人们构架旅游产业链提供了基本范式。②

1.2.2 三体说

“三体说”是指以旅游者的需求为导向，以旅游活动的顺利组织为目的，从哲学

① 刘锋. 旅游系统规划——一种旅游规划新思路［J］. 地理学与国土研究，1999（1）：56-60.
② 翟辅东. 旅游六要素的理论属性探讨［J］. 旅游学刊，2006（4）：18-22.

高度对旅游现象所进行的主客定位。具体可表述为：在旅游活动中，“旅游者”是旅游活动的“主体”，“旅游资源”是旅游活动的“客体”，“旅游业”是旅游活动完成的“媒体”。这种定位与雷珀（Leiper）提出的“客源地-目的地对接模型”有异曲同工之处。在Leiper的模型中，重点突出了客源地、目的地和旅游通道三个空间要素，他把旅游系统描述为由旅游通道连接的客源地和目的地的组合。与“六要素说”相比，“三体说”从旅游供给与需求两个层面入手，抓住了旅游活动所引起的各种经济社会现象中最为核心的一对矛盾关系，走出了传统的把旅游业单纯看作经济现象的狭隘视角（如图1-1所示）。

学习微平台

延伸阅读1-2

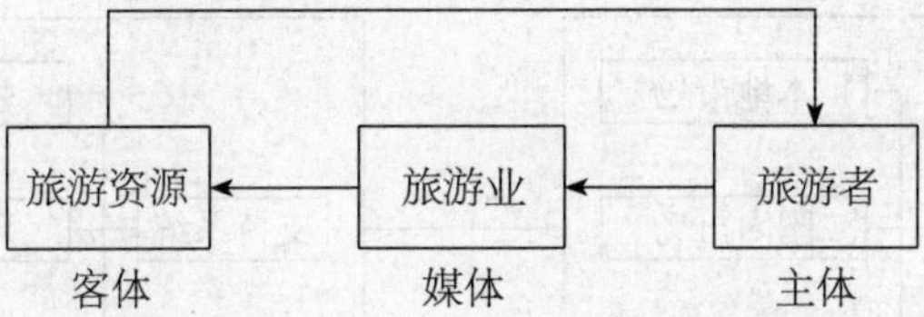

图1-1　旅游主客系统构成图

1.2.3　旅游功能系统

旅游功能系统模型由美国著名旅游规划专家冈恩（Gunn）教授于1972年提出，该模型由需求板块与供给板块两部分构成，其中供给板块由交通、信息、促销、吸引物和服务等构成。他认为，这五个部分是旅游规划中的基本要素，旅游活动的实现，至少要涉及上述五个要素，并且要求这五个要素相互作用形成一个有机整体——旅游功能系统。2002年，冈恩教授又提出了一个新的旅游功能系统模型。在该模型中，供给和需求两个最基本要素之间的相互匹配构成了旅游系统的基本结构。在供给子系统里，吸引物、促销、交通、信息和服务之间存在着相互依赖关系，它们共同作用，提供符合市场需求的旅游产品（如图1-2所示）。冈恩教授对供给子系统的描述很好地体现了旅游产品作为一种组合产品的特征。①

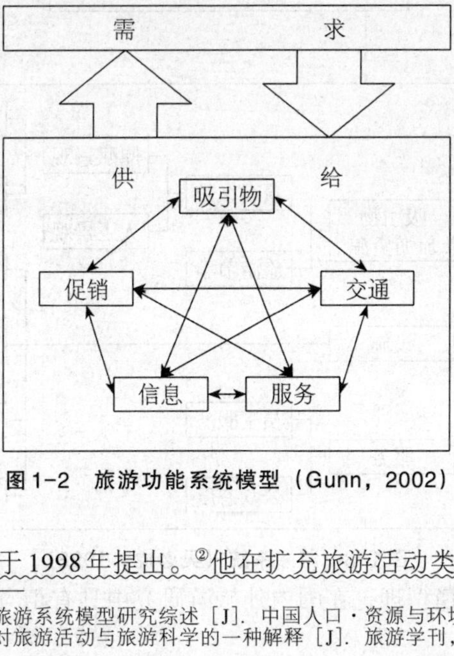

图1-2　旅游功能系统模型（Gunn，2002）

1.2.4　游憩系统

游憩系统由吴必虎于1998年提出。②他在扩充旅游活动类型的基础上，认为客源

① 郭长江，等. 国内外旅游系统模型研究综述［J］. 中国人口·资源与环境，2007（4）：101-106.
② 吴必虎. 旅游系统：对旅游活动与旅游科学的一种解释［J］. 旅游学刊，1998（1）：21-25.

市场系统、出行系统和目的地系统共同组成一个结构紧密的内部系统，在其外围还形成一个由政策、制度、环境、人才等因素组成的支持系统。具体来讲，客源市场系统是指位于游憩活动谱上各段落的休闲者和旅游者及其形成、活动背景等因素构成的一个子系统；出行系统由交通、旅行服务、信息服务、目的地营销构成；目的地系统由吸引物、设施和服务三方面要素组成；支持系统包括政策法规、环境保证、人力资源教育等。如要进一步细分，设施子系统包括除交通设施以外的基础设施（给排水、供电、废物处置、通信及部分社会设施）、接待设施（宾馆、餐饮）、康体娱乐设施（运动设施、娱乐设施等）和购物设施等四部分（如图1-3所示）。

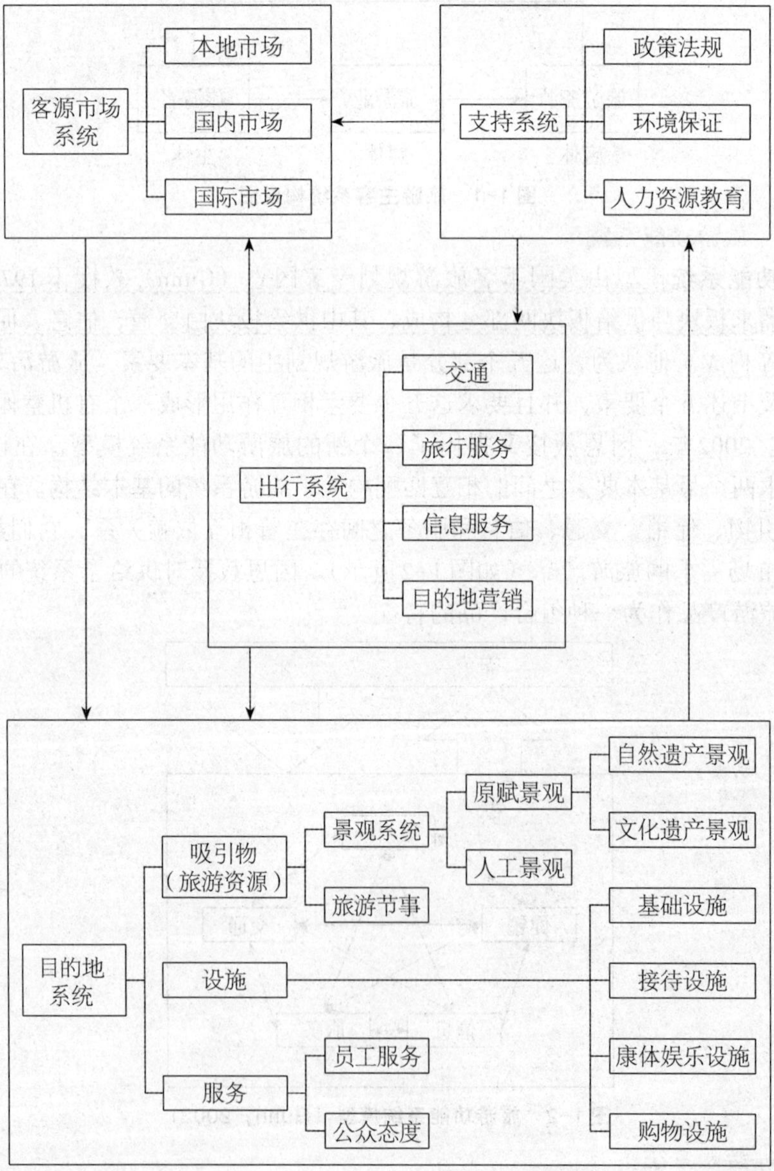

图1-3　游憩系统（吴必虎，1998）

上述四种旅游系统模型理论在国内外旅游研究中具有相当广泛的影响，代表了目前旅游学界的一种认知态度和水平；同时也说明，旅游系统模型的研究和构建不是静止不动的，而是一个随着旅游产业实践不断深化而动态演化的过程。

同步思考1-1

问题：国内外典型旅游系统模型有哪些？未来旅游系统研究发展方向是什么？

理解要点：国外旅游系统研究始于20世纪70年代。1972年苏联地理学家B.C. Преображенски提出地域旅游系统模型；1972年，美国著名旅游规划专家冈恩（Gunn）教授提出了旅游功能系统模型（2002年又提出新的旅游功能系统模型）；澳大利亚学者雷珀在1979年提出并于1990年重建了旅游地理系统模型；1985年，Mill和Morrison提出了与冈恩旅游功能系统模型非常相似的模型；1987年，美国学者Mitchell构造出概念矩阵模型；1996年，美国学者Z.H.Liu提出了三圈层的旅游系统及其环境结构模型；1999年，美国学者McKercher提出旅游复杂系统模型。国内学者对旅游系统的探讨多是在国外学者研究基础上的改进。陈安泽、卢云亭等认为，旅游系统框架由供给系统和需求系统两部分组成；吴必虎提出游憩系统；1999年，王家骏提出的旅游系统模型把旅游系统与外部环境相结合；2006年，王迪云提出了旅游耗散结构系统模型。综观国内外学者提出的旅游系统模型，环境观和复杂性将成为未来旅游系统模型和旅游科学研究的重要方向。

同步案例1-1

网红开元森泊度假乐园

背景与情境：2019年12月8日—10日，第二届“中国服务”·旅游产品创新大会于海南博鳌亚洲论坛国际会议中心召开，2019年大热的“网红”度假综合体项目——杭州开元森泊度假乐园入选“中国服务”旅游产品十大创意案例。

2019年，“网红”开元森泊度假乐园频频刷爆社交网络。根据官方粗略的统计，开业至今，抖音、微博、小红书等平台上关于“森泊打卡”的精华内容，平均每月就新增1 000篇，甚至连一线明星也慕名前来“遛娃”，并在小红书上分享了森泊出游体验。有趣的是，很多传播火爆的内容并非来自明星或者“大号”，比如，一位宝妈晒的森泊树屋照片在小红书上收获了2万多条点赞；一位员工随手拍的粉色造浪池视频播放量也超过了300万次。一位资深旅游达人说：森泊自带网红属性，拍什么都很容易火，我们都很乐意去拍照。火爆的森泊也吸引了很多同行和媒体广泛热议，他们称开元森泊是2019年江浙沪亲子游市场上最强劲的黑马。

成为网红打卡地的同时，开元森泊的成绩单也是有目共睹的。在2019年“双11”购物节中，开元森泊“网红度假屋套餐”1分钟内就成交了400套，预售第1天销售“网红度假屋套餐”突破5 000套，冲上了亲子酒店排行、江浙沪度假村排行等“双11”榜单，预售第2天就赶超了2018年“双11”的销售总额，总成交额达到4 426万元。

对比线上预售的“风风火火”，森泊乐园的线下收益也同样可观。以杭州开元森泊度假乐园为例，自2019年1月运营至今，各项经营指标稳步提升，周末、节假日基本上一房难求，特色树屋、星空房等特色房型更是全年零空档，水乐园、儿童乐园等游乐单元也取得了良好的市场反馈。开业首年，杭州森泊整体收益大超预期，随着知名度的逐步打开，接下来应该会有更好的市场表现。

资料来源 佚名. 开元森泊度假乐园入选“中国服务”旅游产品十大创意案例［EB/OL］.［2019-12-10］. http://www.cntour2.com/viewnews/2019/12/10/qocWvWGy2WhQqO9U7bXJ0.shtml.

问题：旅游消费升级背景下传统度假酒店还只是酒店吗？

分析提示：创新是酒店行业发展的不竭动力。在传统思维下，酒店的基本功能包括住宿与餐饮，娱乐功能也多局限于健身、棋牌、儿童乐园等，因此酒店很少能成为大众休闲度假关注的焦点。但是，2019年新开发的开元森泊乐园一推向市场即取得不俗的成绩，这与其别具一格的创新思维、持续不断的匠心情怀是分不开的。在旅游新时代，酒店不仅仅是酒店，开元旅业集团创新打造的“酒店+乐园”综合体品牌有其成功的必然性。

1.3 旅游管理概念

1.3.1 旅游管理的内涵

根据对管理概念的理解，并结合旅游业的特点，可以将**旅游管理**定义为：为实现旅游组织发展目标，人们按照客观发展规律要求对旅游系统所进行的计划、组织、领导、协调和控制的活动。

正确理解旅游管理的概念必须把握好以下几点：

1）旅游管理的主体

旅游管理是人们有意识、有目的的社会实践活动，这种实践活动是由具有一定管理知识和技能的人员来完成的，这些人员就是旅游管理的主体——旅游管理者。因此，旅游管理者就是在现代旅游系统中，协调和监督他人的活动以实现既定目标的人员。

由于现代旅游系统的构成广泛而复杂，因此根据旅游管理者在这些活动中所处的地位和所承担的职责，通常可以将旅游管理者划分为不同的管理层次，如旅游企业中的高层旅游管理者（总经理、总会计师等）、中层旅游管理者（部门经理、业务经理等）和基层旅游管理者（主管、领班）等。

2）旅游管理的客体

旅游管理的客体或对象，是指特定的人群和他们的活动。旅游管理中的特定人群包括旅游者和旅游行业职工，其中旅游者既是旅游服务的对象，也是旅游管理的客体。如何科学地组织旅游者圆满地完成旅游活动，满足旅游者的旅游需求是旅游管理的重要内容。旅游行业职工，作为提供旅游服务的主体，也是旅游管理的对象，通过科学组织旅游行业职工有效地提供旅游服务，实现旅游企业和旅游地的旅游发展目标，同样也是旅游管理的重要内容。

旅游管理的客体，除了对人的管理外，还必须对整个旅游系统运行进行科学的管理，促使旅游活动遵循客观规律而富有效率和效果地进行。

3）旅游管理的手段

旅游管理的目的是实现既定的目标，而实现既定目标的手段，则要依靠一系列旅游管理职能，这些职能包括计划、组织、领导、协调和控制等。因此，从一定意义上讲，旅游管理实质上就是旅游管理职能的实施过程，即通过各种旅游管理职能，把旅游管理的目标和任务具体分解到各相应的部门和人员，明确他们在什么时间、做什么事情、如何做好等内容和要求，然后通过大家协调一致的活动来实现旅游管理的既定目标。

1.3.2　旅游管理的特征

1）旅游管理的综合性

旅游活动是集食、住、行、游、购、娱于一体的综合性经济活动，而旅游管理正是在旅游活动的基础上得以进行与开展的。旅游管理实质上是针对旅游活动各要素而进行的综合性管理，以确保旅游消费需求得以实现，因此，旅游管理首先体现出综合性的特征。

业务链接1-1

旅游产品的综合性

旅游产品的综合性首先表现在旅游产品的构成上。旅游产品由旅游资源、设施、服务等多种成分组合而成，其中既有有形的部分，也有无形的部分；既有物质产品，又有精神产品，可以满足旅游者在食、住、行、游、购、娱等多方面的物质和精神需要。

其次，旅游产品的综合性还表现在旅游产品的生产和经营涉及多个部门和行业。其中有直接面向旅游者的旅行社、饭店、交通运输业和景区、景点，也有间接面向旅游者的工业、农业、建筑业和纺织业、金融业、保险业等。这些部门和行业有的是以物质生产为主，有的是以非物质生产为主；既涉及经济类部门，又涉及非经济类的政府部门和非行业性的组织。

针对旅游产品的这一综合性特征，要求旅游经营者在组合旅游产品时必须全面规划、通盘考虑、综合安排，确保提供的产品能够满足旅游者的整体需要。

资料来源　田里. 旅游经济学［M］. 4版. 北京：高等教育出版社，2019：41-42.

2）旅游管理的复杂性

旅游管理的复杂性体现在旅游管理的实施上。现代管理方案在实施过程中离不开一系列科学的标准，否则难以取得预期的效果。由于旅游业是服务性行业，旅游活动是一个服务交易的过程，对服务过程很难制定明确的量化标准，因此对旅游服务活动进行管理比对有形产品的生产活动进行管理的难度要大得多，旅游管理是一项复杂的工作。

3）旅游管理的开放性

旅游管理的开放性是基于全球经济一体化和因特网的普及而提出的。随着经济全球化的发展，旅游管理时空不断拓展，管理活动日益复杂，出现了以地域特色为管理特征的旅游管理活动与全球化、国际化旅游管理活动之间的矛盾。区域旅游管理活动必须适应开放性的发展要求，因此现代旅游管理活动具备开放性特征，具体表现在两个方面：其一是旅游组织的管理者对外界环境具有更高的反应能力；其二是任何旅游组织都体现出公平、公正、公开的管理原则。

4）旅游管理的创新性

旅游管理的开放性加速了各种管理思想、管理理论的碰撞与交流，促进了各种旅游管理文化的竞争，创新性的文化将会融合、同化落后的旅游管理文化。因此，在开放性、竞争性的基础上必然产生对旅游管理的创新性要求。同时管理的时效性也决定了任何一种旅游管理理论、方法和实践的经验都不可能长期有效，旅游管理永远是在发展中的，永远是根据具体情况探索具体方法、不断创新的，唯有如此才能发挥旅游管理的效用。旅游管理的创新性特征主要体现在理论创新与实践创新两个方面。

深度剖析1-1

问题：旅游管理如何创新？

解析提示：从现代管理角度看，旅游创新理论是在一定的制度体系下，为创造、利用和扩散知识而相互联系与作用，并不断利用新知识创造旅游经济价值的知识系统，其内容主要包括以下几方面：一是旅游技术创新，是指各种新思想、新技术、新材料、新工艺、新产品和新服务首次投入旅游业运用和转化的过程。二是旅游制度创新，是指通过变革改进原有的制度，建立符合社会生产力发展和现代化生产发展要求的新制度的整个过程。三是旅游市场创新，是在现代市场经济体制下，为有效实现各种新生产要素的商品化，以及生产要素新组合的市场化而进行的一系列活动的总称。四是旅游管理创新，是为适应现代市场经济条件下旅游发展的需要，对有关旅游发展的管理思想、管理理论、管理方法和管理手段的创新与实践的整个过程。

资料来源 罗明义. 旅游管理学［M］. 天津：南开大学出版社，2007：78-79.

5）旅游管理的艺术性

旅游管理不仅是科学，同时也是一门艺术。旅游活动的综合性和复杂性，决定了旅游管理不仅要按照客观规律进行管理，同时还必须因地、因时、因情况，灵活、巧妙、权变地运用旅游管理理论和方法处理好各种矛盾与问题。因此，要提高旅游管理的有效性和艺术性，管理人员就必须熟悉和掌握旅游管理的理论与方法，切实加强旅游管理理论的学习，只有不断积累丰富的旅游管理实践经验，培养处理各种旅游管理问题的技巧和艺术，才能不断提高旅游管理的能力和水平。

同步思考1-2

问题：旅游管理的研究对象是什么？

理解要点：旅游管理的研究对象是旅游系统。由于时代、认知差异，旅游系统不是一个静止不动的固定体系，会随着旅游业发展实践不断丰富完善。总体来说，旅游系统会朝着两个方向发展：从时间序列看，旅游系统模型变得越来越庞大，考虑的因素也越来越多；从环境与旅游系统的关系来看，研究者逐渐意识到环境对旅游系统的重要性。

资料来源 郭长江，等. 国内外旅游系统模型研究综述［J］. 中国人口资源与环境，2007（4）：101-106.

教学互动1-1

主题：2019年国内旅游市场和出境旅游市场稳步增长，入境旅游市场基础更加牢固。全年国内旅游达到60.06亿人次，比上年同期增长8.4%；入境旅游达到14 531万人次，比上年同期增长2.9%；出境旅游达到15 463万人次，比上年同期增长3.3%；全年实现旅游总收入6.63万亿元，同比增长11.1%。年末全国共有A级旅游景区12 402个，全年共接待64.75亿人次，比上年增长7.5%，实现旅游收入5 065.72亿元，增长7.6%。年末全国旅行社共有38 943个，比上年末增加2 940个。全年入境旅游接待1 829.62万人次，国内旅游接待18 472.66万人次，出境旅游组织6 288.06万人次。2019年度全国旅行社营业收入6 621.76亿元，营业利润30.06亿元。2019年全国旅行社直接从业人员41.06万人。年末全国星级饭店共有10 130家，平均房价378.55元/间夜，同比增长6.3%；平均出租率56.7%，同比下降1.3%；可供出租客房收入214.65元/间夜，同比增长4.9%；客房平摊营业收入40 424.51元/间，同比增长5.4%。旅游管理理论研究滞后往往会成为旅游产业发展的障碍。

资料来源　中华人民共和国文化和旅游部. 中华人民共和国文化和旅游部2019年文化和旅游发展统计公报［EB/OL］.［2020-06-20］. https://www.mct.gov.cn/whzx/ggtz/202006/t20200620_872735.htm.

问题：如何推动旅游管理实践跟得上时代步伐？

要求：

（1）课前学生就“互动问题”上网查阅相关资料，做好互动准备。

（2）教师不直接提供上述问题的答案，而是引导学生结合相关教学内容就问题进行独立思考、自由发表见解，组织课堂讨论。

（3）教师把握好讨论节奏，对学生提出的典型见解进行点评。

业务链接1-2

旅游营销要善于打造本地“网红”

近期，因一段“野性与纯真并存”的短视频，四川省甘孜州理塘县藏族小伙丁真在社交媒体爆红。之后，他成为家乡理塘县文旅体投资发展有限公司的员工，为当地文化旅游代言。丁真曾在一次采访中表示，最想去的地方是拉萨。此后，多个省市的媒体、文化和旅游管理部门纷纷通过社交媒体邀请丁真，并晒出各地旅游资源。截至11月29日9时，“全国各地都在邀请丁真”的微博话题阅读量已达4.8亿次。近日，外交部新闻发言人华春莹也在推特上发文，向海外网友介绍丁真。

丁真一夜之间爆红网络，吸引了众多粉丝，也带火了理塘县的旅游。数据显示，“理塘”热度从11月20日起大涨，到11月最后一周，“理塘”搜索量猛增620%。一个人带火一座城，这种情况可不多见，上一个是“不倒翁小姐姐”，凭借一则短视频爆红，进而带火西安旅游。

在电视时代，安迪·沃霍尔就有名言：“在未来，每个人都能出名15分钟。”随后他又补充说：“每个人都可能在15分钟内出名。”而在网络时代，这个时间则被压缩到更短，近年来不少草根逆袭成为“网红”，仅仅是凭借几分钟、几十秒的短视频，或者一张照片，就吸引了无数流量。不过，这种走红具有不确定性，犹如天上掉馅饼一般，不知道会落在谁的头上。

理塘曾是全国贫困县，今年2月正式退出贫困县序列，摘掉贫困帽，但要实现长久致富，还需要进一步探索。之前，理塘县为了发展当地旅游经济，曾举办了一系列营销推广活动，比如国际赛马节、诗歌节、景区门票免费等，都平平淡淡，没有打响知名度，没有培养出“网红”，也未能激起旅游热度。

如今，丁真的超高人气，令理塘县的知名度骤然升温，给当地旅游经济发展带来巨大商机，因此需要善加利用，仔细筹划，既不要浪费流量，也不能急于求成（过度消费丁真），以免造成速朽。

目前各地文化和旅游管理部门均看到丁真的流量潜力，纷纷使出各种技巧“蹭热点”，以邀请丁真的方式，吸引粉丝的关注。在市场经济环境下，这种借势造势的营销方法，一方面可以延长丁真的热度，另一方面也可形成集体宣传效应，扩大热度的覆盖面，使得行业受益。我国中西部贫困地区旅游资源丰富，丁真走红给这些地方的脱贫致富和旅游经济发展带来了希望，看到了网络变现模式。

“酒香不怕巷子深”的时代已经远去，现在是一个需要宣传推广的时代，网络赋予了个人参与信息制作、传播的能力，即便偏僻地区的人和物，也有一夜成名的机会。

网络时代，丁真只有一个，或许无法复制。就旅游营销而言，各地要勇于探索，持续挖掘本地人才、资源潜力，推出本土特色的爆款，提高知名度和吸引力。

资料来源　江德斌. 旅游营销要善于打造本地“网红”[N]. 中国旅游报，2020-12-01（3）.

1.4 旅游管理性质

1.4.1 旅游管理的性质

马克思主义管理二重性理论指出，管理具有自然和社会两重属性。一方面，管理具有与生产力发展和社会化大生产相适应的自然属性；另一方面，管理又具有同生产关系和上层建筑相联系的社会属性。旅游管理是对整个旅游活动进行管理，既与生产力和社会化大生产相适应，又与生产关系和上层建筑相联系，因此旅游管理客观上也具有二重性。

1）旅游管理的自然属性

旅游管理的自然属性，是由旅游活动的基本特征决定的。马克思主义管理二重性理论认为，共同社会劳动是以分工和协作为前提的社会化大生产活动，只要存在分工和协作的共同社会劳动，客观上都需要管理。因此，旅游管理就是通过对以分工和协作为基础的旅游活动进行计划、组织、领导、协调和控制，把处于分离状态的各种系统要素有机地结合在一起，保证旅游活动的顺利进行。

随着社会生产力的发展，旅游活动的规模越来越大，范围越来越广泛，各种系统要素的社会结合程度越来越密切，从而对旅游管理的要求也越来越高。因此，旅游管理的自然属性是由生产力运动的内在要求引起的，其与生产关系和上层建筑的性质无关，是任何社会化的旅游活动都不可缺少的重要条件，所以旅游管理具有与生产力和社会化大生产相适应的共性或一般属性。

2）旅游管理的社会属性

旅游管理的社会属性，是由旅游活动的生产关系和上层建筑的性质决定的。马克思主义管理二重性理论认为，在任何社会活动过程中，人们除了形成分工与协作的共同劳动关系外，还必然形成一定的经济关系或生产关系，这种经济关系或生产关系的性质不同，就决定了管理的社会属性也具有本质上的差别，即管理必须体现生产资料占有者的意志和要求，成为维护其自身利益的工具和手段。同时，建立在一定经济关系或生产关系基础上的上层建筑，如社会制度、政治法律、文化传统等也会对管理的社会属性产生重要的影响。

因此，旅游管理不仅要按照生产力发展的内在要求来组织旅游活动，还必须通过其自身的活动来体现一定的生产关系和上层建筑的要求，这种因生产关系和上层建筑的性质不同而有所不同的管理属性，就构成了旅游管理的社会属性，又称为旅游管理的特殊性。

1.4.2　旅游管理的意义

随着管理理论与实践的发展，管理的重要性已经在现代社会形成共识，它是提高社会经济资源利用率，转化科学技术为生产力，协调高度专业化的社会分工组织，统一与实现社会发展目标的必要手段。这也是旅游管理意义的表现。除此以外，旅游业的一系列特性，进一步体现了旅游管理的重要意义。

1）旅游活动具有异地化特征，需要旅游管理进行区域协调

旅游活动的产生、发展都与旅游者的外出旅行与逗留分不开，具有明显的异地化特征。接待同一对象通常必须由不同地方的旅游企业、旅游从业人员共同协作来完成，因此需要发挥旅游管理的协调职能，协调各方关系，确保各地的接待工作环环相扣，顺利开展。尤其要指出的是，在出入境旅游中，旅游活动的跨国化对旅游管理提出了更迫切的要求。旅游业将面临既相互区别又相互联系的国内与国际两个旅游市场，只有实行有效的计划、调节和组织等管理活动，才能确保国际与国内旅游经营活动的顺利开展和协调发展。

2）旅游消费具有综合性特征，需要旅游管理进行统一领导

旅游者的消费需求通常是综合性的，虽然他们绝大多数都有比较单一的旅游动机，但在旅途中一般都会涉及食、住、行、游、购、娱六个方面的消费。而且，近年来旅游消费需求还在向其他服务领域延伸，如金融、保险、房地产、会展等相关行业。旅游消费综合性的普遍存在，使得旅游业所提供的产品与服务也必须是综合性的，同时由于市场需求变化的随机性很大，因此旅游业必须在科学管理的基础上，把诸多专业化分工的部门和行业综合到一起进行协作经营，才能确保旅游活动的正常进行。

3）旅游服务具有社会性特征，需要旅游管理进行规范控制

旅游服务离不开人与人之间面对面的直接接触。供需双方的沟通与情感、思想交流，不仅有可能影响到彼此原有的意识倾向与价值观念，还可能从中产生一种新的公共或人际关系。旅游服务的社会性，不仅意味着人对人、面对面的服务需要娴熟的技巧和较强的应变能力，而且对两者之间必然要发生的沟通与交流也提出了非同寻常的要求。处理得好可以更好地满足旅游者在精神、情感上的要求，增强企业对顾客的吸引力；处理不好，也可能引发出许多问题。因此必须通过旅游管理活动，强化对旅游从业人员的服务素质要求，规范服务行为，开展旅游服务的标准化控制。

4）旅游活动具有普遍性特征，需要旅游管理进行全面规划

学习微平台

延伸阅读1-3

从全球的角度来看，以就业人数比例、所创造的利税等社会经济指标来衡量，旅游业已超过汽车、石油和化工等行业，成为全球第一大产业。旅游经济活动的普遍性要求人们充分认识到发展旅游业必须按客观存在的经济规律来办事，以市场需求为导向，重视旅游科学管理，进行全面规划，讲求综合效益，才能为国民经济的发展作出应有的贡献。

1.5　旅游管理任务

1.5.1　旅游管理的内容

旅游管理是协调旅游关系的活动。由于旅游关系存在多层次、多结构、多方面的特征，因此旅游管理也相应地具有丰富的内涵。旅游管理的内容涉及受旅游活动影响的各个方面，如对旅游者活动的管理、对旅游服务企业的管理、对旅游资源的管理、对国家旅游政策的管理等。由于旅游管理是存在于旅游组织之中的，组织形态与层次的差异体现了旅游管理的特色，因此，从旅游管理的组织层面上可以把旅游管理分为宏观管理与微观管理两部分。

1）旅游宏观管理

旅游宏观管理是指政府及旅游主管机构从宏观角度为保障旅游业的发展，通过制定旅游政策、法规，制定旅游业发展规划，建立与完善国家旅游管理体制，用行政、经济、法制的手段对国家或当地的旅游发展进行宏观、间接的调控。其特征体现在总体和总量上，具体包括以下管理内容：

（1）旅游管理体制模式和旅游经济运行框架的确定。在不同的国家和地区，由于经济体制不同，所有制形式不同，旅游管理体制模式有所差异。旅游管理体制模式和旅游经济运行框架决定了政府对旅游业发展的干预程度和管理方式，奠定了旅游管理的基调，是旅游宏观管理首先需要明确的内容。

（2）旅游管理组织体系的建立。旅游管理是多方面、多层次的综合化管理与专业化管理的结合，它需要建立与之相适应的管理和组织体系，才能确保旅游管理有效运作，推动旅游经济正常有效发展。因此，组织体系的建立也是旅游宏观管理的重要内容。旅游宏观管理主要是由国家政府执行管理职能，它的组织体系主要由以下三部分组成：

第一，国家集中、统一、最高层的全面综合管理的组织机构，如文化和旅游部。

第二，中心城市以及省、自治区、直辖市的各级政府在所辖范围内设立的各种相应的管理机构，如旅游发展委员会及相关机构，形成在中央政府高层的集中统一下，垂直分层次的旅游宏观管理组织体系。

第三，全国各地区的各种旅游行业协会、同业公会、旅游商会及专业旅游研究会等半官方的和群众团体等非官方的管理组织体系。

（3）旅游业发展政策法规的制定和颁布。为了引导旅游活动向着合理的目标发展，规范旅游市场的运作行为，完善旅游产业的产业结构，需要有一系列的政策法规出台，这是旅游宏观管理的又一项重要内容。旅游业发展政策法规包括各级旅游主管

部门根据国民经济发展水平，制定旅游业发展战略规划，确立旅游业发展的预期目标，并制定保障旅游业发展的方针政策、法规条例，以此作为旅游管理的依据。

课程思政1-1

“赏花经济”为乡村振兴赋能添彩

背景与情境：春季来临，从南到北，天气渐暖，全国各地杏花、桃花、玉兰花、樱花、油菜花等竞相绽放，激发了人们外出踏青、赏花意愿。春意盎然的田间、姹紫嫣红的乡野，一幅幅美丽的春日画卷令人流连忘返。

近年来，随着人们生活水平的不断提高，外出踏青、赏花的人越来越多。特别是今年以来，随着疫情防控政策优化调整，期盼已久的游客与精彩绽放的鲜花撞个满怀，热闹场景如约而至，乡村旅游也如“春花绽放”。

当前，势如破竹的赏花经济不仅孕育新动力、展现新活力，也成为乡村振兴的新抓手、致富增收的新路径。

赏花聚集的高人气，固然对进一步提高乡村旅游综合经济效益具有很大的带动作用，然而，面对当前不少地方“花开客来、花谢客去”的现状，赏花经济难以形成规模。如何把赏花经济做大做强，更好地助力乡村振兴，值得业界和有关部门思考。

笔者认为，各地要注重赏花与乡村游、生态游相结合，推动旅游产品创新升级，补齐赏花经济“短板”。尤其是要针对当前人们多元化、品质化的旅游需求，不断探索“农业+旅游”的新路子，彻底改变“赏花的人虽多，但大多拍完照就走，停留时间短”的状态。建议结合当地传统文化和民俗民风建设一批“花样旅馆”“花样餐厅”，开发一系列有创意、能互动的旅游产品。同时，还可以打造既有特色又有良好寓意的花海，培育一批差异化、有特色的乡村民宿，串点成线，将赏花景区与生态康养、房车露营等业态融合，进一步延长赏花经济产业链条，丰富文旅业态，让“走马观花”式赏花游向体验自然、融入自然、见证美好的沉浸式旅游转变。

另外，各地在乡村赏花游中还可以融入中国传统的田园文化、耕读文化，通过开发农耕体验、研学旅行，打造“鲜花+文化”品牌，留住游客脚步，丰富游客体验，让游客在踏青赏花之余，既能增长知识，又能寻找记忆中的“乡愁”。

“世界那么大，我想去看看。”期待有更多的地方能够以赏花为“针”，发挥其“穿针引线”作用，不仅通过赏花带来人气，助力乡村旅游提档升级，还能带旺当地餐饮以及农副产品销售，进而实现“以花惠民”“以花兴农”，带动农户持续增收、农村环境不断改善，让赏花经济常开常艳、历久弥新，实现赏花经济与乡村振兴相得益彰。

资料来源 刘纯银. 延长乡村产业链条让赏花经济常开常艳［N］. 中国旅游报，2023-04-04（3）.

问题：

1）赏花经济如何破解季节性难题？

2）乡村旅游助力乡村振兴有哪些可行思路？

（4）对旅游经济运行的调控和监督。旅游经济运行本身依赖市场调节机制，但在市场经济体制还不完善的条件下，宏观调控仍然是旅游宏观管理的一项重要手段。所谓宏观调控，就是指政府运用行政、法律、经济杠杆等手段所进行的协调和控制。这种调控以间接调控为主，主要有财政手段的调控、金融信贷手段的调控、价格手段的调控、外经贸及进出口手段的调控。旅游宏观管理对旅游经济运行的调控主要是对国家以及各地区旅游经济总量的调控。

2）旅游微观管理

旅游微观管理是指旅游投资、经营者对旅游企业产品设计开发、生产、经营以及旅游企业自身所拥有的各种资源的直接管理，它是旅游企业在国家宏观管理政策既定的前提下，利用各种资源，实现企业目标的过程。旅游微观管理的职权行使者就是企业的各级管理人员，管理对象是企业的人力资源和物质资源，管理的目标是使企业获得理想的经济效益与社会效益。具体而言，旅游微观管理又包括以下内容：

（1）旅游企业的投资管理。旅游投资是指在一定时期，根据旅游企业发展的需要将一定数量的资金投到其发展项目之中，以获取比其投入资金数量更大的产出。旅游投资管理则贯穿于整个旅游项目的建设过程之中，大致可分为三个管理阶段，即投资准备阶段、投资决策阶段和投资实施阶段。总而言之，旅游企业的投资管理直接影响旅游企业的生存与发展。

（2）旅游企业的市场管理。对于旅游企业而言，旅游市场是由现实的和潜在的旅游消费者构成的。旅游消费者由于分布在各个地区，具有不同的需要、不同的购买力、不同的购买心理和不同的购买方式，因而旅游企业的市场管理实质上就是对旅游市场需求的管理。在不同的市场需求阶段，旅游企业的经营管理人员必须根据目标市场的需求，采取不同的营销策略，确定营销组合，以期最大限度地满足旅游消费者的需要，从而使旅游企业获得良好的经济效益。

（3）旅游企业的质量管理。当今世界面临着日益激烈的市场竞争环境，旅游企业要想持续发展、立于不败之地，就必须不断提高其产品和服务的质量。因此，质量管理备受各国旅游企业的重视。所谓质量管理，就是指把一个旅游企业的各个部门在质量发展、质量保证和质量改进方面的努力结合起来形成一个有效体系，以便使生产和服务达到最佳，并使旅游者满意的管理活动。

（4）旅游企业的人力资源开发与管理。人力资源是一个企业最宝贵的资产，企业经营的成败最终取决于人的因素。因而人力资源的开发与管理，成为一个企业可持续发展的根本保障，旅游企业也不例外。旅游产品的特性决定了旅游经营活动与人力资源要素密不可分，旅游服务质量的好坏直接影响到旅游产品的价值，因而旅游企业的人力资源开发与管理可谓是旅游企业的生命线和竞争之根本。

（5）旅游企业的信息管理。旅游企业的信息管理涉及诸多因素，这不仅是由旅游业的产业特性所决定的，也与当今世界信息技术的快速发展密不可分。旅游企业的经营离不开资源、市场和政策环境，而旅游企业的信息管理则在于把不断变化的各种旅游经济信息，通过搜集、整理提供给旅游企业决策者参考，从而控制和有效管理旅游企业的经营活动。

深度剖析 1-2

问题：改革开放以来我国旅游业的六大发展转变是什么？

解析提示：一是从外交的边缘向外交的前沿转变；二是从经济建设的边缘向经济建设的主战场转变；三是从经济增长点向第三产业的重点转变；四是从传统粗放型、数量型旅游发展方式向集约型、创新型推动方式转变；五是从扩大就业岗位的重任向就业、旅游扶贫的重任转变；六是旅游发展的主体由政府为主向政府、企业、社会共同参与的多主体、多类型、全方位推进。

1.5.2　旅游管理的任务

旅游管理的基本任务，是遵循客观规律的要求，合理组织旅游活动，不断完善旅游业生产关系，充分调动旅游劳动者的积极性和主动性，全面提高旅游企业和旅游产业的经济效益、社会效益与环境效益，促进旅游经济持续健康地发展。

1）合理组织旅游活动

旅游管理的首要任务，是遵循生产力发展规律，按照社会化大生产的客观要求，科学合理地组织旅游活动，促进旅游活动健康发展，保证圆满达到旅游者的旅游需求，并有效地实现旅游经营者的经营目标和旅游地的旅游发展目标。

旅游活动是旅游管理的主要对象。要有效地满足旅游者的旅游需求，就必须分析预测旅游者的旅游动机和行为，正确判断旅游者的旅游目的和类型，统筹安排和组织旅游生产要素，科学合理地组织好旅游活动，特别是旅游活动涉及食、住、行、游、购、娱等多种旅游要素和相关服务活动。为了保证旅游活动得以顺利有效地进行，就必须加强对旅游活动过程的动态协调和控制，使旅游活动各环节、各相关服务活动之间保持合理的比例关系，促进旅游活动有效进行，最大限度地满足旅游者的旅游目的和需求，并在此基础上实现旅游企业的经济效益目标，以及旅游地政府发展旅游产业、促进地方经济社会发展的根本目标。

课程思政1-2

政策扶持激活巴黎夜间文化艺术消费

背景与情境：法国大概是全世界最关注文化消费的国家之一，全民文艺，雅俗共赏。法国人的夜生活，除了朋友家人聚会下馆子、去酒吧，或是年轻人泡夜店，很重要的一部分就是看电影、看戏剧、听音乐剧、参加文化沙龙、去美术馆听讲座等，形式丰富，大众小众口味兼顾。而对小众艺术的重视，恰恰奠定了法国全民审美高起点的基调，也是法国人对自己的文化如此骄傲的原因。

巴黎是世界上电影屏幕最多的城市之一，法国人也颇为热爱电影。根据法国国家影视动画中心统计，2017年法国拥有欧洲人数最高的电影观众，每个法国人平均每年看3.3场电影，远高于英国、德国、西班牙和意大利。根据统计，虽然2016年至2017年法国人看电影的总次数有所下降，从2.13亿下降到2.09亿次，但在文艺和实验电影领域，2017年的票房反而有1 200万欧元的同比增长。显然，近两年小众品类的艺术电影在法国观众中重新斩获了市场份额。

艺术电影能够在法国长盛不衰，源自法国政府的文化政策及税制支持。以电影行业为例，法国可能是全世界对小众艺术电影最为友善的市场之一，因为法国实行电影资助制度。从1948年以来，法国国家影视动画中心可以从每张售出的电影票（7~14欧元）中抽取12%的税金，用来支持艺术电影的制作、宣传和发布。即便美国大片要进入法国市场，也必须将票房的12%交给法国政府，这样就为艺术电影建立了强有力的财政保证。

除电影外，法国人的文化夜生活形式还涉及戏剧、歌剧、音乐剧、艺术讲座等，形式丰富无比。只要看看巴黎地铁站那些大幅的集体戏剧广告，就知道这一领域有多么活跃。从庸俗喜剧到经典莫里哀，从荒诞派再到当代实验戏剧，各类风格应有尽有，满足不同需要的大众与小众喜好。至于经典的大型剧院，如巴黎歌剧院、巴士底歌剧院，则以古典戏剧、歌剧和芭蕾舞剧为主，吸引主流人群。

除戏剧表演外，各大美术馆和博物馆往往会在白天的日常展览结束后，开设晚间的主题讲座或研讨会，邀请文化艺术领域的名人和艺术家普及艺术知识、发起公共讨论。卢浮宫就常年为大众开设晚间艺术史讲座，专供平时忙于朝九晚五的白领们做业余知识补充。蓬皮杜艺术中心则时常开设免费的现当代艺术主题讨论会，邀请哲学、文学、社科领域的前沿人物，带领现场观众一起创造性地解读当今世界的各类问题，如和平、环境保护等。

法国的夜间文化艺术消费如此活跃，也归功于国家在文化市场领域中扮演了重要的调整作用，通过维护文化艺术多样性的政策和艺术赞助抵税制度，激活这一市场的原动力。在法国，企业和个人可以通过购买艺术品或者赞助受到认可的文化艺术非营利机构，抵消一部分需要缴纳的税款，由此形成财富和文化生产的良性循环。举例来说，在法国，艺术家和作家都享有优惠的纳税模式，抵消他们不稳定收入情况带来的风险；普通的法国居民可以通过收藏在世艺术家的作品减免税务，企业也可以通过收藏或赞助艺术文化创作，在当年或未来四年减免与艺术产品价格等同的税收，同时积累社会声誉，可谓名利双收。此外，在法国，从1970年开始，新戏剧上演可以减免增值税，这里的戏剧包括话剧、音乐剧和舞蹈剧，也包括翻新后首演的经典戏剧等。

法国人能享受如此丰富的文化夜生活，显然与国家的文化多样性扶持政策及税收制度紧密相关。没有政策支持，文化艺术领域的活力无法充分激活，纯市场导向的文化产业很容易伤害本土文化的创造力。相反，在国家政策的扶持和鼓励下，民众也有机会接触真正高质量的文化产品，有助于塑造整体国民的审美能力，这无疑是值得我们借鉴的。

资料来源　何蒨. 政策扶持激活巴黎夜间文化艺术消费［EB/OL］.［2019-08-29］. https://baijiahao.baidu.com/s?id=1643208374597446361&wfr=spider&for=pc.

问题：巴黎夜间文化艺术消费对我国有什么启示？

研判提示：（1）文化艺术消费需要处理好大众与小众、阳春白雪与下里巴人之间的关系，国家给各类文化艺术形式以足够的支持；（2）国家支持文化艺术消费要有切实的实施措施，以税收形式支持艺术创作、宣传，以赞助形式抵减税务负担；（3）与法国相比，中国夜间文化艺术消费仍有较大的提升空间，美好生活涵盖白天与黑夜。

教学互动1-2

主题：旅游业在取得巨大经济效益的同时也带来了诸多的矛盾和问题，其中很多的矛盾和问题都突出地表现为资源开发与生态环境、利益驱动与职业操守的冲突，这些矛盾冲突严重阻碍了旅游业的可持续发展。

问题：

（1）上述观点正确吗？

（2）单靠政治、经济和法律手段就能解决上述问题吗？

（3）为确保旅游业可持续发展，在道德伦理层面对旅游从业人员和旅游企业有哪些工作要做？

（4）普通高校旅游管理专业课程中有没有必要导入旅游道德认知与伦理决策教育？为什么？

要求：同“教学互动1-1”的“要求”。

2）不断完善旅游业生产关系

旅游活动是以人为核心的活动，在其运行过程中必然产生一定的经济关系或生产关系，因此旅游管理必然与一定的生产关系相联系，并把维护和完善一定的生产关系作为旅游管理的重要任务之一。生产关系的表现形式是经济制度，即一个社会占统治地位的生产关系的总和，它构成该社会的经济基础，是该社会的基本制度。在一定的经济制度或生产关系条件下，所采取的经济组织形式和运行方式，就构成该社会的经济体制，综合反映了该社会的所有制结构、经济运行方式和运行机制。

在社会主义市场经济中，以公有制为主体、多种所有制并存是旅游产业生产关系的基本特征，其决定了旅游管理的任务，就是要维护公有制和多种所有制财产的完整与安全，实现以公有制为主体的生产资料的合理使用和不断增值。在现实旅游发展中，一定的生产关系必须与一定的生产力发展相适应，尤其是随着社会生产力的迅速发展，旅游产业的生产关系会出现部分或某种程度的不适应，从而要求旅游管理必须对生产关系不断进行调整和完善，通过改革所有制结构、经济形式、经营方式和分配形式等合理途径调整各种利益关系，更好地适应生产力发展要求，促进旅游经济充满活力地发展。

3）充分调动劳动者的积极性

劳动者是社会生产力要素中最基本的要素，也是旅游系统诸要素中最有活力的要素。旅游活动的有效进行，旅游生产关系的调整和完善，最终都必须通过劳动者的劳动实践来实现。因此，充分调动劳动者的积极性和主动性，是实现其他旅游管理任务的重要途径。

在旅游企业和旅游目的地的经营活动中，职工的劳动积极性的高低，不仅受他们自身需要、动机、行为和价值观等主观因素的影响，还受到社会环境、文化传统、人际关系、群体规范等客观条件的影响和制约。因此，要充分调动职工的劳动积极性和主动性，就必须通过加强旅游管理，科学研究职工的心理特征和行为倾向，分析影响和制约劳动积极性提高的各种因素，运用旅游管理和相关学科的理论与方法，科学地设计劳动组织方式，改善工作环境，丰富工作内容，营造良好的人际关系，采用有效的激励手段，充分激发和调动旅游行业职工的潜力和创造性，使之成为推动旅游企业和旅游目的地发展的强大动力。

4）全面提高旅游经济效益

提高经济效益，以尽可能少的劳动消耗和占用取得尽可能多的有效劳动成果，不仅是一切管理的基本目标，也是旅游管理的主要任务之一。如果旅游活动不能取得预期效益，则不仅旅游活动无法有效地进行，而且旅游经济也不可能得到健康持续的发展。因此，旅游管理必须以全面提高旅游经济效益为中心来开展各项具体的旅游管理工作。

（1）全面提高旅游经济效益，必须以经济效益高低作为评价旅游管理工作的主要标准，通过科学的计划来有效配置旅游生产要素，通过合理的组织来达到旅游活动的目标，通过正确的领导来调动各方面的积极性，通过有效的协调来统筹旅游管理各项工作，通过及时的控制来保证旅游活动和旅游经济运行的顺利进行。

（2）全面提高旅游经济效益，还必须注重科学技术进步，依靠先进技术来不断提高旅游者的需求能力和消费水平；依靠教育培训来不断提高旅游行业员工的业务素质和能力；依靠管理创新来不断提升旅游产业的综合素质和水平，进而提高整个旅游产业的生产力水平。

（3）全面提高旅游经济效益，还应该正确处理好经济效益和环境效益、社会效益的关系，近期效益和长期效益的关系，微观效益和宏观效益的关系，把旅游者活动、旅游经营活动、旅游地活动和旅游宏观管理等，都纳入以提高旅游经济效益为中心的轨道上来，才能保证旅游活动顺利地进行，促进旅游经济持续健康地发展下去。

深度思考1-1

问题：旅游系统是一个复杂的巨系统，需要综合运用多学科、多领域知识和技能才能实现预期的管理目标。对旅游管理实践来说，需要运用哪些学科、领域的理论和知识？

理解与讨论：需要综合运用管理学、经济学、社会学、心理学、统计学、历史学、系统论、信息论、控制论等学科、领域知识全面看待旅游现象，需要综合运用自然科学、社会科学和技术科学的原理和方法分析旅游规律。

教学互动1-3

主题：旅游管理与一般管理既有区别又有联系，一般管理理论为旅游管理提出原则，旅游管理理论则丰富了一般管理的内涵。

问题：请以酒店或旅行社为例，谈谈旅游管理与一般管理的异同。

要求：同“教学互动1-1”的“要求”。

本章概要

主要概念

旅游系统　六要素说　三体说　旅游功能系统　游憩系统　旅游管理　旅游宏观管理　旅游微观管理

内容提要

• 本章主要介绍了旅游管理学的理论基础，包括旅游管理发展、旅游系统构成、旅游管理概念、旅游管理性质、旅游管理任务。

• 旅游管理的概念是旅游管理学的逻辑起点，规定着旅游管理的内容和任务，体现着旅游管理的性质与意义。在本书中，旅游管理被定义为：为实现旅游组织发展目标，人们按照客观发展规律要求对旅游系统所进行的计划、组织、领导、协调和控制的活动。

• 旅游管理学是一门新兴的部门管理科学，研究对象是“旅游系统”，揭示旅游系统构成要素及其整体在管理活动中的基本规律与基本任务，而旅游系统理论则是旅游管理学理论框架构建的重要基础。

内容结构

本章内容结构如图1-4所示。

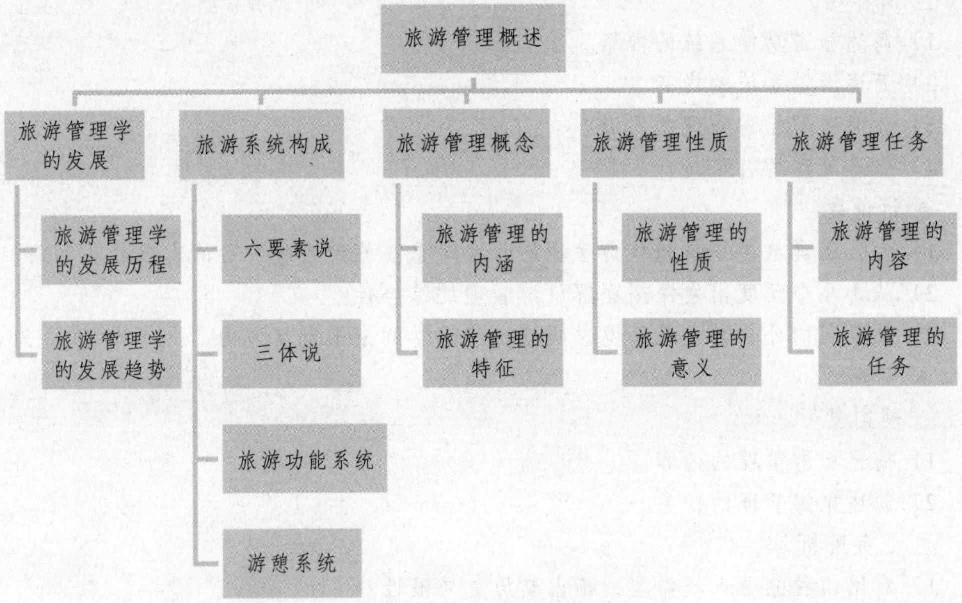

图1-4　本章内容结构

重要观点

观点1-1：旅游管理的研究对象是旅游系统。

常见质疑：旅游管理的研究对象是旅游管理组织，如政府职能部门、旅游企业等。

释疑：旅游系统是一种以旅游活动为核心的经济社会子系统。由于旅游活动是一种社会文化活动，更是一种综合性经济社会活动，因此现代旅游系统是一个以旅游活动为核心、以旅游经营和服务为基础，以旅游宏观管理为保障，内容复杂、涉及面广的系统。同时由于旅游系统模型的研究和构建不是静止不动的，而是一个随着旅游产业实践不断深化而动态演化的过程，因此旅游系统包含的因素会越来越多。一般来说，旅游系统应包括客源地系统、目的地系统、出行系统、支持系统四个部分。

观点1-2：旅游管理需要协调好多方利益关系。

常见质疑：如何进行协调？

释疑：由于旅游活动涉及旅游要素多、旅游过程环节复杂、相关活动影响面广，因此必须加强对旅游活动的协调，使整个旅游活动同步化与和谐化。正确行使旅游管理的协调职能，通过统筹安排旅游诸要素，使各要素按比例发展并形成合理的结构，保证旅游活动的顺利进行；通过沟通旅游活动各环节和相关领域的活动，使其相互联系、相互协作并同步而和谐地进行；通过分析和了解旅游活动过程中出现的各种矛盾和问题，及时对个人和组织、组织与组织的活动进行调节，确保有效实现既定的旅游计划目标。

单元训练

传承型训练

▲ 理论题

△ 简答题

1）简述旅游功能系统的内涵。

2）简述游憩系统的内涵。

3）如何理解旅游管理的内涵？

4）旅游管理的特征是什么？

△ 讨论题

1）为什么说旅游系统是旅游管理的研究对象？旅游系统今后的发展趋势如何？

2）从哪几个角度出发深刻理解旅游管理的综合性？

3）结合国内外旅游发展环境说明旅游管理学的未来发展方向。

▲ 实务题

△ 规则复习

1）简述旅游管理的内容。

2）简述旅游管理的任务。

△ 业务解析

1）对比四种旅游系统类型，指出其历史局限性。

2）旅游景区或经营者如何应对自媒体时代？

3）旅游行业管理部门如何应对自媒体时代？

4）智慧旅游时代旅游企业管理应如何创新？

▲ 案例题

△ 案例分析

【训练项目】

案例分析-Ⅰ。

【训练目的】

见本章“学习目标”中“传承型学习”的“认知弹性”目标。

【教学方法】

采用“案例教学法”。

【训练任务】

1）体验本章理论与实务知识的具体运用。

2）体验对“附录二”附表2中各项“参照指标”“训练考核点”的遵循。

3）体验对“附录三”附表3“解决问题”能力（初级）的“基本要求”和各技能点“参照规范与标准”的遵循。

4）体验在“相关案例”的“背景与情境”中分析与解决问题的“结构不良知识”学习过程。

5）撰写、讨论和交流案例分析报告。

【相关案例】

高铁延展旅游半径带动沿线旅游发展

背景与情境：截至2018年年底，全国铁路营业里程达到13.1万公里以上，其中高铁2.9万公里以上。快速延展的高铁线路为游客出行带来了极大便利。高铁作为交通现代化的重要标志，不仅提高了“行”的速度和质量，还拉动了“游”“住”两大要素，让游客的旅程变短，拉近了地域间的时空距离，对区域经济、文化、生活等方面产生着积极和深远的影响。

数据显示，2018年，国家铁路完成旅客发送量33.17亿人次，同比增长9.2%，其中，动车组20.05亿人次，同比增长16.8%。2018年国庆节前夕，广深港高铁香港段正式开通。一条高铁线路、一个旅游“中枢”、三个旅游中心，将香港和内地10多个城市居民往来的便捷性无限放大，再加上之前已有的武广、贵广、南广、厦深等高铁网络，港粤两地旅游版图延伸，形成了以广州南站为核心枢纽的粤港澳大湾区“一小时旅游圈”和与内地城市“四小时旅游圈”。对此，旅游专家纷纷表示，广深港高铁1小时到港的便利势不可当，未来基于高铁带来的旅游红利将逐步扩大。“火车一响，黄金万两”这句俗语道出交通之于经济的意义，而旅游作为经济社会中的重要一环，也分享着交通变迁带来的巨大红利。

从2008年8月1日，中国第一条具有完全自主知识产权、时速350公里的高速铁路京津城际铁路通车，到2018年9月23日广深港高铁通车，短短10年间，我国高铁总里程数已接近3万公里，为如火如荼的中国旅游提供了更多的出行选择。更重要的是，高铁让原本孤立的旅游资源连接起来，“一程多站”式联程旅游串起了一个个区域旅游圈。一方面，让周末双休日出游在时间安排上更加宽裕，有利于提高国民出游率；另一方面，对于中秋、国庆这样的大小长假，也可以凭借“快进”的优势，由单个城市、单个景区串联成“旅游圈”或“旅游带”，进一步扩大了出游半径，拓展覆盖范围。以2018年年底通车的杭黄高铁为例，该铁路连接着浙江杭州和安徽黄山，通车后，杭州到黄山只要1.5个小时，比以前节约了一半时间，沪杭苏客人完全可以实现周末往返。沿线分布着黄山、千岛湖、杭州、富春江等一批全国著名的旅游资源，形成一条串起名城、名江、名湖、名山等10多处国家级森林公园和5A级景区的世界级黄金旅游高铁线。这将进一步激发以杭州为核心的长三角地区城市与黄山周边城市的互游热度。

目前，中国高铁已实现“四纵四横”，主要城市都已无缝连接。对比运营中的高铁里程数，中国高铁里程数占世界总数的一半以上。在不久的未来，中国高铁将达到3万至4万公里，预计会占世界高铁总里程的3/4，远超其他国家。此外，中国高铁的优势除了如此庞大的高铁网络，更重要的是中国高铁的速度更快。欧洲高铁的速度平均每小时200多公里，而中国高铁的速度大多是每小时300多公里，而且中国高铁的票价只有欧洲和日本的1/3。

因此，目前高铁使国人的活动半径比其他国家大了一倍，不仅将大幅增加周末出游、家庭游及老年游的出游人次，还带动了高铁沿线城市旅游产业发展。这将进一步盘活各地的旅游资源，促进地方政府更重视旅游经济和旅游服务，最终盘活整个旅游产业链的资源，使中国的旅游产业越来越大，越做越强。

资料来源 卞文志. 高铁延展旅游半径带动沿线旅游发展［N］. 中国旅游报，2019-02-22（5）.

问题：

1）高铁与传统旅游交通有哪些区别？

2）高铁对沿线地区的旅游发展有哪些积极影响？

3）高铁沿线地区能否都在高铁时代获得旅游交通红利？

【训练要求】

1）了解本教材“附录二”的附表2中“形成性训练与考核”的“参照指标”与“训练考核点”。

2）学生分析案例提出的问题，拟出案例分析提纲。

3）小组讨论，撰写小组案例分析报告。

4）班级交流、相互点评和修订各组的案例分析报告。

【成果形式】

1）训练课业：《“高铁延展旅游半径带动沿线旅游发展”案例分析报告》。

2）课业要求：

（1）将案例分析提纲作为案例分析报告的附件。

（2）规范要求：本教材“附录二”附表2中“成果性训练与考核”的“参照指标”与“参照内容”。

（3）结构与体例要求：参照本教材“课业范例”的范例-1。

（4）在校园网的本课程平台上展示经过教师点评的班级优秀案例分析报告，并将其纳入本课程的教学资源库。

△课程思政

【训练项目】

课程思政-Ⅰ。

【训练目的】

见本章“学习目标”中“传承型学习”的“认知弹性”目标。

【教学方法】

采用“案例教学法”。

【训练准备】

1）了解本教材“附录二”的附表2中“形成性训练与考核”的“参照指标”与“训练考核点”。

2）了解本教材“附录四”的附表4中各“道德范畴”及其“参照规范与标准”。

3）了解与本案例“问题1”相关的“伦理与道德”行为规范。

【相关案例】

普陀山“天价便饭”事件反思

背景与情境：首先需要说明，2020年11月发生在普陀山景区“天价便饭”事件反转了！

事情是这样的，2020年11月17日有网友称：“我们随便吃一顿他要收我们1 900元钱，‘黑店’啊，不要来这个店。”说话的女子是投诉人，嘴里说的“黑店”是浙江省舟山市普陀山景区的一家私房菜饭店。该女子认为，随便吃一顿就花了1 900多元，一定是遇到了黑店。但事实上，在相关部门和新闻媒体介入后，所谓“便饭”并不随便。这些人吃的是一顿海鲜加啤酒的大餐，10个菜，黄酒加啤酒喝了20瓶，并非“便饭”。除了炒螺蛳，顾客还点了梭子蟹3个（每斤168元），喝了青岛啤酒12瓶、雪花啤酒6瓶、舟山老酒2瓶。店里是明码标价，也有菜单。

客观地说，店家开门做生意也不容易，不能因为有顾客觉得餐费贵了就用互联网舆论施压，这样做明显有欺诈的嫌疑。在2020年11月21日播出的《新闻周刊》节目中，白岩松就此事发表了看法：在互联网上想发表批评的意见很方便，但如果不是站在事实基础上的批评，被打脸可能也很方便。可能是“天价便饭”这两年把很多人给吓着了，于是这个帖子上了热搜，当地市场监管部门迅速进店调查，结果发现都是明码标价。例如，一斤梭子蟹在某生鲜超市中标价超过100元，一斤红鱼标价198元（饭店标价为180元），上哪儿说理都不能说人家是黑店。还好，很多网友的眼睛也是雪亮的，嘲讽的对象变成了发帖子的游客。其实这顿饭吃得不随便，帖子却发得有些随便。只要自己不痛快，就敢说人家是黑店，幸亏市场监管部门和网友共同来做主，这黑的还真不是店。

我们更想强调的是，如何对这种恶意投诉行为进行打击或者说有好的办法整治，毕竟该事件发酵后，饭店老板收到了很多辱骂信息和骚扰电话，过往的行人会对自己指指点点，饭店生意也差了许多。纵使反转了，仍有很多人不知道，依然会给这家店贴上“黑店”的标签。

这起普陀山“天价便饭”没有演变成“青岛大虾”事件，得益于两个方面：一方面，浙江的价格监管比较到位，出现宰客的概率并不高；另一方面，浙江的监管部门也没有不顾原则，无条件宠着这种“巨婴”的习惯，这也是依法治国的具体体现。不被舆论绑架，执法公平文明，而且迅速到位，查清事实，是平息舆情的关键。

针对“天价便饭”事件，有人建议追究相关各方的责任，不仅要追究发布不实言论人的责任，还要追究有关平台的责任。因为在损害权益的责任上，相关不实言论人传播效果小，平台的实际效果大，没有对发布内容进行实质审核，导致损害发生。作为信息的供应方、传播方，平台必须进行严格审查，造成他人利益受损的，必须赔偿。其实就是要建立完善的追责机制，或者说结果倒推，造成损害，就要追责。只有这样，平台才能好好反思。从网友一方来说，如果网友们在遇到事情时能够再理性一点，“让子弹飞一会儿”，而不是仅凭情绪化的“侠义”去帮举报人讨说法，“莫名躺枪”的事就会少很多。要知道，网友随便动一动手指，对店家来说可能就是“千夫所指”，可能网友事后“收回了手指”，但店家受到的创伤却不会轻松愈合。

资料来源 王泽彪. 为什么普陀山“天价便饭”没有演变成“青岛大虾”事件［EB/OL］.［2020-11-24］. https://www.hangzhou.com.cn/pinglun/content/2020-11/24/content_7859804.htm.

问题：

1）本案例中存在哪些思政问题？

2）试对上述问题作出你的思政研判。

3）说明你所作思政研判的依据。

4）请从旅游管理与思政研判角度对普陀山“天价便饭”事件作出评价。

【训练要求】

1）学生分析案例提出的问题，拟出思政研判提纲。

2）小组讨论，撰写小组思政研判报告。

3）班级交流、相互点评和修订各组的思政研判报告。

4）小组总结本次训练，形成思政研判报告。

【成果形式】

1）训练课业：《普陀山“天价便饭”事件思政研判报告》。

2）课业要求：

(1) 将思政研判提纲作为思政研判报告的附件。

(2) 规范要求：本教材“附录二”附表2中“成果性训练与考核”的“参照指标”与“参照内容”。

(3) 结构与体例要求：参照本教材“课业范例”的范例-2。

(4) 在校园网的本课程平台上展示班级优秀思政研判报告，并将其纳入本课程的教学资源库。

创新型训练

▲ 自主学习

自主学习-I

【训练目的】

见本章“学习目标”中“创新型学习”的“自主学习”目标。

【教学方法】

采用“学导教学法”和“研究教学法”。

【训练要求】

1）以班级小组为单位组建学生训练团队，各团队依照本教材“附录三”附表3“自我学习”(初级)的“基本要求”和各技能点的“参照规范与标准”，制订团队自主学习计划。

2）各团队实施自主学习计划，自主学习本教材“附录一”附表1“自我学习”(初级)各技能点的“‘知识准备’参照规范”所列知识。

3）各团队以自主学习获得的“学习原理”、“学习策略”与“学习方法”知识为指导，通过校图书馆、院资料室和互联网，查阅和整理近两年以“旅游管理学基础理论研究”为主题的国内外学术文献资料。

4）各团队以整理后的文献资料为基础，依照相关规范要求，讨论、撰写和交流《“旅游管理学基础理论研究”最新文献综述》。

5）撰写作为“成果形式”的训练课业，总结自主学习和应用“学习原理”、“学习策略”与“学习方法”知识（初级），依照相关规范，准备、讨论、撰写和交流《“旅游管理学基础理论研究”最新文献综述》的体验过程。

【成果形式】

训练课业：《“自主学习-I”训练报告》。

课业要求：

1）内容包括：训练团队成员与分工；训练过程；训练总结（包括对各项操作的

成功与不足的简要分析说明）；附件。

2）将团队自主学习计划和《“旅游管理学基础理论研究”最新文献综述》作为《“自主学习-I”训练报告》的附件。

3）《“旅游管理学基础理论研究”最新文献综述》应符合“文献综述”规范要求，做到事实清晰、论据充分、逻辑清晰。

4）结构与体例参照本教材“课业范例”的“范例-4”。

5）在校园网的本课程平台上展示班级优秀训练课业，并将其纳入本课程的教学资源库。

建议阅读

[1] 田里. 旅游管理学［M］. 昆明：云南大学出版社，1998：1-12.

[2] 罗明义. 旅游管理学［M］. 天津：南开大学出版社，2007：3-26.

[3] 刘峰. 中国旅游业信息化：趋势与对策［J］. 桂林旅游高等专科学校学报，1999（4）：53-55.

[4] 马丽. 世界信息化大趋势：技术进步和应用创新互促［EB/OL］.［2015-02-25］. http：//scitech.people.com.cn/n/2013/0109/c1007-20137544.html.

[5] 埃文斯. 旅游战略管理［M］. 马桂顺，译. 沈阳：辽宁科学技术出版社，2005：272-281.

[6] 王立纲，张宝玉. 中国旅游管理学教程［M］. 北京：旅游教育出版社，1989：1-16.

[7] 吴昊，张馨月. 高铁对沿线城市旅游业发展影响研究——以京广高铁为例［J］. 经济问题，2020（11）：90-99.

参考文献

[1] 王立刚. 试论旅游管理学的研究对象［J］. 旅游学刊，1988（3）：53-56.

[2] 郭长江，等. 国内外旅游系统模型研究综述［J］. 中国人口·资源与环境，2007（4）：101-106.

[3] 李文亮，等. 旅游系统模型比较研究［J］. 旅游学刊，2005（2）：20-24.

第2章
旅游开发管理

▶ 学习目标

▷ 传承型学习

通过以下目标，建构以“旅游开发管理”为阶段性内涵的“传承型”专业学力：

理论知识：学习和把握旅游开发的概念、特点与区域影响，旅游区规划的概念、特点与类型，旅游资源开发的概念，旅游客源市场开发的概念、特点与类型，旅游商品开发的概念等陈述性知识；用其指导“同步思考”和相关题型的“单元训练”；体验“旅游开发管理”中“理论知识”的“传承型学习”及其迁移。

实务知识：学习和把握旅游开发的内容、原则与模式，旅游区规划的内容与原则，旅游资源开发的内容、原则、模式、方式与程序，旅游产品开发的内容、原则与策略，旅游新产品开发的程序，旅游客源市场开发的步骤，旅游商品开发的内容、原则、模式与程序，以及“业务链接”等程序性知识；用其规范“深度剖析”和相关题型的“单元训练”，体验“旅游开发管理”中“实务知识”的“传承型学习”及其迁移。

认知弹性：运用本章理论与实务知识研究相关案例，对本章“引例”、“同步案例”和“湘西古寨，走在保护与开发的双刃剑上”等案例情境进行多元表征，体验“旅游开发管理”中“结构不良知识”的“传承型学习”及其迁移；依照相关行为规范对“课程思政2-1”、“课程思政2-2”、“课程思政2-3”和章后“课程思政-II”进行研判，激发与“旅游开发的‘顶上功夫’”、“‘民主决策+专家论证’决策机制的构建”、“毁遗立新”等议题相关的旅游开发和环境伦理思考，促进健全职业人格的塑造。

实践操练：参加“‘旅游商品开发’知识应用”的实践训练。在了解和把握本训练所涉及“能力与道德领域”相关技能点的“参照规范与标准”基础上，通过对“知识准备”所列知识的运用，相关“参照规范与标准”的遵循，系列技能操作的实施，实践报告的准备、撰写、讨论与交流等有质量、有效率的活动，系统体验本章诸多技能的“传承型学习”及其迁移；通过“顺从级”践行“职业道德”选项的行为规范，体验职业道德规范的“传承型学习”及其迁移，促进健全职业人格的塑造。

引例：文化遗产旅游该如何走出困境？

背景与情境：前段时间，去哪儿网联合中国世界遗产旅游推广联盟秘书处共同设计、开发的20条中国世界遗产旅游线路亮相。巧合的是，几天后国家文物局、文化和旅游部下发通知，要求坚持保护第一的原则，妥善处理保护利用与旅游开发的关系，避免石窟寺景区过度商业化、娱乐化。并无因果关系的两条资讯，将“遗产与旅游”这一主题中长期暗含的矛盾轻轻揭开，既要推广文化，又要保护遗产，既要遗产活化，又要避免“过于俗气”的商业化……遗产旅游便是在两者矛盾拉锯之中，翻寻出一个可被传承的明天。

1）被“虎视眈眈”的文化遗产旅游

文化遗产旅游可以说经历了三个阶段，在旅游业刚刚发展起来的时候，我们旅游的目的是去看名胜古迹，除了感受自然之外，便是对文化的体悟，这是文化遗产旅游的1.0时代，游客看到的是最为原始、几乎未经变动的文化遗产。到了文化遗产旅游2.0时代，资本的野心开始膨胀，“古镇游”成为这一时期的经典产物，如江南水乡乌镇、西塘、周庄，西南边陲的丽江古城、大理古城，大量民宿、餐饮借“文艺”之名在古镇里生根发芽，商业的强势介入极大地带动了当地旅游业的发展，但关于“过度商业化”的批评也一直如影随形。这一时期，商业有与文化遗产结合的意识，但终究被逐利本性占了上风，缺乏深度的文化挖掘。到如今，文化遗产旅游依然被资本、地产所虎视眈眈，但除了开发资本之外，一些专业咨询公司、古建筑修复公司等周边产业也有了入局的契机，进入文化遗产保护活化与商业化并行的3.0时代，譬如“印象”系列实景演出、乌镇戏剧节、文创产业等，挖掘出被隐藏的文化特质。

2）文化遗产旅游发展困境

文化遗产旅游目前主要面临以下困境。(1)过度商业化困境。旅游与商业是无法完全割裂的，盲目摈弃商业化并不现实，商业化不是洪水猛兽，过度商业化才是，一些文化遗产旅游目的地的设施规模远超承载范围，为了进一步获得利润，反而有一些开发者对目的地真拆假建。(2)粗暴仿古困境。真正谈得上“文创”二字的产品并不易做，除了故宫，再也没有哪个目的地能达到这样的销售规模，大多仍摆脱不了“复制品”的角色。要真正利用好文化遗产，成为旅游目的地的吸引点并不容易，开发者常常会陷入沉迷仿古或枉自出新的窠臼，要么对“古”的东西不加选择地照搬复制，要么强行将现代前卫理念融入遗产文化中。

3）文化遗产与商业价值，如何握手言和？

文化遗产强调的，始终是“保护为主、抢救第一”。国际旅游研究院院士、北京大学旅游研究与规划中心主任吴必虎关于文物或文化遗产的真正活化曾提到三个要素——授权、有钱建设与游客。授权需受限于法律，给开发者设立资质门槛，要真正懂文化遗产，或已有相关案例、做过文物保护利用的规划设计的企业，才能准入。

西安市副市长赵敏认为，原真性保护是最重要的原则。“祖先留给我们的文化遗产具有唯一性和不可再生性，保护优先是城市建设的基本宗旨。凡是对古城保护不力、影响古城风貌的项目，不管经济效益多大，一律不批，这才使得秦皇陵、大小雁塔等众多历史文化遗址成为西安的骄傲。”

前任故宫博物院院长单霁翔曾经针对正定古城思考过这个问题："什么叫文化遗产保护好了？"他的答案是，对于城市的民众来说，当文化遗产就在生活中，就在人们身边，他们可以对游客自豪地说"这就是我们正定，我们的文化遗产"时，才能算是文化遗产保护好了。对于游客来说，什么叫文化遗产保护好了？他们到这里来，来了不想走，走了还想来，才叫文化遗产保护好了。在商业化与文化遗产保护的拉锯战中，居民与游客，是最公正的裁判。

资料来源　席以新. 被"虎视眈眈"的文化遗产旅游，该如何走出困境？[EB/OL]. [2020-11-04]. https://www.traveldaily.cn/article/141492.

旅游是文化性很强的经济活动，遗产地则是历史文化的遗存。旅游和遗产地这种文化上的天然联系，决定了两者必须有效地结合。发展旅游是弘扬遗产地价值并为保护遗产地提供经济支撑的重要途径，而利用遗产地则是发展旅游的一个重要资源渠道，两者应该相互促进、相得益彰。实践证明，文化遗产的保护与合理利用是可以相互依托的，走文化遗产保护与文化旅游相结合发展的道路也是可行的，文化遗产完全可以成为促进经济发展的新亮点。同时，文化旅游使大量的文化遗产直接面对民众，这还有利于普及全社会的文化遗产保护意识。但是，在旅游开发的过程中，也出现了诸如过度的商业炒作和破坏性开发、对文化遗产内涵的歪曲和滥用等一些亟待解决的问题。如何正确认识和处理文化遗产保护与旅游开发的关系，进一步推进文化遗产保护和文化旅游的良性互动发展，既是一个理论问题，又是一个现实问题。

2.1 旅游开发

旅游开发是指人们为了发掘、改善和提高旅游资源的吸引力而致力从事的开拓和建设活动。旅游是一个很宽泛的产业体系。尽管传统的观光旅游仍然占有重要地位，然而节假日休闲、会展、运动、商务、博彩、游乐、娱乐、修学、培训、探险、创意产业、康体疗养、房地产、餐饮、现代农业等，都已经在旅游的大结构中形成共生。因此，多产业的综合，成为旅游开发的基础。根据当地条件，运用适当的资金，通过科学的调查、评价、规划、建设、经营等，使未被利用的资源得以利用，已被利用的资源在深度上和广度上得以加强，并对资源、市场、产品、商品、人才等进行综合研究，确定发展方向，搞好相应设施配套的过程，以创造更佳的社会经济效益和环境效益，才能使旅游业在区域内得以建立、完善和提高。

学习微平台

延伸阅读2-1

2.1.1 旅游开发的特点

1）系统性和层次性

旅游业是一个由多要素组成的复杂物质系统，概括起来讲，大致包括旅游功能系统和旅游目的系统。只有在坚持系统原理的前提下，才能正确处理和协调好旅游各子系统之间的关系。旅游开发是将资源调查、评价、规划、建设、经营等进行综合研究的技术和实践过程，其本身就是一项系统的开发。旅游开发的层次性主要表现在地理空间上，如旅游区域、旅游区、景区、景点之间的空间关系就表现出了明显的层次性，从而构成了不同空间层次的网络体系。

2）动态性和超前性

旅游产业需要经过不断的开发和再开发，以巩固、改善和提高旅游吸引力，延长其产品生命周期，因此，旅游开发的动态性表现为旅游资源的不断创造过程。旅游开发的超前性要求人们适应形势需要，别出心裁，创造旅游的新内容、新形式，使旅游资源开发向深度、广度发展。

3）可操作性和导向性

旅游开发是一个指导旅游地建设和应用于实践的过程，因此，它必须具备较强的可操作性。同时，未来旅游业的发展必然导致竞争的加剧和个性化需求的增加，旅游开发导向就成为旅游地发展的核心问题。旅游开发导向是由区域的旅游资源结构和客源市场结构供需双方共同决定的，包括了旅游产业定位、旅游地形象、产品结构、市场功能和经营主题等，导向性越明确，旅游开发的可操作性就越强，旅游地的个性化也就越突出。

4）综合性和复杂性

旅游开发涉及工、农、交、商及市政建设、文化教育、卫生体育、宣传、外交等多个部门，形成一个以旅游为中心的综合服务网。只有这种综合性的开发活动，才能使旅游资源有效地被利用。

课程思政 2-1

何明德：旅游开发的“顶上功夫”

背景与情境： 12月23日，走进玉岑山居，只见绿树掩映，秀林夹道，幢幢别墅依山而建，镶嵌在绿水青山中，宛若“世外桃源”。何明德站在山顶举目眺望，山间美景尽收眼底。此时此刻，回首与磐安的点点滴滴，他心中不禁感慨万分：“短短四年，我与磐安结下如此深厚的情缘，这里俨然成了我的第二故乡。”

何明德是磐安县一川置业有限公司的董事长，公司投资开发的玉岑山居是浙江省“坡地村镇”试点建设项目，总投资23亿元，将打造集高山农业、观光、特色民宿、特色山地旅游度假于一体的生态旅游度假区，建成后每天最大接待住宿能力可达2 000人次，年休闲观光40万人次以上，将显著提高我县旅游接待能力，提升旅游品质，推动全域旅游发展。

2018年，在县领导的诚挚邀请下，何明德踏上了磐安这片土地，开始从建材行业到旅游产业的“跨界之旅”。磐安全域旅游正蓬勃发展，“两山”理念已深入人心，经过多次实地调研，他逐渐对旅游开发大势了然于胸：“旅游是朝阳产业，磐安在这方面有非常良好的人文条件及产业基础，但同时也存在产品低端、同质化严重等问题。玉岑山居项目要着力促进城市生活功能与乡村景观形态有机融合，培育康养旅居新模式，弥补磐安旅游发展短板。”

循此思路，何明德立志把玉岑山居打造成高品质景区，高薪聘请知名艺术家、设计师对项目进行规划设计。2018年11月22日，玉岑山居项目全面动工，何明德开始“深山筑梦”。经过近3年建设，玉岑山居图卷9号度假村于2021年正式对外营业并取得巨大成功，全国各地的游客纷至沓来，感受重山之中、云端之上的惬意时光。随后，何明德又加快完善度假村配套设施建设，打造了集影院、书屋、艺术馆、儿童乐园等于一体的商业综合体，如今度假村已成为浙江省热门景点之一。

玉岑山居项目的成功只是实现了“小我”的价值，而带动当地居民增收致富、实现共同富裕才是玉岑山居的真正内涵。目前，玉岑山居酒店200多名员工，80%以上都是附近乡镇居民，就职岗位包括服务员、保洁员，甚至还有部门主管，不少年轻人在这里找到了施展才华的舞台，纷纷选择回乡就业。“玉岑山居的成功有效转变了当地民宿业主的经营理念。”何明德说，过去磐安农家乐、民宿众多，但一直处于几十元包吃住的中低端经营模式，见证了玉岑山居主打高端市场获得成功后，各类精品民宿、高端民宿如雨后春笋般冒了出来，磐安旅游这块“蛋糕”越做越大。

党的二十大报告指出，坚持以文塑旅、以旅彰文，推进文化和旅游深度融合发展。这极大地振奋了何明德的信心，让他对旅游发展有了新思考、新期待。“未来，我们将继续在磐安扩大开发范围，聚焦旅游资源、旅游产品结构、旅游整体品牌形象，推动旅游产业提质升级，为磐安文旅深度融合发展贡献智慧力量。”

资料来源：潘辉. 学习贯彻党的二十大精神·人民力量|何明德：旅游开发的“顶上功夫”[EB/OL].[2022-12-26]. http: //www.panan.gov.cn/art/2022/12/26/art_1229169763_59312493.html.

问题：

1）旅游开发取得成功的关键是什么？

2）在旅游开发中如何把“蛋糕”越做越大？

2.1.2 旅游开发的内容

1）旅游产品开发

旅游产品开发是根据市场需求，对旅游资源进行规划、设计、开发和组合的活动。旅游产品开发建立在时间和空间两个维度上。时间维度是开发程序，通常分为设想、选择、样品、总结和检验五个阶段；空间维度是开发内容，包括旅游地域的开发、旅游线路设计与组合以及旅游景点开发建设等内容。由于旅游产品的构成具有复杂多样性，不同的划分标准从不同的角度揭示了旅游产品的结构特征，从而为其开发提供了不同的思路。因此，旅游产品开发应建立在对旅游资源和客源市场的准确把握之上。

2）旅游客源市场开发

旅游客源市场开发是指旅游企业为了实现旅游产品的价值而进行的一系列占有、扩大客源市场的活动。它包括两方面的含义：一是充分发挥现有市场的潜力，提高对现有市场的占有率；二是开拓新的旅游市场。旅游客源市场开发要在明确旅游市场战略目标的前提下进行市场调研和预测，了解市场需求和产品竞争对手，分析市场环境和选择目标市场，确定合适的市场营销策略，为企业确定业务范围和领域提供依据，也为最终开发出高质量的旅游产品，满足旅游市场的需求，最大限度地获取社会经济效益和环境效益奠定基础。旅游客源市场开发的重点工作主要是借助市场学的基本原理和方法，进行旅游客源市场的调查、预测、细分和目标市场的选择等。

3）旅游商品开发

购物是旅游经济效益的重要组成部分，购物旅游发展的巨大潜力决定了旅游商品开发必然是旅游开发的重要内容。旅游商品具有种类繁多、多重性能、附加值高及针对性强等特点，既给旅游商品开发带来了难度，同时也创造了机会。在旅游商品开发中还包括一项重要的内容，即旅游购物网点的布局，它与不同空间层次上的旅游区的布局衔接起来，保证了旅游交通的方便性和可达性，最大限度地方便旅游者购物。

4）旅游人力资源开发

旅游人力资源开发是指按照旅游业发展的需要，充分利用人力资源本身的体质、智力、才干、意识观念和道德原则等，合理配置、各尽其才，实现旅游劳动投入和旅游经济产出的高效率。旅游人力资源开发是一项立体的、全方位的开发活动，从人力资源构成上看可以划分为旅游管理经营人才的开发、旅游技术人才的开发和旅游服务人才的开发，从社会属性上看又可以划分为个体人力资源开发和群体人力资源开发。其任务包括科学地了解和评价旅游从业人员，积极培养和合理使用旅游从业人员，以及实现旅游人才的有序流动和调配，其核心内容包括制订旅游人力资源计划、培育旅游人力资源、组织旅游人力资源、引进旅游人才和留住旅游人才等环节。

2.1.3　旅游开发的原则

1）特色化原则

特色是旅游开发的灵魂，是旅游产品生命力的体现。没有特色就没有差异，就不能激发人们的旅游兴趣。因此，旅游开发要突出“人无我有，人有我新，人新我异”的开发方针，突出自己的特色。从某种意义上来说，特色等于吸引力，是旅游开发的中心原则。

2）自然性原则

旅游开发首先要挖掘当地特有的旅游资源，充分认识所拥有资源的优势，并通过开发措施强化其独特性，从而形成强大的吸引力和完整、独立的旅游形象。

3）本土化原则

旅游开发要突出本土特色，赋予深厚的地方文化内涵，使之成为具备纪念性、观赏性、艺术性、趣味性、知识性和独创性的地方产品。

4）市场化原则

市场化原则是指在市场调查和预测的基础上，准确把握自身竞争力和市场需求信息，结合旅游资源特色，确定开发的主题、规模和层次。同时还要根据旅游资源的冷热原则，预测未来旅游市场的发展趋势，以便对旅游项目作出合理的开发实施序列。

5）保护性原则

保护性原则是指在旅游开发的过程中，制订保护资源的切实方案，防止资源原貌和生态环境遭到破坏，促进旅游开发的同时又使旅游品质提升、吸引力增大，从而促进区域旅游业的可持续发展。

6）综合性原则

综合性原则是指在旅游开发过程中，围绕重点项目，挖掘潜力，逐步形成系列产品和配套服务。其中尤应注意游览内容知识化、旅游服务标准化、建筑设施景观化。

7）效益性原则

效益性原则是指旅游开发应坚持经济效益、社会效益和环境效益相统一的原则。经济效益是旅游开发追求的目标之一，但不是唯一目标。旅游开发需要实现社会效益和环境效益的协调统一。

2.1.4 旅游开发的模式

课程思政 2-2

创新海岛旅游开发模式

背景与情境：“海岛旅游业具有带动海岛现代服务业和推动城市经济转型升级的重要作用。”全国两会期间，全国人大代表、浙江舟山旅游集团普陀山旅行社总经理助理谢丽接受中国旅游报社记者采访时建议，创新开发模式，加快推进海岛旅游发展。

“我国多数岛屿拥有丰富的旅游资源，海岛旅游开发潜力较大。目前，一些海岛先后开发了以休闲渔业、海洋文化和海洋休闲度假等为主题的旅游产品，部分海岛已经成为热门旅游目的地。然而，我国海岛旅游开发不同程度地存在规划、政策、资金、项目等难题。”谢丽介绍，目前，海岛旅游交通限制较多，影响国际客源进入以及国际市场拓展；缺乏高端度假产品，低端旅游产品同质化严重，旅游配套设施、岛际交通、景区服务等有待提升；缺乏旅游市场营销策略以及跨区域的国际化旅游线路策划包装等。

为加快推进海岛旅游发展，谢丽建议，构建海岛旅游开发“民主决策+专家论证”决策机制，创新海岛开发模式，打造风险投资和科技开发体系、多元化投资格局，在项目顶层设计、基础设施改造、财政专项资金等方面予以充分考虑。同时，除必要的政府投入外，建议更多采用市场化运作方法，例如采用国际上通行的BOT（建设-经营-转让）方式，出让海岛若干年的土地使用权或项目开发部分收益争取投资和项目，引进先进的管理和技术。

“海岛旅游的发展需要政府的宏观管理和政策支持。”谢丽认为，应加大在基础设施、土地利用、生态建设、财税优惠、出入境管理等方面的政策倾斜和支持力度。此外，海岛旅游开发还必须以市场需求为导向，针对目标市场进行可行性分析与市场预测，突出海岛特色，做好旅游景点和项目规划，确保海岛旅游项目准确定位。

资料来源 杨丽敏. 全国人大代表、浙江舟山旅游集团普陀山旅行社总经理助理谢丽：创新海岛旅游开发模式 [N]. 中国旅游报，2023-03-15.

问题：

1）海岛旅游开发中如何构建“民主决策+专家论证”决策机制？

2）“双循环”背景下，海岛旅游如何进行国际、国内市场开发？

1）旅游资源导向模式

旅游资源导向模式是以旅游资源的调查、分类评价以及开发规划为核心的开发模式。旅游资源导向模式的特征包括：（1）适用于旅游资源赋存丰富、品位较高的传统旅游开发地，在这种模式的指导下，旅游资源被置于十分重要的位置，旅游开发工作紧紧围绕旅游资源的分类、评价以及特色分析而展开；（2）实行从资源到产品的开发路线，旅游开发仅从本地旅游资源的赋存情况出发，不考虑旅游市场的需求以及周边地区的竞争状况来进行旅游产品的开发；（3）以单个旅游资源类型为出发点来强调旅游产品的优化和组合，忽略了区域内各种类型旅游资源的综合开发以及区域外部的合作开发，对市场、政策、开发配套条件等方面的考虑相对较少。

2）旅游市场导向模式

旅游市场导向模式是以市场为核心，以市场的需求分析为前提，开发思路注重旅游资源与市场需求的有效对接。旅游市场导向模式的特征包括：（1）实行从市场到产品的开发路线，旅游产品的设计和开发以旅游市场需求为依据，通过满足旅游消费者的需求而实现旅游开发；（2）注重本地各种旅游资源的组合开发，对区域市场中的竞争与合作进行有机结合，以合作促发展；（3）具有动态性特征，多变的市场环境和市场需求决定了不同时期开发出的旅游产品各不相同，旅游开发需要及时调整开发设计方案。

3）旅游形象导向模式

旅游形象导向模式是通过对目的地旅游形象的塑造与提升来实现旅游开发的目的，注重旅游地的综合开发、旅游地的整体形象塑造和提升。其特征包括：（1）实行资源—形象—市场的开发路线，将旅游地的主题形象、市场定位、营销策划等作为一个有机的系统，围绕着一个共同目标而发挥作用；（2）旅游地的开发工作系统化，将旅游地系统的各个部分按照其内在的功能联系，组合成一个开发的整体；（3）旅游主题形象的塑造具有相对稳定性，相对稳定的主题形象有利于进行统一的设计策划和传播。

4）旅游产品导向模式

旅游产品导向模式是从区域旅游资源状况和开发现状出发，开发出富有本地特色的旅游产品，并引导旅游者进行消费的一种开发模式。其特征主要有：（1）实行从市场到资源的开发路线，适用于那些不具备自然旅游资源优势或人文旅游资源优势的地区；（2）突出旅游产品设计的个性化和多样化，注重产品的创新；（3）强调旅游投资项目的预期收益，关注投资回收期、投资规模、预期收益等经济指标。

同步思考2-1

问题：如何理解旅游开发与保护的问题？

理解要点：基于旅游开发的特点，充分考虑旅游开发的特色化原则、自然性原则、本土化原则、市场化原则、保护性原则、综合性原则以及效益性原则，构建与开发区相适应的旅游开发模式。

同步案例2-1

甘孜旅游的"丁真牌"还能打多久？

背景与情境：2020年11月中旬，家住甘孜理塘的藏族小伙丁真因一条10秒的视频在网上意外走红。原生态的肤色、纯真的笑容、清澈的眼神，成了网友心中的"甜野男孩"。丁真火了以后，网友们在讨论时往往离不开一个关键词：干净。这种气质与他的家乡有着某种呼应。随后，围绕丁真的各种话题迅速占据各大社交平台，从抖音出圈到上微博热搜，这个藏族小伙子在短时间内重塑了网民的审美标准。

11月25日，丁真为家乡四川甘孜代言的宣传片《丁真的世界》上线，迅速刷屏。随后，理塘文旅与丁真正式签约，丁真担任理塘旅游形象大使。丁真的走红，使他的家乡理塘也成了网友们计划内的打卡地，随后甘孜当地旅游订单飙涨。携程网数据显示，"理塘"一词的热度从11月20日起搜索量大涨，到11月最后一周更是猛增6倍，比国庆时翻了4倍。以“甘孜”为关键词搜索，有近2 000条产品信息可供选择；以“丁真的世界”为主题的格聂神山、稻城、康定、长青春科尔寺等甘孜线路也火了，甘孜跟团游产品预订报名人数在一周内增长高达66%。

四川师范大学旅游与城乡规划研究院副院长兼总规划师李小波在接受时代财经记者采访时表示，丁真的走红有很多的运气成分，实际上甘孜本地的旅游资源非常丰富，近几年也举办了不少诸如国际赛马节、选美比赛这样的活动来吸引游客。在李小波看来，在互联网、5G等科技手段助力下，营销的关键是情感价值，只有情感营销才能让目的地与市场产生关联度。

当地政府也充分地发挥了网红优势。甘孜州文化广电旅游局宣布，从2020年11月15日起至次年2月1日，将实行67个A级景区门票全免的政策。不少网友认为这是甘孜旅游“趁热打铁”作出的营销举措。

中南财经政法大学兼职教授、江苏大学工商管理硕士导师谭浩俊在接受采访时表示，一个地方的旅游经济能不能发展，绝不是靠某一个人或者某一事件能够带动起来的。尽管丁真对当地旅游产生了很大影响，使得甘孜旅游成为近期的热门，但不能忽视当地本身拥有丰富的旅游资源，与丁真相结合，才产生了目前的热度。他表示：“能否保持热度，取决于当地能否进一步优化旅游资源，提高服务水平等，仅仅依靠丁真的网红效应，无法构成旅游经济发展的内在动力。”谭浩俊称，“甘孜想要发展旅游经济，除了开发好旅游资源、提高旅游产品质量，对旅游文化进行更深入的发掘，引进一些像丁真这样有影响力的人才也是不错的方式，结合当前的互联网优势，或许能开辟出一条新的道路”。

资料来源　兰烁. 甘孜旅游的“丁真牌”还能打多久？[EB/OL]. [2020-12-10]. https://www.traveldaily.cn/article/141492.

问题：请结合材料分析，理塘应坚持哪些旅游资源开发模式？

分析提示：在旅游开发模式中，资源是基础，市场是方向，产品是保障，而旅游形象则与其他物质产品的经营一样需要灵活的市场运作。丁真的超高人气，提升了理塘的知名度，给当地旅游经济发展带来巨大商机。“酒香不怕巷子深”的时代已经远去，现在是一个需要宣传推广的时代，网络赋予了个人参与信息制作、传播的能力。在网络时代，丁真只有一个，或许无法复制到其他地方，但是机会还将不断出现，各地要勇于探索，持续挖掘本地人才、资源潜力，找出一条适宜的经济发展模式，让更多人甩掉贫困包袱，走上致富道路。

2.1.5　旅游开发的区域影响

1）旅游开发对区域经济的影响

旅游是经济发展的重要组成部分，是一个国家平衡外贸收支的主要手段之一。科学、合理、有序的旅游开发会给旅游地发展带来正面经济影响，这些影响具体表现在以下几个方面：（1）赚取外汇，吸引国际旅游者前来消费，较少受关税壁垒、贸易保护的影响；（2）增加税收，提供劳动就业机会；（3）带动相关产业的发展，实现本地经济结构的调整。

2）旅游开发对区域环境的影响

旅游环境是影响区域旅游发展的重要因素之一，是衡量一个旅游区旅游总体质量高低的重要标准，也是影响一个地区旅游开发潜力的重要因素。旅游开发如同一把双刃剑，既有可能给环境带来破坏，又有可能促进当地环境管理和利用水平的提高。旅游与环境之间存在独立、共生和冲突三种关系。旅游业的发展最终追求的是与环境共生的关系，即旅游开发和环境保护相互支持，彼此受益，因为良好的环境对发展旅游业具有重要的推动和促进作用，同时旅游开发又能促进对环境的保护。

3）旅游开发对区域社会文化的影响

旅游开发对区域社会文化的正面影响主要体现在：能够加强各国、各地区及各民族的联系；旅游者能对当地居民产生良好的示范效应，达到提高当地居民素质的效果；旅游活动有助于现代社会的良性运行；旅游活动的开展有助于旅游地传统文化的继承和发扬。旅游开发对区域社会文化的负面影响主要体现在：旅游者的不良示范效应在接待地招致反感，导致主客关系恶化；旅游地居民对经济效益的片面追求会对旅游地的道德导向和传统艺术等构成冲击；大量旅游者带来的异域文化会在不同程度上同化旅游地的传统文化和民俗风情，并有可能使其庸俗化；旅游活动的开展为色情业、赌博业提供了温床，将会改变旅游地的价值观和道德观。

深度剖析2-1

问题：如何理解旅游开发是把双刃剑？

解析提示：旅游开发对区域的影响自旅游业诞生之日起就产生了，并涉及旅游地的政治、经济、社会、文化环境等各个方面。这里所说的旅游开发的区域影响主要是指旅游开发对区域经济、区域环境和区域社会文化的影响，即对旅游目的地系统的影响。只有科学地对各种影响因素进行分析，才能正确地认识到旅游开发的作用。任何遗产的开发都不能违背原真性、保护优先和合理利用的原则。规划是第一位的，对历史文化遗产在充分调查研究分析的基础上所制定的科学规划是遗产地旅游开发的依据和原则。根据遗产地的不同情况，选择有利于保护当地遗产的旅游开发模式以及建立健全遗产保护法规，也将起着举足轻重的作用。

2.2 旅游资源开发

旅游资源开发是指借助现代科学技术手段，把潜在的旅游资源改造成旅游吸引物，并促使旅游活动得以实现的技术、经济活动。旅游资源开发，不仅仅是将旅游资源本身开发成对游客具有吸引力的吸引物，还需要为其提供满足旅游活动需要的其他条件，如交通、住宿、饮食、休息、购物等。所以，在旅游资源开发中必然伴随着基础设施的兴建以及人员的培训和接待管理机构的设立。旅游资源开发与旅游资源保护是一对矛盾体，旅游资源开发会提高民众的环境保护意识和旅游资源保护意识，为保护提供必要的经费等。但是，旅游者的到来或多或少会对旅游资源产生不利影响，甚至在开发过程中，这种影响也在所难免。

2.2.1 旅游资源开发的内容

1）旅游资源由潜在向现实的转化

旅游资源在开发之前，一般都因缺乏现代旅游活动所必需的基本条件而难以开展大规模的旅游接待活动。因此，对旅游资源的开发和建设是客观必要的。这种建设，不仅指对尚未利用的旅游资源的初次开发，也可以是对已经利用的景观或旅游吸引物的深度开发。

2）提高旅游资源所在地的可进入性

在旅游开发中，旅游资源所在地同外界的交通联系及内部交通条件是非常重要的，不合理的交通往往会成为一个地方旅游业发展的“瓶颈”。因此，解决进出交通的便利、快捷与舒适是旅游开发首要的基础工作。

3）建设、完善基础设施和配套设施

旅游基础设施指当地居民生活所必需的设施，如供水、供电、邮政、排污、道路、银行、商店、医院、治安等。旅游配套设施指直接为旅游者服务的旅游饭店、旅游商店、游乐场所等。旅游开发要求在建设和完善保障当地居民生活所需的基础设施的基础上，建设和完善为旅游者消费所需要的旅游配套设施。

学习微平台

延伸阅读2-2

4）培训人才，完善旅游服务

旅游专业人才是旅游开发的人力资源保障。旅游服务质量的高低在一定程度上会起到增添或减少旅游资源吸引力的作用，因此，要不断加强和完善旅游服务，并培训能够提供专业服务的人员。

2.2.2 旅游资源开发的原则

1）突出独特性原则

这一原则具体体现在：尽可能保护自然和历史形成的原始风貌；尽量挖掘当地特有的旅游资源，以突出自己的优越性，即所谓“人无我有，人有我佳”；努力反映当地的文化特点。突出民族化、保持某些传统格调也是为了突出自己的独特性，同时也有利于当地旅游形象的树立。

2）三个效益统一原则

三个效益统一即经济效益、社会效益和环境效益相统一。旅游资源的开发首先必须要服从当地社会经济发展的需要，其次要与社会发展相协调，在讲求经济效益的同时还要考虑开发活动不能超过社会和环境的限度，否则会造成资源破坏、环境质量下降、社会治安混乱等负面影响，不利于当地旅游业的持续发展。

3）综合开发原则

综合开发通常是指在突出作为自己形象的重点旅游资源的同时，对其他各类旅游资源也要根据情况逐步进行开发。通过综合开发，将吸引力各异的不同旅游资源结成一个吸引群体，使游客可以从多个方面发现其价值。

4）生态保护原则

开发旅游资源的目的是利用，但对某些旅游资源，特别是对自然旅游资源和历史旅游资源来说，开发的本身就意味着一定程度的破坏。因此，要注意着眼于对旅游资源的保护，不能单纯地片面强调开发而不顾对环境的破坏问题。

同步思考2-2

问题：如何理解旅游资源的“公共物品”问题？

理解要点：公共物品是与私人物品相对的一个概念，是指可以供社会成员共同享用的物品，严格意义上的公共物品具有非竞争性和非排他性。从公共物品的角度出发，旅游资源具有公共物品的属性，其支配权应该为社会公众所拥有，而国家是代表社会公众利益的理想主体。我国的许多旅游资源开发忽视了公共物品属性的要求，造成了资源的破坏与各方利益的不均衡。

业务链接2-1

旅游资源的“公共物品”问题

旅游资源是旅游地开发的基础，也是地理学者研究旅游问题的主要领域之一，当下地理学的“制度转向”则给予了国内旅游资源的研究者以新的启示。近年来，旅游资源的“公共物品”问题引起了西方学者的广泛关注。在中国，山川、河流、森林等众多自然类旅游资源并不是纯粹意义上的公共物品，而是被定义为国家所有，这种国家所有的旅游资源与西方文献中所称的“公共物品”存在哪些异同值得探究。随着中国市场经济改革的逐步推进，旅游事业的不断发展，有学者指出，在旧的管理体制下，旅游资源的产权主体只有国家，而作为国家代理人的政府的行政行为不仅扭曲了经济效率，而且抹杀了产权的激励效应，而旅游管理权力的部门分割更是导致了严重的“政府失灵”。有鉴于此，有人提出采取产权分离甚至私有化的方式将旅游资源的国有属性转变为明晰的私人产权，以解决旅游资源开发中的“公共物品”问题。实际上，中国国有旅游资源面临的产权问题绝非偶然。科尔奈在研究社会主义经济的“短缺”现象时，最早提出了产权问题，产权问题正是在社会主义国家经济转型的这个大背景下才真正成为研究的热点。但是产权在实际生活中许多方面的运行都与经济学的“权利产权”理论模式相去甚远，实际生活中的产权常常是模糊的、象征性的，而且可能在讨价还价的过程中不断地被重新界定。河流、山川、温泉等自然类旅游资源虽然被明确为国家所有，但是近年来在资本化的产权改革浪潮中，在国家与民间、权力与资本的角逐中，国有的旅游资源究竟是以一种怎样的产权形态运作并不是一个容易说清的问题。近年来，对新自由主义思潮影响下的全球范围内的自然资源管制模式的研究成为西方地理学界关注的热点问题。新自由主义政策在各地资源管制中受到推崇的原因，是基于西方市民社会对于国家官僚机构在对待“公共物品”的代理过程中更多地从国家利益出发而忽视了社区利益的不满。但是，随着改革方案在各地的推进，越来越多的学者意识到自然资源物品与社会经济生活中其他领域的新自由主义化过程有着明显差异。有的学者更是指出，在新自由主义理念下对公共自然资源私有化的进程催生了“掠夺性”的现代原始积累形式，在这种更加依赖市场机制的制度设计中，资源环境将面临更加恶化的危险。由此可见，目前国内一些学者所提出的旅游资源的各种产权改革方案还有待斟酌。

2.2.3　旅游资源开发的模式

1）按资源类型划分的旅游资源开发模式

（1）自然类旅游资源开发模式

自然类旅游资源是指由地质、地貌、水体、气象气候和生物等自然地理要素所构成的，具有观赏、文化和科学考察价值，能吸引人们前往开展旅游活动的自然景物和环境。自然类旅游资源一般具有观光游览、休闲体验、度假享乐、康体健身、参与性游乐、科学考察以及各种专题性旅游等功能。自然类旅游资源的开发一般要尽量突出资源的本色特点，在保障旅游者可进入以及环境保护设施达到要求的前提下，尽量减少和避免人为的干扰性建设以及资源地的城市化倾向，使之源于自然，体现自然。

（2）文物古迹类旅游资源开发模式

文物古迹类旅游资源是人类文明的瑰宝，具有观光游览、考古寻迹、修学教育、学习考察、访古探幽、文化娱乐等多种旅游功能。文物古迹类旅游资源既可供游人参观瞻仰，又可进行考古研究和历史教育，同时还可以深入挖掘其历史文化内涵，开展形式多样、参与性强的文化娱乐活动，如文物复制、古陶器制作、古乐器演奏等。开发文物类旅游资源，主要着眼点应放在历史文物古迹的修缮、整理、保护上，从展现旅游资源的历史价值、科学价值、艺术价值、民族文化价值、美学价值、稀缺性价值等方面入手，着重反映和展示旅游资源所代表的历史时期的政治、经济、文化、社会、文学艺术等的发展水平及历史意义，着力打造特色鲜明、主题突出的文物古迹类旅游产品。

教学互动 2-1

主题：文物作为一种特殊资源，是人类在长期社会活动中创造的物质和精神文明实物载体，是历史遗留下来的社会发展水平的代表性实物。它积淀着丰富的历史信息，是前人留给我们的宝贵财富。它的不可再生性决定了对文物进行旅游开发是对文物的破坏。

问题：你认可这种观点吗？请举例说明。

要求：同“教学互动 1-1”的“要求”。

（3）社会风情类旅游资源开发模式

该类旅游资源主要是以人为载体，通过人的生产劳动、日常生活、婚丧嫁娶以及人际交往关系等行为方式而表现出来。所以，参与性是其第一大旅游功能。社会风情类旅游资源往往具有表演性、活动性和精神指向性，体现当地独特的、不为人知的、差异性极强的民风民俗和人文特征。此外，该类旅游资源还具有传播文化，促进交流与合作的作用。所以，社会风情类旅游资源具有观光游览、愉悦体验的功能。与其他旅游资源地开发方式不同，社会风情类旅游资源的开发利用更强调参与性、动态性和体验性，要尽可能地使旅游者参与到旅游地的社会活动和民俗仪式中去，让他们对当地的社会风情、民族习惯有一个切身的体验。

（4）宗教文化类旅游资源开发模式

一方面，宗教文化含有浓重的精神文化色彩，文化艺术性极强；另一方面，宗教文化具有较广阔的客源市场，不但对广大信徒有强烈的吸引力，而且也较受喜欢猎奇的非宗教信仰者的欢迎；同时，宗教活动具有浓厚的氛围、神秘的表演性和广泛的参与性，且节庆日多，易于开展各种专题旅游活动。宗教文化类旅游资源具有观光游览、朝拜祭祀、猎奇探秘、参与游乐等旅游功能。

（5）现代人工吸引物类旅游资源开发模式

这些资源主要可分为观光型和游乐型两大类。建造人工旅游吸引物对于旅游资源匮乏，但又具备较好外部条件开展旅游的地区，是旅游资源开发一种最好的思路。它有利于增加旅游内容，延长游客停留时间，丰富当地居民的业余文化生活。现代人工旅游吸引物一般具有参与性娱乐、演艺体验、观光游览、休闲游乐等旅游功能。但是建造人工旅游吸引物投资大、周期长，且要和周围的环境、已有建筑物相互协调，是一种难度较大的旅游资源开发模式。它需要在地点选择、性质与格调确定、产品定位、市场定位、规模体量、整体设计等方面都进行认真细致的调研，并要特色突出、个性鲜明，在某一方面具有垄断性，注意大众化、娱乐性和参与性。

2）按投资主体划分的旅游资源开发模式

（1）政府主导型旅游资源开发模式

作为投资者的政府可分为中央政府和地方政府。中央政府投资主要集中于宏观意义上的，投资规模大、回收期长、风险大、跨区域、涉及多方利益的大型公益性开发项目。地方政府的投资主要是地方基础设施项目。该模式的特点是政府运用掌握的开发规划审批权力，对旅游资源开发进行宏观管理。开发资金的投入主要依赖中央、地方财政，但可能对一些公共设施的投入引入相关的市场招商引资机制。

（2）企业主导型旅游资源开发模式

企业主导型旅游资源开发模式，是指地方政府将管辖范围内的旅游资源开发及经营权采用出让的方式，吸引投资商进行开发经营，政府只在行业宏观层面通过规划、政策法规、宏观市场促销等方式对投资、开发商进行管理的模式。按照投资企业不同，可划分为不同的投资、开发类型：国有企业型、集体企业型和民营企业型以及混合经济型等。这种模式主要针对的是不同类型的景区景点类的旅游资源开发项目。

（3）民间投资型旅游资源开发模式

民间投资型旅游资源开发模式，是指一般的民营企业或个人投资于中小型的旅游资源开发项目，或旅游区内开办的一些餐饮、住宿、购物项目，如风味饭馆、乡村旅店、农家乐项目等。这一类投资主体往往较注重投资的短期效益，追求投资回报率，或是以独资企业的方式，或是以个体投资的方式，或是以个体集资的方式，承揽、建设旅游开发项目。该模式的特点是投资规模不大，涉及的投资范围较宽，一些投资少、见效快的旅游开发项目较能吸引这一类投资者。

（4）外商投资型旅游资源开发模式

外商在旅游业的投资范围目前主要集中于宾馆、饭店、旅行社和汽车出租行业，投资方式以合资为主。这种投资方式更为灵活多样，如通过 BOT（Built Operate Transfer）方式，进行某个旅游资源地的开发建设。这种旅游资源开发模式的特点是投资规模可能很大，外商将带来先进的管理理念和管理模式，对地方旅游业发展可能起到一种示范带动作用。该模式适合于经济欠发达地区的旅游资源开发，或资源开发需要资金量很大、当地不可能进行开发的旅游项目。

3）按地域划分的旅游资源开发模式

（1）东部地区的精品开发模式

我国东部地区的社会经济发展水平高，对外交往联系密切，市场范围广阔，高素质人才集中，已形成了环渤海、长江三角洲和珠江三角洲三个旅游发达区域，具有发展旅游业的综合优势。东部地区旅游资源开发应着眼于努力提升旅游产品档次和提高旅游资源开发水平。在原来旅游资源开发的基础上，着重突出构建旅游产品的精品项目，使低层次资源开发完全转变为高层次资源开发，为旅游者提供全面的、高质量的旅游产品和服务。

（2）中部地区的特品开发模式

从地理位置来看，我国中部地区位于从沿海向内陆经济梯级发展的中间过渡地带，有着承东启西、延承旅游业发展、转送旅游客流的区位条件。中部地区的旅游资源开发，一方面应着眼于旅游设施相对落后的现状，继续努力加强基础设施建设，改善发展旅游的条件；另一方面要面对和东部旅游产品竞争所处的相对劣势，大幅度提高旅游资源开发和利用的水平，重点开发建设特色旅游产品项目，即发展专题旅游，以便能够和东、西部旅游产品形成优势互补，以吸引从东部入境的海外旅游者和东部客源市场的游客。

（3）西部地区的极品开发模式

我国西部地区地域辽阔，是中国地形复杂、类型多样的旅游景观区域，自然、人文、社会风情旅游资源极为丰富，正处在旅游资源待开发的旅游业发展期。其资源优势突出，但由于经济发展水平低，因此，西部地区发展旅游业的首要任务就是加快基础设施、服务设施和生态环境的建设，特别是旅游交通的开发建设。西部地区旅游资源开发要充分利用资源优势，在大力推动旅游基础设施建设的同时，全力打造旅游资源开发的“极品”工程。

2.2.4　旅游资源开发的方式

1）新建

新建即凭借当地的旅游资源特点，建立新的旅游景区、景点或主题公园，建设一些必要的旅游服务基础设施，以增加区域旅游吸引力，满足旅游需求，推动地方旅游业发展。这种方式，重在创新，贵在特色，必须创造出“人无我有、人有我优、人优我特”的具有鲜明个性和风格的景物。

2）利用

利用是指利用原有的并未被认识到的旅游资源，通过整理、组织和再开发，使之成为旅游吸引物的一种开发方式。随着社会的进步和人们生活水平的提高，人们的旅游需求及消费行为特征也呈现多样化趋势。所以，应根据人们需求的新变化，开发利用以前未被认识到的旅游吸引物，使其成为新的旅游景点。例如，工业旅游、科技旅游的开展使西安的卫星测控中心、陕西阎良的飞机制造公司成为新的旅游热点。

3）修复

修复是指由于自然或历史的原因而被损毁，但又有很高艺术、历史文化或科学研究价值的旅游资源，经过整修、修复或重建，重新成为可供旅游者参观游览景点的一种旅游资源开发方式。

4）改造

改造是指投入一定数量的人力、物力和财力，对现有的利用率不高的旅游景观、旅游设施进行局部或全部改造，使其符合旅游市场需求，成为受旅游者欢迎的旅游吸引物的一种旅游资源开发方式。

5）提高

提高是指对已被开发但又不适应旅游业发展需要的旅游吸引物，需要深入挖掘，增加一些旅游设施和新的服务，提高其整体质量，再生出新的旅游吸引力的一种旅游资源开发方式。

2.2.5　旅游资源开发的程序

不同的旅游资源开发，由于其目标市场定位、旅游产品定位和游客的旅游方式不同，具体的开发过程也有所差异。但总体来说，旅游资源开发都要按照一定的程序进行。旅游资源开发一般可按五个步骤来实施。

1）确定开发项目

确定开发项目就是根据当地旅游资源的特色、旅游市场需求特点和区域经济发展水平，选定要开发的旅游资源项目，并对未来开发工作有一个初步的构想。这是旅游资源开发工作的起点。选定资源开发项目的基本依据包括：旅游市场需求趋势；区域旅游资源特色；地方经济发展水平；区域旅游业发展的主体形象等。

2）可行性研究

进行可行性研究就是要论证项目中所涉及的旅游资源或旅游项目，是否具有开发前景，是否具有开发建设的必要性和可行性。旅游资源开发的可行性研究主要包括旅游资源调查与评价、旅游资源地社会经济环境分析、客源市场分析、环境影响分析以及投资和效益分析预测五项内容。

3）总体规划

总体规划的内容包括确定开发范围和规模，确定开发目标，确定开发定位，进行总体布局，决定开发顺序和步骤。

4）具体项目设计

项目设计包括项目的目标设定、设计项目的实施流程、设计项目时间总体安排、设计项目考核等。具体项目设计工作是旅游资源开发管理中的重要环节，它是以后项目实施评估的参考依据和衡量标准。它的“质量”好坏，直接影响旅游资源开发的成败。

5）项目实施与监控

旅游资源开发项目的实施是指当项目的立项及论证完成之后，项目执行者运用所具备的人力、财力、物力将项目付诸实施的过程。在实施的过程中，要随时对项目进行跟踪监控，以使项目按规划要求完成，并提供现阶段开发工作的反馈信息和监控。

业务链接 2-2

旅游资源开发的历史划分

我国的旅游资源开发，有一个进化的历史过程。旅游的发展，形成了从原始资源直接利用，到观光产品开发，再到体验参与及休闲度假产品开发，进一步发展到创新生活方式的旅游产品开发的螺旋式上升结构。产品与资源之间的关系越来越远。文化和人性化的创新提升，成为旅游发展的主要方向。中国旅游资源与产品开发的过程，可以划分为五个阶段：（1）原始资源利用期（1980—1990年），将景区圈起来，就可以收门票，并初步建设接待设施；（2）资源开发起步期（1990—1995年），以基础设施建设为前提，开发可进入性和观赏、接待条件；（3）资源开发转轨期（1995—2002年），全面开发观赏型旅游产品，开始引进并开发游乐休闲产品；（4）资源深度挖掘期（2003—2015年），进入情境体验型、参与娱乐型、休闲度假型产品开发阶段；（5）后资源开发期（2015年以后），进入休闲度假旅游及以创新生活方式为核心的产品开发阶段。

资料来源 林峰. 旅游资源开发的历史划分［N］. 中国旅游报，2005-08-19.

2.3 旅游产品开发

旅游产品开发是根据市场需求，对旅游资源、旅游设施、旅游人力资源及旅游景点等进行规划、设计、开发和组合的活动。由于旅游产品的生命周期客观存在，为保持旅游企业的可持续发展，应该有处于成熟期的一代旅游产品，也有处于成长阶段的一代产品，同时还有正在开发的一代产品，只有这样才能保持旅游企业的可持续发展。因此，企业应该未雨绸缪，及时分析外部环境，预测旅游产品的生命周期，具有前瞻性地适时进行旅游产品的开发。

2.3.1 旅游产品开发的内容

1）旅游地开发

旅游地开发是在旅游经济发展战略的指导下，根据旅游市场需求和旅游产品特点，对区域内旅游资源进行规划，建造旅游吸引物，建设旅游基础设施，完善旅游服务，落实区域旅游发展战略的具体措施等。旅游地开发通常可分为五种形式：（1）以自然景观为主的开发。这类开发以保持自然风貌的原状为主，主要进行道路、食宿、娱乐等配套设施建设，以及环境绿化、景观保护等。（2）以人文景观为主的开发。这类开发是指对残缺的文化历史古迹进行恢复和整理。例如，对具有重要历史文化价值的古迹、遗址、园林、建筑等，运用现代建设手段，进行维护、修缮、复原、重建等工作。其恢复原貌后，自然就具备了旅游功能，成为旅游吸引物。（3）在原有资源和基础上的创新开发。这类开发主要是利用原有资源和开发基础的优势，进一步扩大和新添旅游活动内容和项目，以达到丰富特色、提高吸引力的目的。比如在湖滨自然景观旅游中，增添一些水上运动项目，诸如飞行伞、划艇、滑水等都是不错的项目，不仅未破坏原有景观，还可以和原有的湖光山色相映成趣，成为新的风景点。（4）非商品性旅游资源开发。非商品性旅游资源一般是指地方性的民风、民俗、文化艺术等，它们虽然是旅游资源但还不是旅游商品，本身并不是为旅游而产生的，也不是仅仅为旅游服务。对这类旅游资源的开发，涉及的部门和人员较多，需要进行广泛的横向合作，与有关部门共同挖掘、整理、改造、加工和组织经营，在此基础上开发成各种旅游产品。（5）利用现代科学技术成果进行旅游开发。这是运用现代科学技术所取得的一系列成就，经过精心构思和设计，再创造出颇具特色的旅游活动项目，如“迪士尼乐园”“未来世界”等就是成功的例子。现代科技以其新颖、奇幻的特点，融娱乐、游艺、刺激于一体，大大开拓和丰富了旅游活动的内容与形式。

2）旅游路线开发

旅游路线开发就是把旅游资源、旅游吸引物、旅游设施和旅游服务按不同目标游客的需求特点进行特定组合。在旅游路线的组合中，单项旅游产品只是其中的一个组件，开发者并不对单项旅游产品进行实质性的改动，而是考虑不同游客的需求特点、支付能力进行相应的搭配而已。我们可以从不同角度对旅游路线开发的种类进行划分：（1）按旅游路线的性质，分为普通观光旅游路线和特种专项旅游路线两大类；（2）按旅游路线的游程天数，可以分为一日游路线与多日游路线；（3）按旅游路线中主要交通工具，可以分为航海旅游路线、航空旅游路线、内河大湖旅游路线、铁路旅游路线、汽车旅游路线、摩托车旅游路线、自驾车旅游路线、自行车旅游路线、徒步旅游路线，以及几种交通工具混合使用的综合型旅游路线等；（4）按使用对象的不同性质，可分为包价团体旅游路线、自选散客旅游路线、家庭旅游路线等。

学习微平台

延伸阅读2-3

2.3.2　旅游产品开发的原则

1）市场观念原则

旅游产品的开发必须从资源导向转换到市场导向，牢固树立市场观念，以旅游市场需求作为旅游产品开发的出发点。没有市场需求的旅游产品开发，不仅不能形成有吸引力的旅游目的地和旅游产品，还会造成旅游资源的浪费和对生态环境的破坏。

同步链接2-1

“星辰大海畅游琼岛”海南游学旅游推广活动启动

2）效益观念原则

旅游业作为一项经济产业，在其开发过程中必须始终把提高经济效益作为主要目标；同时，旅游业又是一项文化事业，因而在讲求经济效益的同时，还必须讲求社会效益和环境效益。也就是说，要从整个开发的总体水平考虑，谋求综合效益的提高。

3）产品形象原则

旅游产品是一种特殊商品，是以旅游资源为基础，对构成旅游活动的食、住、行、游、购、娱等各种要素进行有机组合，并按照客源市场需求和一定的旅游路线而设计组合的产品。因此，拥有旅游资源并不等于就拥有旅游产品，而旅游资源要被开发成旅游产品，还必须根据市场需求进行开发、加工和再创造，从而组合成适销对路的旅游产品。

2.3.3　旅游产品开发策略

1）旅游地开发策略

旅游地开发最直接的表现形式就是景区、景点的开发建设。根据人工开发的强度及参与性质，旅游地开发的策略可分为以下几种：（1）资源保护型开发策略；（2）资源修饰型开发策略；（3）资源强化型开发策略；（4）资源再造型开发策略。

2）旅游路线组合策略

旅游路线开发以最有效地利用资源，最大限度地满足旅游者需求和最有利于企业竞争为指导，遵循旅游产品开发的原则。具体而言，有以下几种旅游路线产品的组合策略：（1）全线全面型组合策略；（2）市场专业型组合策略；（3）产品专业型组合策略；（4）特殊产品专业型组合策略。

2.3.4　旅游新产品的开发程序

1）产生创意

旅游企业可围绕企业长期的发展战略和市场定位，来确定新产品开发的重点，确定旅游新产品的创意和构思。旅游新产品的创意和构思来源于游客、旅游的从业人员、竞争者、旅游科研和策划机构以及旅游企业的高层管理人员。

2）创意筛选

搜集到若干旅游新产品的创意后，应根据企业自身的战略发展目标和拥有的资源条件对新产品进行评审和选择。

3）旅游产品概念的发展与测试

将经过筛选的构思转化为具体的旅游产品概念。如果构思仅是提供了产品开发的一个思路，那么产品概念则是这种思路的具体化。游客购买的不是产品构思，而是具体的旅游产品概念，因此我们需要用游客所能理解的具体项目将构思作进一步具体描述，这就形成了具体的旅游产品概念。

4）商业分析

在拟定旅游新产品的概念和营销策略方案后，需要企业对此项目进行商业分析。商业分析可以说是经济的可行性分析，其内容包括投资分析、销售量的预测和新产品的量本利分析。在预测旅游产品各时间段销售额的基础上，进一步测算新产品的成本和价格，并据此计算出新产品的损益平衡点，以及实现损益平衡的大致时间，预测各阶段的盈亏情况。

5）产品开发

产品开发阶段是旅游新产品开发计划的实施阶段，大量的资金投入从实质性开发阶段开始，包括：旅游产品具体项目设施的建设；基础设施的建设；员工的招聘和培训；与原有旅游项目的整合和利用。

6）旅游产品的试销

当旅游新产品的开发已初具规模，具备一定的接待能力时，不必等待完全落成，就可以利用已有的服务项目组建成一定的旅游产品组合，选择一些典型的目标客源市场进行试销。

7）正式上市

通过旅游新产品的试销，企业可以获得新产品上市的试点经验，有助于进行上市的决策。在新产品正式上市之前，企业需要对旅游新产品上市的时间、上市的地点、预期旅游客源地和目标游客以及导入市场的策略进行决策。

同步案例2-2

沉浸式旅游——穿越千年，走进《宋城千古情》

背景与情境：国内演艺市场已经形成“1+3+N”的竞争态势，即以“千古情”为龙头，“印象”“山水”“长隆”紧随其后，市场份额被宋城、长隆、华夏三大演艺品牌所占据。《宋城千古情》是杭州宋城旅游发展股份有限公司倾力打造的一台立体全景式大型歌舞，是目前世界上年演出场次最多和观众接待量最大的剧场演出，被海外媒体誉为与拉斯维加斯“O”秀、法国“红磨坊”比肩的“世界三大名秀”之一。该剧以杭州的历史典故、神话传说为基点，融合世界歌舞、杂技艺术于一体，运用了现代高科技手段营造如梦似幻的意境，以超出想象的呈现方式演绎了良渚古人的艰辛、宋皇宫的辉煌、岳家军的惨烈和梁祝的千古绝唱，把丝绸、茶叶和烟雨江南表现得淋漓尽致，给人以强烈的视觉冲击。

《宋城千古情》开启了旅游演艺的1.0版本，带给游客沉浸式的体验。旅游演艺1.0到2.0的进阶，是从室内场景搭建到室外实景运营的跨越，而从2.0到3.0，则是改变过去“正襟危坐”式的观演模式，让旅行者随着剧情能够走动起来。随着旅行者对旅游文化的需求更加迫切，单一的、浅层次的旅游演艺产品难以满足游客的消费需求，而如《大唐追梦》《禅行》这样的深度文化产品则更受追捧。我国正处在大众文化消费和大众旅游消费的初步发展阶段，对文化有更高需求的旅行者正在不断崛起，因此，如何在“互不了解”的前提下，以文化激发旅行者产生共鸣，成为未来旅游产品打造的必然路径。

2020年携程相关数据显示，厦门鹭江夜游、环鼓浪屿夜游等夜间游船产品备受欢迎，还有数据显示，18：00到20：00点成为旅游黄金时间。旅游业态正从日间饱和的项目中衍生更多“夜态”出来，从而形成一片新的蓝海。而从《印象刘三姐》开始，到如今的《夜上黄鹤楼》，旅游演艺始终走在“夜经济”的前列，从夜经济的“爆点”中寻求新的突破。对于旅游业来说，抓住时代趋势与潜在“爆点”，实现文旅融合，才能创造出具备竞争力的“赢面”。

资料来源 温家辉. 旅游演艺的叙事特点——以《千古情》系列为例［J］. 黑龙江社会科学，2019（1）：131-135.

问题：沉浸式旅游主要面对哪些游客？请从消费需求的角度进行分析。

分析提示：沉浸式旅游是一种伴随体验经济出现的新兴旅游方式，指旅游以服务为舞台，以旅游产品为道具，以游客为主角，以满足游客体验需求为核心，创造令游客难以忘怀的体验所进行的一系列旅游活动的总称。针对本案例，我们从体验产品的角度来进行剖析，沉浸式旅游更多地从旅游需求角度出发，旨在满足游客体验需求。沉浸式旅游展现形式多样化、展现手段科技化，其最终目的在于形成深度旅游体验。从美团门票用户的购票情况来看，以宋城演艺线上订单占比较高的杭州宋城景区为例，游客中男女占比约为4∶6，年龄主要分布在25至45岁，以情侣和家庭人群为主。客群来源主要以华东区域各城市及全国一、二线城市为主。并且，一、二线城市年轻群体在消费频次的增长方面较为显著。

2.4 旅游客源市场开发

旅游客源市场开发是指旅游企业为了实现旅游产品的价值而进行的一系列占有、扩大客源市场的相关活动。它包括两方面的含义：一是充分发挥现有市场的潜力，提高对现有市场的占有率；二是开拓新的旅游市场。旅游客源市场开发要在明确旅游市场战略目标的前提下进行市场调研和预测，了解市场需求和产品竞争对手，分析市场环境，选择目标市场，确定合适的市场营销组合，为企业确定业务范围和领域提供依据，也为最终开发出高质量的旅游产品，满足旅游市场的需求，最大限度地获取社会经济效益和环境效益奠定基础。旅游客源市场开发的重点工作主要是借助市场学的基本原理和方法进行旅游客源市场的调查、预测、细分和目标市场的选择等。

学习微平台

延伸阅读2-4

2.4.1 旅游客源市场开发的特点

1）对资源的高度依赖性

大多数旅游企业、旅游目的地的旅游产品类型和等级都或多或少地受到资源赋存状况的制约，旅游产品的吸引力对资源规模、等级、开发条件等存在高度的依赖性，因此旅游资源条件制约着旅游客源市场的范围、类型和层次。在旅游市场开发过程中一定要清醒地认识自身的资源条件。

2）开发对象的差异性

不同特征的旅游客源市场的开发策划具有明显的差异性。客源市场开发实际上是旅游目的地市场向旅游客源市场寻求认知的一种沟通过程，而客源市场开发策划就是对这一沟通过程的谋划与设计。为使沟通更顺畅、更有效，就有必要深入分析目标客源市场的特征，并根据不同客源市场的旅游需求偏好制订差异化的策划方案。

3）开发主体的协调性

旅游客源市场开发策划必须特别强调协调性。政府、行业协会组织、企业作为旅游客源市场开发的三大主体，对客源市场开发的理解以及利益出发点同中有异，不可避免会出现一些矛盾和摩擦。所以，在进行旅游客源市场开发策划时，处理好政府、行业协会组织、企业之间的关系，做好企业之间的沟通和协调，是策划得以成功实施的关键。

2.4.2 旅游客源市场开发的类型

1）政府主导旅游客源市场的开发策划

政府主导的客源市场开发活动主要针对距离较远的客源市场或重点客源市场所在地的综合开发和促销。国际旅游可以增加外汇收入，平衡国际收支，一直备受各国政府重视，国际旅游客源市场开发因此也成为各国旅游管理部门的主要职责之一；而国内旅游可以大量回笼资金，提供更多的劳动就业机会，在促进地区社会经济发展方面的作用越来越明显，所以其市场开发也受到各级地方政府的重视。

2）旅游行业协会组织主导的旅游客源市场开发策划

旅游行业协会组织是由有关旅行社团组织和企事业单位在平等资源的基础上组成的非营利性社会组织，具有独立的社团法人资格。目前，我国从全国性的旅游行业协会组织（如中国旅游协会、中国旅游饭店业协会、中国旅行社协会、中国旅游车船协会等），到各级地方的旅游行业协会组织（如省级旅游协会、市县级的旅游协会等），组织机构完备，行业协会的职能和作用也日益加强。

3）旅游企业主导的旅游客源市场开发策划

由于企业可以在法律允许的范围内对自身资源进行自主调配和使用，所以，在三种不同的开发主体主导的旅游客源市场开发中，旅游企业的开发方式是最灵活、最主动的，可以及时根据旅游客源市场的变化调整市场开发战略和具体措施。旅游企业主导的客源市场开发方式的主要特点是机动灵活，但因为企业能够使用的资源有限，所以主要以策划中小型市场开发活动为主。

业务链接 2-3

奇趣暖春在三亚，错峰登岛正当时

2021年3月31日至4月1日，三亚市旅游推广局在深圳、佛山、广州等广东省主要客源城市开展了主题为“奇趣暖春在三亚，错峰登岛正当时”的旅游业态推介活动。

结合广东省及周边市场蓬勃的出行热情及客群结构年轻化的特点，三亚市旅游推广局在推介会上进行了三亚旅游资源、新兴旅游业态的重点推介，突出“三亚新青年奇趣岛”这个推广主题，重点推介了三亚市免税购物、邮轮游艇旅行、亲子家庭度假、商务旅游、会展旅游、研学旅游等旅游业态，让与会者更加全面、深入地了解三亚旅游现状及未来高质量发展的方向。

推介会以“惠”玩“质”去三亚为推广内容，突出三亚优惠的旅游政策和高质的旅游资源，通过学习国外旅游局推介经验和模式，设置涉旅企业圆桌洽谈、趣味三亚旅游宣传游戏等高互动性创新模式，向重要客源地广东省及周边市场传达三亚市“淡季不淡，错峰出游”的旅游目的地形象。

万豪国际集团、海南航空控股股份有限公司、三亚海旅免税城、三亚蜈支洲岛旅游区和三亚海昌梦幻海洋不夜城等三亚旅游企业为与会旅游业者呈现了三亚旅游的全新面貌及品牌魅力。

“本场推介活动也将充分贴合游客新口味，通过对一线业者带来错峰产品宣传，为三亚与广州两地旅游企业创造更多合作契机，深化两地合作，共同关注并研发目的地旅游新玩法，为三亚旅游带来更多可能。”三亚市旅游推广局副局长俞婷婷说。

2021年首场“走出去”三亚城市旅业推介会期间，共吸引了来自广东省的近100家涉旅企业参会，精准的业务对接、前沿的资源介绍，三场推介会引发强烈反响。在现场，很多与会嘉宾通过社交媒体分享了活动心得，创新的会议形式、丰富的分享资源以及独特的品牌文化得到了大家的认同。

资料来源 三亚市旅游推广局. 三亚市旅游推广局在粤举行创新型旅业推介会［EB/OL］.［2021-04-01］. https://www.traveldaily.cn/article/144420.

2.4.3 旅游客源市场开发的步骤

1）市场细分

市场细分是指旅游企业根据旅游者特点及其需求的差异，将一个整体市场划分为若干个具有相类似需求特点的旅游者群体的过程。旅游者所处的地理环境、文化、社会、个人行为和心理特征不同，决定了旅游者之间的需求存在着广泛的差异。因此，旅游企业可以根据旅游者的特点及需求的差异把一个整体市场加以细分。

2）目标市场选择

经过对细分市场的评估，旅游企业可能会面对多个有可能成为目标的细分市场。如何从中选择，这就是目标市场的确定问题。选择目标市场一般有三种策略：无差异市场策略、差异性市场策略、密集性市场策略。

3）市场定位

经过市场细分和目标市场的选择，旅游企业确定了自己的经营空间和营销对象。为了使目标市场旅游者能够非常容易地识别出本企业的产品，以便与竞争对手区别而形成自己独特的经营风格和做法，就需对产品实行市场定位。市场定位是企业为了适应消费者心目中某一特定的看法，通过为企业、产品、服务创立鲜明的特色或个性，而塑造出独特市场形象的行为过程。旅游企业的市场定位就是要确立本企业在市场上的位置，其实质是把旅游企业的形象植入旅游者的心中，使本企业在市场上确立强有力的竞争地位。

业务链接2-4

疫后韩国对中国的旅游营销策略

中国一直是韩国第一大旅游客源国。2019年，中国赴韩旅游人数达到602万人，占韩国整体入境游客总量的35%以上，而韩国第二大入境旅游客源国日本只占19%，因此中国是韩国不可忽视的重要客源国市场。

韩国受到地域条件限制，国际旅游市场规模要远大于国内旅游市场规模。2019年韩国国际航班数占比高达73%，而中国国际航班占比仅为20.8%，韩国旅行社至少75%的销售额来自海外出境游商品。也正因为如此，疫后国际旅游的停滞给韩国旅游业带来的影响要更为严重。据统计，2020年受疫情影响，包含旅行社、酒店、航空公司及景点在内的韩国旅游业销售额较上一年降低近70%，韩国旅游业短期内尚无法实现全面恢复。

疫后，韩国政府为旅游行业提供了多方面的政策扶持，极力促进国内旅游市场的复苏。但受疫情反复变化的影响，旅游业复产复工持续处于小心控制状态，韩国境内旅游暂时无法实现全面恢复。

疫情让消费者旅游出行方式发生了重大转变。“安全、卫生”成为选择景点及服务设施时的首要考虑因素。“私家团”“自由行”“小规模”成为疫后主要出行方式，“户外旅游”及“自然生态旅游”受到青睐，“无接触式”服务与“数字化营销”成为疫后主要旅游服务方式。高科技助力产业发展，“内容营销服务”成为制胜关键。

在疫后韩国国家战略发展规划中，旅游领域要不断强化5G、AI、大数据等高科技与旅游的融合发展，鼓励“旅游+数字化技术”创新，利用VR（虚拟现实）、AR（增强现实）、AI（人工智能）、OTT（线上视频服务）等最新技术深耕“内容营销服务”领域的创业型公司成为风险投资公司的关注重点。持续不断的花式线上“内容营销”策划成为疫后旅游营销制胜的关键。例如，韩国旅游发展局利用韩流明星“防弹少年团”策划的首尔旅游视频推广活动，以及韩国文化体育观光部投资制作的文化公演系列视频，都受到韩国消费者的高度关注与好评。“科技融合+内容营销”已成为疫后韩国文旅产业的主要发展趋势，未来将会为社会发展创造出更多新增长点与价值。

资料来源 张丹. 疫后韩国对中国的旅游营销策略［EB/OL］.［2021-01-22］. https://www.traveldaily.cn/article/143043.

2.5 旅游商品开发

旅游商品开发是指以市场需求为导向，将物产资源转化为商品的经济技术过程，主要包括商业开发与旅游开发。旅游商品的开发首先需要调查，包括市场调研和资源挖掘，然后进行评估和创意，确定开发方向。一般可以选择的方向有开发旅游纪念品、开发旅游饮食品、开发旅游日用品、开发观光与体验旅游项目和营造商业与旅游文化环境。

2.5.1　旅游商品开发的内容

1）开发旅游纪念品

旅游纪念品，是指旅游者在旅游活动过程中购买的富有区域与民族文化特色、具有纪念性的一切物品，是旅游商品中最具特色的一类，具体包括文物古董、书画金石、工艺美术品、土特产、中草药材、珠宝首饰、服装等几大类。旅游发达国家都非常重视旅游纪念品的设计开发，并逐步培育成品牌商品，真正做到了“小商品、大市场”。到欧洲国家旅游，各国各地都有自己的特产和代表性物品作为纪念品，给游客留下美好的回忆。

2）开发旅游饮食品

饮食品包括土特产品、地方主食、地方菜、点心小吃、风味食品、饮品等，其中既可开发为旅游者在旅途中享用的旅游饮食品，也可开发为旅游纪念品，还可以此为基础开展“美食旅游”，吸引游客直接消费。一方面，可以通过区域旅游规划构筑“饮食街（城）”“风味街（城）”“风情街”等，对地方美食进行集中展示；另一方面，可以通过旅游节庆活动，如广州国际美食节、青岛国际啤酒节等，对地方美食进行展示。

3）开发旅游日用品

旅游日用品是指满足旅游者日常生活、开展旅游活动的物质装备，具体包括旅游生活用品和旅游活动用品。与旅游纪念品与旅游饮食品重视文化功能相比，旅游日用品开发更注重物质性的实用功能。因此，旅游日用品开发要针对当地的自然环境、旅游活动项目进行。例如，戏水项目离不开游泳衣、游泳帽、防水眼镜，高尔夫球项目离不开高尔夫球、球杆、球服、球鞋等。

4）开发观光与体验旅游项目

一些地方特色商品的制作过程，特别是富有神秘性、乡土性的传统工艺过程，可以作为观光欣赏和参与休闲项目开发，形成观光旅游与休闲旅游产品，实现传统手工产品与工艺品过程的欣赏价值和娱乐价值。至于对具有地方品牌的农业产品与工业产品制作过程的观光，则可以通过“农业旅游”“工业旅游”项目实现。

5）营造商业与旅游文化环境

地方特色商品因民族性和地域性文化特色，是旅游景区景点、酒店、娱乐企业，以及商业街区、商业企业环境的最好装饰材料，如运用传统雕塑工艺进行景区建筑的雕塑，利用传统纺织品、书法绘画作品等对酒店环境进行包装等。

学习微平台

延伸阅读2-5

2.5.2　旅游商品开发的原则

1）特色原则

旅游商品的开发要突出地方特色和民族特性，形成自己的特色，才有吸引力和竞争力。特色是旅游商品能够对旅游者产生吸引力的根本所在。例如，东非的木雕、北美的面具、中国的书画作品和陶瓷漆器，都富有特色。

2）标准化原则

旅游商品的开发必须遵循标准化原则，符合相应的标准化规定，按照标准化要求进行设计生产。

3）环境保护原则

开发和保护并重，旅游商品生产企业在开发设计新产品时应注重环保问题。对于那些对环境有破坏的传统旅游商品，要进行工艺改造，以消除或减轻对环境的破坏。

课程思政 2-3

千年粮仓被毁，是“毁遗”还是“仿古”

背景与情境：2010年7月11日，江苏镇江古运河畔的大型商住楼盘“如意江南”建设项目现场依然繁忙，工程的地基开挖工作仍在继续。而一处对大运河申遗有着重要意义的考古遗址，就在一辆辆推土机、挖掘机的轰鸣声中渐渐消逝……“如意江南”是镇江市近年启动的棚户区改造项目，由镇江市城市建设投资集团负责实施。2009年8月，正好在位于拆迁安置房的地块下2米处，发现了宋元粮仓遗址。根据考古发现与文献对比考证，这处粮仓很可能就是转般仓和大军仓遗迹，是宋、元、清三个朝代的遗迹。这个发现，也作为江苏省两个候选项目入围了“2009年全国十大考古新发现”初评名单。对此，国家、省两级文物部门高度重视。然而，一道道保护令之下，13座宋元粮仓遗址还是在挖掘机不停施工中遭到巨大毁坏。“如意江南”的规划方案中也提出，要对古运河的历史进行整理挖掘，沿运河由北向南依次开发京口驿码头、京口驿博物馆等项目，充分运用历史元素来表现古运河的人文文化。但是，像宋元粮仓这样的历史文化遗迹被毁弃殆尽，反而去造一些仿古的东西，这到底是在保护还是在糟蹋历史文化遗产？

问题：面对国内频繁发生的“毁遗立新”等破坏性开发事件，你认为旅游规划应该怎么做？旅游开发企业又应该怎么做？

研判提示：在旅游规划和开发的过程中，需要制订保护资源的切实方案，防止文物资源和生态环境遭到破坏，旅游开发企业同时也承担着保护旅游资源的社会责任。如果妥善规划，文物古迹将会给城市发展增添独特的文化内涵，避免千城一面的尴尬境况。

4）实用性和艺术性相结合的原则

随着生活水平的提高，人们的生活品位也越来越高。现在人们在购买旅游商品时，更强调实用性与艺术性的结合。

5）突出制作水平原则

旅游商品能体现出一地的经济水平、文化水平和制作水平，旅游商品做不好，直接影响到一个地方的形象。不要把游客简单定位为“匆匆过客”，要看到游客中潜在的商机。

6）政府扶持原则

旅游商品市场要健康发展，文化和旅游管理部门必须对旅游商品的开发、生产和经营进行宏观引导和管理，制定发展旅游商品的战略、方针、目标，提供市场情报信息等。

2.5.3 旅游商品开发的模式

1）市场导向型模式

该模式以市场为导向，依据旅游者购物的需求和旅游商品市场竞争的特点进行旅游商品的开发。市场导向型将市场需求作为旅游商品开发的直接动力，也是旅游商品开发的起点与归宿。

2）科技推动型模式

科技发展为旅游商品的开发提供了重要手段。要提高科技在旅游商品开发中的应用水平，以提高旅游商品的开发效率。以科技为推动力，进行旅游商品的开发，对旅游商品的生命周期具有决定性影响。

3）满足游客心理模式

要使旅游购物兴旺发达，就必须研究旅游购物心理，分析旅游商品现状。应从实用、新颖、具有特色以及销售方法等方面着手，吸引并满足游客的需求。

同步案例2-3

如何让旅游商品更具本地特色

背景与情境：近年来，沈阳旅游产业取得了长足发展，但也存在地方特色旅游商品种类单一、样式陈旧，缺少文化性、艺术性，设计创意不够新颖等问题，而这一问题在辽宁省其他地方也存在。无论是旅游产品，还是旅游纪念品开发，辽宁省均落后于一些比较发达的省份。

面对这些问题，是一味追求数量上的激增赚得“人气”，还是注重质量提升，敬重消费者，不断提升旅游品质？未来还有哪些需要改进的地方？如何让旅游商品更具本地特色？对此，记者进行了调查。

现状：旅游商品种类单一

“到沈阳旅游，临走时想买点纪念品带回去，逛来逛去怎么就找不到有沈阳特色的呢？”12月23日，记者在世博园采访时听到游客这样说。

走访中记者发现，很少有游客愿意走进景区的纪念品店，即使进去也未必消费。一名外地游客告诉记者：“景点内销售的旅游商品大多与景区特点不相符，葫芦、木质宝剑、贝壳饰品，很多景点都能买到，缺乏地域特色和景点特点。”

12月19日、20日，记者分别来到“玉都”鞍山、“玛瑙之都”阜新。在千山、玉佛苑等景区的特色品商店内，岫岩玉是该地旅游的名片。岫岩玉产地岫岩满族自治县成立了岫岩玉管理局，从资源、加工、市场、技术方面进行规范管理，并组建了岫岩宝玉石协会，着力推动玉产业从量的扩张向质的提高转变，坚持精品战略，打造岫岩玉雕品牌，推动产业升级。

阜新市利用丰富的玛瑙文化资源，开发了大量优秀文化作品，制作出了玛瑙工艺品、饰品、旅游纪念品、体育用品等系列200余个品种。到阜新旅游的外来客人，都会买些玛瑙作纪念。目前，阜新已占领国内玛瑙市场约一半的份额，实现了玛瑙产业与阜新旅游业相互促进、共同发展。

把脉：彰显地域特色，开拓市场

如今的旅游业需要进行整合，其中，景区景点的配套服务业显得尤为重要。目前沈阳的旅游消费市场中地方特色旅游商品种类单一、样式陈旧，缺少文化性、艺术性，设计创意不够新颖，不能体现沈阳丰富多彩的地域文化，不能让游客在身心愉悦的同时，带走具有沈阳地域特色的文化产品。这就需要有一个总体的规划，把单一的旅游资源打造成旅游产业。

辽宁省旅游协会周凤文则认为，旅游商品单一是全国大部分景点普遍存在的问题，沈阳也不例外。近年来，沈阳一直在探索开发符合自身地域特色的旅游商品，但效果并不明显。目前，温泉游正在形成气候。沈阳的温泉游项目如新民兴隆堡、沈北新区的北汤、小韩村等有很多，但游客除了泡温泉以外，由于缺乏旅游商品，没有什么可以带走的。如何将旅游纪念品融入旅游产品中，并围绕产品做服务，促进经济发展，是需要政府思考的问题。

开方：围绕产品做服务，促产商融合

沈阳有不少特色工艺品，无论赠送亲友还是留作旅游纪念都具有地域特征：手撕画、蛋雕、面塑，还有满族格格玩偶和故宫模型。其中，于氏面人传承人于启全以面为材料塑造出了满族风俗系列等题材多样的艺术品，画面精美，最具代表性。但这些具有特色的艺术品在沈阳部分景区景点内却买不到，只有在沈阳举办的一系列旅游名品展示会、庙会上才有机会集中展示。对此，沈阳一位民间艺人告诉记者："要是能在故宫等景区周边将我们这些手工艺人集中起来，不仅可以将这些特色旅游纪念品推广出去，还可以聚拢人气，给景区带来客流。"

辽宁要打造旅游目的地，拉动经济发展，必须大力开发旅游商品，使游客来到辽宁就能够买到自己喜欢的东西。要加大对旅游工艺品和纪念品的开发力度，开发出更多适合辽宁旅游的纪念品和工艺品。

目前，沈阳市文化和旅游管理部门已开始面向社会征集特色旅游商品创意设计，开发和激活沈阳地方特色旅游商品市场，完善沈阳旅游市场消费模式，拉长沈阳旅游产业链，促进旅游产业与其他产业融合发展，生产出游客买得到、买得起、值得买、愿意买的旅游商品，提升沈阳旅游知名度和影响力。

资料来源 明绍庚. 如何让旅游商品更具本地特色［EB/OL］.［2014-12-24］. http://ln.people.com.cn/n/2014/1224/c339831-23324405.html.

问题：请从市场导向型模式、科技推动型模式和满足游客心理模式三个角度对沈阳旅游商品开发模式进行诊断，并提出解决办法。

分析提示：要以市场为导向，依据旅游者购物的需求和旅游商品市场竞争的特点进行旅游商品的开发，同时需要注重科技在旅游商品开发中的应用水平，以提高旅游商品的开发效率。要使旅游购物兴旺发达，还需要研究旅游购物心理，分析旅游商品现状，从实用、新颖、具有特色以及销售方法等方面着手，吸引并满足游客的需求。

2.5.4 旅游商品开发的程序

1）旅游商品构思的形成

形成构思是旅游商品开发的第一阶段。旅游商品生产企业可通过企业内外部的技术人员与业务人员、旅游者、竞争厂家、中间商或其他方面获得旅游商品的构思，然后明确旅游商品发展的范围、目标市场、产品定位、资源分配、投资收益率等，使构思者有章可循，避免人力、物力、财力的浪费。

2）旅游商品构思的筛选

筛选就是对大量的旅游商品构思进行优选，选出理想的构思进一步开发，及时剔除欠佳的构思。正确的筛选必须根据旅游商品生产企业内部和外部的具体条件，全面分析衡量，审慎地决定取舍。外部条件主要指市场需求和竞争状况、社会环境、自然资源等；内部条件主要指企业的资金、设备、技术及经营管理能力等。此外，还要考虑构思与企业的目标是否一致，有些构思看起来虽好，但对本企业不一定适用。

3）旅游商品概念的形成和评估

经过筛选后的旅游商品构思，还要进一步形成比较完整的商品概念，即把旅游商品的构思具体化，并用文字或图像描述出来，这样，可使游客在头脑中形成一种商品形象。商品概念形成后，可拿到目标游客中评估，并据此作出决策。

4）制定旅游商品的营销策略

选出最佳的商品概念后，还要制定该旅游商品进入市场的基本营销策略。营销策略应包括三个部分：一是目标市场的规模、结构和购买行为特点、商品的市场定位、短期预计销售量、市场占有率、利润率等；二是预定价格、分销渠道和促销预算等；三是长期预计销售量、投资收益率和营销组合等。这只是一个粗线条的策略，以后还要补充修正。

5）商业分析和研究试制

选出最佳商品概念和拟定初步的营销策略之后，还要详细分析这一旅游商品开发方案在商业上的可行性，即详细审核预计销售量、成本、利润和投资收益率等是否符合企业既定目标，如果符合就可进一步开发。经过商业分析如有开发价值，则可交生产部门试制。一般先制成一个或数个样品，然后在实验室和现场对其性能、成分等产品特性进行一系列的测试和技术鉴定，最后再进行消费者测试。

6）市场试销

样品经测试如果取得满意的结果，即可投入小批量生产，上市试销。所谓试销，就是把旅游商品和营销方案在更加符合现实需要的条件下推出，以观察市场反应。在试销过程中取得的有关市场定位、销售渠道、广告宣传、价格、品牌、包装及预算等方面所需的资料和数据，可为以后的营销决策提供依据。市场试销规模大小，既取决于投资风险的大小，也取决于试销成本的大小和时间的长短。试销可采用标准试销法、控制试销法或模拟试销法，同时还要选好试销的地点和时机。

7）大批投产，正式上市

经过试销成功的旅游商品，即可大批投产上市。在正式推出旅游商品时，还应注意选择推出时机、推出地点、目标游客和营销策略。

业务链接2-5

民族地区旅游商品创新开发研究

民族地区旅游附加值普遍不高，除了能游玩地方不多的因素之外，适应游客消费需求的旅游商品，尤其是创新性旅游商品开发严重不足是关键原因。

民族地区旅游商品开发具有趋同性较高的特点。民族地区旅游商品开发，无论企业还是个人，大多资金少、规模小、研发技术力量严重不足，故容易跟风或模仿，生产雷同性高、技术含量低、缺乏地域和民族特色的旅游商品，导致旅游商品吸引力低，旅游者难以产生购买欲。

相对于东部地区，民族地区在旅游商品研发和生产各环节投资少、规模小，产业链也不完善，上缺旅游商品研发，下缺良好的销售渠道。此外，大多数地方还缺乏旅游商品专门交易场所或旅游商品集散地，故旅游商品发展仍处于软、小、散、乱的初级阶段。

旅游商品开发相对滞后。目前，在民族地区旅游商品开发中，小作坊、小农户性质的生产所占的比重还比较大，落后的生产经营方式阻碍了旅游商品生产。民族地区地方政府和旅游企业偏重于对旅游景点和基础设施的投入建设，在重视旅游交通、住宿、饮食、观光的同时却忽视了购物和玩乐。

因此，如何加强民族地区旅游商品的创新开发，达到“创造消费，引导消费，方便消费，保障消费”，从而提高旅游附加值的目的，并且通过提高民族地区旅游经济效益，使旅游经济反哺民族传统文化，达到民族旅游开发与民族文化保护双赢的目的，对于民族地区旅游可持续发展有着十分积极的意义。

资料来源　洪毅.民族地区旅游商品创新开发研究［J］.中南民族大学学报（人文社会科学版），2015（4）：44-47.

本章概要

主要概念

旅游开发　旅游资源开发　旅游产品开发　旅游客源市场开发　旅游商品开发

内容提要

• 本章主要介绍了旅游开发管理的基本理论和主要内容，包括旅游开发的特点、内容原则及开发模式，旅游资源开发的内容、原则、方式、程序及开发模式，旅游产品开发的内容、原则、策略及开发程序，旅游客源市场开发的特点、类型及开发程序，旅游商品开发的原则、程序及开发模式。

• 旅游开发是指人们为了发掘、改善和提高旅游资源的吸引力而致力从事的开拓和建设活动。旅游开发具有系统性和层次性、动态性和超前性、可操作性和导向性、综合性和复杂性等特点。

• 旅游资源开发是指借助现代科学技术手段，把潜在的旅游资源改造成旅游吸引物，并促使旅游活动得以实现的技术、经济活动。旅游资源开发，不仅仅是将旅游资源本身开发成对游客具有吸引力的吸引物，还需要为其提供满足旅游活动需要的其他条件，如交通、住宿、饮食、休息、购物等。

• 旅游产品开发是根据市场需求，对旅游资源、旅游设施、旅游人力资源及旅游景点等进行规划、设计、开发和组合的活动，具体包括旅游地开发、旅游路线开发等内容。

• 旅游客源市场开发是指旅游企业为了实现旅游产品的价值而进行的一系列占有、扩大客源市场的相关活动。它包括两方面的含义：一是充分发挥现有市场的潜力，提高对现有市场的占有率；二是开拓新的旅游市场。

• 旅游商品开发是指以市场需求为导向，将物产资源转化为商品的经济技术过程，主要包括商业开发与旅游开发。旅游商品的开发首先需要调查，包括市场调研和资源挖掘，然后进行评估和创意，确定开发方向。一般可以选择的方向有开发旅游纪念品、旅游饮食品、旅游日用品、观光与体验旅游项目和营造商业与旅游文化环境。

内容结构

本章内容结构如图2-1所示。

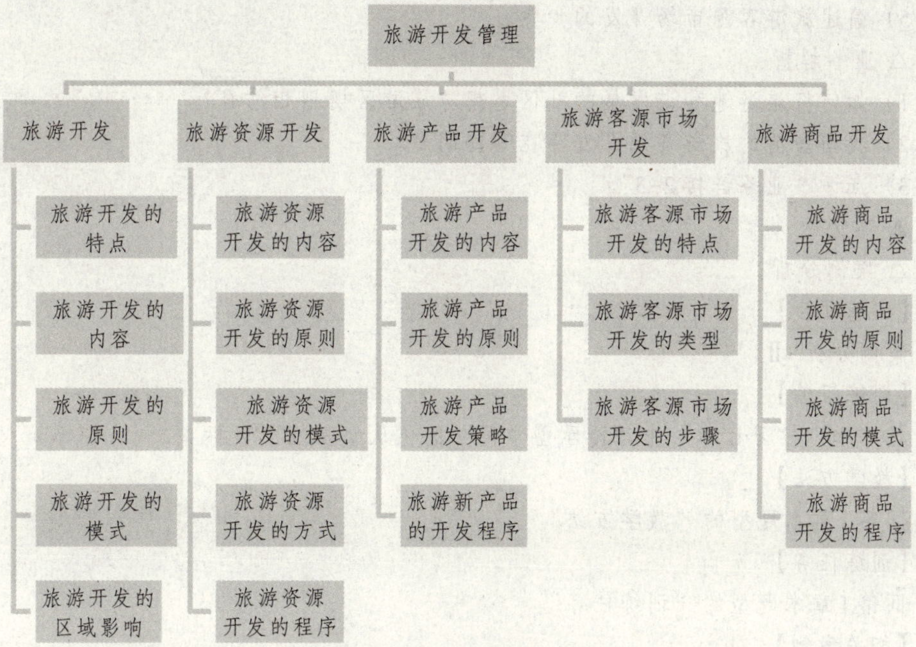

图2-1　本章内容结构

重要观点

观点2-1： 旅游开发是把双刃剑，会同时带来正面和负面的影响。

常见质疑： 旅游开发将对区域经济、区域环境和区域社会文化造成影响。

释疑： 任何旅游开发都不能违背原真性、保护优先和合理利用的原则。旅游开发需要建立在科学规划的基础上，根据旅游地的不同情况，选择有利于保护当地旅游资源的旅游开发模式以及建立健全相关法规，以实现旅游经济与生态环境的可持续发展。

单元训练

传承型训练

▲ 理论题

△ 简答题

1）简述旅游开发的概念与特点。

2）简述旅游客源市场开发的概念、特点与类型。

△ 讨论题

1）如何理解旅游开发与保护的问题？

2）如何理解旅游资源的“公共物品”问题？

▲ 实务题

△ 规则复习

1）简述旅游开发的内容、原则与模式。

2）简述旅游资源开发的原则与程序。

3）简述旅游产品开发的内容、原则与策略。

4）简述旅游商品开发的内容、原则、模式与程序。

5）简述旅游客源市场开发的步骤。

△ 业务解析

1）如何将旅游地和谐发展的社区思想与旅游区规划相结合？

2）我国当前的旅游资源开发存在哪些问题？

3）点评“业务链接2-3”。

▲ 案例题

△ 案例分析

【训练项目】

案例分析-Ⅱ。

【训练目的】

见本章“学习目标”中“传承型学习”的“认知弹性”目标。

【教学方法】

同第1章本题型的“教学方法”。

【训练任务】

同第1章本题型的“训练任务”。

【相关案例】

湘西古寨，走在保护与开发的双刃剑上

背景与情境：湘西古寨是湖南的一大特色。近日，由国家民族事务委员会公示的1 000个拟列入“十二五”时期全国少数民族特色村寨保护与发展名录的村寨中，湖南省有80个村寨入选。

1）苗家石寨历经百年变革

大年初二，记者来到了凤凰县城西南方向16千米的湘西土家族苗族自治州凤凰县都里乡拉毫村。头戴银饰的老太、满眼的野花、专心啃草的牛马、古色古香的村寨，如一幅绝美的画卷呈现在记者眼前。通向古寨的是一条曲径小道，小道尽头是一条小溪，过了溪上小拱桥，便是一石寨大门，上书“营盘寨”三个大字。再向上走几步，拐过一个弯，一座高高的碉楼伫立在眼前。碉楼底部有门洞，左侧竖着一方“全国重点文物保护单位拉毫营盘”石碑。这个寨子是怎么形成的？有多久的历史？记者边走边打探，遇到的人却都向记者摆手摇头。何秀强是寨子里少有的文化人。他告诉记者，营盘寨始建于1552年的明嘉靖年间，有近500年的历史。从最初南方长城上一个城堡，后来慢慢发展成为明清时期苗疆边墙的一座重要兵营古城、军事要地。鼎盛时期，寨内设有统领军政事务机关的守备总爷衙门，下设守备衙门的助理和处理军务及民事案件的司法机关——司爷衙门，守备衙门下又设军火库、地牢。城外有大大小小共13处碉堡，守卫营盘寨的安全。营盘寨的兵营历史延续了300多年，其间只住官兵，不住居民。直到辛亥革命后，兵营历史才结束。何秀强告诉记者，兵营中迁入居民，还有另一个原因。“民国十五年（1926年），湘西大乱，土匪成群。为了躲避战乱，寨子北边坨子岭的居民纷纷逃到兵营里，求得安全。”从那时起，老百姓开始慢

慢移进了营盘寨。如今历经百年历史风云变革，营盘寨里的那些历史文物，有的已残破不堪，有的地面实物已消失，但旧址依然存在。何秀强说，营盘寨见证了这里的社会、政治、文化及整个民族格局的变迁，对研究村镇聚落的形成与演变具有重要价值。2002年，凤凰县对营盘寨城墙进行了原址维修。2006年，营盘寨被确立为全国重点文物保护单位。

2）湘西古寨多，发展两重天

营盘寨正为自己将来的旅游开发做准备，而距它不远的中国历史文化名城——凤凰古城早已十分热闹。古城里的游客摩肩接踵，窄窄的街道被堵得水泄不通。很多人说，是沈从文的《边城》成就了凤凰古城今日的名气，但名家造势，并非就能"飞黄腾达"。位于凤凰古城北120千米外的芙蓉镇曾因谢晋拍摄、刘晓庆主演的电影《芙蓉镇》而名噪一时，但芙蓉镇今日却是"有名无市"。大年初三，记者来到芙蓉镇时正值下午3点左右的上客高峰期，但在芙蓉镇著名的五里长街上却人迹寥寥。卖"刘晓庆米豆腐"的小吃店老板李军正坐在藤椅上打盹。李军说，芙蓉镇比凤凰古镇大得多，景观也丰富，但因为景区管理没做好、宣传没做好，两者名气差距甚大，人气自然没有凤凰古城高。自从2008年开始收门票后，芙蓉镇的游客数量更是直线下降。"过去，我这个米豆腐店生意好时一天进账万把块钱是没问题的。现在一天能卖一千多我都要半夜开心得笑醒了。"李军调侃着说。

3）政府引导公众的旅游品位

人们看惯了城市的高楼，想看看青山绿水，古老的城寨便犹似"枯木逢春"。然而，如今越来越多的学者和游客感觉到过度商业开发与历史文化保护之间的矛盾。同济大学国家历史文化名城研究中心主任阮仪三告诉记者，现在一些古城镇的发展属于保护性的，但也有一些是破坏性的。他认为："凤凰古城开发得有些过分了。他们造新吊脚楼，违背了古城原本的风貌，人流多造成了环境的污染，失去了古镇宁静的气氛。凤凰古城的发展从根本上说是失败的。凤凰古城早已不是沈从文笔下的《边城》，失去了古镇风情，古城的魂也没有了。"古城发展要不要那么热闹？阮仪三认为，古城开发首先得保护历史文化遗产。"旅游开发是一把双刃剑，对旅游要进行必要的限制。但有些地方政府只追求经济发展指标，对环境破坏不管不问。"阮仪三强调，以历史文化遗产为基础的旅游开发项目应该是渐进的，万不能一步登天。真正的良性旅游发展，不仅要服务居民，服务游客，还要考虑可持续性。"看到凤凰古城的现状，我很伤心。"阮仪三说，近几年凤凰古城曾再次请他做规划，但他到实地一看，觉得已经很难做了。"因为建了很多高楼，而这些高楼因为利益原因不能拆除。"这种发展相当于"杀鸡取卵"，因为历史文化的底蕴正被逐渐扼杀，古城中的热闹来自夜晚酒吧震天响的乐鼓声，来自鳞次栉比的小商品店，但售卖的都是千篇一律的旅游产品，没有特色，缺少文化内涵。为什么游客喜欢这种热闹的场景？阮仪三认为，这是公众在文化上的浅薄，政府应引导公众的旅游品位。"作为文化和旅游管理部门，应引导人们消费高雅艺术。"阮仪三介绍，有些江南古镇建有极具地方特色的博物馆，比如昆曲博物馆、手工业博物馆，有专门给小朋友服务的书店。这种古镇静悄悄，走在里面是一种享受。中南大学教授胡彬彬认为，古镇的现代化发展与历史文化保护并不矛盾。只要不是唯利是图，能做到保护为先、合理利用，就能使发展与保护相得益彰，就能实现古城镇的可持续发展。也只有这样，古寨才能在现代化进程中获得重生，也才能永葆青春。

资料来源 唐一. 湘西古寨，走在保护与开发的双刃剑上 [N]. 中国社会科学报，2014-02-14.

问题：

1）该案例涉及本章的哪些知识点？

2）通过上述案例可以看出旅游开发对区域的重要影响有哪些？

3）你认为还有哪些方法可以优化湘西古寨的发展？

【训练要求】

同第1章“单元训练”中本题型的“训练要求”。

【成果形式】

1）训练课业：《“湘西古寨，走在保护与开发的双刃剑上”旅游开发案例分析报告》。

2）课业要求：同第1章“单元训练”中本题型的“课业要求”。

△课程思政

【训练项目】

课程思政-Ⅱ。

【训练目的】

见本章“学习目标”中“传承型学习”的“认知弹性”目标。

【教学方法】

同第1章“单元训练”中本题型的“教学方法”。

【训练准备】

同第1章“单元训练”中本题型的“训练准备”。

【相关案例】

如何看待旅游景区“收费”和“免费开放”的问题

背景与情境：景区过于依赖“门票经济”的问题早就受到政府部门重视。2013年，国务院办公厅印发的《国民旅游休闲纲要（2013—2020年）》提到，改善国民旅游休闲环境，稳定城市休闲公园等游览景区、景点门票价格，并逐步实行低票价。然而，多年来“景区门票收费”问题仍未得到有效解决。

景区之所以无法破除门票依赖，其实质是收入来源的粗放和单一。不同于国外旅游景区门票体制，我国的风景名胜资源名义上归国家所有，实际上由中央、省、市、县各级政府部门管理。旅游景区景点由建设、文化、文物、旅游等部门多头管理。行政部门既是资源的所有者、监护者，又是资源的管理者、经营者。特别是那些世界级、国家级的景区，往往由市、县地方政府直接管辖，门票和其他旅游经营收入直接归地方政府所得，成为“预算外收入”。

随着全国防疫工作初步取得阶段性胜利，各地复工复产持续推进。作为疫情防控期间受影响最严重的行业之一，旅游业的复苏备受瞩目。随着跨省游逐渐恢复，不少地区为刺激游客出行打起了“价格战”，纷纷降低景区门票价格。例如，山东、河南等地推出了景区降价甚至免门票的优惠政策。景区减免门票的操作一时间引起舆论关注，不少游客对这一政策表示赞许，认为门票降价甚至免费刺激了消费，有利于经济复苏，也让大家得到了实惠；但也有人质疑，在经济下行压力较大的当下，景区失去了收益支柱，这一举措对景区的长远发展不利。北京欧华商旅有限公司旅游销售经理姚星宇告诉记者，景区的免费开放从生态环境上看是不合理的，开放后人流量增大，对自然环境会造成一定程度的破坏；但从公共资源的共享方面看，每个人都有权利享受。

能否通过减免门票等应对措施，让我国告别“门票经济”，或者至少成为未来的发展趋势？接受采访的专家认为，实施景区免门票政策不能搞“一刀切”，发展“门票经济”应该因地制宜，综合考虑资源属性、开发建设、成本投入等因素。

资料来源　景区免票政策不可“一刀切”，“门票经济”为何难以告别？[EB/OL].[2020-08-13]. https://www.traveldaily.cn/article/139823.

问题：

1）本案例中存在哪些思政问题？

2）试对上述问题作出你的思政研判。

3）说明你所作思政研判的依据。

4）请从“环境伦理”与“资源共享”的角度对“景区收费”和“景区免费开放”作出评价。

【训练要求】

同第1章“单元训练”中本题型的“训练要求”。

【成果形式】

1）训练课业：《“如何看待旅游景区‘收费’和‘免费开放’的问题”善恶研判报告》。

2）课业要求：同第1章“单元训练”中本题型的“课业要求”。

▲ 实践题

【训练项目】

“旅游商品开发”知识应用

【训练目的】

见本章章名页“学习目标”中的“实践操练”目标。

【教学方法】

采用“项目教学法”和“实践教学法”。

【训练准备】

知识准备：

1）本章理论与实务知识。

2）表2-1中各技能点的“参照规范与标准”。

3）本教材“附录四”附表4“职业道德领域”选项的“参照规范与标准”。

指导准备：

1）教师向学生阐明“训练目的”和“训练内容”。

2）教师指导学生制订实践计划和本市旅游商品开发设计方案。

3）教师向学生说明本次实践应该注意的问题。

【训练内容】

专业能力训练：其“技能点”、“名称”和“参照规范与标准”见表2-1。

表 2-1　　能力领域、技能点、名称及其参照规范与标准

能力领域	技能点	名称	参照规范与标准
“旅游商品开发”知识应用	技能1	“旅游商品开发内容”知识应用技能	(1) 能全面把握“旅游商品开发内容”知识 (2) 能正确应用“旅游商品开发内容”知识，进行“本市旅游商品开发”的如下操作： ①结合本市的区域与民族文化特色，进行旅游纪念品的设计开发； ②结合本市的美食传统特色，进行旅游餐饮食品的设计开发； ③结合本市的自然环境和旅游活动项目特色，进行旅游日用品的开发设计； ④结合本市的地方品牌或乡土性的传统工艺过程，进行观光与体验旅游项目的开发设计
	技能2	“旅游商品开发原则”知识应用技能	(1) 能全面把握“旅游商品开发原则”知识 (2) 能全面应用“旅游商品开发原则”知识，进行本市旅游商品开发的如下操作： ①依照“特色原则”进行本市旅游商品的开发设计； ②依照“标准化原则”进行本市旅游商品的开发设计； ③依照“环境保护原则”进行本市旅游商品的开发设计； ④依照“实用性与艺术性相结合原则”进行本市旅游商品的开发设计； ⑤依照“突出制作水平原则”进行本市旅游商品的开发设计
	技能3	“旅游商品开发模式”知识应用技能	(1) 能全面把握“旅游商品开发模式”知识 (2) 能综合应用“旅游商品开发模式”知识，进行本市旅游商品开发的如下操作： ①依照“市场导向型模式”进行本市旅游商品的开发设计； ②依照“科技推动型模式”进行本市旅游商品的开发设计； ③依照“满足顾客心理模式”进行本市旅游商品的开发设计
	技能4	“旅游商品开发程序”知识应用技能	(1) 能全面把握“旅游商品开发程序”知识 (2) 能系统应用“旅游商品开发程序”知识，进行本市旅游商品开发的如下操作： ①依照“旅游商品构思形成程序”进行本市旅游商品的开发设计； ②依照“旅游商品构思筛选程序”进行本市旅游商品的开发设计； ③依照“旅游商品概念形成和评估程序”进行本市旅游商品的开发设计； ④依照“制定旅游商品营销策略程序”进行本市旅游商品的开发设计； ⑤依照“商业分析程序”进行本市旅游商品的开发设计

职业道德训练：其“道德范畴”、“名称”、“等级”和“参照规范与标准”见表2-2。

表2-2　**道德范畴、名称、等级和参照规范与标准**

道德领域	道德范畴	名称	等级	参照规范与标准	选项
职业道德	范畴1	职业观念	顺从级	同本教材“附录四”附表4的“参照规范与标准”	
	范畴2	职业情感	顺从级	同本教材“附录四”附表4的“参照规范与标准”	√
	范畴3	职业理想	顺从级	同本教材“附录四”附表4的“参照规范与标准”	
	范畴4	职业态度	顺从级	同本教材“附录四”附表4的“参照规范与标准”	√
	范畴5	职业良心	顺从级	同本教材“附录四”附表4的“参照规范与标准”	
	范畴6	职业作风	顺从级	同本教材“附录四”附表4的“参照规范与标准”	√
	范畴7	职业守则	顺从级	同本教材“附录四”附表4的“参照规范与标准”	√

【组织形式】

将班级学生分成若干实践团队，根据训练内容和项目需要进行角色划分。

【训练任务】

1）对表2-1所列专业能力领域各技能点，依照其“参照规范与标准”实施阶段性基本训练。

2）对表2-2所列“职业道德”选项，依照本教材“附录四”附表4的“参照规范与标准”实施“顺从级”相关训练。

【训练要求】

1）训练前，引导学生了解并熟记本实践的“训练目的”“训练准备”“训练内容”“训练任务”，将其作为本实践的操练点和考核点来准备。

2）通过“训练步骤”，将“训练任务”所列两种训练整合到本实践的“活动过程”与“成果形式”中。

3）系统体验“专业能力训练”各技能点和“职业道德训练”各领域“参照规范与标准”的遵循。

【情境设计】

将学生组成若干实践团队，结合实践训练项目和本市的具体情况，应用“旅游商品开发”知识，分别为本市制订《旅游商品开发设计方案》，并“顺从级”融入“职业道德”选项各行为规范，分析总结此次实践活动的成功与不足，在此基础上撰写相应的实践报告。

【训练时间】

本章课堂教学内容结束后的一周。

【训练步骤】

1）各团队结合“情境设计”分配任务，制订“旅游商品开发”知识应用实践计划。

2）各团队实施“旅游商品开发”知识应用实践计划，依照表2-1中“技能1”到“技能4”的“参照规范与标准”，应用相关知识，系统体验各项技能操作，形成《旅游商品开发设计方案》。

3）各团队依据相关“参照规范与标准”，在上述各项技能的专业操作中“顺从级”融入表2-2中“选项”的各种行为规范。

4）各团队总结本次实训的各项操作体验，分析其成功经验和存在的问题，提出改进建议。

5）各团队在此基础上撰写作为“成果形式”的实践课业。

6）在班级讨论交流、相互点评与修订各团队的实践课业。

【成果形式】

1）训练课业：《“旅游商品开发”知识应用实践报告》。

2）课业要求：

(1)《“旅游商品开发”知识应用实践报告》的内容包括：实训团队成员与分工；实训过程；实训总结（包括对“专业能力”各技能点训练的成功与不足的分析说明）。

(2) 将“旅游商品开发”知识应用实践计划和《旅游商品开发设计方案》等阶段性成果全文以“附件”形式附于实践报告之后。

(3) 实践报告的结构与体例参照本教材“课业范例”的“范例-3”。

(4) 在校园网的本课程平台上展示班级优秀实践报告，并将其纳入本课程的教学资源库。

建议阅读

[1] 马耀峰，宋保平，赵振斌. 旅游资源开发［M］. 北京：科学出版社，2005：215-227，313-324，327-348.

[2] 韩勇，丛庆. 旅游市场营销学［M］. 北京：北京大学出版社，2006：143-167.

[3] 陈扬乐. 旅游策划：原理、方法与实践［M］. 武汉：华中科技大学出版社，2009：124-159.

[4] 童地轴. 旅游业概论［M］. 合肥：安徽大学出版社，2009：41-81，186-192.

[5] 方相林. 旅游学概论［M］. 郑州：郑州大学出版社，2002：128-135，248-260，266-271.

[6] 沈刚，吴雪飞. 旅游策划实务［M］. 北京：清华大学出版社，2008：91-107，152-159.

[7] 郭安禧，等. 居民旅游影响感知对支持旅游开发的影响——生活质量和社区依恋的作用［J］. 经济管理，2018（2）：162-175.

[8] 何建民. 旅游接待业［M］. 重庆：重庆大学出版社，2019：8-325.

参考文献

[1] 马耀峰，宋保平，赵振斌. 旅游资源开发［M］. 北京：科学出版社，2005：341-345.

[2] 李国宁. 旅游开发与营销［M］. 北京：中国财富出版社，2007：3-20.

[3] 张超广. 旅游学概论［M］. 北京：冶金工业出版社，2008：79-80.

[4] 李云霞，李洁，董立昆. 旅游学概论：理论与案例［M］. 北京：高等教育出版社，2008：69-72.

[5] 韩勇，丛庆. 旅游市场营销学 [M]. 北京：北京大学出版社，2006：161-167.

[6] 高峻. 旅游资源规划与开发 [M]. 北京：清华大学出版社，2007：118-126.

[7] 沈刚，吴雪飞. 旅游策划实务 [M]. 北京：清华大学出版社，2008：152-159.

[8] 童地轴. 旅游业概论 [M]. 合肥：安徽大学出版社，2009：189-190.

[9] 孙小荣. 中国旅游营销新价值时代 [M]. 北京：新华出版社，2017：3-346.

[10] 田里. 旅游学概论 [M]. 重庆：重庆大学出版社，2019：8-242.

[11] 林德荣，郭晓琳. 旅游消费者行为 [M]. 重庆：重庆大学出版社，2019：8-250.

[12] 张河清. 旅游景区管理 [M]. 重庆：重庆大学出版社，2018：1-246.

第3章
旅游产业管理

▶ 学习目标

▷ 传承型学习

通过以下目标，建构以“旅游产业管理”为阶段性内涵的“传承型”专业学力：

理论知识：学习和把握旅游产业的定义与特点，旅游核心产业和旅游辅助产业的概念及组成，旅游产业结构的内容、特点与影响因素，旅游产业聚集的概念、特征与影响因素，旅游产业链的概念与特点，旅游产业结构优化的意义，旅游产业融合的概念、效应与作用，旅游产业政策的概念、意义、特点与类型等陈述性知识。能用其指导“同步思考”、“延伸思考”和相关题型的“单元训练”，体验“旅游产业管理”中“理论知识”的“传承型学习”及其迁移。

实务知识：学习和把握旅游产业链的构建与优化，旅游产业结构优化的目标、标准、措施与需要处理好的关系，产业融合的主要方式，旅游产业融合的路径、模式，旅游产业政策的制定与实施，旅游产业的具体政策，以及“业务链接”等程序性知识。能用其规范“深度剖析”、“教学互动”和相关题型的“单元训练”，体验“旅游产业管理”中“实务知识”的“传承型学习”及其迁移。

认知弹性：运用本章知识研究相关案例，对“引例”、“同步案例”和“旅游各细分行业呈现分化趋势”等案例情境进行多元表征，体验“旅游产业管理”中“结构不良知识”的传承型学习及其迁移；依照相关行为规范对“课程思政3-1”“课程思政3-2”和章后“课程思政-III”进行研判，激发与“旅游产业与文化自信”、“面对导游拿回扣行为如何看待和杜绝”和“由政府工作报告解读2021年文化产业和旅游产业重要抓手”等议题相关的旅游产业融合思考，促进健全职业人格的塑造。

▷ 创新型学习

通过以下目标，建构以“旅游产业管理”为阶段性内涵的“创新型”专业学力：

自主学习：参加“自主学习-Ⅱ”训练。在实施自主学习计划的基础上，通过阶段性学习和应用附录一附表1“自主学习”（中级）“‘知识准备’参照范围”所列知识，搜集、整理与综合“旅游产业融合发展”前沿知识，讨论、撰写和交流《“旅游产业融合发展”最新文献综述》，撰写《“自主学习-Ⅱ”训练报告》等活动，体验“旅游产业管理”中的“自主学习”（中级）及其迁移。

引例：中国旅游业如何实现创新驱动

背景与情境：“十四五”规划纲要重申要“坚持创新在我国现代化建设全局中的核心地位”。面对新的发展环境和发展阶段，坚持创新驱动成为全面塑造新发展优势的重要方式。

在旅游行业，正如西班牙政府文件中所指出的，“创新是一个贯穿旅游发展始终的命题，尽管有时不一定明确地表达在字面之上”。21世纪初，随着全球旅游竞争的加剧、新技术革命的推进、旅游产业模式的迭代、目的地生命周期的演化，创新受到国际机构、各国政府和旅游部门的高度重视。欧盟在旅游创新研究方面投入大量人力物力，在政府、私人部门、旅游行业组织和大学、研究机构之间形成良性互动机制；经济合作与发展组织（OECD）多次召开“旅游的创新与增长”会议，并组织开展旅游创新调查研究；世界旅游组织定期颁布旅游创新奖；世界旅行与旅游理事会鼓励在可持续发展方面的创新实践。瑞士、芬兰、丹麦、挪威、德国、西班牙、意大利、美国等国均将激发创新活力作为旅游战略和政策的首要目标。值得一提的是，面对新冠肺炎疫情的巨大冲击，各国更加迫切地需要通过创新来推动旅游业的复苏、振兴与可持续发展。

过去40余年间，我国旅游业成绩斐然，除2003年、2020年等个别年份外，其增速显著高于国民经济增速，也显著高于全球旅游的平均增速。值得注意的是，这种高速增长在很大程度上依赖于资源、资本、土地和劳动力等的大规模投入和低成本使用。旅游产业运行效率不高、旅游企业经营绩效不佳、旅游供给无法充分满足需求以及创新意识、创新氛围、创新生态、创新能力和创新水平较为欠缺等问题较为明显。在新发展阶段，如何把新发展理念贯穿发展全过程和各领域，切实转变旅游业发展方式，推动质量变革、效率变革、动力变革成为重要议题。对此，需要特别关注如下四个问题：

一是将创新置于旅游发展核心位置。要充分利用“十四五”战略机遇期，坚持用新发展理念全面推进旅游领域的机制创新、模式创新、科技创新、业态创新、产品创新和服务创新。一方面要通过创新提高传统生产要素的效率，另一方面要不断创造新的生产要素，形成新的要素组合，通过技术、制度、管理、商业模式等方面创新，引导创新要素和传统要素形成新组合，为旅游高质量发展提供不竭的内生动力。

二是充分发挥政府引导的关键作用。OECD发布的一份名为《创新与旅游增长》的报告指出，“尽管有的经济学家会质疑政府鼓励创新的必要性和正当性，但我们必须认识到，对于旅游业这样一个综合性、关联性、外部性很强的产业来说，政府在促进创新方面具有不可替代的重要作用”。即使是强调自由竞争的市场化程度很高的国家，也高度重视政府在推动创新方面的积极作用。对于我国而言，要研究制定国家旅游创新发展战略，明确旅游创新支持政策，建立国家级旅游创新平台和高层次创新决策咨询机制，引导设立各类旅游创新孵化机制，完善创新网络，培养相关人才。

三是坚持制度和科技的双轮驱动。正如习近平总书记在《努力成为世界主要科学中心和创新高地》一文中所指出的，要坚持科技创新和制度创新“双轮驱动”，以问题为导向，以需求为牵引，在实践载体、制度安排、政策保障、环境营造上下功夫，在创新主体、创新基础、创新资源、创新环境等方面持续用力。为此，要加快制定专门的旅游创新政策，尤其是针对中小企业的创新政策，鼓励旅游企业加大研发投入，提高关键技术和产品的自主创新能力。同时，要充分利用5G、物联网、人工智能、云计算、区块链、大数据中心、虚拟现实、增强现实、全息技术等新基建、新技术，提升旅游领域的科技水平，把科技创新成果与旅游消费深度融合，拓展科技应用场景，推动科技在旅游领域的深度和广泛应用。

四是加强旅游创新研究体系建设。众所周知，没有斯坦福大学，就没有著名的硅谷。在位于伦敦、剑桥和牛津之间的“金三角”地区孕育了英国最先进的生物技术产业创新集群。大学、研究机构、智库等在推动创新方面发挥着不可替代的作用。旅游创新研究在我国还处于起步阶段，一些基础性、关键性问题尚待探索，迫切需要引导相关力量加强旅游创新研究。在微观层面上，需要关注：不同性质、不同行业的旅游企业，其创新动力、机制、方式何在；如何评估其创新程度和创新效果；决定其创新成败的关键因素有哪些；与国外旅游企业相比，中国旅游企业创新需要关注哪些特殊问题等。在中观层面上，需要关注：旅游产业组织和市场结构如何影响行业创新；创新在产业内部和产业之间如何扩散并实现协同；如何构建目的地创新体系等。在宏观层面上，需要关注：旅游业创新与国家旅游竞争力的关系如何；如何衡量旅游创新对旅游增长和经济增长的贡献度；如何构建国家旅游创新系统等。

资料来源　宋瑞. 中国旅游业如何实现创新驱动［N］. 中国旅游报，2021-03-19（3）.

近年来我国旅游产业格局正在发生变化，旅游选择呈现多样化正在成为一种新常态。受益于云计算、大数据和移动通信助力的智慧旅游的发展，以及80后、90后年轻游客消费观念变迁，越来越多的游客倾向于自主作出旅行决策，自助安排旅游行程，散客化的趋势越来越明显。2013年的数据表明，32.6亿人次的国内游客通过旅行社安排出行的比例不到2%，在目的地通过旅行社安排自己观光游览的活动者只有2.1%。在线旅游产业正在逐渐占领旅游市场份额，传统的旅游产业正受到前所未有的挑战。据此，我们来学习旅游产业的相关理论，并分析旅游产业发展趋势和国家旅游产业方面的政策，为进一步探讨如何面对旅游产业的变化打好理论基础。

3.1 旅游产业

旅游业，国际上称为旅游产业，是凭借旅游资源和设施，专门或者主要从事招徕、接待游客，为其提供交通、游览、住宿、餐饮、购物、文娱等资源和服务的综合性行业。本节主要介绍对旅游产业概念的认识，对其核心产业和辅助产业的把握，有助于全面深入了解旅游产业运行特点及基本规律，为旅游产业管理打好基础。

课程思政3-1

故宫给旅游业带来的启示：纪念品多动文创脑筋

背景与情境：习近平总书记强调：“文化自信是更基础、更广泛、更深厚的自信。”文化自信基于文化认同。在跨文化交流中，文化认同有助于不同文化及其群体在平等关系下，以文明交流互鉴为立场，实现相互理解、相互尊重、相互信任、共同进步。博物馆及其文物富含中华民族文化信息，是人们形成文化认同、加强文化自信的重要资源。多年来，博物馆通过展览等传统方式，滋养人们对中国文化的归属和认同。同时我们也看到，随着时代的发展，博物馆传统展陈方式已经不能满足大众日益增长的文化需求和文化消费诉求，还要通过更多途径和方式提供更加丰富的文化产品，在增强中华民族自信心和向心力上发挥更大作用。

一则“2017年故宫文创营销收入达15亿元，超过1 500家A股上市公司营收水平”的新闻也引发社会广泛关注，尤其引发文化旅游行业热议。数据显示，发达国家旅游购物占旅游收入的比例在60%至70%，目前我国这个数字还不到40%。故宫文创营销的成功实践告诉我们，消费者不缺购买力，缺的是让人入眼入心的产品。过去，我国旅游市场发展尚不充分，即便是粗制滥造、千篇一律的低端旅游纪念品也拥有一定市场，很多商家也只图“一锤子买卖”。然而，随着旅游消费市场需求逐步升级，游客对旅游纪念品也产生了更高的期待。如果旅游市场管理者和经营者继续停留在同质化、低水平重复阶段，必然会面临越来越大的市场压力。

开发旅游纪念品如何告别粗制滥造、千篇一律？当前，文旅融合逐渐成为旅游市场发展新趋势。这是因为，文化是旅游最好的资源，旅游也是文化最大的市场。一份小小的纪念品，或是一场独特的民俗秀，可以成为体现文旅融合的窗口，既浓缩一地特色文化，又带给消费者美好回忆，还创出良好经济效益。

因此，业内专家认为，文旅经营者需要在对文化资源深入挖掘的基础上，融入独特的文化创意，并加以功能创新，以满足消费者审美、使用等多重需求。以故宫博物院为例，其开发的系列文创产品，通过挖掘故宫藏品所蕴含的独特文化价值，把具有故宫特色的中国传统文化元素植入当代工艺品和日常消费品中，让优秀的文化传统与时尚元素完美结合，消费者通过文化产品这一载体实现“把故宫带回家”。由于精心设计加上精美工艺，故宫文创产品逐步俘获了数以千万计游客的芳心。今年春节，故宫博物院还研发了与“过大年”相关的文化创意产品近百种，受到了游客追捧。

当然，做好原创文化旅游纪念品并不容易。近几年，山西灌木文化传媒有限公司涉足旅游文创产品开发，该公司董事长兼CEO黎贯宇介绍，他们一方面与各地旅游部门、文博单位等合作，帮他们设计产品，“最简单的产品一般也需要两三个月设计周期”；另一方面，他们与非遗传承人合作，共同开发具有地方特色又满足现代需求的非遗产品。

毫无疑问，文创产品开发需要耗费巨大精力和时间。黎贯宇说，用心打造的产品受到消费者认可很令他们满足。不过，产品推向市场后也难免遭遇被“克隆”“盗版”的闹心事，“我们只能增强自己的品牌意识和版权意识，通过法律手段维护自己的权益”。专家建议，旅游纪念品设计开发应多鼓励旅游部门、文博单位、景区与企业之间展开合作，发挥各自在人才、客源、设计等方面优势，共同开发高质量产品。从长远角度看，还应进一步完善保护知识产权相关政策，加强扶持文化创意企业等，并加强市场监管，鼓励原创设计，打击侵权者和侵权行为，为文创行业发展营造良性空间。

资料来源　张雪．故宫给旅游业带来启示：纪念品多动“文创”脑筋［N］．经济日报，2019-02-21.

问题：

1）如何理解文创产业在旅游产业的发展中扮演着重要的角色？

2）文创作品的背后是否蕴含着强大的文化自信和文化认同？

3.1.1 旅游产业的概念

1）旅游产业的定义

人们从不同角度对旅游产业提出了消费性定义和功能性定义。本书中把**旅游产业**定义为：以旅游资源为凭借，以旅游设施为基础，通过提供旅游产品和服务，满足消费者各种旅游需求的综合性行业。旅游产业就是由各个提供核心旅游产品以满足旅游者旅游需求的旅游企业和提供各种附加价值的相关企业构成的集合。因此，我们可以把旅游产业进行狭义和广义两个层面的区分，狭义的旅游产业是指那些提供核心旅游产品以满足旅游者旅游需求的旅游企业的集合，而广义的旅游产业还包括提供各种附加价值的相关企业。

由于对旅游产业有不同的定义，因而对旅游产业的构成也有不同的观点和看法。从对国内外有关文献的研究和比较来看，对旅游产业构成可以概括为“部门组成说”、“类型组成说”、“功能组成说”和“泛旅游产业说”几种主要观点和看法。

（1）“部门组成说”。按照从事旅游服务不同部门的特点，将旅游产业划分为旅行社业、旅游交通业、旅游住宿业、旅游景观业和旅游组织管理机构五个部门。

（2）“类型组成说”。按照直接或间接向旅游者提供旅游产品的差异，将旅游产业划分为三种类型：第一类是直接面向旅游者并为其提供各种物质产品和服务的行业；第二类是间接面向旅游者并为其提供服务的行业；第三类是间接影响旅游者而直接对前两类行业产生影响的旅游规划和开发机构等。

（3）“功能组成说”。按照向旅游者提供旅游产品的功能和程度，将旅游产业划分为两个层次：第一层次是指完全向旅游者提供旅游产品的部门，主要有住宿业、交通运输业和旅游服务机构三部分；第二层次是指部分向旅游者提供产品的行业和部门，主要有餐饮服务业、文化娱乐业、康乐业、零售业和部分公共交通运输业等。

（4）“泛旅游产业说”。按照旅游是一种“出游型消费经济”的大旅游观点，把旅游产业划分为七大类，包括观光农业、会展产业、运动康体产业、参与型娱乐产业、休闲商业、博彩业、创意产业等。

旅游产业具有综合性、独立性、文化性、经济性特征。旅游产业的综合性，是指旅游产业是一种以满足旅游者消费需求为目的，以提供旅游服务为主体，以旅游经济活动为基础的综合性经济社会活动；旅游产业的独立性，是指旅游产业在长期的发展过程中，逐渐形成相对独立的经济体系和产业结构，具有不同于其他产业的发展规律和特点；旅游产业的经济性，是指旅游活动是建立在以旅游产品为对象、以旅游者和旅游经营者为主体、以货币为交换媒介基础上的市场经济活动；旅游产业的文化性，是指旅游活动过程及内容无一不与文化相接触，以至于有旅游活动就必然有文化，文化是旅游产业发展的重要基础和灵魂。

2）旅游产业的特点

旅游产业的特点主要体现在以下三个方面：

第一，行业聚集性。旅游资源的开发行业、旅游要素行业，以及提供良好的基础设施、自然环境的相关部门，凭借彼此之间横向或纵向的联系，形成了巨大的旅游产业集群。这些相关的行业和部门虽然分属于不同的行业，有着各不相同的经营模式、生产特征及产品，但由于共同服务于相同的消费者，因而在同一地理区域内集聚，具有高度的集群特征。

第二，效应外部性。经济学中的外部性是指某一部门或企业的经营质量对另一部门会造成正向或负向的影响。由于旅游环节的环环相扣及旅游者对旅游景点感观和评价上的总体性特征，使得分布于同一区域内的各旅游企业或行业存在着巨大的依赖性和关联性。这样一来，某个企业的优质服务将会有效促进其他企业的成功。反之，整个旅游集群内所有相关的企业都将受损。因而，在旅游产业中，各领域、各部门的平衡发展和相互协调与整合，对提升旅游集群的正向外部效应起到了至关重要的作用。

学习微平台

延伸阅读3-1

第三，部门专业性。旅游产业在空间地域上表现为各部门、各行业的分工与协作。它们处于整个旅游系统的不同环节，每个部门只从事生产过程中一个环节的专业化生产，特别是随着旅游市场的日趋完善和旅游者需求的不断变化，旅游服务的专业化程度必然会持续提升。

业务链接3-1

新中国成立以后至改革开放以前我国旅游业的发展

新中国成立以后，由于政治、经济、社会等方面的客观原因，在观念上我们并没有认识到旅游业经济性质的一面，没有把它作为一个独立产业来对待。旅游业发展的主要目的和任务是增进我国与世界各国人民的相互了解和友谊，宣传社会主义。但是在客观上，我国的旅游业通过这一时期的发展，在旅游组织建设、国际旅游市场开拓等方面积累了一定的经验。

我国的旅游业首先经营的是国际旅游业务。新中国成立以后成立的第一家旅行社是厦门的华侨旅行社。华侨旅行社成立之后，在深圳、天津、沈阳等十几个城市都建立起了华侨服务社。1957年4月22日，华侨旅行服务总社在北京成立。从此以后，我国的旅游业从早期的公费接待少量观光团，发展到组织华侨、港澳同胞自费回国或到内地观光、旅游、探亲等。

1955年4月15日，我国第一家面向外国人的旅行社——中国国际旅行社在北京成立，在上海、天津等地成立了14家分社。其基本业务是承办除政府代表团以外的所有机关团体单位委托的对外宾食、住、行、游的生活招待，并办理中国铁道部和苏联政府签订的国际铁路旅客联运业务。由此不难看出，中国国际旅行社是为适应日益繁重的外宾接待工作而设立的。

1964年6月5日，国务院决定成立中国旅行游览事业管理局，经由全国人大常委会1964年7月22日正式批准，作为国务院的直属机构，负责全国旅游事业的管理。其主要任务是：负责对外旅行者的旅游管理工作；领导各有关地区的国际旅行社和直属服务机构的业务；组织我国公民出国旅游；负责有关旅游的对外联络工作和宣传工作等。以中国旅行游览事业管理局的成立为标志，我国的旅游事业开始进入一个新的时期。

在这以后长达10年的“文化大革命”中，刚刚起步的我国旅游事业受到严重的干扰和破坏，一些服务机构被取消，干部职工被下放，我国的旅游接待事业无法正常进行，处于历史上的萧条、停滞阶段。在此期间，我国的旅游事业虽然遭受到干扰和破坏，但一直没有间断过，特别是周恩来总理在逆境中给予了极大的关怀。1969年6月，周总理亲自抓旅游工作，提出了“宣传自己，了解别人”的正确方针。1974年，经国务院批准成立了中国旅行社，专门负责接待外国旅游者。

“文化大革命”结束后，我国的旅游业出现新的发展趋势。特别是党的十一届三中全会上作出的全国工作重点转移到社会主义经济建设上来的战略决策，确定了对外开放、对内搞活的正确方针，并指示要重视旅游业的发展。这使我国的旅游业出现新的生机与活力。

资料来源　唐留雄. 现代旅游产业经济学［M］. 广州：广东旅游出版社，2005.

3.1.2　旅游核心产业

旅游核心产业是指直接面向旅游者提供产品或服务，并在旅游经济中具有重要地位和功能作用的行业。旅游核心产业主要包括旅行社业、旅游饭店业、旅游交通业和旅游景观业等，它们被称为旅游业的“四大支柱”，对旅游经济发展具有十分重要的作用。其中，旅行社业既承担着旅游产品的设计、组合和营销，又直接为旅游者提供旅游产品和服务，因此是整个旅游产业的“龙头”行业，在旅游活动和旅游经济运行中发挥着极为重要的作用；旅游饭店业是为旅游者提供食宿的基地，是旅游经济发展必不可少的物质基础，其总体规模大小、服务质量好坏、管理水平高低，不仅体现了一个国家或地区旅游接待能力的高低，也反映了其旅游经济的综合素质和水平的高低；旅游交通业是实现旅游者空间移动的重要方式和条件，具有满足人们旅游需求的重要功能，因此也是旅游产业的重要组成部分；旅游景观业作为各种旅游吸引物构成的行业，是一个国家或地区发展旅游经济的重要基础，既是满足人们旅游需求的核心部分，又是获得旅游收入的重要来源之一，因此也是支撑旅游经济发展的核心部门之一。

3.1.3　旅游辅助产业

旅游辅助产业是指部分向旅游者提供产品或服务，或对旅游经济发展具有重要作用和影响的行业。旅游辅助产业主要包括旅游餐饮业、旅游娱乐业、旅游会展业、旅游商品业、旅游教育培训、旅游研究和设计规划部门等。这些行业虽然只是部分向旅游者提供产品和服务，或者间接为旅游活动开展提供支持条件，但其在旅游经济发展中同样具有十分重要的作用，如果没有这些辅助行业的支撑，旅游经济就难以健康快速地发展。在旅游辅助产业中，旅游餐饮业既为旅游者提供各种膳食、饮品及地方风味佳肴等物质产品，又为旅游者提供各种特色餐饮服务，以丰富旅游活动内容，提升旅游文化品位；旅游娱乐业通过为旅游者提供各种休闲、娱乐服务，既可以丰富旅游活动内容，增强旅游目的地的吸引力，又能够提高旅游收入和经济效益；旅游会展业通过为旅游者提供召开会议、参加展览和观光旅游等方面的产品和服务，带动旅游地经济发展，提升目的城市地位；旅游商品业通过生产、销售各种工艺品、纪念品、文物复制品及地方土特产品等，不仅能够提高旅游经济收益，而且能够带动旅游目的地的社会经济发展；旅游教育培训能够提高旅游从业人员素质，促进旅游服务质量提升，促进旅游经营管理能力和水平提高；旅游研究和设计规划，可以促进旅游目的地的产品开发与建设，更好地满足旅游者的旅游需求和消费等。

同步思考 3-1

问题：结合旅游产业发展现状，谈谈我国旅游产业的发展趋势。

理解要点：我国旅游产业的发展趋势主要体现为：旅游产业跨领域、跨行业、跨产业、跨部门融合发展的趋势日益明显；旅游产业从传统服务业转向现代服务业；旅游产业在GDP中所占的比重持续提高；旅游产业外部环境进一步优化；旅游产业大众化；旅游产业市场细分化；从比较单一的观光型旅游产业转向复合型旅游产业；旅游产业的信息化等。

3.2　旅游产业结构

旅游产业结构是指旅游业中以旅行社、饭店、餐饮、交通运输、旅游景点为核心的旅游业内部各大行业间的经济技术联系与比例关系，也称为“旅游业的内部行业结构”，也就是以食、住、行、游、购、娱为核心要素的旅游业内部各大行业间的经济技术联系与比例关系。本节主要讲解旅游产业结构的聚集及优化。

3.2.1　旅游产业结构概述

1）旅游产业结构的内容

一般来讲，旅游业主要包括旅游交通、旅游饭店和旅行社，它们被誉为旅游业的三大支柱。但是从旅游业的六大要素看，旅游产业还应包括旅游娱乐业、旅游商品业、旅游景点开发与管理等。

从更大的视野来看，旅游产业还应该包括旅游教育培训部门、旅游研究和设计规划部门等。只有从大旅游观的角度来认识旅游产业结构，才能提高对旅游经济重要性的认识，从而确立旅游业在国民经济中应有的地位。因此，旅游产业结构就是旅游业中以旅行社、宾馆饭店、交通运输、会议展览、景区景点、休闲娱乐、商品购物为核心的旅游业内部各大行业间的经济技术联系与比例关系。

（1）旅行社

旅行社是依法成立，专门从事招徕、接待国内外旅游者，组织旅游活动，收取一定费用，实行自负盈亏、独立核算的旅游企业。旅行社作为旅游业的“龙头”，不仅是旅游产品的设计、组合者，同时也是旅游产品的营销者，在旅游经济活动中发挥着极为重要的作用。因此，旅行社的发展规模、经营水平及其在旅游产业结构中的比重，直接对旅游经济发展产生重要影响。

（2）旅游饭店

旅游饭店是为旅游者提供食宿的基地，也是一个国家或地区发展旅游业必不可少的物质基础。旅游饭店的数量、饭店客房数和床位数多少标志着旅游接待能力的大小；而旅游饭店管理水平的高低、服务质量的好坏、卫生状况及环境的优劣，则反映了旅游业综合服务水平的高低。

（3）旅游交通

旅游业的发展离不开交通运输业的发展，没有发达的交通运输业就没有发达的旅游业。旅游交通运输业不仅要满足旅游业发展的要求，还应促进社会交通运输的发展。特别是旅游交通运输应满足旅游者安全、舒适、快捷等方面要求，这就要求在交通工具、运输方式、服务特点、运输线路安排上要尽可能地形成旅游交通运输业的特色。

（4）旅游会展

旅游会展是召开会议、参加展览和观光旅游的总称，是近年来发展迅速的一项产业。从发展过程看，旅游会展既是会展产业的一个环节，也是旅游业的延伸，是会展业与旅游业结合的产物，两者具有互补、联动的关系。会展业所需的服务正是旅游业在长期发展过程中所形成的优势，会展业与旅游业的融合是全球会展业发展的必然趋势。旅游会展是近年来国际上兴起的一种新型的旅游业态，具有影响大、停留时间长、消费档次高等特点，是世界旅游业发展的一个重要方向，也是城市经济发展水平的重要标志之一。

（5）旅游景观

旅游景观是指对各种自然资源与人文资源进行开发而形成的旅游吸引物，包括各类旅游景区景点和各种旅游活动等。具有吸引力的旅游资源是旅游景观业的核心，也是形成旅游产品的重要内容。因此，对于旅游景观业，应通过统一的规划与开发，加强统一的宏观调控与管理，使其发展同其他部门相协调，从而形成合理的旅游产业结构，促进旅游经济的发展。

（6）旅游娱乐

旅游是以休闲为主的观光、度假及娱乐活动，因而丰富的旅游娱乐不仅是旅游活动的重要组成部分，也是增强旅游目的地吸引力、提高旅游经济效益的重要手段与工具。因此，结合旅游的实际情况，开展丰富多彩的旅游娱乐至关重要。

（7）旅游购物

旅游购物是旅游活动的重要内容之一，也是在旅游接待规模既定的情况下，提高旅游经济综合效益的重要手段。随着现代旅游经济的发展，各种旅游工艺品、纪念品、日用消费品的生产和销售正不断发展，形成商业、轻工、旅游相结合的产销系统和大量的旅游商品网点，不仅促进了旅游经济的发展，也带动了地方民族工业、土特产品轻工业、传统手工业的发展，从而促进了地方社会经济的繁荣。

2）旅游产业结构的特点

（1）整体性

整体性是系统的基本属性，也就是我们通常所说的“整体大于部分之和”。旅游业是一个综合性的产业，是社会经济大系统的一个子系统，它由食、住、行、游、购、娱六要素构成，缺一不可，并体现旅游经济的某一方面。由于各组成要素的性质和特点各不相同，六要素之间不能相互替代，每一要素也无法代替作为整体的旅游产业结构。因此，旅游产业结构不是六要素的简单加总，而是六要素按照一定的比例关系，在相互联系、相互作用的基础上共同构成的一个整体，这一整体发挥的功能大于各组成要素的功能之和。

（2）功能性

功能决定着结构，一定的结构总是为一定的功能服务的，为了达到预定的功能，就必须有相应的结构；反过来，结构又对功能能否顺利实现产生影响。旅游产业结构也是如此，传统的旅游产业结构是同当时以观光功能为主的旅游相适应的。随着社会经济的发展，人们的旅游需求有了新的变化，从观光型旅游向休闲度假、康体娱乐型旅游发展，这就要求旅游产业结构要相应地作出调整，以满足人们新的旅游需求。因此，就旅游产业结构而言，它具有功能性的特征，是为满足人们特定的旅游需求而构建的；同时，辨别一定时期旅游产业结构是否合理，也主要是看该结构能否同当时人们的旅游需求相适应，并随着人们旅游需求的发展变化而自我调整，从而促进旅游业快速发展和旅游生产力不断提高。

（3）动态性

人们的旅游需求会随着社会经济的发展而变化，这就使得旅游产业结构为了适应人们的这一变化而不断调整。另外，组成旅游产业结构的六个要素虽然联系紧密，但又是相互独立、各自发展的，这也会导致旅游产业结构处于不断的变化中。这一变化既有总量规模上的变化，又有各组成部分相互间比例的变化。值得注意的是，这种变化不是随意的，它总是趋向于使旅游业的综合发展水平和经济效益不断提高。

（4）关联性

旅游产业结构是由食、住、行、游、购、娱六要素紧密结合所构成的一个有机整体，各要素之间关联性极强，任何要素的滞后发展都会影响作为整体的旅游产业结构功能的有效发挥，这是旅游产业结构同其他产业结构差别最大的地方。另外，从旅游产业的角度看，组成这一产业的各行业如旅行社、旅游交通、旅游景点、旅游购物等的相互关联也非常强，其中任何一个行业的发展都必须以其他行业的发展为条件。

3）影响旅游产业结构的因素

（1）需求因素

需求是决定产业结构并影响其变化的主要因素。不能满足需求的生产，不适应消费结构的产业结构，都不能使社会生产形成良性循环。旅游业是以满足人们的需求为主要目标的，因而国内外旅游需求的变化、发展方向和水平，不仅决定着旅游经济的发展方向和水平，也决定和影响着旅游产业结构的变化及发展。

需求因素对旅游产业结构的决定和影响主要反映在消费需求和投资需求两个方面。从消费需求方面看，旅游者的消费需求直接影响旅游产业结构的变化。因为旅游者对某种旅游产品的需求增加，必然相应引起该产品供给的增长，从而影响到旅游产业部门内部结构的变化，促使旅游生产经营者尽力形成适应旅游消费需求的产业结构。从投资需求方面看，投资结构的变化是直接影响旅游产业结构变化的重要因素。投资结构作为一种流量结构，在旅游消费需求的拉动下，对旅游产业的资本存量结构产生影响，从而影响到旅游产业结构的变化和发展。

（2）资源因素

旅游资源对旅游产业结构的影响是至关重要的。按照传统的观点，旅游资源主要是自然旅游资源和人文旅游资源。而现代的观点认为，旅游资源还应包括人才、信息、智力、资金等。通常，一个国家生产力越不发达，则本国的自然资源对产业结构的决定及影响就越大。因此，许多发展中国家的旅游产业结构，在很大程度上取决于该国的旅游资源状况，尤其是自然旅游资源和人文旅游资源的状况和结构。而许多发达国家，则不仅能有效地利用本国资源，而且能采取种种方法利用其他国家的旅游资源，提高本国旅游产品的吸引力。

学习微平台

延伸阅读3-2

3.2.2 旅游产业聚集

1）旅游产业聚集的含义

旅游产业聚集是指在一定空间范围内，旅游景区、旅游饭店、旅游游乐设施以及其他配套设施的聚合程度，即一定地域内旅游要素的多寡。如果区域内旅游景区多、配套齐全，就会有更多的游客到访；如果区域内景区单一，对于吸引非低碳旅游者可能就比较困难。良好的旅游产业聚集对区域新发展的低碳旅游景区客源市场有很好的带动作用、辐射作用。

2）旅游产业聚集的特征

旅游业不仅内部行业众多，而且涉及的相关产业和部门也比较广泛，从而决定了旅游产业聚集与其他产业聚集相比具有不同的典型特征，主要表现在以下几方面：

（1）众多的产业部门

旅游产业聚集涉及众多的行业和部门，而众多行业和部门围绕旅游活动的集聚过程中，就形成了旅游产业聚集的模式和特点。通常，旅游产业聚集的主体主要有以下几方面：其一，直接面向旅游者生产和提供旅游产品或服务的旅游企业，包括数量众多和相互竞争的旅游景区景点、旅游饭店、旅游餐饮、旅游交通运输、旅游娱乐、旅游购物等旅游产品生产和服务企业；其二，直接面向旅游者进行旅游产品销售或服务的下游企业，包括从事旅游产品批发、零售、代理的旅行社企业，从事旅游信息咨询和服务的旅游宣传、中介机构等；其三，间接面向旅游者，即为旅游企业提供产品或服务的上游企业，包括为旅游企业提供旅游活动或旅游服务所必需的设施设备、原材料、零部件，以及相关配套服务等专业供应商或企业；其四，间接面向旅游者，即主要为旅游企业提供服务和支持的其他服务机构，如大学、职业培训机构、标准制定机构、专业媒体、贸易联盟及商会等机构；其五，部分面向旅游者提供相关服务的企业或机构等，如提供汇兑、保险服务的金融企业或机构，提供医疗救护、安全保障的单位或部门，提供消费者权益保护、法律援助的机构等。

（2）明确的专业分工

旅游业是为旅游者提供旅游产品和服务的综合经济产业，其内容包括食、住、行、游、购、娱等多种旅游要素，而这些旅游要素是由一系列不同的企业、行业或部门以不同方式组合在一起的，它们不仅围绕着旅游者的旅游活动提供产品和服务，而且彼此之间也是既联系紧密又分工明确的。在旅游活动过程中，由于不同的企业、行业或部门有比较明确的专业化分工，因此每个企业、行业或部门只能满足旅游者某一方面或几方面的需求。虽然这种明确的专业化分工在一定程度上限制了向旅游者提供综合性服务，但由于明确的专业化分工既提高了旅游服务质量和水平，降低了经营成本和费用，又吸收了大量的劳动力就业，并使劳动生产率进一步提高，因此，在产业分工明确的基础上，通过旅游产业聚集就能够形成结构完整的旅游产业结构，从而为旅游者提供能够满足其旅游需求的各种产品和服务。

（3）强大的经济动力

旅游产业聚集的动力，主要来自旅游产业聚集带来的规模经济、范围经济和外部经济，相关旅游企业能够从产业集聚中获得更多的经济效益；而旅游产业聚集的经济效益，又会进一步刺激更多的企业向旅游产业聚集，从而成为推动旅游产业聚集的强大动力。以深圳华侨城集团开发的主题公园群为例，主题公园的集聚不仅强化了主题公园的市场认知度，激发了人们对主题公园或主题娱乐产品的需求，从而为主题公园带来大量的游客和收入，而且为不同级别主题公园的开发，或者用建设主题公园的手法开发经营各种主题旅游景区景点，为开拓不同层次的旅游市场和引导旅游需求创造了新的契机。

（4）良好的发展环境

旅游产业聚集所形成的产业链，不仅降低了使用专业性、辅助性服务和信用机制的交易成本，而且吸引了大量服务供应商和专业人才的进入，而大量专业人才的流动和知识外溢效应，必然促进旅游企业和旅游产业的创新和发展，并带动运输、电信、教育、卫生、金融保险等相关行业的发展。同时，旅游产业聚集使得形成旅游产品的旅游要素和产业链比较集中，因此可以迅速形成区域旅游品牌，提升旅游目的地产品的市场竞争力，从而为旅游经济发展创造良好的外部大环境。

3）影响旅游产业聚集的因素

影响旅游产业聚集的因素有很多，在不同阶段，各种因素发挥的作用也不同。例如，旅游产业聚集的初期主要是自发集聚，因此其与资源优势和交通便利性有密切的关系；同时，政府在促进旅游产业聚集过程中也发挥着重要的作用。一旦旅游产业聚集迅速发展，特别是在交通趋于完善，市场吸引力不断增强，规模经济和外部经济效应凸显的情况下，企业在旅游产业聚集过程中就会成为十分活跃的角色。具体来讲，影响旅游产业聚集的主要因素有以下几种：

（1）资源禀赋与区位因素

从最初的旅游产业聚集现象来看，利用旅游资源优势是形成旅游产业聚集的原始动力。由于大多数旅游资源具有地域固定性，而旅游资源禀赋的差异会造成不同的吸引力，因此吸引半径较大的核心资源就会吸引旅游企业进行开发和建设，从而形成自发的旅游产业聚集现象。另外，旅游资源和产品的区位决定了旅游产业聚集的区位，因为旅游资源和产品是相对固定而不能迁移的，旅游者必须亲自抵达旅游目的地进行消费，才能有效实现旅游产品的价值。因此，旅游目的地的区位和可进入性，就成为影响旅游产业聚集的又一重要因素。例如，随着自驾游的兴起，道路畅通的旅游景区迅速成为旅游产业聚集的首选之地，同时通往这些旅游景区的交通沿线的旅游产业也会得到快速发展。

（2）旅游市场的发展变化

旅游市场因素，是推动旅游产业聚集的根本动力，尤其是随着经济收入提高、支付能力增强、可自由支配时间增多，人们的旅游需求也在不断提升。但是，由于旅游需求的空间分布并非均衡发展，其往往主要集中在经济发达、人口众多的地区，因此，依托重要旅游客源市场的发展就成为部分旅游产业聚集的重要影响因素之一。例如，休闲旅游产品和企业大多数集中在环城游憩带，尽管部分是源于良好的自然景观和历史遗留的人文景观，但更多的是因为城市有大量的旅游客源。兴建和开发主题公园、休闲娱乐区、农家乐等，不仅能够满足城市居民的休闲游憩需求，而且通过接待大量的城市旅游者，能够获得更多的旅游经济收益。

(3) 法规制度与旅游环境

法规制度与旅游环境也是影响旅游产业聚集的重要因素之一，因为旅游活动的开展和旅游经济的运行，都离不开一定的法规制度和旅游环境。它们对旅游产业聚集的作用和影响主要表现在以下几方面：其一，政府通过改善和提供良好的基础设施条件，特别是旅游通达条件等硬环境建设，匹配相应的财税政策，提供优质的公共服务，改进行业管理模式和其他优惠条件等软环境，为旅游产业聚集创造良好的旅游发展环境；其二，政府通过制定产业聚集政策、法律法规制度，营造更加开放、公平竞争的市场环境，塑造良好的旅游形象和文化氛围，吸引投资商进驻产业集聚区，鼓励旅游企业创新与发展等，为旅游产业聚集创造良好的制度环境；其三，政府通过宏观调控，整合旅游资源、生产要素和旅游要素，发展各种公益性服务，为旅游企业共享技术成果、营销渠道、客户资源、市场和技术信息提供良好的条件，让旅游企业更容易、更方便地获得所需要的服务，进而直接或间接地降低交易成本，增强旅游产业聚集的吸引力；其四，政府通过定期举办各种旅游交易会、贸易洽谈会，加强对旅游目的地的宣传，必然会提高旅游产业聚集区的知名度和影响力。

学习微平台

延伸阅读3-3

3.2.3 旅游产业链

1）旅游产业链的含义

旅游产业链就是为了获得经济、社会、生态效益，旅游产业内部的不同企业承担不同的价值创造职能，共同向消费者提供产品和服务时形成的分工合作关系。旅游产业链是以旅游产品为纽带实现链接的。从整个旅游过程来看，提供旅游产品的不同行业组成了一个链状结构，从旅游过程的起始端到终端，需要众多的产业部门提供产品和服务来满足游客的各种需求。这些产业部门不仅包括旅行社、交通运输部门、餐饮、酒店、景区景点、旅游商店以及休闲娱乐设施等旅游核心企业，还关联到农业、园林、建筑、金融、保险、通信、广告媒体以及政府和协会组织等辅助产业和部门。前者构成了产业链的链上要素，后者为产业链的动态链接与正常运营提供必要的保障和支持。

2）旅游产业链的特点

(1) 中间性

产业链条上的企业之间不是简单的市场关系，而是一种长期战略联盟关系。与纵向一体化不同，产业链是独立企业间的联合；与企业联合不同，产业链中的企业联盟在各方承诺的关键性领域中能像单一公司那样运作。旅游产业链既不是简单的市场交易关系，也不属于纯粹的企业组织关系，而是一种介于宏观和微观之间，同时具有微观和宏观特征的中间组织，是一种具有市场的组织和组织的市场特点的中间组织。

(2) 链核特殊性

产业链是围绕核心企业，通过对信息流、物流、资金流的控制，将各节点企业直到最终用户连接的整体中间经济组织。核心企业是产业链的链核，协调产业链中不同节点企业的行为。在传统产业链中，往往是以市场前景比较好、科技含量比较高、产品关联度比较强的优势企业为链核，通过这些链核前后联系形成链条。在旅游产业链中，处于链核地位的不是旅游产品或服务的生产商，而是担负着大量组织协调工作的大型旅行社和掌握客源信息的旅游运营平台。对于自发形成的自驾游产业链体系，不存在核心企业。

（3）网络性

传统产业链是基于产品工艺分工的纵向产业关联，表现为企业间上中下游关联形态。由于旅游产业综合性较强，因此其产业链是基于旅游客流的网络状关联形态，核心企业和节点企业之间的关联复杂性更强，既有纵向关联（上游大型旅游商，下游景区、饭店、宾馆、导游、司机），也有横向关联（宾馆、饭店、景区、商品部门）和混合关联。

（4）复杂性

旅游产品的综合性决定了旅游产业链环节多，产业链各要素在数量、质量和层次结构上协调难度比其他产业大。此外，产业链中各个企业隶属于不同部门，它们相互影响、相互制约，旅游产业链呈现出高度复杂性。

3）旅游产业链的构建

（1）旅游产业链纵向产业体系由上游核心企业和下游节点企业组成

产业链上的核心企业——大型旅游运营商，主要包括处于客源地的组团社、大旅行社（如中青旅、广之旅）和大型网站（如携程）。旅行社是衔接旅游者和旅游目的地的中介，作为产品“分销商”，又是旅游产业链的“资源整合者”。旅游网站作为旅游运营平台，掌握了大量游客信息及市场话语权，也可成为核心企业。核心企业作为旅游环节的掌控者，在整合上下游资源时，实质是帮助旅游产业制定产品和渠道策略。

产业链上的节点企业——处于下游的旅游服务供应商，包括为旅游者直接提供食、住、行、游、购、娱等旅游产品或者服务的节点企业。它们以横向关联方式直接面对旅游消费者。目前，我国旅游产业链上的节点企业往往各自为政，有时会作出忽视甚至损害其他企业利益的决策。

（2）纵向产业链延伸

纵向产业链延伸包括核心、节点企业之间纵向扩张和节点企业延伸两个方面。产业链纵向扩张包括纵向一体化和纵向约束两种情况。纵向一体化指企业向其上游产业或下游产业的扩张，包括前向一体化和后向一体化两种形式。旅游交通运营商为了更好地利用客源销售渠道，向上游兼并旅行社就是前向一体化；大型旅游运营商为了节约成本，直接收购景区就是后向一体化。纵向约束是核心企业对节点企业施加的若干限制行为，包括权利限制和价格限制，而旅游产业链延伸中以价格限制为主。节点企业可以根据自身特色，延伸出若干链条。例如，处于节点位置的餐饮企业，对餐饮部门上游企业（农产品、特色产品种植企业、农产品加工企业、包装企业）和下游企业（运输企业、销售企业）进行整合，使之向上游拓展，向下游延伸，在加强自身企业核心竞争力的同时，打造出一条食品产业链条。

（3）横向产业链整合

横向产业链整合即对产业链核心企业或节点企业实行兼并、重组等方式，扩大经营规模或组建产业链的若干子链。产业链水平（横向）整合可以有两种方式，一种是进行水平（横向）合并，另一种就是建立横向联盟，典型的就是价格联盟。旅游产业链的横向整合目的不是独占市场、增加垄断利润，而是降低横向分散的风险。产业链横向整合主要表现为横向“对接”，即实现旅游产业链中六部门（食、住、行、游、购、娱）的连接以及旅游产业链中企业之间的联合和重组，还包括同一类旅游资源的对接，从而实现链条横向延伸。例如，旅游景区实现横向兼并，收购当地的饭店、宾馆、旅游纪念品生产制造商、地接社、旅游车队等企业，以及旅游景区之间的横向合作等。

3.2.4 旅游产业结构优化

1）旅游产业结构优化的含义

旅游产业结构优化是促使整个旅游经济协调发展、技术进步和经济效益不断提高的过程。产业结构优化是一个相对的概念，各个时期优化的内容是不同的，一般而言，产业结构优化应包括产业结构合理化和高级化。产业结构合理化反映了经济的发展符合社会需要，内部各产业间协调发展，能实现整体经济的良性循环；产业结构高级化则反映产业结构的技术水平高，经济效益和社会效益好。就旅游经济而言，旅游产业结构的合理化是指在现有的社会经济技术基础上，旅游经济内部各结构保持较强的互补性和协调性，具有符合现代旅游经济发展要求的比例关系，可以实现整个旅游经济的持续稳定发展。旅游经济的高级化则是在旅游经济合理化的基础上，充分应用现代科技成果，有效利用社会分工的优势，不断提高旅游业的技术构成和要素的综合利用率，促进旅游产出向高附加值发展，不断提高社会经济效益。旅游产业结构的合理化同旅游产业结构的高级化有着密切的联系。

旅游产业结构的合理化为旅游产业结构的高级化提供了基础，而高级化则推动产业结构在更高层次上实现合理化。结构的合理化首先着眼于经济发展的近期利益，而高级化则更多地关注结构成长的未来，着眼于经济发展的长远利益。因此，在旅游产业结构优化的全过程中，应把合理化与高级化问题有机结合起来，以结构合理化促进结构高级化；以结构高级化带动结构合理化。在结构合理化过程中实现结构高级化的发展；在结构高级化的进程中实现结构合理化的调整。只有这样，才能实现整个旅游产业结构的优化。

学习微平台

延伸阅读3-4

2）旅游产业结构优化的目标

旅游产业结构优化，其最终目标应是实现旅游业的持续稳定发展，提高整个旅游产业的社会经济效益。从过程角度来说，旅游产业结构优化是个复杂的系统工作，并且是动态的和非绝对的。旅游产业结构的优化要实现与各系统的优化，如旅游市场结构、旅游消费结构、旅游产品结构、旅游产业结构、旅游区域结构、旅游投资结构、旅游组织结构等的优化，使各个系统之间实现组合、协调。

在全球经济增长放缓，经济结构不断优化升级的新常态的大背景下，要提高我国旅游产业的国际竞争力，加快产业结构优化步伐势在必行。

（1）全方位开放旅游市场

在市场经济条件下，解决结构失调问题的根本途径，只能是在统一市场、平等竞争的基础上，通过发挥“看不见的手”的作用，促使资源向效率更高的领域流动，最终实现产业结构优化的目的。事实上，开放市场不仅会带来旅游企业数量的激增和竞争的加剧，同时也会给企业扩大规模、实行资产重组提供内部动力和外部条件，有利于国内旅游企业向经营连锁化、管理专业化、规模扩大化、产品特色化和运作市场化方向发展。因此，全方位开放旅游市场是我国旅游产业结构优化和国际竞争力提升的必然选择。

（2）充分利用资本市场

旅游产业早已成为“高投入、高产出、高风险”性质的产业，其发展需要强大的资本作为后盾。但是，受我国投融资体制不完善的影响，旅游产业发展中广泛存在着自我融资现象。这种小范围的投融资活动所决定的项目，不仅规模小、效率低，而且往往在同一个行业内拥挤过多的同类项目，重复建设在所难免，结果造成产业组织结构中的过度竞争和不正当竞争，这是导致产业结构失衡的重要原因。因此，尽快取消对旅游企业特别是旅游资源类企业上市的限制，充分利用资本市场的多重功能，通过兼并、收购、参股、资产置换、扩大投资等手段，实现资产存量和投资增量的联动，是优化我国旅游产业结构的重要途径。

（3）实施旅游科技创新工程

科技在旅游业中的作用越来越重要。加速旅游科技创新，实现高新技术与旅游业的结合，使旅游产业的科技含量大幅度提高，以科技进步推动产业结构的重组，是迅速实现我国旅游产业结构优化目标的必由之路。国家应该根据世界旅游业高技术化发展趋势和我国的实际需要与可能，实施旅游科技创新工程，确定我国旅游业高技术发展的优先领域、关键技术和重点项目。

（4）加快旅游专门人才培养

在今后相当长一段时期，我国旅游企业较为紧缺的人才主要集中在三类：①新型旅游专业人才，如从事旅游电子商务、旅游产品网络管理、旅游资本运营等方面的人才。②旅游企业经营管理所需要的常规人才，如高层管理者和从事市场营销、旅游产品开发等方面的人才。③在未来竞争中需要的创造性、复合型、协作型人才。要树立旅游产业发展以人为本的观念，有针对性地制定面向21世纪的旅游人才培养与开发规划，完善科学合理的旅游人才使用及管理机制。

3）旅游产业结构优化的意义

旅游产业结构优化具有十分重要的意义。它不仅是旅游生产力体系形成的要求，也是旅游业转变经济增长方式的关键，更是旅游经济实现良性循环发展的根本保证。

（1）旅游产业结构优化是旅游生产力体系形成的要求

“生产力是由相互联系、相互依存，相互制约的各种因素所构成的有机整体，各个因素必须质量适应，数量成比例，序列有秩序，才能形成合理生产力结构，才能有效地实现人与自然之间的物质变换过程。否则，就不能形成合理的结构，不能构成有效的生产能力。”旅游业是一个综合性的经济产业，旅游经济各部门、各要素的发展规模、速度和水平，如果不能相互适应，不能形成一定的数量比例和合理的序列结构，即旅游产业结构，就不能形成旅游生产力体系，也就不能发挥出应有的功能。

（2）旅游产业结构优化是旅游业转变经济增长方式的关键

经济增长强调的是经济总量的增加，这一目标有两种实现方式：粗放式经济增长和集约式经济增长。粗放式经济增长是通过投入要素的增加来达到产出增加的目的；集约式经济增长则是在投入既定的前提下，通过要素的合理配置和产业结构的调整转换以实现经济增长的目的。显然，旅游经济总量的增减和发展速度的快慢不一定能反映生产力水平的提高或降低，而旅游产业结构的优劣则明显反映出生产力水平的升降和经济效益的好坏。因此，粗放式的旅游经济增长未必带来经济效益的提高，相反会引起投入的增加和结构失衡并最终引起整个旅游经济发展的不协调；而集约式的旅游经济增长依赖于技术进步和结构优化，旅游产业结构优化既可提高经济增长速度，又可提高经济效益，并最终实现旅游经济长期持续协调发展。因此，必须把旅游产业结构的优化作为经济增长的主要动力，通过产业结构的优化来求速度、要效益，才能促进旅游经济持续协调发展。

（3）旅游产业结构优化是实现旅游经济持续发展的根本保证

纵观改革开放以来我国旅游经济的发展，在总体呈现高速增长的情况下，曾一度出现大起大落的状况。虽然通过宏观调控的手段可以使旅游经济比例关系暂时协调，但随着旅游经济的继续增长，新的比例失调现象不断出现。其原因就是旅游产业结构出现失调，表现为旅游经济各部门、各要素比例不协调。因此，只有从根本上实现了旅游产业结构的优化，才能使旅游经济发展实现速度适当、效益良好，最终进入持续、稳定增长的良性循环中。

4）旅游产业结构优化的标准

旅游产业结构优化并不是一个抽象的概念，而是有具体的评价标准。作为一种客观经济活动的实体，尽管由于各个国家或地区在旅游经济发展水平和旅游产业结构形成的历史背景方面存在不同，从而导致各国旅游产业结构优化的标准存在差别，但总体而言，衡量旅游产业结构优化有以下标准：

（1）资源配置的有效性

在旅游经济活动中，旅游供求存在着矛盾，旅游资源的稀缺性和旅游需求的无限性要求旅游资源达成有效配置，从而对旅游产业结构提出了要求。因而，旅游资源配置的有效性成为旅游产业结构优化的标准之一。优化的旅游产业结构应能够充分、有效地利用本国旅游资源及人力、财力、物力；能够较好地利用国际分工的好处，发挥自身优势，实现全球旅游资源的最佳配置和使用；能够促进旅游资源的保护和适度开放。

（2）旅游产业结构的协调化

社会化大生产客观上要求按比例分配社会资源，这种数量比例关系存在于社会各产业之间以及产业内的各环节之间。如果产业之间的比例不协调，就意味着某些产业的产品供过于求，某些产业的产品又供不应求，资源就不能得到合理利用，就会必然造成社会资源浪费。因此，合理的产业结构应该是各产业之间的协调发展。这是一个最基本的要求。对于旅游业来说，合理的旅游产业结构应能够使旅游经济各产业、各部门保持合理的比例关系及协调发展，能够有效地促进旅游生产、流通、分配及消费的顺利进行，从而使旅游的供给和需求处于协调发展的状态。

（3）区域布局的合理性

旅游经济活动必须在一定的空间范围内进行，因而旅游区域布局的合理性也是优化旅游产业结构的标准。优化的旅游产业结构应能够满足旅游经济发展的客观需求，形成包括旅游景点、景区、旅游经济圈在内的合理的旅游经济区域布局，从而提高整个国家旅游经济的总体形象和综合生产能力，提高整个旅游业的综合经济效益。

（4）旅游经济发展的持续性

旅游经济可持续性发展的前提是良好的生态环境，而良好的生态环境取决于旅游产业结构的优化。优化的旅游产业结构应能够有利于生态环境的保护和改善，使旅游业发展与生态环境的保护有机地融为一体，实现经济、资源和环境的良性循环，能够促使旅游业、旅游者、旅游企业、旅游社区、旅游环境等成为一个稳定、健康和持续的旅游产业发展系统；促进社会经济效益的不断提高，加强各地区间人民往来，维持和增进人民友谊。

（5）旅游产品类型的多样化

人们旅游需求的多样化，决定了旅游产品类型的多样化。在旅游经济发展的初期，大多数旅游产品以观光旅游产品为主。随着旅游经济的发展和人民生活水平的提高，人们的旅游需求从观光旅游需求向休闲度假、科考探险、商务会展等方向发展，从而对旅游产品的多样化提出了要求。因而，旅游产品的类型多样化也是旅游产业结构优化的标准。

（6）旅游需要满足的最大化

生产的最终目的是满足人们的需要，因此，合理的旅游产业结构应能与社会的旅游需要相适应。如果一种旅游产品货不对路或供过于求，那么生产这种旅游产品的劳动或部分劳动就得不到社会的承认，其价值或部分价值就不能得到实现。在社会资源一定的条件下，某些产品供过于求或产销不对路，就意味着另一些社会需求的产品空缺或供不应求，从而决定了生产这些旅游产品的产业部门之间的发展不平衡。显然，这样的旅游产业结构是不合理的旅游产业结构。当然，我们所说的满足社会需要，也只能是在现有条件下尽可能地满足社会需要，绝对、完全地满足社会需要是不可能的。

5）旅游产业结构优化的措施

为了实现旅游产业结构优化的目标，必须针对以下内容采取有效的对策和措施：

（1）以市场调节为主、宏观调控为辅，二者有机结合

在旅游产业结构优化过程中，宏观调控与市场调节分别具有不同的优势。在宏观上，国家对旅游经济结构中的不合理状况，可以通过行政手段、预算投资、价格、利率、税收等宏观调控措施强制性地、及时地进行调整，从而避免市场失灵和市场调节的滞后性。但市场的复杂性及其运行的规律性又决定了市场调节具有不可替代的基础性地位和作用，旅游行业的供给结构总是受旅游市场需求的引导。

（2）坚持主导行业与关联行业的协调发展，形成产业链

在旅游产业结构中，旅行社在各行业中居于中心地位，起主导作用，它是连接各行业的纽带。因此，要充分发挥它的龙头带动作用，并与旅游产业结构中的其他行业形成合理的比例关系。同时，也要深入研究旅游市场的发展趋势，根据旅游市场需求变化的特点，分析和研究不同旅游行业的变化趋势，着重破解某些行业发展的瓶颈，及时调整相关行业的供给及运行状态，保持整个旅游产业结构的合理性，以适应旅游

经济发展的要求。

（3）加快旅游企业的集团化发展

加快旅游企业的集团化发展是旅游产业结构高度化的重要内容。国际经验表明，专业化、综合性强的企业集团是增强旅游竞争力的重要手段，它能够发挥规模经济的优势，降低旅游市场的风险，是旅游产业结构合理化和高度化的重要措施之一。加快旅游企业集团化发展应注意以下几点：①组建大型旅游集团，形成旅游开发、经营、管理的一体化；②促进所有制结构调整，实现旅游经济所有制结构的合理化；③加强旅游集团的科学管理和现代化管理，不断提高旅游企业经营管理的国际化水平，提高经济效益。

6）旅游产业结构优化应处理好几个关系

旅游产业结构优化是在社会经济和旅游业发展的基础上通过不断调整逐步实现的，要处理好这样几个关系：

（1）处理好旅游供给结构与旅游需求结构相适应的关系

旅游产品的供给是以旅游者的需求为前提的，因而旅游供给的方向、品种、质量和结构要围绕旅游需求的方向、品种、质量和结构来建立和调整。由于旅游需求变动性大，而旅游供给往往滞后，因此二者之间必然存在矛盾。解决这种长期存在的矛盾的唯一办法就是对各个时期的旅游市场进行深入的调查研究，把握各个时期旅游需求的变动趋势，并据此调整其供给的内容和结构。

（2）处理好主导行业与关联行业相协调的关系

旅游业是一个关联性很强的行业，涉及饭店业、旅行社业、交通运输业和旅游景区（点）。在这些众多的行业中，起主导作用的是旅行社业。在旅游经济活动中，旅行社业担负着旅游产品生产组织和销售的功能，它的作用贯穿于旅游活动的始终，它的发展水平决定了一系列其他相关行业的兴衰，影响着整个旅游业的发展水平。同主导行业相对照，其他与旅游活动直接或间接相关的行业均属关联行业。但是，这些关联行业提供的产品和服务要通过旅行社组合起来，才能形成旅游产品。所以，在推动旅游产业结构优化的过程中，既要突出旅行社业的主导地位，同时也要加强关联行业与主导行业的协调以及各关联行业之间的协调。

（3）处理好旅游目的地国家或地区旅游产业结构同国际旅游产业结构相接轨的关系

随着世界政治经济的一体化，世界旅游组织与一些地区性国际旅游组织也在努力推行旅游产品的统一技术标准。这标志着世界旅游产业结构正在向高一级转化。旅游目的地国家尤其是发展中国家的旅游产业结构应该同世界旅游产品贸易结构相衔接，同越来越严格的国际旅游产品的标准相适应。唯有这样，旅游目的地国家才能保持和扩大在国际旅游市场上占有的份额。

同步案例3-1

旅游业高质量发展面临诸多结构性问题制约

背景与情境：我国旅游业尽管有较大的高质量发展空间，但也深受一系列结构性问题制约，要构建高质量的产业体系，亟待改革和创新。

第一，发展动能的结构性支撑不足。在发展红利上，前一阶段支撑我国旅游业快速发展的关键要素，包括人口、投资、资源等，正在相继发生变化，人口红利在明显减弱，资金成本在明显上升，资源开发约束日益增强，旅游业的整体运行成本在抬升。在发展机制上，体制性、结构性、时效性障碍同时存在，多因素相互缠绕，资源、用地、价格、金融等多方面的改革处于深水区；在发展动力上，旅游产业的总体附加值不高，增长主要依赖资源的投入，以融合和创新为核心的新动能仍未能建立。

第二，旅游消费的结构性深化不足。旅游消费虽然形成了较大规模，但关键结构上的深化不足。在消费规模上，出游率与主要发达国家仍有较大差距；在消费人群上，既难以满足日益庞大的中产阶级乃至高净值人群的需求，导致消费大量流出，也较为忽视低收入人群的旅游需求，旅游人群覆盖面依然较低；在消费内涵上，旅游业的文化附加值依然较低，没有建立起有深度的消费习惯；在消费支出上，“门票经济”一家独大，消费链上的延伸性消费严重不足，令产业链缺乏纵深；在消费目的地上，没有形成分工和梯度，高层次和国际化的消费目的地较为缺乏。

第三，可持续发展的结构性平衡不足。在国际层面，出境旅游远远大于入境旅游，面临出入境旅游发展显著不平衡的问题；在区域层面，区域间、城乡间的发展水平均有待平衡；在投资层面，政府投资和市场投资存在边界不清的问题；在环境层面，可持续的旅游业发展机制仍未完全形成，与旅游紧密相关的环境问题日益凸显，影响可持续发展的能力。

资料来源 中国社会科学院旅游研究中心．我国旅游业高质量发展的空间和方向［EB/OL］.［2020-11-22］. https://mp.weixin.qq.com/s/aJfCojo-NNft4yHVxjNJwg.

问题：案例中提到了我国旅游业高质量发展面临的诸多结构性问题，应该如何克服？

分析提示：要从高质量提升中获得新的发展空间，必须以效率提升为突破口，进一步深化旅游领域的改革和开放，建立高效均衡的发展机制，全面提升产业运行质量。

延伸思考3-1

问题：我国旅游产业聚集的动因有哪些？

理解要点：旅游产业特性、外部经济效应和政府规划因素共同促进了旅游产业的集聚。旅游产业特性和外部经济效应是产业集聚的内在动力，而政府规划则是外部的推力。另外，政府规划的推动是以产业集聚的内在要求为基础的，其主要作用一方面是加快旅游产业聚集的速度；另一方面是引导集聚的区位，充分发挥集聚效应。

3.3 旅游产业融合

本节主要讲述旅游产业融合发展路径和模式。

3.3.1 产业融合

产业融合是指不同产业或同一产业不同行业相互渗透、相互交叉，最终融合为一体，逐步形成新产业的动态发展过程。产业融合可分为产业渗透、产业交叉和产业重组三类。

1）产业融合的效应

产业融合已经不仅仅作为一种发展趋势来进行讨论，当前，产业融合已是产业发展的现实选择。产业融合是在经济全球化、高新技术迅速发展的大背景下，提高产业生产率和竞争力的一种发展模式和产业组织形式。它所产生的效应是多方面的，主要包括以下几种：

（1）促进传统产业创新，推进产业结构优化

由于产业融合容易发生在高技术产业与其他产业之间，产业融合过程中产生的新技术、新产品、新服务在客观上提高了消费者的需求层次，取代了某些传统技术、产品或服务，造成这些产业市场需求逐渐萎缩，在整个产业结构中的地位和作用不断下降；同时，产业融合催生出的新技术融合了更多的传统产业部门，改变着传统产业的生产与服务方式，促使其产品与服务结构的升级。

（2）促使市场结构不断趋于合理化

现行的市场结构理论认为，有限的市场容量和各企业追求规模经济的动向结合在一起，就会造成生产的集中和企业数量的减少。而在产业融合以后，市场结构会发生更为复杂的变化。产业融合能够通过建立与实现产业、企业组织之间新的联系而改变竞争范围，促进更大范围的竞争。产业融合使市场从垄断竞争向完全竞争转变，经济效率大幅度提高。

（3）有助于产业竞争力的提升

产业融合与产业竞争力的发展过程具有内在的动态一致性。技术融合提供了产业融合的可能性，企业把融合过程推进到各个运作层面，从而把产业融合的可能性转化为现实。不同产业内企业间的横向一体化加速了产业融合进程，提高了企业竞争力、产业竞争力。同时，产业融合对企业一体化战略也提出了新的挑战。产业融合中企业竞争合作关系发生变革，融合产业内的企业数量不断增加，企业间的竞争加剧，企业创新与灵活性被提升到新的战略高度。在这场技术革命与产业变革中，创新能力弱、灵活性差的企业会以更快的速度被淘汰出局。

（4）有助于推动区域经济一体化

产业融合能够提高区域之间的贸易效应和竞争效应，加速区域之间资源的流动与重组。产业融合将打破传统企业之间和行业之间的界限，特别是地区之间的界限，利用信息技术平台实现业务重组，发展新的业务，这将会加速区域之间资源的流动和重组，产生贸易效应和竞争效应。产业融合将促进企业网络的发展，提高区域之间的联系水平。产业融合带来企业网络组织的发展，将成为区域联系的主体，有助于打破区域之间的壁垒，增强区域之间的联系。产业融合扩大了区域中心的扩散效应，有助于改善区域的空间二元结构。

2）产业融合的主要方式

（1）高新技术渗透融合

高新技术渗透融合即高新技术及其相关产业向其他产业渗透、融合，并形成新的产业，如生物芯片、纳米电子、三网融合（即计算机、通信和媒体的融合）；信息技术产业以及农业高新技术化、生物和信息技术对传统工业的改造（如机械仿生、光机电一体化、机械电子）、电子商务、网络型金融机构等。又如发生在20世纪90年代后

期的信息和生物技术革命对传统工业的渗透融合，产生了诸如机械电子、航空电子、生物电子等新兴产业。再如网络技术向传统商业、运输业渗透而产生的电子商务与物流业等新型产业；高新技术向汽车制造业渗透将产生光机电一体化的新产业等。高新技术向传统产业不断渗透，成为提升和引领高新技术产业发展的关键性因素，高新技术及产业发展有利于提升传统产业的发展水平，加速传统产业的高技术化。这主要体现在：提高传统产业的附加值，促进传统产业推出新品种和新产业，促进传统产业装备现代化。据分析，近年来IT产业对美国经济的贡献率超过35%。1999年IT产业使全美国制造业劳动生产力增长了6.4%。目前，信息技术正在以前所未有的广度和深度渗透到制造业的各个环节中，使制造业的产品和生产过程以及管理方式发生了深刻甚至是革命性的变化。

（2）产业间的延伸融合

产业间的延伸融合即通过产业间的互补和延伸，实现产业间的融合，往往发生在高科技产业的产业链自然延伸部分。这类融合通过赋予原有产业新的附加功能和更强的竞争力，形成融合型的产业新体系。这种融合更多地表现为服务业向第一产业和第二产业的延伸和渗透，如第三产业中相关的服务业正加速向第二产业的生产前期研究、生产中期设计和生产后期信息反馈过程展开全方位的渗透，金融、法律、管理、培训、研发、设计、客户服务、技术创新、贮存、运输、批发、广告等服务在第二产业中的比重和作用日趋加大，相互之间融合成不分彼此的新型产业体系，如现代农业生产服务体系、工业中服务比例上升、工业旅游、农业旅游等。

（3）产业内部的重组融合

重组融合主要发生在具有紧密联系的产业或同一产业内部不同行业之间，是指原本各自独立的产品或服务在同一标准元件束或集合下通过重组完全结为一体的整合过程。通过重组型融合而产生的产品或服务往往是不同于原有产品或服务的新型产品或服务。例如，第一产业内部的种植业、养殖业、畜牧业等子产业之间，以生物技术融合为基础，通过生物链重新整合，形成生态农业等新型产业形态。在信息技术高度发展的今天，重组融合更多地表现为以信息技术为纽带、产业链上下游产业的重组融合，融合后生产的新产品表现出数字化、智能化和网络化的发展趋势，如模糊智能洗衣机、绿色家电的出现就是重组融合的重要成果。

3.3.2 旅游产业融合概述

《国务院关于加快旅游业发展的意见》（国发〔2009〕41号）中明确提出“大力推进旅游与文化、体育、农业、工业、林业、商业、水利、地质、海洋、环保、气象等相关产业和行业的融合发展”。这一政策，明确了旅游产业融合的发展方向，并将融合范畴扩充到三次产业之中，使融合成为近年来旅游创新发展的重要途径。旅游产业融合可以促进产业结构优化、核心竞争力形成和产业组织创新。融合就是一种生产力，是旅游产业升级转型为现代服务业的重要途径。目前，工业、农业、文化产业、医疗业、体育业等众多产业已经开始了与旅游的融合化发展，并取得了一定成效：以美国迪士尼主题公园为代表的文化产业与旅游业的融合，以中国台湾宜兰为代表的农业与旅游业的融合，以韩国美容旅游为代表的医疗美容业与旅游业的融合等。这些成果为未来区域旅游规划提供了理念参考和实例证明。

1）旅游产业融合概念

旅游产业融合是指旅游产业内部或者旅游产业与其他产业之间发生的相互联系、相互渗透的关系，最终形成一个新的产业形态。旅游产业的内部融合是指旅游产业内部六大要素（食、住、行、游、购、娱）相互联系、相互渗透而形成的融合。旅游结构的优化升级和旅游业的快速发展是旅游产业内部融合的重要推动力。旅游产业结构优化不仅指旅游产业六要素各自的优化发展，更主要的是这六大要素之间的重组融合。旅游产业与其他产业的融合主要是指旅游产业与第一、第二产业中任何一个产业进行融合，并且与它们相互联系、相互渗透、功能互补。旅游产业一个很重要的特点是具有很强的关联性，对融合化发展具有较强的推动力。例如，文化产业、房地产业、农业、工业等都可以融入旅游产业的发展进程中，形成一个文化旅游、景观房产、农业旅游、工业旅游等一些与旅游产业相互渗透、相互融合的新型产业形态。

2）旅游产业融合的作用

（1）促进产业结构优化

我国目前正处于经济转型的快速发展期，转型的重点就是提升传统产业，调整产业结构，促进产业优化升级，发展新兴产业。旅游产业融合能够将旅游产业与其他产业进行融合交叉，相互渗透，从而形成一个新的产业体系。这就推动了传统产业的优化升级，大大提升了整个行业的竞争力。例如，在旅游产业与农业的有机融合过程中，经济效益比较低的农业就可以通过与旅游产业的融合获得更大的收益，这不仅增加了居民收入，提升了居民生活水平，而且提高了当地的经济效益，使得农业向着多元化方向发展。

（2）促进企业集团成长

旅游产业的融合为企业发展提供了良好的机遇。它可以让企业获得更多、更广的发展市场，并且不断地发展壮大自己，提高核心竞争力。当然，这里的企业不仅仅指旅游企业，还包括其他行业或产业当中的企业。比如我国著名的大型旅游企业集团——首都旅游集团的成长就见证了旅游产业融合的重要性。起初，首都旅游集团只涉及“食”“住”“行”，在“游”上不占优势，在“购”“娱”上几乎是零。但它能敏锐洞察到全球产业融合的大趋势，迅速对旅游产业六大要素进行整合重组。重组后的首都旅游集团不仅规模扩大，而且形成了一个有机的旅游产业链，拥有多家老字号的连锁店，掌握了众多知名商业资源。

（3）促进区域经济协调发展

旅游产业融合不仅在一定程度上实现了区域之间的资源互补，还可以增强各区域中心的扩散作用。因为旅游产业一旦融合，就可以在一定程度上缩短空间距离，形成一个以旅游中心地区为核心，带动周边地区发展的旅游产业圈，从而改变落后地区的基础设施状况，实现区域的协调发展。

同步链接3-1

文化和旅游源度融合发展的六大典型产品

3.3.3 旅游产业融合路径

1）旅游消费多元化促进旅游产业融合

引导和鼓励旅游消费的多元化，以需求的变动促进旅游产业融合的快速发展。需求的多元化是促进旅游产业融合的本质原因之一。文化要素的追求，催生了旅游产业与文化产业的融合；短距离休闲旅游的兴起，促进了旅游与农业的融合。因此，需求的变化成为旅游产业融合产生和发展的重要因素。政府通过对旅游消费者的积极引导，使旅游者不再仅仅局限于对自然景观和人文景观的参观和游览，而是更加倾向于对文化、科技和特色相结合的多元化产品的需求，从而促进旅游产业与相关产业的融合。

2）旅游资源深度开发促进旅游产业融合

鼓励新型旅游资源的开发和发展，促进旅游产业的主动融合。旅游产业通过发挥无边界特性，赋予其他产业以旅游功能，从而实现旅游产业的主动融合。目前，除了早已遍地开花的工农业旅游外，旅游地产、旅游演艺、旅游电子商务、影视旅游等也迅猛发展，旅游产业融合领域大为拓展，融合深度也有所加强。另外，当旅游活动从传统观光向休闲度假和体验旅游发展时，旅游资源已经不局限于名山大川等自然资源，也跳出了古迹寺庙遗址等传统人文旅游资源的范畴，一些社会资源、经济成就、产业活动、民情民风等均可以转化为旅游资源，成为吸引游客的新型旅游产品，如科技旅游、节庆旅游、红色旅游、会展旅游、太空旅游等。

3）高新技术创新引导旅游产业升级融合

我国的旅游业仍然属于劳动密集型产业，更需要产业的转型升级，更需要借鉴先进服务业的流程和方法。随着高新技术产业的快速发展，尤其是信息技术的广泛应用，需要将高新技术产业与旅游产业进行有效融合，需要把信息技术应用于旅游业。通过融合高新技术来改造旅游业，促进我国旅游业由传统服务业向现代服务业升级。

4）因时因势逐步开展旅游产业融合

因地制宜、因时制宜地逐步开展旅游产业融合。政府在制定旅游产业融合政策时，要综合考虑，因地制宜，要与当地的特色产业联系起来，充分发挥优势产业的特色。在农业发展较好的平原地区提倡旅游与农业的融合，在东北工业基地加强旅游与工业的融合。在时间上，应优先倡导与旅游开发价值高的产业进行融合，同时促进与具有广泛融合要素基础的产业进行融合，从而收到更好的融合效果。

3.3.4 旅游产业融合模式

学习微平台

延伸阅读 3-5

旅游产业与其他产业的融合发展，并不是一个简单的过程。对某一旅游区域而言，需要经过三级阶梯实现产业的有效融合——测定相关产业的可融合程度、遴选关键融点、构建合理融合方式。

1）估测可融合程度——产业融合的前提

区域旅游产业的融合发展，需要自发融合和政策引导的双重作用。其中，自发融合是内在动力，是旅游与其他产业融合的重要前提。在一个旅游区域中，选取进行融合的相关产业，主要是以可融合程度来确定。可融合程度关注产业间融合的必要性和可行性。必要性表现在旅游市场对该产业的需求趋势，看其是否有发展市场；可行性则关注该产业的发展现状，看其是否具有融合基础。基于此，旅游产业融合首先需要把握旅游市场的需求趋势。从区域旅游人群需求角度，关注未来旅游的发展方向。其次，需要考察该产业的发展现状及前景。一般而言，应选择产业发展基础和前景较好的产业。相关产业的根基较好，则其纵向延伸和横向容纳能力相对较强，融合的可行性较高。

2）遴选关键融点——产业融合的纽带

融点即旅游业与其他相关产业的融合点。通过对产业进行解构，可以发现，资源、技术、产品以及市场是产业的四大关键要素。旅游业与其他相关产业之间，以这四大要素为联系纽带，实现相互渗透和交叉。

（1）资源纽带

某些相关产业资源，随着旅游需求的扩展，被纳入旅游资源范畴，产生相互交叉。通过联合开发，一方面相关产业得到升级，另一方面拓展了旅游的开发利用范围。例如，以土地、植物等资源为纽带，农业和旅游业相互融合，产生休闲农业；以森林为纽带，林业与旅游业融合，产生森林旅游；以节庆活动为纽带，节庆会展业与旅游业融合，产生节庆旅游等。

（2）技术纽带

旅游的创新，需要依托一定的技术和手段。在旅游发展过程中，旅游业关注众多产业的技术革新，并应用到旅游开发之中，由此产生了新的旅游业态和新型旅游产品。例如，以现代信息技术为纽带，产生了在线旅游业；以动漫技术、影像技术为纽带，众多著名景区开发了印象系列山水实景剧，使之成为大受追捧的旅游休闲产品。

（3）产品纽带

以产品为纽带，关注旅游业与相关产业功能方面的补充，以此延伸构建拥有上、中、下游产业的完整产业链，强化旅游发展的根基。例如，以制造业所生产的产品为纽带，商业与旅游业融合，产生商贸旅游。

（4）市场纽带

通过寻找与相关产业共同的消费者，并以此为专业细分市场，拓展市场空间，实现旅游业与其他产业的融合。此类产业主要有房地产业、会展业、商务会议等。例如，海南博鳌以会议市场为纽带，开发商务旅游产品，实现会议与度假市场共享，两者以市场共拓发展，拉动本地经济发展。

需要强调的是，产业融合并非单一融点融合，一般多为两个及以上元素共同作用。

3）构建合理融合方式——产业融合的关键

构建合理融合方式是产业融合的关键。在找准融点之后，构建合理的融合途径和方式，实现旅游业与其他产业的有效融合。目前主要有三种融合方式：

（1）功能模块嵌入式

由于旅游产业的边界较为模糊，众多产业将旅游业作为一个功能模块，嵌入其产业价值链中，以此拓展和提升相关产业的增值空间。新的旅游业态的发展和旅游外包服务的出现，都是旅游作为功能模块嵌入其他产业的结果。以商务旅游为例，针对众多企业商务会议、商务考察的需求，旅行社部分业务融入公司的整体运作中，成为一个服务模块被分包出来，形成现有的旅游服务外包。例如，昆山旅游发展总体规划中，定位于国际商务城的花桥，针对未来会议会展、商务考察业务众多这一特点，规划了旅游服务外包的发展方向，明确了差旅管理、拓展培训、奖励旅游等生产性服务外包以及修学旅游、医疗旅游和养老旅游等社会性服务外包内容。

（2）上下链条延伸式

通过功能补充，实现相关产业链延伸。从旅游业角度来看，以工业、农业等生产性产业为代表的上游产业，以及以文化为代表的下游产业是旅游业延伸的主要内容。例如，昆山淀山湖游艇旅游的发展，就是通过旅游规划，以游艇休闲为中心，积极引导游艇制造维修、游艇驾驶培训的延伸发展，逐步构建从旅游装备制造，到相关技术培训，再到旅游休闲于一体的完整产业链。

（3）混合联动发展式

混合联动发展是指在一个区域的产业发展中，不同地区通过产业结构的战略调整，形成合理的产业分工体系，实现区域内产业的优势互补，实现区域产业的协同发展，从而达到优化区域产业结构、提升产业能级、增强区域产业竞争力的目的。从旅游业角度来看，就是调整旅游产业结构，进行旅游产业分工，实现旅游产业的协同发展，从而优化旅游产业结构、增强旅游产业竞争力。

同步案例3-2

“文旅”融合趋势：成为多产业发展“增效器”

背景与情境：产业融合是全球经济发展的大趋势，也是世界各国推动产业发展的新选择，并逐渐成为产业提高生产能力和竞争力的重要方式之一。在文化和旅游融合发展的战略背景下，文旅与其他领域融合趋势不断加深，彰显了“跨界合作”的发展理念。2019年，国务院和发展和改革委员会、文化和旅游部、农业农村部、民政部等机构陆续发文，鼓励支持交通、体育、养老、健康等产业与文旅融合发展，在消费、用地、金融等方面，为产业融合发展提供政策支持和保障措施。具有极强包容性、产业带动性特点的文旅正在成为多产业发展的“增效器”。

（1）文旅+科技：驱动产业硬核升级

大多数人对文旅产业有一定误解，认为文旅是一个传统的科技含量较低的行业，但回眸整个现代旅游业的发展，从蒸汽时代到互联网时代，科技一直是支撑旅游行业发展的关键力量。大数据、云计算、物联网、5G等新一代信息技术的快速发展，更是给旅游业转型升级提供了重要契机，使得信息更透明、出行更畅通、服务更便捷、体验更新颖、游玩更放心。“科技+旅游”的融合发展给旅游消费增添了诸多亮点，也改变了人们的旅游消费方式。随着国家对“互联网+旅游”支持力度的进一步加大，未来中国文旅行业的数字化进程将迎来又一次升级与“提速”。

（2）文旅+乡村：激活地方经济

乡村振兴战略的实施为全国乡村地区的发展带来了巨大的生机，然而如何令我国延续五千年的乡村文明和农耕文化重新焕发活力，成为新时代摆在乡村建设者面前的新问题。如今，全国各地都在尝试通过“文旅+乡村”的模式推动乡村旅游和休闲农业的发展。如浙江鲁家村、浙江乌镇乌村、陕西的袁家村等，这些地方将农事活动与休闲旅游度假相结合，通过原乡、原俗的农耕体验吸引着大量游客。可以发现，文旅与乡村的结合，在赋予旅游发展新内涵、焕发乡村新活力方面有着较强的现实意义。乡村文化融入田地、屋舍，可以提升乡村资源的价值，提高乡村文化可视度，增强乡村间的差异性，促进乡村特色化发展。同时，文旅融合发展能够充实乡村文化内涵，提高村民的文化自信、培育文明新乡风、形成文明开放的旅游氛围。乡村文旅融合能够借助文化盘活现有的乡村资源，提升乡村原有产品品质，形成集特色农产品、农家餐饮、特色住宿于一体的旅游供给，不仅能够增加当地政府的财政收入，还能为当地村民带来实实在在的就业机会。可以预见，依托绿水青山、乡土文化资源，推出更多高品质、个性化、定制化、多元化的休闲农业项目，将会充分挖掘和拓展农业多功能性，发展农产品精深加工和农村新兴服务业，延伸产业链、衍生新业态、增加附加值，促进一二三产业融合发展。

（3）文旅+康养：打造生活新模式

居民消费结构的变化，推动着原来以观光休闲为主体的旅游市场逐渐向以度假居住为核心，结合观光、休闲、体验、养生的度假市场转变。游客不再追求赶景点、忙拍照，而是希望停留下来、沉淀心灵、享受生活。如今，旅游度假的核心价值是游客的身心健康，因此旅游与健康有着天然的耦合性，两者的结合发展，为康养文旅的未来打开了广阔的发展空间。文旅康养是指以文化为引领、旅游为主体、康养为支撑的旅游度假方式，它并不单纯依托传统景区，而是通过将城市中的老街区进行改造与再生，完善城市功能，并借助乡村振兴中对文化村落的转型与升级，在保存传统文化的同时，嫁接新功能，满足文化旅游消费时代对文化、艺术、休闲、创新的需求。我国居民正在进入“避暑避霾避寒、养生养心养老”的大众旅游时代，人们愈加追求健康和精神享受，旅游度假作为新时期人们的一种旅居生活方式，逐渐成为休闲生活主流。“康养+旅游”无疑可以催生一系列新业态，成为新时期经济突破发展的一种新模式。而对于文旅产业来说，真正能够为人称道、需要细心耕耘的是呈现真正符合市场需求、具有文化内涵和创新体验的“内容价值”。康旅融合，需要从个性化的景观、真材实料的康养资源、与当地资源的密切衔接等各个方面寻找突破口。

资料来源 于鹏飞，素淡.跨界融合，“文旅+”成为多产业发展“增效器”[N]. 中国文化报，2021-03-08.

问题：上述资料显示文旅融合具有极强的包容性与产业带动性的优势，对旅游产业融合发展的路径有哪些启示？

分析提示：旅游产业融合发展主要有旅游消费多元化、旅游资源深度开发、高新技术创新等路径。

教学互动3-1

主题：旅游产业融合有以下三种形式：功能模块嵌入式、上下链条延伸式、混合联动发展式。

问题：以现实中的旅游企业为例，讨论各种类型旅游企业的产业融合最佳模式。

要求：同“教学互动1-1”的要求。

3.4 旅游产业政策

旅游产业政策是国家和最高旅游行政组织为实现一定时期内的旅游发展目标而规定的行动准则。制定旅游产业政策是一个国家发展旅游的出发点，旅游产业政策的指导作用贯穿于旅游事业发展的全过程，有利于国家旅游产业的健康有序发展。

3.4.1 旅游产业政策的意义与特点

1）旅游产业政策的意义

旅游产业的发展离不开产业政策的指导，也离不开旅游产业政策所创造的良好外部环境。因此，旅游产业政策对旅游业的发展具有重要意义。

（1）有利于旅游产业地位的确定

旅游业的产业地位是指旅游业在国民经济体系中的重要程度，确定旅游业的产业地位将对旅游业的长远发展产生直接的影响。只有在产业地位明确的情况下，旅游业才会受到相应的重视，才能找到正确的发展方向。旅游产业政策的重要内容就是确定旅游产业的地位，因此，制定旅游产业政策，有利于旅游业产业地位的确定，对旅游业的发展具有决定性的意义。

（2）有利于创造旅游业发展的外部环境

旅游业是一个综合性行业，涉及行业众多，参与部门广泛，需要协调各种关系，协调各部门的功能，单靠文化和旅游管理部门的力量显然难以胜任。旅游产业政策是一种国家层次的经济发展政策，从宏观的角度对旅游业的发展进行政策性的引导，并调控旅游产业与金融、财政、文化、交通等产业部门的关系，有利于创造旅游业发展的良好外部环境。

（3）有利于充分发挥旅游业的功能和效益

制定旅游产业政策，可以通过政策引导来间接调控旅游业的发展方向和发展节奏，有利于旅游产业避害趋利、良性营销，最大限度地获得旅游业的经济效益、社会效益和环境效益。

（4）有利于旅游业内部机制的建立与完善

制定旅游产业政策，还可以帮助调整旅游产业的内部结构，协调产业内部各行业和各部门的关系，划分部门职能，促进部门协作，建立旅游产业内部的良性循环机制，充分发挥旅游业的潜力，达到旅游业推动国家经济社会发展的目的。

2）旅游产业政策的特点

旅游产业政策与其他政策具有共性，也具有一些个性特点。

（1）旅游产业政策具有指导性和强制性

对于旅游发展的成败，政府起着至关重要的作用。旅游业出现后，特别是在现代旅游发展时期，面对不断变化的形势，各国普遍主动地应用旅游政策进行宏观管理，取得了成效。旅游产业政策确立了旅游产业发展目标，依靠其普遍的指导性和一定的强制性，通过引导、控制、扶持等手段，会对旅游业发挥积极主动的作用。

（2）旅游产业政策具有协调性

在现代社会中，经济结构呈现出多元化的特点。三次产业以及各大产业内部的比例关系，各个产业的地区分布，整个经济结构问题，都需要政策的引导和控制。旅游产业政策合理确立旅游业在国民经济中的地位，将有利于旅游业与各行业的健康协调发展，进而促进国民经济的协调发展。旅游产业政策还协调了国家与地方、部门与地区、旅游内部产业之间、企业之间的各种关系。

（3）旅游产业政策具有层次性

由于旅游经济结构具有多层次性，存在国家与地方、部门与地区、旅游内部产业之间、企业之间纵横交错的多层次结构，因此，旅游产业政策具有多层次性，以适应不同对象。这客观上要求不同层次的旅游产业政策必须协调和合理。地区性、部门性的政策，不要与全国性的政策相冲突，必须在全国性政策的原则和范围内制定。

（4）旅游产业政策具有相对稳定性和灵活性

旅游产业政策的制定必须高瞻远瞩，具有可预见性，以保证其主导思想和基本原则相对稳定。但由于社会经济条件是变化的，不可能要求旅游产业政策一成不变，制定旅游产业政策需要有一定的灵活性，因此，其变化和完善具有动态特点。朝令夕改的政策会使人们无所适从，因循守旧的政策会丧失大好机会。

3.4.2 旅游产业政策的制定与实施

1）旅游产业政策的制定原则

制定旅游产业政策是国家加强宏观调控、有效调整经济结构和优化产业结构的重要手段，对旅游业持续、稳定、健康的发展具有直接的影响。因此，旅游产业政策要有明确的针对性、相对的稳定性和适度的前瞻性。

（1）旅游产业政策要符合旅游业发展的客观规律

不同产业有不同的发展规律，旅游产业政策也要针对旅游业的发展规律来制定。在产业政策制定的过程中，要研究旅游市场，并参考其他国家旅游业发展的历史经验，采取切实有效的措施，避免影响旅游业发展的各种不利因素。

（2）旅游产业政策要符合国家的产业发展状况

由于经济基础、自然条件存在差别，各国旅游业发展的水平有所不同，旅游产业政策的具体内容也势必存在差别。旅游业发展水平较高的国家，旅游业的产业地位较高，相应的旅游产业政策也就表现出旅游发展的核心倾向。而旅游业发展不成熟、旅游产业地位较低的国家，旅游产业政策体系也必定是不成熟的。因此，旅游产业政策的制定，必须以国民经济的总体水平为基础，以旅游业的发展程度为依据，因地制宜，实事求是，确保政府职能的发挥与市场机制相协调。

（3）旅游产业政策要有一定的前瞻性

旅游市场的变化是客观存在的，而且是不以人的意志为转移的。当前，世界经济的发展速度越来越快，有可能引起国际旅游市场变化的因素也大为增加。在此背景下，为了保证旅游产业政策的科学性和先进性，旅游产业政策的制定必须要有一定的前瞻性。在制定旅游产业政策时要重视对旅游市场的研究，从实际需要和现实可能出发，对旅游市场的发展动向进行预测，突出重点，适度超前，保证旅游产业政策对旅游业实践的指导意义。

（4）旅游产业政策要有必要的保障措施

旅游产业政策的贯彻执行，离不开一定的经济手段、法律手段和行政手段加以保障。旅游业是一种依托性比较强的行业，旅游产业政策的规定必须具备比较强的约束力。除了原则性的规定外，旅游产业政策中还应当包含一定的硬性规定，如旅游业的投入产出要列入国民经济的规划、旅游业的法治建设等。只有将发展方向与保障措施结合在一起，才能使产业政策真正发挥导向和指针的作用。

2）旅游产业政策的实施手段

（1）法律手段

目前，我国尚未有以法律形式出现的旅游产业政策，今后随着市场经济体制的确立和旅游经济的进一步发展，以法律手段来推行产业政策，具有广阔的空间，因为法律手段具有相对的稳定性，并且还有极高的权威性。

（2）行政手段

在经济急剧变化的时期，行政手段具有简单易行的优点。今后在压缩行政手段运用空间的同时，对一些重要的产业政策问题，仍将保留行政手段。但是，产业政策的行政手段将进一步弱化，即政府不再像过去那样对各个产业进行分门别类的具体行政干预，而是从宏观调控上以行政手段进行干预，其权威性将会提高。

（3）财政税收手段

从当前形势来看，财政对经济建设尽管可以发挥一定的导向作用，但其支持力度有限。同样，国家在税收方面可能采取的措施也将十分有限。因此，今后在产业政策中运用财政税收政策，一定要集中于少数必须通过财政税收政策予以支持的领域，如基础产业的发展、基础设施的建设和高新技术的发展，等等。即使在这些领域，国家的财政税收政策也只能起到引导的作用。

（4）金融手段

随着我国金融体制改革的推进，金融体制逐步健全与发展，金融手段在产业政策中的运用将日益增加。金融手段因其多样化、灵活性的特点，可以运用于不同的产业政策层面。不同的金融机构在不同的产业政策中处于不同的地位。国家的宏观经济政策，对整个国家的产业政策实施起着重要作用，国家对具体领域的信贷政策等可能影响到具体产业的发展。

（5）信息手段

信息手段目前在我国产业政策中已经得到应用并将起到越来越大的作用。信息手段的优点是覆盖面广，适应市场经济的运行特点，使用成本低。信息手段要发挥作用，一定要科学、权威、客观、及时。

3.4.3 旅游产业政策的类型划分

由于旅游活动的综合性特征，旅游产业政策必然涉及众多的领域，如旅游在整个地区经济中的地位、税收、财政、产品开发与维护、交通、公共基础设施、环境、行业形象、社区关系、人力资源与就业、技术、营销策略、国外旅行规则等。归纳起来，可以从以下几个角度来进行划分：

学习微平台

延伸阅读3-6

1）按照一般与特殊划分

（1）基本旅游产业政策

基本旅游产业政策通常是旅游目的地发展旅游业的基本方针，是从推动旅游业发展的目标出发，为建立一定的旅游综合接待能力，实现旅游各要素的共同利益，明确旅游业在社会经济发展中的地位和作用而制定的政策。这是旅游目的地提出和实施的一般性的旅游产业政策。全国性的旅游产业政策有《出境旅游组团社签证专办员卡使用管理规定》《关于推进博物馆改革发展的指导意见》等，地区性的旅游产业政策有

《海南省旅游业管理暂行规定》等。

（2）具体旅游产业政策

具体旅游产业政策是以发展某些个别部门、某些具体活动或行为为目的而制定的政策，是为贯彻和执行基本方针而辅助制定的相关规定、条例、办法等。一般性旅游产业政策的实施很大程度上取决于它的具体旅游产业政策。例如，与旅游相关的税收、利率政策会影响旅游企业的成本和利润率；双边航空协议会影响外国游客的入境情况；环境政策会影响或限制景色迷人但生态系统比较敏感的地区的发展；通信政策会限制使用某些广告媒介；最低工资政策能够影响旅游市场的劳动力供给；福利政策会影响劳动力队伍的性质和行为；教育政策能够影响旅游人力资源的质量；文化政策能够影响世界遗产的保护与促进；外国投资政策或规定会影响外国投资资本的供给；地方规划政策或议事程序能够限制或鼓励旅游设施的开发；公共服务政策能够影响旅游目的地的公共基础设施及旅游相关设施的建设，从而影响旅游目的地的魅力和吸引力；公共安全和法律保障政策能够给外来旅游者提供安全保障，保护旅游者的各种选择权益。这些具体的政策都集中体现了旅游目的地旅游发展的一般要求和目标。

2）按照产业经营活动特点划分

产业政策是政府为改变产业间的资源分配或对各种企业的某些经营活动提出要求或限制而采取的政策，它根据国家整体发展的趋势和产业具体的发展要求而变化。旅游产业政策作为一个政策体系，主要包括以下几方面内容：

（1）旅游产业结构政策

旅游产业结构政策是旅游业中各行业结构的合理化，即食、住、行、游、购、娱六大要素的合理配套。旅游产业结构政策首先应考虑旅游业在整个国民经济中的地位，其次是旅游业与国民经济其他行业的协调发展关系，此外还应包括国内旅游业与国际旅游业的关系和政策协调。

（2）旅游产业地区政策

我国幅员辽阔，旅游资源分布和社会经济发展存在着较大的不平衡，这种不平衡引起了旅游供给结构中的地区差异性。因此，旅游业的发展应结合旅游资源的区位特点，在布局、投资上要有重点、分层次，充分发挥地区比较利益的优势，推进地区产业结构合理化。

（3）旅游产业组织政策

旅游产业组织政策是调整旅游产业内企业间及企业内部组织结构关系的政策。旅游产业组织政策的目的，主要是提高企业的经济效益，促进生产服务产业的集团化和专业化，形成合理的组织结构体系，实现生产要素的最佳组合和有效利用。

（4）旅游产业技术政策

旅游产业技术政策是根据旅游产业发展目标，指导旅游产业在一定时期内技术发展的政策。它通过对旅游产业的技术选择、开发、引导、改造等，对旅游产业的技术结构、技术发展目标和方向、技术的国际竞争与合作等提出具体的要求，逐步推动旅游产业的发展。

（5）旅游产业布局政策

旅游产业受资源分布、交通条件、旅游行程等因素影响，产业的布局分工与其他产业有所区别，既有产业分布的区域性问题，也有产业分布的点线结合、点面结合问题。因此，旅游产业布局政策应根据旅游发展程度的区域性差异，在发展好东部沿海地区旅游业的同时，强调加快中西部地区旅游业的发展；根据旅游资源分布的独特性，强调形成旅游区域的专业化分工，如海南的海滨度假、黑龙江的冰雪旅游、云南的生态旅游和民俗旅游、四川的大熊猫故乡之旅、青藏高原风情之旅、内蒙古草原风光之旅、西北沙漠探险之旅等；根据各地具备的优势，如沿海、沿江、沿路、沿边等，形成有相对优势的旅游产品分布；根据资源互补、产品相关和交通便利等条件，加强旅游产品的点线、点面之间的联系，形成独具优势和竞争力强的产品系列。

（6）旅游市场开发政策

旅游业的外向性决定了旅游业的发展不仅要面向国内，更要面向国外。参与世界旅游市场的竞争是旅游产业政策不可缺少的内容。旅游市场开发政策包括促销经费的筹集、促销方案与措施、市场竞争的策略等。

（7）旅游产业保障政策

旅游业能否健康发展还取决于其实施过程中是否有相应的体制和保障政策与之相配套。旅游产业保障政策是为保障产业政策的贯彻实施应采取的有关经济、法律、行政及其他多种手段的总称。

总之，旅游产业政策是为了增强旅游目的地的竞争力及可持续发展，进而促进旅游目的地的社会福利最大化而制定的政策。许多旅游相关政策的制定都是社会发展的一个系统工程，这就需要旅游政策的决策者对旅游发展规律及趋势有深刻的了解，同时具备很强的协调和影响能力。否则，政策的制定就会由于这种或那种失误，影响旅游业的发展。

3.4.4 旅游产业具体政策

1）旅游产业市场政策

旅游产业市场政策是指根据旅游市场的运行规律来制定相应的政策。明确和强调市场导向的观念是市场经济对产业政策的基本要求之一。旅游产业的市场政策应该明确体现在现实的状况下支持哪些方面，限制哪些方面。比如对旅游景点景区的开发，要考虑客源市场近距离的雷同和重复建设，尤其是在全国出现人造景观热、旅游支柱产业热时，要有相应的政策措施加以引导、规范和限制。在旅游接待设施建设方面，要考虑市场饱和度、区域分布、档次高低。在旅游产品开发方面，要以市场需求为导向，开发有市场前景、生命力持久和竞争力强的产品。由于旅游产业对国民经济的特殊作用，世界各国尤其是各发展中国家不断加大对旅游业发展的支持力度，致力于旅游客源的争夺，旅游客源市场的开拓也就不断由表层性开发向深层性开发转变，开发的难度也不断加大。旅游产业的外向性、国际竞争激烈性和市场开发艰巨性使得旅游产业市场开发政策理所当然地成了旅游产业政策的组成部分。在旅游产业政策中必须由相关的政策措施来刺激各旅游企业开拓市场的积极性，让旅游企业成为旅游产业的真正主体。

2）旅游产业技术政策

旅游产业技术政策是指国家根据旅游产业发展的实际，结合科学技术发展状况，制定有关旅游产业应用科学技术的政策，目的是促进旅游各行业运用先进科学技术，提升旅游产业素质，提高旅游产业的综合效益。在现代经济的发展中，技术的含量越来越高，高技术与高生产力、强竞争力之间存在着直接的线性关系。因此，在旅游产业中，网络预订、电子信函、卫星通信、先进交通工具、新型建材等的运用就成了提高产业素质的重要手段。政府应该制定相应的用以引导和干预旅游产业技术进步的政策，包括旅游产业技术进步的指导性政策、旅游产业技术进步的组织政策、旅游产业技术进步的激励性政策等。为尽快增加旅游产业发展中的科学技术含量，适应经济和社会发展的大趋势，促使旅游产业更快地发展，在制定旅游产业技术政策时应考虑支持引进和消化国外的先进技术，鼓励产学研的结合，加速科技成果的推广，以法规的形式淘汰落后的运载设备和科技含量低的人造景点。

3）旅游产业布局政策

旅游产业布局政策是指国家根据不同地区的旅游资源和经济发展条件，合理开发旅游资源，科学配置旅游生产要素，以形成不同旅游区域布局，有效促进旅游经济发展的各种政策总和。旅游产业由于受资源分布、区位、交通条件、旅游行程等因素的影响，表现在旅游产业的布局上就与农业、工业等其他产业有所区别，既有产业分布的区域性问题，也有产业分布的点线结合、点面结合问题。各地的资源禀赋并不完全一致，因此客观上就存在不同的比较优势。并不是每个地区都需要将旅游产业的发展作为地区发展的唯一法宝，也并不是说，每一个地区旅游业的发展都要面面俱到。在旅游产业政策中，应根据旅游吸引物分布的特殊性，强调形成旅游区域的专业化分工，比如前面提到的海南的海滨度假、黑龙江的冰雪旅游、云南的生态旅游和民俗风情旅游等。此外，还要根据各地的区位优势，如沿海、沿边、沿路、沿江等，形成各自有相对优势的旅游产品分布。在政策上要照顾旅游发展历史上自然形成的温点和冷点，确定“热点带动温点、刺激冷点”的思想，以带动旅游产业的全面发展。

4）旅游产业组织政策

旅游产业组织政策是指为了有效实现旅游产业组织的优化目标，由政府制定的干预旅游市场结构和市场行为的各种政策的总和。旅游产业组织政策的直接目标是对旅游产业的市场结构进行调节，干预旅游市场主体的过度竞争行为，以获取理想的市场绩效。简而言之，就是协调竞争与垄断的关系，既促进规模经济的形成，又使市场不丧失竞争性，以避免垄断带来的弊端。产业组织政策就是在竞争与规模经济之间进行协调，最终实现经济活动既具有竞争性，又充分利用了规模效应。政府在制定或实施促进有效竞争的旅游产业组织政策时，应注意下列问题：（1）应强调旅游企业的适度规模。旅游企业规模并不是越大越好，规模过于庞大，会造成规模不经济和抑制竞争的后果。（2）旅游企业之间的兼并组合，一定要遵循市场规律，而不是单凭长官意志和个人喜好。（3）作为旅游后发国家，为了增强旅游企业的国际竞争力，现阶段可以适当鼓励旅游企业之间的合并、合作，适当扶持大型旅游企业和集团。

5）旅游产业结构政策

旅游产业结构政策是指国家根据旅游发展目标和旅游经济运行状况，对旅游产业结构进行协调和优化的政策，目的是促进旅行社、旅游饭店、旅游交通、旅游景观、旅游购物和旅游娱乐等行业之间相互配合、互成比例地发展，以保证旅游活动的有效开展和旅游经济的健康发展。旅游产业结构政策具体包括对旅游各行业的行业扶持发展政策、行业服务规范和标准政策、行业科技运用政策、行业调整或限制发展政策等。旅游业是一项综合性很强的产业形态，在国民经济和社会事业发展中具有先导作用。旅游业是对外开放的重要窗口，是衡量一个地区对外开放程度的重要标志。它可以带动和促进地方经济和相关产业的发展，带来广泛的社会效益，是“一业举、百业兴”的优势产业。因此，大力发展旅游业具有深远的意义。

业务链接3-2

产业政策的由来

现代意义上的产业政策与现代工业的发展相联系，它起源于现代工业发展初期的西欧。17世纪英国的重商主义者就力主国家对经济的全面干预，提倡用国家政权的强制力实行各种保护主义的经济措施。

产业政策在19世纪的美国和德国得到了充分的发展。

1791年，美国的开国元勋、曾任第一任财政部长的汉密尔顿在向美国国会提交的《关于制造业的报告》中指出，政府在国家制造业的发展中具有不可推卸的责任。

1841年，李斯特在他的名著《政治经济学的国民体系》中提出了利用产业政策改变德国落后状态的必要性。

产业政策在日本经济发展中得到了很大的发展，“战后日本奇迹”将其推向了高潮。

明治维新期间，日本就提出“置产兴业，富国强兵”的口号。随后，在明治政府颁布的《兴业意见书》中，首次系统提出了扶植各产业发展的政策措施。

第二次世界大战后，1946—1960年是日本经济复兴时期，通产省是日本政府机构中最大的产业主管部门，其聚集了一大批专业人才，专门研究如何制定加快产业发展的政策，解决产业发展中不断遇到的问题。1970年，日本通产省的代表在OECD大会上，正式提出了“产业政策”一词，使得有关产业政策的理论和实践研究进入了一个新的阶段。

我国是在20世纪80年代正式提出实施产业政策的。实现经济体制改革后，国务院先后颁布了《90年代国家产业政策纲要》和《汽车工业产业政策》等文件，提出产业政策是国民经济管理和调节不可或缺的重要手段。

资料来源 刘涵，刘田. 旅游经济学［M］. 北京：对外经济贸易大学出版社，2012.

深度剖析3-1

问题： 针对我国旅游产业结构特点，分析旅游产业政策评价基准。

解析提示： 旅游产业政策的选择基准有两个：一是矫正和解决旅游产业运行与发展过程中的各种失误，弥补自由市场机制的不足；二是谋求国民经济高速成长期旅游产业的协调运行和高效发展。

课程思政3-2

面对导游拿回扣的行为，应怎样看待和杜绝

背景与情境： 面对媒体的曝光、社会舆论的巨大压力，导游拿回扣的现象仍然普遍存在。据海南省价格监测中心对海南旅游市场的收费调查发现，多数景点存在给导游高额回扣的现象。例如，潜水价格每人300元，回扣270元；某演艺景点门票价格

150元，回扣90元；某风情景点门票价格50元，回扣45元。导游为拿回扣，会欺骗游客购买假冒伪劣旅游纪念品，擅自改变旅游合同等。

问题：导游拿回扣是否符合导游职业道德要求？如不符合，有什么办法可以杜绝？

研判提示：导游拿回扣不符合原国家旅游局制定的《旅游企业一线工作人员职业道德规范》中自尊自强、遵纪守法、诚实善良、宾客至上等职业道德规范要求。杜绝导游拿回扣还要从其他原因入手，即旅行社太多→零团费、负团费→导游无工资→导游拿回扣。所以，解决导游拿回扣问题应从三方面着手：一是强化对旅游从业人员的职业道德教育；二是提高旅行社入门门槛，清理违规挂靠经营的旅行社，遏制旅行社的过度竞争，严查重罚零团费、负团费行为，保障导游的工资福利；三是在此基础上文化和旅游管理部门履行监管职能，严格查处旅行社和导游的违规行为。

本章概要

主要概念

旅游产业　旅游核心产业　旅游辅助产业　旅游产业结构　旅游产业聚集　旅游产业链　旅游产业融合　旅游产业政策

内容提要

- 本章主要介绍了旅游产业管理的基础理论和概念，包括旅游产业、旅游产业结构、旅游产业融合和旅游产业政策。

- 旅游产业是以旅游资源为凭借，以旅游设施为基础，通过提供旅游产品和服务，满足消费者各种旅游需求的综合性行业，其构成可以概括为“部门组成说”“类型组成说”“功能组成说”“泛旅游产业说”等几种主要观点，具有综合性、独立性、文化性、经济性性质和行业聚集性、效应外部性、部门专业性特点。旅游产业可以划分为旅游核心产业（旅行社业、旅游饭店业、旅游交通业和旅游景观业）和旅游辅助产业（旅游餐饮业、旅游娱乐业、旅游会展业、旅游商品业、旅游教育培训业、旅游研究和设计规划业）。

- 旅游产业结构是指旅游业中构成以旅行社、饭店、餐饮、交通运输、旅游景点为核心的旅游业内部各大行业间的经济技术联系与比例关系，具有整体性、功能性、动态性、关联性特点，影响因素包括需求因素和资源因素两个方面。研究对象包括旅游产业聚集、旅游产业链和旅游产业结构优化。

- 旅游产业融合是指旅游产业内部或者旅游产业与其他产业之间发生的相互联系、相互渗透的关系，最终形成一个新的产业形态，包括旅游产业的内部融合以及旅游产业与其他产业的融合。旅游产业融合具有促进产业结构优化，促进企业集团成长和促进区域经济协调发展的作用。旅游产业融合路径与模式的研究有助于旅游产业融合作用的发挥。

- 旅游产业政策是国家和最高旅游行政组织为实现一定时期内的旅游发展目标而规定的行动准则。旅游产业政策具有指导性、强制性、协调性、层次性、相对稳定性、灵活性特点。旅游产业政策类型按照一般与特殊划分为基本旅游政策和具体旅游政策，按照产业经营活动特点划分为旅游产业结构政策、旅游产业地区政策、旅游产业组织政策、旅游产业技术政策、旅游产业布局政策、旅游市场开发政策和旅游产业保障政策。

内容结构

本章内容结构如图3-1所示。

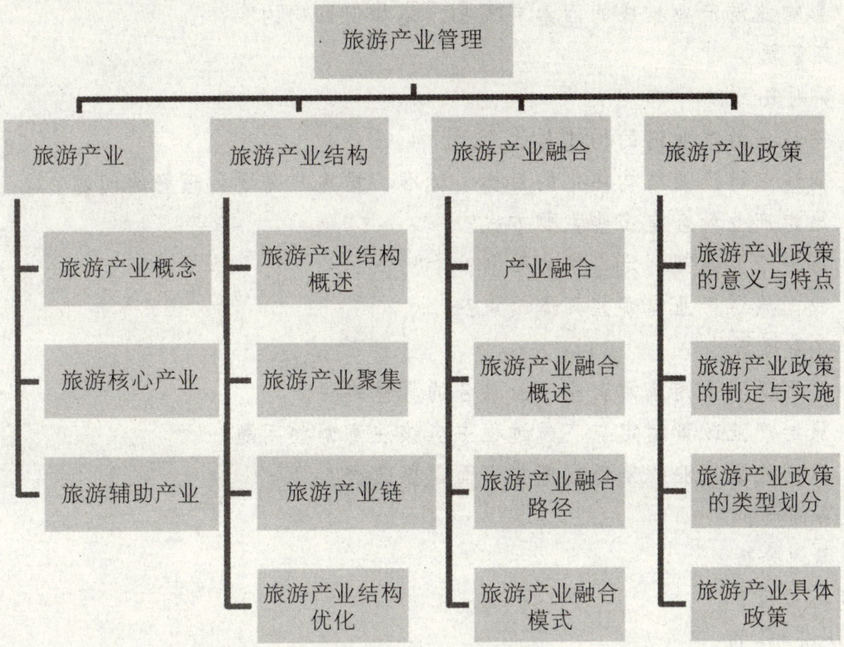

图3-1　本章内容结构

重要观点

观点3-1：旅游产业是以旅游资源为凭借，以旅游设施为基础，通过提供旅游产品和服务，满足消费者各种旅游需求的综合性行业。

常见质疑：在联合国公布的《国际标准产业分类》和我国的《国民经济行业分类标准》中，都没有将旅游列为单独的立项产业，因此旅游不是一个产业。

释疑：严格来讲，构成一个“产业”的一组企业群，必须满足三个标准：(1) 生产相对同质性的产品；(2) 使用基本相同的技术；(3) 企业数量和它们产出的财务价值必须在数量上大到足以值得从统计上作为一个单独的部门。对照三个标准，旅游业生产相对同质性的产品，使用基本相同的技术，旅游企业数量和它们产出的财务价值在数量上大到足以值得从统计上作为一个单独的部门。因此，旅游是一个产业。

单元训练

传承型训练

▲ 理论题

△ 简答题

1）简述旅游产业的定义与特点。

2）简述旅游产业结构的内容与特点。

3）简述旅游产业链的概念与特点。

4）简述旅游产业融合的概念、效应与作用。

5）简述旅游产业政策的概念、意义、特点与类型。

△ 讨论题

1）如何区分旅游核心产业和旅游辅助产业？请举例说明。

2）影响旅游产业构成的因素有哪些，是如何影响的？

▲ 实务题

△ 规则复习

1）简述旅游产业链的构建与优化。

2）简述旅游产业结构优化的目标、标准、措施与需要处理好的问题。

3）旅游产业融合有哪些主要方式？

4）旅游产业政策制定有哪些原则？

5）我国旅游产业有哪些具体政策？

△ 业务解析

1）举例说明国内旅游企业产业融合的具体路径。

2）旅游产业政策制定与实施过程中应该注意哪些问题？

3）我国旅游产业政策还有哪些方面需要改进？

▲ 案例题

△ 案例分析

【训练项目】

案例分析-Ⅲ。

【训练目的】

见本章“学习目标”中“传承型学习”的“认知弹性”目标。

【教学方法】

同第1章“单元训练”中本题型的“教学方法”。

【训练任务】

1）体验对“附录三”附表3“解决问题”能力“中级”的“基本要求”和各技能点“参照规范与标准”的遵循。

2）同第1章“单元训练”中本题型的其他“训练任务”。

【相关案例】

旅游各细分行业呈现分化趋势

背景与情境：2021年3月1日，世界旅游城市联合会（WTCF）在京发布了《世界旅游经济趋势报告（2021）》(以下简称“报告”)，指出旅游各细分行业呈现分化趋势，不同的旅游企业的应对策略和经营表现也各有不同。

1）OTA

新冠肺炎疫情冲击后逐渐复苏，转型应对尤为关键。从Expedia、Booking、携程等OTA行业代表的数据来看，2020年营业收入和净利润均出现同比大幅下滑。疫情之下，旅游需求从出境游转向国内游，国内长线游转向本地周边游，跟团游转向个人游，OTA主动转型智能化趋势明显。诸多OTA企业综合运用VR、3D、AI等技术，整合吃、住、行、游、购、娱等要素，满足用户个性化需求。

2）酒店业

负债率持续增长，集中度或将进一步提升。酒店企业负债整体呈上升趋势，尤其涉及重资产的酒店业资产负债率较高。受社交距离限制和经济衰退影响，依赖团体游和商旅用户的酒店入住率影响较大。疫情冲击加速市场出清，行业集中度或将进一步提升。

3）邮轮业

冲击前所未有，资本市场表现低迷。2020年上半年，占全球市场份额近80%的全球最大三家邮轮公司——嘉年华邮轮、皇家加勒比邮轮和挪威邮轮暂停所有班次航行。投资者普遍看空邮轮业，多家邮轮公司市值大幅缩水，跌幅达70%。

4）主题公园

资金链紧张，轻资产运营或成新路。全球主题公园行业竞争加剧，基本形成“7亏2平1盈利”的格局。疫情导致主题公园收入大幅减少，但仍需要承担折旧、人工等成本，资金普遍较为紧张。部分主题公园另辟蹊径，从重资产扩张向轻资产扩张转变，通过寻求外部合作，由传统的投资、建设、运营重资产模式逐步转向独资、合资与授权多种模式并行的轻资产模式。

5）航空业

各地复苏态势差异明显，失业问题尤为凸显。2020年全球航空业整体低迷，复苏态势差异明显。国际民航数据公司OAG分地区数据显示，得益于中国内地航班环比持续增长，亚洲整体地区运力恢复相对较好。全球有20多家航空公司申请破产保护。至2021年年初，全球与航空业相关的8 800万个工作岗位中近4 600万个可能会因疫情而被削减，裁员降薪与政府纾困成为航空公司走出困境的普遍手段。

资料来源 中国社会科学院旅游研究中心.《世界旅游经济趋势报告（2021）》（简版）[EB/OL]. [2021-03-02]. https://mp.weixin.qq.com/s/_PexYDGtLfHV2iCo2HAEsQ.

问题：

1）从该案例可看出相关旅游行业呈现怎样的分化趋势？

2）你认为疫情对旅游业造成了哪些冲击？

3）面对疫情的冲击，你认为旅游企业应采取怎样的应对策略和措施？

【训练要求】

同第1章“单元训练”中本题型的“训练要求”。

【成果形式】

1）训练课业：《“旅游各细分行业呈现分化趋势”案例分析报告》。

2）课业要求：同第1章“单元训练”中本题型的“课业要求”。

△课程思政

【训练项目】

课程思政-Ⅲ。

【训练目的】

见本章“学习目标”中“传承型学习”的“认知弹性”目标。

【教学方法】

同第1章“单元训练”中本题型的“教学方法”。

【训练准备】

同第1章“单元训练”中本题型的“训练准备”

【相关案例】

由政府工作报告解读2021年文化产业和旅游产业重要抓手

背景与情境：2021年3月5日，十三届全国人大四次会议胜利开幕，国务院总理李克强作政府工作报告（以下简称《报告》）。立足《报告》核心内容，聚焦文化产业和旅游产业领域，可以看到促进我国文旅产业发展的重要工作抓手有如下方面。

——以金融政策为重点，保持对文旅产业必要的支持力度。在疫情冲击下，为了稳住经济基本盘，国家围绕市场主体面临的困境，及时实施阶段性大规模减税降费，并积极调整金融政策，最终使得全年国内生产总值实现增长2.3%。由于文化企业以中小规模居多，旅游业对在场性要求较高，均受到疫情的广泛影响。《报告》提出“宏观政策要继续为市场主体纾困，保持必要支持力度，不急转弯”“对受疫情持续影响行业企业给予定向支持”。因此，今年应延续支持文旅产业发展的政策，尤其是促进文旅产业与金融合作的政策措施，通过用好地方政府专项债券、成立文旅产业主题基金、完善文化和旅游投融资项目库建设、建设文化旅游金融服务中心等举措，进一步强化金融对文旅产业发展的支撑作用。

——落实重大区域战略，优化文旅产业整体空间布局。近年来，国家在区域经济发展上作出一系列统筹规划，为经济发展的空间格局确定了总体框架。《报告》进一步明确要“扎实推动京津冀协同发展、长江经济带发展、粤港澳大湾区建设、长三角一体化发展、黄河流域生态保护和高质量发展”。文旅产业发展应当重点围绕国家重大区域发展战略，从宏观上统筹各区域资源要素条件，系统规划建设长江文化产业带、黄河文化旅游带、大运河文化产业带等区域文化产业带，进一步促进区域间文化产业统筹协调和联动发展。另外，《报告》强调全面实施乡村振兴战略，建议开展文旅产业赋能乡村振兴计划，探索文旅产业助力乡村振兴的新模式，重点对具备一定文旅资源基础的乡村进行对接帮扶，通过引入文旅创客、文旅专业机构等，发挥文旅产业对乡村发展的带动作用。

——以数字文旅产业为重点，提升文旅产业科技创新能力。创新是文旅产业高质量发展的核心动能。《报告》明确提出要“加快数字化发展，打造数字经济优势，协同推进数字产业化和产业数字化转型”“强化国家战略科技力量，推进国家实验室建设，完善科技项目和创新基地布局”。这为文旅产业数字化战略的实施提供了明确的方向和坚实的政策支持。文旅产业领域应当全面贯彻落实《关于推动数字文化产业高质量发展的意见》，培育一批新型文化企业，建设新型文旅产业国家重点实验室，加快推进云计算、大数据、区块链、物联网等前沿技术在文旅产业领域的应用，着重发展沉浸式体验、数字艺术、数字娱乐、线上演播等新兴文旅业态。

——打造文化和旅游融合发展示范区，树立文旅融合标杆。经过近年来尤其是近两年的积极探索，文化产业和旅游产业的融合发展取得了一定进展和成绩，部分区域文旅融合成效显著，逐步进入深度融合发展阶段。《报告》提出要“加强文物保护利用和非物质文化遗产传承”，而文化和旅游融合发展是推动传统文化保护和传承发展的重要手段。为了进一步建立文化和旅游融合发展的相关标准，发挥重点地区文化和旅游融合发展的示范作用，建议相关主管部委研究并出台《国家级文化产业和旅游产业融合发展示范区评审标准》，开展“国家级文化产业和旅游产业融合发展示范区”认定工作，并支持示范区进一步创新产业融合发展的政策和工作机制，发挥示范效应。

——以示范城市和集聚区建设为依托，扩大文旅消费。《报告》明确了以扩大内需为战略基点，充分挖掘国内市场潜力的经济发展格局。针对文化旅游领域，提出“发展健康、文化、旅游、体育等服务消费”，并进一步强调要运用好“互联网+”推进产品线上线下融合发展，通过发展新业态新模式，产出更多便捷舒心的服务和产品。受经济大环境和疫情的影响，2020年我国文化旅游消费呈现出骤降的态势，为更快扭转这一态势，出台政策扩大文旅消费显得非常必要。各地应以国家文化和旅游消费示范城市、试点城市、国家级夜间文化和旅游消费集聚区建设为依托，出台促进文化和旅游消费的政策措施，举办文化和旅游消费促进活动，打造文旅消费爆点，探索促进文旅消费的新模式。

——完善文旅产业人才培训体系，加大人才培养力度。作为经济发展的核心力量，优秀人才对于经济高质量发展具有决定性作用。对此，《报告》提出“激发人才创新活力”“建设一批高技能人才培训基地”“完善项目评审和人才评价机制”。文化产业和旅游产业作为新兴产业领域，各地都在不同程度上有人才引培问题。目前，各地文化产业和旅游产业的系统性人才培养模式还没有建立起来。建议文化和旅游管理部门持续举办文化产业和旅游产业高级经营管理人才研修班，继续支持开展特色培训和专项示范培训，举办文化产业和旅游产业主题沙龙和行业峰会，发布产业人才指数和发展报告，为文旅产业人才培养提供保障。

——做好文旅产业国际合作战略布局，实现互利共赢。在当前国际竞争中，文化软实力的优势作用日渐显现。随着全球互联网发展进程的持续加速，文化走出去已经成为关系到一个国家能否在国际竞争中取得优势地位的关键。《报告》提出“实行高水平对外开放，促进外贸外资稳中提质。实现更大范围、更宽领域、更深层次对外开放，更好参与国际经济合作”的发展任务，并且从推动进出口、有效利用外资等角度，明确未来国际合作的方向。文化产业和旅游产业领域应当做好国际合作的战略布局，加强与各国之间在人才、资源、项目等方面的有效交流。另外，《报告》强调高质量共建“一带一路”，文化产业和旅游产业领域应当充分依托这一国际纽带，通过举办沿线国家专业化国际合作联盟、扶持重点文旅项目等方式，深化文旅产业合作，实现互利共赢。

资料来源　中国人民大学文化产业研究院.由政府工作报告解读2021年文化产业和旅游产业重要抓手［EB/OL］.［2021-03-09］. https://mp.weixin.qq.com/s/4lnJjlQKkcQjR3TjBgACtw.

问题：

1）该案例透露出《政府工作报告》中哪些值得关注的热点、重点和亮点？试从产业融合角度对文旅融合作出评价。

2）未来文化和旅游产业发展趋势如何？

【训练要求】

同第1章“单元训练”中本题型的“训练要求”。

【成果形式】

1）训练课业：《“由政府工作报告解读2021年文化产业和旅游产业重要抓手”

思政研判报告》。

2）课业要求：同第1章“单元训练”中本题型的“课业要求”。

创新型训练

▲ 自主学习

自主学习-II

【训练目的】

见本章“学习目标”中“创新型学习”的“自主学习”目标。

【教学方法】

采用“学导教学法”和“研究教学法”。

【训练要求】

1）以班级小组为单位组建学生训练团队，各团队依照本教材“附录三”附表3“自我学习”（中级）的“基本要求”和各技能点的“参照规范与标准”，制订团队自主学习计划。

2）各团队实施自主学习计划，自主学习本教材“附录一”附表1“自我学习”（中级）各技能点的“‘知识准备’参照规范”所列知识。

3）各团队以自主学习获得的“学习原理”、“学习策略”与“学习方法”知识为指导，通过校图书馆、院资料室和互联网，查阅和整理近两年以“旅游产业融合发展”为主题的国内外学术文献资料。

4）各团队以整理后的文献资料为基础，依照相关规范要求，讨论、撰写和交流《“旅游产业融合发展”最新文献综述》。

5）撰写作为“成果形式”的训练课业，总结自主学习和应用“学习原理”、“学习策略”与“学习方法”知识（中级），依照相关规范，准备、讨论、撰写和交流《“旅游产业融合发展”最新文献综述》的体验过程。

【成果形式】

训练课业：《“自主学习-II”训练报告》。

课业要求：

1）内容包括：训练团队成员与分工；训练过程；训练总结（包括对各操作的成功与不足的简要分析说明）；附件。

2）将团队自主学习计划和《“旅游产业融合发展”最新文献综述》作为《“自主学习-II”训练报告》的附件。

3）《“旅游产业融合发展”最新文献综述》应符合“文献综述”规范要求，做到事实清晰、论据充分、逻辑清晰。

4）结构与体例参照本教材“课业范例”的“范例-4”。

5）在校园网的本课程平台上展示班级优秀训练课业，并将其纳入本课程的教学资源库。

建议阅读

[1] 田里，牟红. 旅游经济学［M］. 北京：清华大学出版社，2007：132-147.

[2] 罗明义. 旅游经济学［M］. 北京：北京师范大学出版社，2009：164-192.

［3］罗佳明. 旅游管理导论［M］. 上海：复旦大学出版社，2010：178-220.

参考文献

［1］田里，牟红. 旅游经济学［M］. 北京：清华大学出版社，2007：334.

［2］石变珍. 旅游经济学［M］. 郑州：郑州大学出版社，2005：15-17.

［3］罗明义. 旅游经济学［M］. 北京：北京师范大学出版社，2009：320，334.

［4］罗佳明. 旅游管理导论［M］. 上海：复旦大学出版社，2010：204-207.

［5］朱应皋. 旅游经济学［M］. 北京：化学工业出版社，2009：165-175.

［6］汪季清. 旅游经济学［M］. 合肥：安徽大学出版社，2009：178-180.

［7］崔晓文. 旅游经济学［M］. 北京：清华大学出版社，2009：252-256，259.

［8］马勇，刘军. 国内外低碳旅游发展模式研究［J］. 湖北大学学报（哲学社会科学版），2012（1）：2.

［9］张功让，王伟伟. 论旅游产业链的构建与整合［J］. 产业观察，2010（20）：1-2.

［10］罗明义. 旅游经济发展与管理［M］. 昆明：云南大学出版社，2008：137，177.

［11］王梓，张满林. 旅游经济学［M］. 北京：中国林业出版社，2008：210-212.

［12］徐殿龙. 产业融合：区域经济的战略选择［N］. 经济参考报，2007-05-18.

［13］陈柳钦. 产业融合的发展动因、演进方式及其效应分析［J］. 西华大学学报（哲学社会科学版），2007（4）：1-5.

［14］李洁，李云霞. 旅游学理论与实务［M］. 北京：清华大学出版社，2008：233.

［15］魏敏. 旅游学概论［M］. 北京：对外经济贸易大学出版社，2008：254-259.

［16］杨爱华，苗长川. 旅游经济学［M］. 北京：清华大学出版社，2009：213，216.

［17］王雅红，何新胜. 旅游学原理与西北文化旅游［M］. 兰州：兰州大学出版社，2007：140-142.

［18］郑元同. 旅游经济学［M］. 成都：西南财经大学出版社，2009：149-150.

［19］张辉. 旅游经济论［M］. 北京：旅游教育出版社，2002：172，274-275.

第4章
旅游目的地管理

▶ 学习目标

▷ 传承型学习

通过以下目标，建构以“旅游目的地管理”为阶段性内涵的“传承型”专业学力：

理论知识：学习和把握旅游目的地的概念、要素、特点与利益相关者，旅游目的地的基本要素，旅游目的地管理与营销的概念，旅游目的地营销的特点，旅游目的地危机管理的概念和实施的必要性，旅游目的地容量的概念、影响因素与体系，旅游规划的概念与类型等陈述性知识；用其指导“同步思考”、“深度思考”、“教学互动”和相关题型的“单元训练”；体验“旅游目的地管理”中“理论知识”的“传承型学习”及其迁移。

实务知识：学习和把握旅游目的地利益相关者战略管理，旅游目的地管理的原则与内容，旅游目的地营销的内容与基本经验，旅游目的地危机管理的内容与途径，旅游目的地容量的测量，旅游规划编制的要求，以及“业务链接”等程序性知识；用其规范“深度剖析”和相关题型的“单元训练”；体验“旅游目的地管理”中“实务知识”的“传承型学习”及其迁移。

认知弹性：运用本章知识研究相关案例，对“引例”、“同步案例”和“打赢疫情攻坚战的湖北A级旅游景区门票全免感恩国人”等案例情境进行多元表征，体验“结构不良知识”的传承型学习及其迁移；依照相关行为规范对“课程思政4-1”和章后“思政研判-IV”等案例进行研判，促进健全职业人格的塑造和领悟旅游目的地管理之道。

▷ 创新型学习

通过以下目标，建构以“旅游目的地管理”为阶段性内涵的“创新型”专业学力：

拓展创新：参加“拓展创新-I”训练。通过学习和应用其“知识准备”所列知识，系列技能操作的实施，《中外旅游目的地危机管理比较研究》论文的准备、讨论、撰写、交流与修订，《拓展创新-I训练报告》的撰写等活动，体验关于“旅游目的地管理”中的“创新学习”(初级)及其迁移。

引例：让“受伤”的游客回心转意，有多难？

背景与情境：仿佛是每年冬天的保留节目，黑龙江的雪乡又上热搜了。有游客向雪乡国家森林公园投诉，一个摊位上出售的烤肠要15元，太贵，并在社交平台上进行了吐槽，由此引发网友“翻旧账式”批评。当地媒体为此发表了一篇评论，从市场规律讲到旅游发展措施，核心要义是：雪乡这次被批评，实在太冤了。

当地媒体急于澄清的心情可以理解，就像我作为一个四川人，眼见“丁真争夺战”中四川被其他地方强压一头，也难免跟着上火。客观地说，因为一根烤肠卖15元被“黑”，雪乡究竟冤不冤，答案没那么简单。

从网友录制的视频来看，摊主明码标价：豆浆8元，奶茶10元，茶蛋4元，糖葫芦5～10元……从视频中该网友的画外音可知，烤肠小一点的8元，大一些的15元。这样的价格贵吗？跟公司旁边的便利店、楼下的小卖店比，可能是贵了点，但如果这是一根“货真肉实”且大小有别的烤肠，再考虑到景区摊位租金等成本，加之零下二十多摄氏度的天气，运输、人力等成本，标价15元，真有多离谱吗？

有网友罗列：上海迪士尼乐园雪糕50元一个，广州长隆度假区可乐10元一听，丽江酒吧的普通啤酒40元一瓶……面对这些小范围内的高物价，除了抱怨，游客似乎不太抓着它们不放。毕竟，从经济学角度讲，景区的商品同时具有稀缺性和高成本两重属性，卖得便宜或许才是新闻。

值得探讨的是，为什么一些人抓着雪乡不放？

大概还是因为雪乡的过去伤了人心。2017年，有游客在网上发布一篇名为《雪乡的雪再白也掩盖不掉纯黑的人心！别再去雪乡了！》的文章，将雪乡宰客问题推到了舆论中心。土炕坐地起价、餐饮价格不透明、在没有任何标识的地方拍照后被收费……彼时，不少网友都晒出了自己的被宰经历。“九个月磨刀，三个月宰羊”，雪乡的声誉由此跌至谷底。

此后的两三年，当地痛定思痛，推出了诸多举措，对住宿餐饮明码标价，打击低价旅行团，开通24小时投诉热线，游客可为民宿打分等。这对于改善当地的旅游环境起到了显著作用，但从部分网友“闻雪乡则黑之”的极端态度来看，要想彻底挽回消费者的信心，还有较长的路要走。

这有点类似于，一个人气极高的明星，若因种种原因犯了错，便可能付出人设崩塌、人气下滑、资源减少的代价。雪乡无疑是旅游景区里的“明星”，犯错了、改正了，自是必须，但消费者何时能够彻底原谅、摘掉有色眼镜，不好判断。

现实规则中，犯了错就要承担所有近期和远期后果——很多时候，获得坏名声可能就是一顿饭、一次购物、一批游客的事儿，但要撕下负面标签，重新获得好名声可能必须付出百倍千倍的努力和服务。就像有些生态环境、地质地貌被破坏了，修复起来同样很难，同样需要付出不菲的代价。就像今天，提起青岛，很多人的第一反应依然有“38元一只的大虾”这件事。

因为丁真的出现，最近各地文旅部门的官微纷纷宣传起自家的旅游资源。雪乡的此番遭遇或许是一种提醒。各地旅游业因管理不到位、发展思路不清晰、服务意识不健全等，发生过不少有违市场秩序甚至有违法律法规的情况。要避免类似的现象再出现，各地要做好自查、监督，把可能的漏洞都堵上。与其努力让伤心的人回心转意，不如少伤人心、不伤人心。

资料来源 罗筱晓．让“受伤”的游客回心转意，有多难？[EB/OL]．[2020-12-02]．http://media.workercn.cn/sites/media/grrb/2020_12/02/GR0502.htm.

4.1 旅游目的地管理概述

4.1.1 旅游目的地

旅游目的地（Tourism Destination）简称旅游地，是指能够对一定规模旅游者形成旅游吸引力，并能满足其特定旅游目的的各种旅游吸引物、旅游设施和服务体系的空间集合（黄安民，2016）。旅游目的地包含以下三层含义：一是旅游目的地是在旅游资源基础上，以旅游吸引力为核心，能够激发人们旅游动机的地域空间；二是旅游目的地依托旅游专用设施、旅游基础设施以及相关的其他条件有机地结合起来，能够成为旅游者停留和活动的空间综合体；三是旅游目的地是具有完善的区域管理与协调机构，能实现旅游目的和完成旅游接待服务的功能空间体。旅游目的地是与旅游客源地相对应的概念，且与常住地、出发地、过境地、集散地相区别。

国外对于旅游目的地的研究始于20世纪70年代，主要是从旅游地理学的角度提出了各种概念和定义。旅游目的地概念最早由美国学者Clare A.Gunn（冈恩）于1972年提出，他认为旅游目的地包括一定地域范围内主要的通道入口、社区基础设施、吸引物综合体、内部连接道路等，并指出对这些要素的整合有利于旅游地的成功开发。英国伦敦大学教授C.Cooper（克里斯·库珀）等人认为，旅游目的地把所有的旅游要素，包括需求、交通、供给和市场营销都集中于一个有效的框架内，可以被看作满足旅游者需求的服务和设施的中心区域。

国内关于旅游目的地的研究始于20世纪90年代，大多数学者也主要从旅游地理学角度，强调旅游目的地是一种地理空间集合关系。例如，保继刚和楚义芳（1999）认为，一定地理空间上的旅游资源同旅游专用设施、旅游基础设施以及相关的其他条件有机地结合起来，就成为旅游者停留和活动的目的地，即旅游地，有时又称为旅游目的地或旅游胜地。魏小安（2002）从旅游效用的角度指出，旅游目的地是能够使旅游者产生动机，并追求动机实现的各类空间要素的总和。

1）旅游目的地的构成要素

旅游目的地构成要素一般包括三个层次的内容：第一个层次是吸引力要素，即各类旅游吸引物，是吸引旅游者从客源地到目的地的直接的基本吸引力，以此为基础形成的旅游景区（点）是“第一产品”；第二个层次是服务要素，即各种旅游服务的综合，旅游地的其他设施及服务作为“第二产品”，将会影响旅游者的整个旅游经历，与旅游吸引物共同构成旅游地的整体吸引力的来源；第三个层次是环境要素，包括气候环境、生态环境、文化环境、治安环境、卫生环境、旅游环境等，这些要素既是吸引要素的组成部分，同时又是服务要素的组成部分，构成了一个旅游目的地发展条件的“附加产品”（魏小安，2002）。

2）旅游目的地的特点

旅游目的地是人们可以用来进行旅游活动的场所，它具有一定的空间范围，从其区域主要功能来看，它有以下几个特点：

（1）地域辐射性

旅游目的地是特定区域范围内旅游活动现象通过伸延和拓展而成的地域单元，以旅游资源为基础，通过相关设施配套形成旅游目的地产品。旅游目的地的旅游活动涉及几乎所有的生活资料行业及服务业，如交通、娱乐、酒店、商务、建筑、水电、食品等。同时，这些行业又将间接带动其他行业的发展，如种植业、畜牧业、林业、制造业、加工业等。

（2）发展周期性

根据巴特勒（R.W. Butler，1980）的旅游目的地生命周期理论，旅游目的地如同产品一样，也会经历一种“从诞生到消亡”的过程。根据旅游者的数量指标和目的地建设情况，旅游目的地一般会经历六个发展阶段，即探索阶段、参与阶段、快速发展阶段、巩固阶段、停滞阶段、衰退或复苏阶段。旅游目的地不是一成不变的，既有赖于先天的禀赋，更需要长期的维护。

（3）遗产传承性

旅游目的地往往是某个（些）自然或文化遗产的传承地。旅游者之所以要花费时间和金钱到旅游目的地游览，就是因为那里有令其神往的自然或文化遗产。例如，西安秦始皇兵马俑是因为其独特的文化魅力，才吸引了全世界的旅游者。所以，旅游目的地应该对其独特的自然或文化遗产及其环境进行妥善合理的管理，使之保持与客源地之间的差异性和不可替代性，从而具有永恒的生命力和吸引力。

（4）协同制约性

旅游目的地的协同性表现为各构成要素之间以及各要素内部结构的协同。旅游目的地的拥有者借助这种协调来实现其预期目标。旅游目的地的制约性表现为旅游资源的开发与环境的保护是一个永远要寻求的平衡。例如，旅游目的地资源的开发利用往往使资源和环境遭受破坏，从而危及其吸引力。

（5）竞争合作性

每一个旅游目的地都力争成为旅游者最向往的地方，因此旅游目的地不仅要不断创新，而且必须在实践中不断总结，将创新出来的模式形成自己独有的风格和魅力，必须具有一定的垄断性，必须比其他旅游目的地更具吸引力。同时旅游目的地的进一步创新离不开竞争和合作，这种合作必然以旅游目的地之间的差异性所形成的优势竞争为前提，只有合作才能寻求更大发展空间，才能促进旅游目的地不断提高吸引力。

3）旅游目的地的分类

旅游目的地通常可以进行以下分类：

（1）从旅游目的地的资源性质和特点出发，以满足旅游者旅游活动的类型为标准，可以划分为观光旅游目的地、度假旅游目的地和专项旅游目的地三种类型。

①观光旅游目的地是那些资源性质和特点适合于开展观光旅游活动的旅游地，主要有自然观光地、城市观光地、乡村观光地、名胜观光地四种类型。观光性旅游目的

地既是观光旅游的空间依托，也是一种传统的旅游目的地，它在世界旅游活动中占有重要的地位。

②度假旅游目的地是那些旅游性质和特点能满足旅游者度假、休闲和休养需要的旅游地，主要有海滨度假地、湖滨度假地、山地度假地、温泉度假地、乡村度假地五种类型。

③专项旅游目的地是指能满足某类旅游者康体、运动、科考、探险等特种旅游体验的旅游地，包括购物旅游目的地（如中国香港）、博彩旅游目的地（如中国澳门、美国拉斯维加斯）、高尔夫旅游目的地、滑雪旅游目的地、珠宝旅游目的地、登山旅游目的地、生态旅游目的地、红色旅游目的地等。

学习微平台

延伸阅读4-1

（2）按旅游目的地构成形态不同，可以划分为板块型旅游目的地和点线型旅游目的地。

①板块型旅游目的地是旅游吸引物紧密地集中在某一个特定区域，所有的旅游活动在空间上都是以这个旅游目的地为中心展开的，都是以这个旅游目的地的服务设施以及旅游体系为依托的。

②点线型旅游目的地是旅游吸引物分散于一个较广泛的地理空间区域内，在不同的空间点上各个吸引物之间的吸引力是相对均衡的，没有明显的中心吸引点。它是通过一定的旅行方式和组织将这些不同的空间点上的吸引物以旅游路线的形式结合在一起，旅游者在某一空间点只停留一段时间。通常，旅行方式与组织体系是点线型旅游目的地形成的主要条件。

（3）按行政区域层级大小可以分为国家级旅游目的地、省级旅游目的地、市县级旅游目的地和乡村级旅游目的地等类型。

（4）按地理空间单元类型来分，可以分为城市型旅游目的地、乡村型旅游目的地、胜地（景区）型旅游目的地和综合型旅游目的地。

此外，按开发时间和发育程度可以划分为成熟旅游目的地和新兴旅游目的地；按关系紧密程度可以划分为紧凑型旅游目的地和松散型旅游目的地。

旅游目的地的空间范围决定着旅游目的地的市场范围，也决定着这个旅游目的地的供给规模和需求规模，从而决定着旅游地的旅游经济实力；旅游目的地空间范围的大小也决定着旅游目的地的社会分工的功能。不同层次的旅游目的地在旅游空间体系中的分工是不同的。不同旅游目的地之间的合理分工，便构成了一个国家旅游空间的组织结构。

教学互动4-1

主题： 定义是对一种事物的本质特征或一个概念的内涵和外延所作的简要说明；分类则是按照种类、等级或性质分别归类。

任务： 请尝试给旅游目的地下定义并从另一种角度进行分类。

要求： 同“教学互动1-1”的“要求”。

学习微平台

延伸阅读4-2

4）旅游目的地的利益相关者

旅游目的地是一个由不同利益相关者组成的有机系统。利益相关者理论的提出者弗里曼认为，利益相关者是任何可以影响组织目标的或被该目标影响的群体或个人。

旅游利益相关者特指那些能够影响旅游目的地旅游业生存和发展以及受当地旅游业影响的个人、群体或组织。旅游目的地的利益相关者群体通常由以下核心部分组成：

（1）政府部门

政府部门作为一个重要的利益相关者，对目的地的旅游发展通常具有领导和协调的作用。政府是旅游规则制定者、旅游行业管理者、生态保护倡导者、社区发展支持者、旅游企业监督者。政府的工作职责包括：制定旅游政策、实践和工作框架；制定旅游规划；管理旅游者、旅游企业和社区居民。

（2）旅游者

旅游者从旅游目的地提供的旅游产品中寻求满意的旅游体验，他们追求具有高质量旅游服务和组织管理有序的目的地。关注旅游者体验是旅游目的地生存和发展的条件。

（3）旅游企业

旅游企业的主要责任是开发现有的旅游产品和寻求最大的投资回报，同时也应该遵守旅游伦理，关注自身的社会责任。具体来说，旅游企业要遵守地方法律法规，尊重当地文化，支持当地的社区旅游开发，避免自身的经营活动对当地社会产生不良的影响，要采取切实有效的举措改善当地的环境状况。

（4）当地居民

当地居民是主要的利益相关者之一，他们生活和工作在目的地并为旅游者提供当地资源。当地居民是旅游目的地社会承载能力所要考虑的一个重要因素，进行各种决策要有当地社区的参与，才能确保旅游发展不会对当地居民及其家庭带来不可接受的影响。

（5）其他利益相关者

其他利益相关者主要包括当地的旅游行业协会等非政府组织以及其他涉旅企业或受旅游发展影响的企事业单位、群体或个人。

旅游目的地利益相关者管理是旅游目的地管理的重点，要结合具体情况，根据利益相关者的权力（地位）与利益相关情况因人（群体或组织）制宜地采用服从、妥协、控制等策略，重点处理好当地政府与当地居民、当地政府与旅游者、旅游经营者与当地居民、旅游经营者与旅游者、旅游者与当地居民这几对利益相关者之间的关系。

延伸思考4-1

问题：什么是利益相关者理论？如何划分和明确相关利益群体？该理论有何局限性？

理解要点：利益相关者理论的概念、内涵，提出者和提出时间，应用领域及相关学者的研究。

同步案例4-1

野三坡景区“破产”了吗？

背景与情境：2020年6月19日，河北野三坡景区投资方河北野三坡旅游投资有限公司（以下简称野三坡旅投）“破产”的消息不胫而走，引发业内震荡。如果消息属实，野三坡景区将是近期继河南养子沟4A级景区和河北狼牙山4A级景区之后第三家破产的高等级景区，也是国内第二家破产的5A级景区。不过，时隔一天即有媒体披露野三坡景区并非“破产”而是“重整”，且此次重整不会影响野三坡旅游发展。

那么，野三坡景区究竟“破产”了没有？近两年，等级景区接连破产，资本该背这个“锅”吗？2020年6月23日，本报记者就此进行了求证。

尚未破产清算仍有机会翻盘

野三坡，这家诞生于1986年的国有重点景区已经破产了吗？尚未。那它确定不会破产吗？也不尽然。

记者通过“冀0623破1号受理债权人直接提出的重整申请——民事裁定书”获悉，2020年5月27日，申请人涞水县安水建筑工程有限公司（以下简称安水建工）以被申请人野三坡旅投不能清偿到期债务且明显缺乏清偿能力为由，向河北省涞水县法院申请对野三坡旅投进行重整。该院于5月28日通知了野三坡旅投，对方在法定期限内未提出异议。

经该院调查，被申请人现有总资产13亿余元，其目前金融负债7亿多元、到期应支付的金融租赁借款、短期借款、应付工程款等累计2亿余元，共计9亿多元。《企业破产法》第二条规定：企业法人不能清偿到期债务，并且资产不足以清偿全部债务或者明显缺乏清偿能力的，依照本法规定清理债务。企业法人有前款规定情形，或者有明显丧失清偿能力可能的，可以依照本法规定进行重整。该院认为，申请人安水建工具有申请资格，被申请人野三坡旅投现不能清偿到期债务，且目前明显缺乏清偿能力，依照《企业破产法》的相关规定，裁定受理申请人安水建工对被申请人野三坡旅投的重整申请。

对此，野三坡景区管委会通过媒体公开回应称，野三坡旅投自2013年成立以来，承担了多项重大任务，并完成了多个休闲娱乐项目的整合收购和升级改造，但由于景区基础设施建设和资源整合收购投入过大，投入资金主要靠银行和金融租赁融资，虽然景区门票收入保持稳定增长，但财务费用、折旧费用、维护费用占比较大，加之近8个月来受旅游淡季和疫情的影响，野三坡旅投没有营业收入，导致无法偿还到期债务。此外，景区管委会方面还表示，野三坡旅投总资产达21亿余元，资产远大于负债，目前的资金困境只是暂时的，此次重整不会对野三坡旅游产业发展产生重大影响。

那么，景区方面答复的“重整”与此前盛传的“破产”是否一回事？记者咨询了中国人民大学律师学院院长助理、北京市法学会旅游法学研究会常务理事杨洪浦。

他介绍，《企业破产法》中主要规定了三大制度：重整、和解以及破产清算。从广义上说，重整制度是企业破产制度的重要组成部分，属于破产程序的一种。从狭义上说，重整并不等同于通俗意义上的“破产”，它是企业避免走向破产清算的一次重要机会。重整是针对可能或已经出现破产原因但还有拯救希望的企业，在司法机关的主持和监督下，通过对企业债权债务关系的梳理，对企业运营的整理规制，对各利益相关方的权益调整，最终达到使企业走出困境、恢复活力的目的。“今年突如其来的疫情必然会促使旅游行业‘重新洗牌’，而通过重整焕发活力的企业很有可能会在市场竞争中占据有利位置，从而迎来更大的发展，我们应该看到重整背后的积极意义。”

此次重整是否会影响游客的利益？杨洪浦表示，企业重整期间的经营管理模式主要有三种，一是企业继续自主经营，二是由破产管理人接管企业的运营，三是破产管理人委托第三方运营管理企业。《企业破产法》第七十三条第一款规定："在重整期间，经债务人申请，人民法院批准，债务人可以在管理人的监督下自行管理财产和营业事务。"如果野三坡旅投选择此种模式，那么即便它进行重整，也不会影响游客的相关利益。

近年提速发展暴露管理缺陷

公开资料显示，野三坡景区自1986年对外开放以来，打造了百里峡、拒马河、龙门天关、白草畔、鱼谷洞等景区，先后获得世界地质公园、国家5A级景区、国家级重点风景名胜区、农村旅游先进典型、国家生态旅游示范区等十余项荣誉。2013年，野三坡旅投由涞水县政府批准组建，属国有独资公司，负责野三坡景区的开发建设和运营管理。2013—2015年，野三坡旅投承担了"7·21"特大暴雨灾后重建工作，获得"美丽中国"十佳旅游景区、国家生态旅游示范区等荣誉，组织举办了多项世界级赛事活动，景区品牌知名度和美誉度进一步提升。

记者查询资料发现，2016年被媒体称为"国企改革落实之年"，国家有关部门出台了40多个国企改革专项文件和配套文件，当年新增混合所有制改革项目数同比增长45.6%，改革取得积极进展。也是在这一年，野三坡旅投的股东发生了变化：2016年2月，涞水荣盛康旅投资有限公司入股野三坡旅投，持股比例为48.98%，野三坡旅投由国有独资公司变为国有控股公司。

2016年之后，野三坡旅投继续转型升级、深化改革，承担了河北省首届旅游发展大会重点项目建设、野三坡5A级精品景区建设等重大任务，收购、整合了涞水县聚缘谷旅游有限公司、保定市泰达房地产开发有限公司、涞水野三坡火秀文化传播有限公司等多家公司，完成了几个主要景点的休闲娱乐项目的升级改造，实现了景区统一规划、统一保护、统一开发、统一建设、统一运营、统一管理。

不过，景区在加速发展、取得成绩的同时，也暴露出了一些问题。

2015年，有媒体曝光野三坡核心景区出现违建别墅群。报道称，2003年山水醉别墅群以野三坡旅游度假村的名义开始筹建，建设时因没有取得规划、建筑施工许可证，被野三坡景区管委会勒令停工。然而，施工单位对此置若罔闻，继续违规建设，景区管委会虽知情却没有进一步干预，甚至批准建设，让开发商拿到了土地使用证，土地用途也由旅游用地改为住宅用地。媒体曝光后，当地相关部门表示此事件在处理中确实存在执法软弱、管理不严的情况，将依法核查处理。然而，直到2020年，该事件才有了实质性进展。2020年4月21日，野三坡景区管委会发布公告称将拆除山水醉等一批违建别墅，还景区"绿水青山"。

近两年，游客对野三坡景区管理运营方面的不满也有所增加，在一些OTA平台的网友留言中，记者翻到多条抱怨景区"票价高、联票不划算""人造景点痕迹重""服务有待提升"等内容，这似乎也从侧面反映出景区在管理方面出了一些问题。

近期，野三坡景区不仅因"负面新闻"屡登热搜，更深陷借贷旋涡，此次"重整"对其来说或许是"涅槃"。

杨洪浦认为，旅游景区（企业）进入重整程序，说明已经陷入困境，但重整不是企业的“末日”，可以理解为企业摆脱困境、焕发生机的契机。重整对企业的积极意义有以下几点：

第一，阻却司法执行，保障企业经营。根据《企业破产法》第十九条和第二十条，当企业的破产申请被法院受理后，企业财产上的各类保全措施应当解除，司法执行程序应当中止。在破产管理人接管企业财产前，企业已经开始而尚未终结的有关债务人的民事诉讼或者仲裁应当中止。这样可以最大程度保障企业在重整期间的运营不受民事执行程序的影响，使企业在重整期间保持良性运转。

第二，重整计划达成并经法院批准后对全体债权人具有强制约束力，所有企业债务依法按照重整计划分类处理，任何债权人不得要求企业另行对其清偿。

第三，重整可以对企业出资人和各利益相关方的权益进行调整，丰富企业偿债资金获得渠道，优化企业股权结构，规范企业治理体系。如重整引入新的战略投资人，为企业注入资金或优质资产；原公司股东如果想保留其股权或控股权，可以进一步向企业提供更多的偿债资金；债权人可以选择以债转股的方式，作为企业股东与企业共谋发展。

第四，企业重整期间可以继续经营，企业员工可以继续上岗工作并获得劳动报酬和享受社会保险，有利于保障劳动者权益和维护社会稳定。

野三坡景区或许正是出于此番考虑，“博弈”之下才选择了这条路。

升级运管方式拓展融资途径

近几年，国内多家4A级、5A级等级景区破产或濒临破产：2017年，河南洛阳5A级景区龙潭大峡谷因资不抵债导致景区申请破产；2018年，国家级旅游度假区南京水魔方因最大股东抽调资金转投其他项目，景区陷入债务危机，进行重整；2019年，山东威海大乳山4A级景区因无法偿还到期债务，被当地法院裁定破产；2020年，河南栾川养子沟4A级景区、河北保定狼牙山4A级景区均因无法清偿到期债务陷入危机……上述景区为何落得如此境地？如果未来疫情防控呈常态化趋势，景区该如何成功突围？

资本是把双刃剑，关键在于怎么用。杨洪浦说，旅游景区是重资产型经营项目，资金需求量大，需要通过资本实现建设和发展。但因为投资期限长、回报慢，因此景区管理者应当格外重视自身的资产配置和资金使用情况，不要盲目扩张，切忌“大举债、大基建”。此外，景区应当充分尊重旅游行业的发展规律，一方面做到以“文”促“旅”，以“文旅融合”为契机，深挖景区文化价值，改变传统景区“重开发建设，轻文化挖掘”的弊端，通过对传统文化、技艺的深度发掘、梳理、展示等轻资产配置项目，提升旅游景区的价值内涵，增强旅游吸引力；另一方面，景区要做到以“法”兴“旅”，依法完善企业治理体系，规范企业经营管理，严格规范企业间的关联交易，杜绝利益输送和违法违规担保。同时，景区应当打破传统的融资理念，变寻找“资金投资者”为“价值投资者”，采取合作共赢、协同发展的理念，寻找真正认同企业发展方向的长期合作伙伴，与企业共谋发展，将有效规避很多融资风险。

南开大学旅游与服务学院副院长、副教授杨德进认为，部分景区破产的根本原因在于景区的管理运营方式老旧，面对疫情等突发状况的抗风险能力不足，而突如其来的疫情又加剧了以上问题的暴露。

首先，国内大多景区对门票经济依赖过重，依靠“游客量持续上升”来实现“景区永续繁荣”的发展方式已经过时。景区固有的游客量发生波动乃至衰减，不仅仅是疫情所致，龙潭大峡谷等景区在疫情暴发前已经陷入危机的例子便可以说明这一点。建议景区转变思路、升级管理，走低容量、优体验、高品质、多元化的发展道路。

其次，景区缺少风险管理的思维和应对体系，导致景区在面临困境时无法及时有效应对。可以说，国内大多数景区都存在缺乏项目管理风险、投资风险、安全风险、技术风险，以及自然风险或人为风险的问题，对各类风险识别不准、对后续影响缺乏判断，以至于一旦发生疫情、资金链断裂等突发事件，景区立即陷入困境。建议景区管理者重视风险管理，培养专业人才，加强应对各类风险的能力。

最后，部分景区体制机制改革不够彻底，政企不分、事企不分、权责不明、产权模糊、多头管理等问题长期制约景区发展。建议景区厘清内部关系，建立健全相关制度，使自身得以健康发展。

资料来源 王新兵. 野三坡景区“破产”了吗？[EB/OL]. [2020-06-23]. http://www.ctnews.com.cn/paper/content/202006/23/content_45573.html.

问题：请运用旅游目的地的利益相关者相关理论分析，为什么野三坡景区管理制度会造成如此大的经济损失？

分析提示：景区的属性问题，是公益性质还是营利性质；景区门票收费的合理性问题，景区的保护与开发成本该如何分摊；景区融资与风险防范问题，需要建立怎样的运营管控机制；旅游目的地利益相关者的利益如何平衡。

4.1.2 旅游目的地管理

旅游目的地管理（Tourism Destination Management）是指运用行政、经济和法律手段，系统开发、利用和保护旅游资源，以及协调与整合旅游基础设施、接待设施、公共服务、节事活动等要素，塑造、营销和管理旅游目的地品牌形象，创造显著的经济效益、社会效益和生态环境效益的过程。

旅游目的地是一个开放的系统。一方面，旅游目的地对外是开放的，它与社会有着广泛的、密切的联系，它要向社会、游客提供特定的产品及其使用价值，要面对来自同行业的激烈竞争和挑战，还必须担负社会某些方面的责任和义务；另一方面，旅游目的地自身就是一个系统，包括旅游吸引物子系统、客源子系统、服务接待子系统和支撑保障系统等。为了使这个复杂系统良性运转，就需要科学的管理。

旅游目的地管理事关旅游目的地发展的根本，决定了旅游目的地发展目标的实现。B.W.David指出：可持续大众旅游依赖有效的目的地管理结构和过程；目的地发展中出现的不可持续现象，归根到底在于目的地管理的失效。旅游目的地管理的任务包括：增进社区福利（就业、收入）；提升游客满意度，引导旅游行为；依法规范市场行为，促进良性竞争与合作；保护并合理利用资源与环境，兼顾经济、社会和生态三大效益；提高旅游目的地竞争力，促进旅游目的地健康、可持续发展。

1）旅游目的地管理的原则

（1）突出特色原则

旅游目的地的特色，包括风景、建筑、项目和管理等方面的特色，是旅游目的地的吸引力及其生命力所在。古色古香、宏伟壮观、民族风情、惊险曲折等都可成为旅游目的地的特色。当然，这种特色应与环境相协调，与旅游目的地的基调一致，并且要有一定的传统基础和群众基础。

（2）效益兼顾原则

旅游目的地管理的基本目标之一就是要持续提高接待能力和吸引力，取得尽可能高的经济效益、社会效益和生态效益。应充分发挥现有旅游项目的利用率，通过保护、维修或改造延长其生命。因此，对稍加修整便可开放的旅游项目应优先利用；新建旅游项目，应在统一规划和合理布局的前提下，选择吸引力强、观赏价值大、经济效益好的优先发展，建设周期要短，以便尽快投入使用，并兼顾三大效益。

（3）因地制宜原则

旅游目的地管理要因地制宜。在旅游目的地开发建设、品牌营销、服务管理、管理体制等方面，均要充分考虑当地的区位因素、政治因素、经济基础、社会文化因素等。不能完全套用其他旅游目的地的成功管理经验，而要结合实际情况设置合理的管理目标，选择恰当的管理手段，实施因地制宜的管理模式。

（4）可持续发展原则

旅游目的地管理应保证目的地的可持续发展。第一，要利用与保护相结合，保持生态平衡，防止对旅游资源的破坏式开发和超容量利用。第二，要提高旅游目的地的吸引力和服务水平，提高游客的重游率，坚持内外兼修、以质量提升为根本的发展道路。第三，要不断地推陈出新，紧扣旅游市场需求和消费升级，持续增加旅游目的地的吸引力和知名度。

2）旅游目的地管理的内容

旅游目的地管理是一项既复杂又务实的工作，其包括以下几方面的内容：

（1）旅游目的地战略规划管理

旅游目的地战略规划管理是指依据旅游目的地所处的地理位置和在区域旅游系统中的位置，综合旅游资源特点、游客的旅游需求等因素，确定目的地的定位、规模、特色、设施配套状况和与外界的协调关系，旅游目的地的基本格局等。研究旅游目的地发展方向和远景发展战略，并对实施战略的步骤进行确定。旅游目的地管理处在不断变化的市场环境中，区域经济、社会文化和旅游业本身发展、旅游产品供求关系的变化都将影响到目的地的生存和发展方向，因此旅游目的地的战略规划需要适时进行调整。

（2）旅游目的地组织管理

旅游目的地经营管理战略实施、计划的落实和一切管理活动的完成都需要有健全的组织机构和完善的组织制度来保障。组织管理的目的在于根据所处环境的变化，为实现其战略目标而创新组织架构，不断调整和完善组织管理制度，确保组织机构具有较强的凝聚力和较高的效率，并拥有规范完善的管理制度。

（3）旅游目的地开发管理

旅游目的地开发是在旅游目的地战略规划的指导下进行的建设运营活动，包括旅游资源开发、旅游产品开发、旅游市场开发等。旅游目的地开发管理重点为旅游开发的项目、结构及其建设时序。旅游目的地开发的思想方法主要包括门槛分析法、综合（集成）法、系统规划法、社区方法以及可持续发展思想等（范业正等，1998）。

（4）旅游项目、景区、景点管理

旅游项目、景区及景点的建设、维护和合理布局，通过游客流量的调控，既可以达到增强旅游吸引力和创造显著经济效益的目的，又可以达到保护资源、保护旅游业持续发展的目的，还可以通过旅游项目网点的特色形成目的地的优势。

（5）旅游投资管理

旅游投资管理是维持旅游目的地生存、促进发展、增强竞争实力的重要保证。旅游目的地从一个旅游项目的创意设计、规划咨询、管理目标设计、建设，到建成后的经营管理都需要从投资管理的角度进行科学论证。

（6）旅游业务管理

旅游目的地业务管理是使管理者的命令得到有效贯彻和全面实施的基本活动单元。旅游业务工作主要包括人力资源开发与管理（如人员招聘、培训，员工考核与激励，劳资管理）；财务管理（如财务预算，财务决算，资产管理，收入、费用、税金与利润管理，财务分析与检查等）；服务质量管理（如服务质量标准的制定，控制体系、服务流程设计等）；安全管理（如游客安全管理、员工人身安全管理、财产安全管理、设施安全管理等）和信息管理（如行业经营与发展信息管理、信息咨询系统管理、内部信息沟通与反馈管理、信息搜集与统计分析）等。

（7）旅游环境管理

竞争能力在很大程度上取决于环境质量的优劣。旅游目的地所处地区的自然环境和社会经济文化环境（当地居民的消费水平、消费习惯、习俗、好客程度、文化差异等）都深刻地影响着目的地的经营和发展，做好旅游环境的保护与管理，是创造高品位的旅游产品、高质量的旅游活动，延长游客逗留时间，增加游客消费和旅游收入的重要手段。

（8）旅游者管理

通过对旅游者的宣传教育、适当引导和必要制约，指导游客进行文明健康的旅游活动和消费，维护旅游目的地的良好秩序，制止极少数人的不良旅游行为也是旅游目的地管理的重要内容。

业务链接4-1

学习微平台

延伸阅读4-3

旅游目的地管理的主客体

主体是有认识和实践能力的个人或组织。旅游目的地管理的主体是旅游目的地管理组织（Destination Management Organization，DMO）。旅游目的地管理组织可以是旅游目的地政府及其组成部门（通常指国家或地方文化和旅游管理部门）、公益性景区事业单位（景区管理委员会），也可以是经营性景区企业或旅游行业协会。

客体即对象，旅游目的地管理的对象包括旅游企业、旅游从业人员、旅游市场营销活动、当地居民与游客等。

延伸思考4-2

学习微平台

延伸阅读4-4

问题：旅游目的地形成过程中的影响因素有哪些？

理解要点：有的目的地是旅游业自然发展的产物，而有的则是人们积极促成的结果。无论是哪种情况，目的地的形成过程都会受到当地社会、文化、环境、经济和政治背景的影响，当然还有希望从旅游业的发展中为自己谋求商业利益或其他利益的旅游企业和其他机构有意推动的影响。

3）旅游目的地管理的基本要求

成功的旅游目的地管理，必须首先从资源、环境、基础设施条件、所在地区在全国总旅游网络中的地位和作用等因素出发，确立目的地的基本特色，并由此确定目的地的开发规模、项目设置、为游客提供的旅游体验等。

（1）安全性是旅游目的地开发的基础。恐怖分子袭击外来旅游者的事件使中东地区旅游业受到很大影响；美国“9·11”事件曾使美国的旅游业发展大幅度下滑。这都是旅游目的地安全形象得不到保证从而影响发展的案例。保障游客的人身和财产安全是旅游目的地管理者的基本要务。

（2）高质量的国际化、标准化服务是目的地发展的保证。这主要体现在各类服务要素要能够按照国际标准的要求，提供高质量、易理解、稳定性的服务产品。

（3）当地居民与旅游者的融洽相处是目的地健康持续发展的条件。在目的地发展过程中，当地居民和旅游者之间容易产生冲突。如何管理当地居民的情绪，协调当地居民与旅游者之间的纠纷，补偿当地居民因旅游造成的损失，管控旅游者对当地居民的不良影响都是旅游目的地管理者需要解决的问题。

（4）主题功能鲜明、独具特色是旅游目的地发展的主体形象和核心竞争力。这在现实中主要通过文化体现出来。文化的差异形成吸引力，文化的独特性构成更大的吸引力。物质文化与非物质文化的有机结合，现实生活与传统生活的有机结合等，都会使一个目的地的特色熠熠生辉。旅游者是在寻求差异，旅游经营管理者就要创造差异。

同步思考4-1

问题：如何处理好旅游目的地利益相关者之间的关系？

理解要点：从旅游目的地利益相关者管理的角度来探讨，结合管理学相关理念理解制度管理与人性化管理的关系。

4.2 旅游目的地营销管理

4.2.1 旅游目的地营销的概念

旅游目的地营销（Tourism Destination Marketing）是指旅游目的地管理组织（DMO）向现实或潜在的旅游者传播旅游目的地形象及相关旅游产品信息，吸引旅游者的注意力，诱导其前往游览并产生旅游消费的活动。这一概念包含以下几个基本要素：

（1）旅游目的地营销的主体是旅游目的地管理组织（DMO），包括政府机构、旅游行业协会、旅游企业等。此外，旅游营销代理机构（广告媒体、宣传促销机构）、旅游者、当地居民等也是旅游目的地营销队伍的重要力量。

（2）旅游目的地营销的客体是旅游客源市场。目的地通过产品开发和形象塑造来拓展市场范围，建立市场关联，提高自身的市场竞争力。

（3）旅游目的地营销的内容是目的地形象和旅游产品。旅游目的地营销应该是一个利益和目标一致但又相互分工的工作分工体系。旅游目的地组织的任务一方面是塑造本区域独特的旅游形象，另一方面还要协调好本区域旅游企业和旅游产品的营销活动，因为一个良好的目的地形象也有赖于优势旅游产品的支撑和烘托。

1）旅游目的地营销的特点

（1）营销效果的不易确定性

在西方，有学者称旅游目的地营销为“地点营销”，认为目的地可当作商品；在逻辑上，旅游目的地是由旅游者体验组成的复杂活动的消费点，并最终由地点促销机构在商场上销售。但旅游目的地营销与物质产品营销有明显差别。一般的物质产品营销，产品实体可直接到达消费者身边，消费者对产品的满意度也主要受物质产品本身属性的影响，营销主体容易控制。而旅游消费要求旅游者作出空间位移，游客在出游前对旅游目的地信息的认识是不完整的，游客满意度受到旅游行程多个环节、多个因素的影响，营销主体往往难以完全控制。同时，旅游“六要素”的整体特点也决定了人们拥有较大的消费弹性。因此，旅游目的地营销的效果表现出更多的不易确定性。

（2）营销内容的宏观性、综合性

这是旅游目的地营销与单个旅游企业营销的区别。旅游目的地营销作为发生在区域层面的营销活动，在内容上主要从宏观层面和综合性角度宣传旅游目的地，不可能对本区域众多具体旅游企业的单项产品给予详细介绍，区域总体旅游形象、总体旅游产品（主要景区景点）才是其营销的重点。单个旅游企业营销的重点是本企业的旅游产品，如各条线路、景区、各项服务等，以宣传本企业为主，关心的是其销售量、营业收入，营销局限于微观层面。虽然不少企业也顺便宣传所在地的景区景点，但毕竟是不完整的。

（3）营销目标的长久性

“只有永远的地区，没有永远的企业。”与一般旅游企业相比，旅游目的地营销目标具有长久性。单个企业的营销活动虽然客观上有利于提高目的地的知名度，但主要关注的是本企业的短期利益，较少考虑或无暇顾及地区的长远发展，更难涉及关系地区营销潜力的系列基础要素的建设（如区域基础设施、区域经济背景等）。旅游目的地营销目标则具有长久性，某地想成为旅游目的地，并希望得到可持续发展，就离不开营销。营销的长久性决定了营销计划存在的合理性。

（4）营销组织的多元性

一般认为，当地政府是旅游目的地营销活动的主体，这是因为只有当地政府最有能力组织整个地区的营销活动。

但也应该看到，由于营销内容的综合性、复杂性，当地公众和私人团体、旅游企业及其从业人员、当地居民，对目的地的营销也有着重要意义。旅游目的地的口碑好坏对当地的旅游发展十分重要。口碑的形成，既来自目的地内的居民，也来自旅游者对某地旅游的体验。因此，广泛吸收当地利益相关者参与营销活动，实施不同层面的“关系营销”和“整合营销”，对旅游目的地提高营销成效将产生积极意义。

（5）营销范围的等级层次性

从国家、省到各个县市等不同等级范围的旅游目的地，均存在营销工作，中小区域不会因大区域开展了营销就不再进行该项工作。从文化和旅游部到各省、市、县文化和旅游管理部门，均存在众多不同市场范围的营销系统，呈现出明显的等级层次性。不同区域旅游目的地的客源市场和竞争对手不同。国家层次的旅游营销主要是吸引海外客源，其他层次的区域兼有国内外两个市场。但除少数著名旅游目的地外，绝大多数中小型旅游目的地往往以邻近地区及国内若干城市为目标市场，其中以地级市为单位的旅游目的地营销具有典型性。

2）旅游目的地营销的内容

Lundberg（伦德伯格，1990）认为，旅游目的地营销包括三方面的内容：（1）确定目的地能够向目标市场提供的产品及其总体形象；（2）确定对该目的地具有出游力的目标市场；（3）确定能使目标市场信任并抵达该目的地的最佳途径。

王国新（2006）认为目的地营销就是要在确定的目标市场上，通过传播、提升、组合旅游目的地的关键要素，改变消费者的感知，建立目的地形象，提高旅游消费满意度，进而影响到消费行为，从而达到引发市场需求、开拓旅游市场的目的。袁新华认为，旅游目的地营销是以旅游目的地区域为营销主体，代表区域内各种相关机构、所有旅游企业和全体从业人员，以一个旅游目的地的整体形象加入旅游市场激烈的市场竞争中，并以不同方式和手段传播旅游信息，制造兴奋点，展示新形象，增强吸引力，引发消费者注意力和兴奋点的全过程。

4.2.2 旅游目的地营销的参与主体

由于旅游目的地的发展水平和大小范围不同，其营销活动的规模和层次也会有所不同。旅游目的地营销活动的参与主体通常包括：目的地政府文化和旅游管理部门、其他有关党政机构（如宣传部）、非政府的涉旅组织、旅游行业协会组织、旅游企业、旅游营销辅助机构（如广告媒体、宣传促销机构、中介组织等）、旅游者等。

一般情况下，不同级次的旅游组织分别对应各自管辖范围内的目的地营销活动。旅游目的地营销一般由区域性旅游组织承担；在一些采取行政主导型旅游发展模式的地区（或国家），可能由文化和旅游行政管理机构承担旅游目的地营销组织的职责。

与旅游企业营销过程中一切以企业利益为中心的组织形式不同，在旅游目的地营销活动中，旅游目的地组织处于营销活动的核心地位。上述营销主体中的其他成员均要围绕该组织开展营销活动。

深度思考 4-1

问题： 旅游目的地营销的主体能否外包给企业或非政府组织？

理解要点： 从某种意义上而言，旅游目的地营销是一项公共物品，具有较强的外部性、普惠性和公益性。我国目前旅游目的地营销的任务主要由政府部门来承担，其效率如何（投入产出比）还缺乏研究、比较。随着政府简政放权的深入，旅游目的地营销的任务存在外包给企业或非政府组织的可能性。

4.2.3 旅游目的地营销的基本经验

旅游目的地营销的本质，实际上应是通过各种营销活动逐步确立区域旅游品牌的复杂过程，以达到潜在旅游者一旦有某方面的旅游动机，就会联想到某类旅游目的地，如同生产和销售某物质产品的厂家，自己的品牌成为行业内的知名品牌后，有某类产品需求的顾客便会自觉寻找该品牌的产品。但与物质产品品牌不尽相同的是，区域旅游品牌应具有鲜明的地方特色，而不是同质化的。目前常常令旅游营销人员感到困惑的是，面对激烈的市场竞争环境，不宣传肯定不行，但花钱宣传了似乎也难以达到预期效果，或只是短期有效，接下来是更长久的淡季，似乎花了很多“冤枉钱”，从而出现茫然心态，故多数人员对营销工作采取或紧或松态度。多年来，各个旅游目的地在营销中积累了许多经验，对这些基本经验的把握有利于酌情选择恰当的营销策略。通过分析部分学者的观点，结合自己的思考，本书归纳出以下旅游目的地营销的基本经验：

1）旅游目的地营销不宜孤立进行

营销意味着吸引外地人到本区域来，如同家里请客，既要有招待客人的礼物，也要把家内环境卫生搞好，以给人良好印象。目的地营销也是如此，区域的主要“礼物”就是景区，“搞好环境卫生”就是要把区域规划好、建设好，特别是游客的第一印象区和最后印象区。因此，当地政府应重视区域旅游大环境的建设，如城市建设、区域环境建设，但首先应围绕旅游“六要素”搞好基础设施配套，再扩展到其他领域，否则对旅游营销部门期望过高，是不切实际的。从这点看，应视旅游目的地营销为一个系统工程。

2）不同目标市场宜采取不同的营销策略

一般旅游目的地均存在三类市场：传统目标市场、新目标市场和介于两者之间的机会市场。传统目标市场的人们对目的地已较为熟悉，营销的重点应是提高重游率，为此需要创新旅游产品、注重市场细分和提高游客满意度。新目标市场的人们对目的地相对陌生或了解不多，营销的重点应是提高知名度、介绍拳头旅游产品，激发人们的旅游欲望。机会市场则是前两类市场的过渡，人们对目的地的了解介于前两者之间。营销的重点是提高该类市场向传统目标市场的转换率，这里涉及较多因素，但目的地知名度、游客旅游满意度仍然是主要的。

3）不同发展阶段宜采取不同的营销策略

按照加拿大学者Butler的旅游地生命周期理论，旅游目的地的发展可分为探索、参与、发展、巩固、停滞、衰落或复苏六个阶段。旅游目的地处于旅游发展的起步阶段、知名度不高的时期，还是处于相对成熟、具有一定知名度的时期，抑或处于出现影响目的地形象的重大负面事件的时刻，其营销策略均应有所不同，宜分别采取开发性营销、维护性营销和扭转性营销等不同策略。同时，一些较大的旅游目的地（如地级市），往往包含较多次级区域，各区域旅游发展并不均衡，这要求对不同区域采取侧重点不同的营销策略，对整个区域的营销则需统筹兼顾。

4）目的地宣传口号的提出要慎重讲究

学习微平台

延伸阅读4-5

宣传口号应突出重点，不宜面面俱到，针对不同目标市场，宣传口号可有所不同，针对不同等级、不同知名度、不同发育程度的旅游目的地，宣传口号的提出策略也应有所不同。等级和知名度较高、旅游发展时间较长的目的地（如一些省会城市、国际著名旅游城市），营销时可采取综合性、抽象性口号，如新西兰的“100%纯净新西兰”、西班牙的“阳光普照西班牙”等。相反的情况则宜采取相对具体的口号，以突出本区域特色，如能嵌入地名更佳。同时营销口号不宜频繁变动，但也非一成不变，数年一变是可以的。设计宣传口号时不宜过分拔高。许多旅游目的地营销时拔高宣传，其结果是提高了潜在游客的心理预期，造成游客实地旅游后内心产生反感，回去后形成负面宣传，不利于后续客源的扩大。目的地宣传自己时既要实事求是，又要充满自信。

5）提高游客体验满意度，重视口碑营销

旅游目的地的口碑主要由当地的游览活动来决定。口碑好坏对目的地后续扩大客源有重要影响，故游客的到来并非营销活动的终止，而要将营销活动贯穿于游客旅游活动的始终。口碑取决于游客满意度，而满意度高低与游客旅游体验直接相关，影响旅游体验的因素较多，其中旅游服务人员的态度、当地社区居民的好客度是主要因素，故应强调目的地的接待服务质量，善待每一位到访的游客。

6）推进旅游目的地品牌化，注重品牌营销

旅游目的地品牌是“一种名称、术语、标识、符号或设计，或是它们的组合运用”。这些由文字、图案和符号所构成的名称、术语、标识等都是旅游目的地品牌的直接物质载体，它们是旅游目的地品牌的外在表现形式。除外在表现形式外，任何旅游目的地品牌都有其内核，这种内核表现为旅游目的地品牌向消费者所作的品牌承诺（高静、章勇刚，2007）。旅游目的地品牌要素主要包括品牌名称、旅游口号、旅游标志，以及由此衍生的旅游形象宣传片、旅游微电影、旅游歌曲、旅游明信片、旅游形象大使等。凯勒（Keller，2010）认为，地理区域品牌的名称通常是当地的地名。摩根（Morgan）等总结出了旅游目的地品牌成功塑造的公式：

战略+实质性行动+象征性行动=品牌提升　　(4.1)

布莱恩和里奇（Blain & Ritehie，2005）认为：“目的地品牌化是一系列市场营销活动，这些活动包括：①支持创造旨在识别并使目的地差异化的名称、符号、标识、文字或图形标志等；②一致地传达对与目的地独特相连的、值得记忆的旅游体验的期望；③巩固和强化旅游者与目的地之间的情感联系；④降低消费者的搜寻成本和感知风险。这些活动共同创造出能够积极影响消费者目的地选择行为的目的地形象。”旅游目的地品牌化以在目标消费者的心目中塑造积极、鲜明、强有力的旅游目的地形象为目标。旅游目的地品牌化的实质是：首先向目标市场作出鲜明、独特、具有吸引力的承诺，然后在旅游消费者访问旅游目的地时提供与承诺相一致或优于承诺的产品和服务，以在旅游消费者心目中树立独特、鲜明、积极的旅游目的地形象。简而言之，旅游目的地品牌化即“言”和“行”的结合。

同步案例4-2

“清新福建”稳回暖八方来客“全福游”

学习微平台

延伸阅读4-6

背景与情境：春节假期临近，福建各地相关部门纷纷发出倡议，鼓励弹性休假，并推出“新福州人看福州”活动、“一日游泉州”等举措，为服务“就地过年”做好准备。

丰富的旅游市场供给，多元的营销推广手段，“清新福建”“全福游、有全福”品牌愈发深入人心。2020年以来，福建省文化和旅游厅在危机中育先机、于变局中开新局，通过多重政策助力、深挖文化和旅游消费潜力以及探索多元营销等方式，有序推进企业复工复产，奏响文化和旅游产业复苏“加速曲”。

精准施策树信心

“疫情之下，文化和旅游企业遇到困难，文化和旅游管理部门要主动作为，有针对性地加强政策宣传辅导和调节，大力实施‘百千’增产增效行动，帮助企业纾困解难，树立信心。”福建省文化和旅游厅厅长吴贤德说。

疫情防控期间，福建省文化和旅游厅深入开展“四送六进”挂钩服务活动，深入景区、旅行社等文化和旅游单位，送政策、送理念、送服务、送扶持，助力企业化危为机。例如，在宁德市下党乡，挂钩服务组实地调研“乌金陶”非遗工坊、红色研学旅游示范基地后提出，下党乡要在疫情防控常态化下，策划推出更多有创意、接地气的新产品，尤其要重视古村落保护开发、特色民宿发展提升、“乌金陶”非遗传承弘扬以及新业态培育开发，打响“下乡的味道”等特色品牌，吸引游客。

在金融纾困方面，福建省文化和旅游厅联合省级金融监管部门，推动建立金融支持文化和旅游企业“白名单”，着力打通企业融资难点、堵点和痛点。

此外，福建还加大财政资金支持力度，安排8.4亿元用于旅游基础设施、乡村振兴、长征文化公园、全域生态旅游示范区和旅游创优奖励等；联合省发展改革委安排专项资金6 435万元支持骨干旅行社复工复产、文化旅游基础设施和重点景区创新提升等。

通过系列举措，福建文化和旅游业复工复产按下了“快进键”。2020年中秋国庆假期，全省累计接待游客3 928.45万人次，实现旅游总收入340.88亿元，分别同比增长5.5%和10.2%，首次实现接待游客、旅游总收入两项指标正增长。

刺激消费促复苏

2021年元旦假期前夕，福州市文化和旅游局推出了第二期“全闽乐购惠聚榕城”文旅乐购券促消费活动，总金额500万元，参与商家超过300家，覆盖景区、酒店、旅行社以及各类休闲娱乐场所。元旦假期，福州全市共接待游客138.87万人次，实现旅游收入9.81亿元，成为福建文化和旅游市场强势复苏的重要推动力。

“随着疫情防控进入常态化阶段，文化和旅游消费复苏是重点。要大力推动文旅融合，深挖文化和旅游消费潜力，推出系列政策措施，丰富文化和旅游消费产品供给，开展系列活动，不断满足市民、游客出游的需求和热情，带动文化和旅游市场加速‘回暖’。”吴贤德说。

2020年以来，为了激发文化和旅游消费活力，福建省文化和旅游厅出台了一系列促消费措施，如启动创建国家级夜间文化和旅游消费集聚区工作；鼓励各级工会组织在本省开展近郊游、春秋游等“全福游、有全福”主题微旅游等。

2020年6月，福建省文化和旅游厅举办了首届福建非遗购物节，吸引了全省451家非遗商铺或企业参与，总销售额超5 320万元。“此次购物节，为我们展示推介沙县豆干提供了很好的交流平台，我们还可以进行线上促销，真正实现‘展销合一’，为网友提供美食福利。”沙县小吃铁门豆干传承人姜家荣说。

自2020年8月启动的“全闽乐购”促消费主题系列活动也在各地火热展开，吸引了众多游客消费体验。如，围绕“春暖花开·康来厦门”主题，厦门523家文化和旅游企业推出5 365款文化和旅游消费产品；平潭综合实验区举办“2020平潭旅游嘉年华”活动，突出“运动、健康、创意、活力”等特色；漳州市举办“全闽乐购·漳州产全球销”活动，发布景区门票、全福游新产品、餐饮住宿等优惠信息。

为做热冬季旅游市场，福建省文化和旅游厅还组织开展“全福游”嘉年华活动，推出460多项主题活动，积极营造主客共享、热闹浓郁的活动氛围。

多元营销强品牌

“因为这里的山水、人情，都有一股别处没有的原生力量”“人生海海有福相见”……2020年11月底，福建省文化和旅游厅推出官方文化和旅游宣传片《有福相见》，聚焦厦门、泉州、莆田等地独特滨海旅游资源和多彩人文，由福建旅游形象大使姚晨倾情出演，在业界引起热烈反响。

如何推动旅游品牌高频跃入市民和游客视线，成为旅游复苏的重中之重。“福建文化和旅游市场能快速‘回暖’，离不开创新营销方式，要以‘清新福建’品牌为统揽，加快构筑立体化、多元化营销矩阵，形成全省营销‘一盘棋’格局，吸引更多游客来‘全福游’，享‘有全福’。”吴贤德说。

疫情之下，景区、旅游企业纷纷开设直播进行营销推广。2020年5月1日，在福州市台江区政府主办的“播在上下杭”超级直播嗨购节中，台江区副区长郭挺便与网友一起探寻上下杭历史文化街区、闲游白马河等。“这种直播形式，不仅能够更有力推介当地旅游资源，还能促进文化和旅游消费，助力地方经济市场的繁荣发展，是一种有益的尝试。”福州古厝保护开发集团有限公司相关负责人说。

随着跨省团队游的开放，为了吸引更多游客畅游福建，2020年9月16日，福建省文化和旅游厅联合厦门航空有限公司推出“全福游、有全福”福建文化和旅游主题飞机活动。凡是乘坐此飞机的旅客会获得一张“全福游”航旅卡，可免费兑换一张福建世遗景区门票。据统计，目前该活动全网传播阅读量超1.5亿次。

此外，为向世人展现福建世遗的独特魅力，福建省文化和旅游厅联合福建人民出版社编辑出版“福建的世遗”丛书，对福建四处世界遗产进行全方位、多角度呈现；与中国传媒大学联合设计制作《全福二十四章》，结合中国传统二十四节气，采用数字影音和文字相结合的形式，宣传福建的世界遗产。

吴贤德表示，下一步，福建将扎实做好“六稳”工作、落实“六保”任务，持续推动文化和旅游企业“百千”增产增效行动和文化和旅游系统“四送六进”挂钩帮扶活动，把2021年作为文化和旅游项目建设年，推进文化和旅游消费，加快文化强省和全域生态旅游省建设，更好满足人民群众日益增长的美好生活需要。

资料来源　李金枝，吴健芳.“清新福建”稳回暖八方来客“全福游”[EB/OL].[2021-01-27]. http://www.ctnews.com.cn/paper/content/202101/27/content_54155.html.

问题：请从旅游目的地品牌管理的角度，分析“清新福建”旅游品牌成功的原因。

分析提示：品牌管理是旅游目的地管理的重要内容，旅游目的地的竞争归根结底是品牌之间的竞争；旅游目的地品牌化是当今旅游大势，依赖于成功的品牌定位、品牌塑造、品牌营销和品牌管理；创建品牌是一项以质量为保证的战略工程，与行动相辅而行。

深度剖析4-1

问题：从“好客山东”到“清新福建”，中国各省掀起一股旅游口号品牌化的潮流，试剖析内在原因。

解析提示：在我国，旅游口号有被滥用之嫌，由于长期言过其实、透支信用，公众对口号持有较强的不信任感，其说服力渐弱。旅游口号品牌化强调兑现承诺，力求名副其实、彰显个性，而且以行动为支撑，对旅游目的地品牌建设起到统领作用，是地方旅游的主题，有助于树立旅游目的地统一的整体形象，比较容易被公众所认知和接受。

4.3 旅游目的地危机管理

4.3.1 旅游目的地危机管理的概念

旅游目的地危机管理是指为预防可能危及、影响旅游业正常发展的各种突发性事件的发生，而建立的一套系统防范、沟通、处理、化解危机的日常管理模式。旅游危机管理体系包括政府（主要指政府旅游主管部门）、旅游企业、旅游从业人员、旅游者等多个行为主体。

4.3.2 旅游目的地危机管理的内容

1）政府旅游危机管理

政府是旅游目的地危机管理的核心。政府旅游危机管理是指政府为预测和识别可能遭受的旅游危机，采取防范措施，阻止危机发生，并尽量使危机的不利影响最小化的系统过程。具体说来，政府旅游危机管理包括以下几个阶段和主要任务：

（1）在危机征兆期，致力于从根本上防止危机的形成和爆发或将其尽早制止于萌芽状态。在这一阶段，要求政府旅游主管部门和相关政府部门注重搜集各种危机资讯，对危机进行中、长期的预测分析；通过模拟危机情势，不断完善危机发生的预警与监控系统；建立危机管理的计划系统，制定危机战略和对策。

（2）在危机发作期和延续期，致力于危机的及时化解。在这一阶段，要求政府充分发挥危机监测系统的作用，探寻危机根源并对危机的变化作出分析判断；成立危机管理的行动系统，解决危机；及时进行诚实和透明的信息沟通，正确处理危机与旅游业发展以及各种行为主体的利益关系。

（3）在危机痊愈期，及时进行危机总结。要求政府文化和旅游管理部门根据旅游者消费心理和消费行为的改变，恢复旅游市场；加强危机学习，提升反危机能力。

2）旅游企业危机管理

实践表明，企业成功的一个重要因素就是危机管理。旅游企业危机管理包括以下几个方面：

（1）成立企业危机管理的领导机构，建立企业危机管理制度，在危机中积极进行自救。

（2）建立企业危机管理预警系统和危机应对处理系统。

（3）培养和强化企业管理人员与员工的危机意识。

（4）及时评价企业应对危机的计划、决策，建立完善的危机学习机制。

（5）建立与媒体、公众良好高效的信息沟通系统。

3）旅游从业人员危机管理

旅游从业人员的危机管理包括：

（1）树立危机意识，正确认识危机。

（2）主动承担社会责任，积极参与政府与企业的危机救治。

（3）加强职业培训与学习。

4）旅游者危机管理

危机事件不仅是对政府管理能力的挑战，更是对社会治理整体能力的综合考验。在通常情况下，社会公众是危机事件直接威胁的对象。因此，旅游者也应该成为危机管理系统当中的积极参与者，这样才能最大可能地吸纳各种社会力量，调动各种社会资源共同应对危机，形成社会整体的危机应对网络。在旅游危机管理中，旅游者危机管理包括：

（1）提高个人应对危机的能力。

（2）培养良好的心理素质。

（3）调整个人行为模式。

4.3.3 旅游危机管理的基本原则

1）长期性

危机没有发生时要采取一些日常措施，为危机爆发做好准备和进行必要的演练；危机真正爆发时则在日常措施基础上再采取专门针对该危机的早期、中期和后期处理措施。

2）政府必须强力介入危机管理

政府应该对危机管理作出明确的规划，除危机管理指南的制定以外，政府的作用还体现在以下几个方面：首先，旅游基础设施的规划与开发必须避开那些危机易爆发的地点。其次，政府应该为投资者提供一系列的财政激励机制，以帮助他们渡过难关。最后，长期计划的拟订过程必须是一个不断变化的动态过程，应该根据可能出现的危机性质及其对旅游业的影响不断地校正其最初的计划和目标。

3）加强沟通与协调

首先，受危机影响的国家应随时发布有关危机对于旅游目的地安全造成影响的信息，这些数据信息应该通过各种渠道随时传递给目标市场，以防止潜在旅游者因为危机而停止到该国来旅游。其次，受危机影响的国家应该互相合作，以保证对危机管理措施方面相关知识进行交流。

4）重视预测和资料搜集

一方面，需要随时更新有关数据以评估每一阶段危机影响的范围及规模；另一方面，应搜集以往危机的相关数据以便为制订可能的解决方案提供借鉴。

5）动态、灵活、创造性地开展市场营销活动

旅游客源市场对安全非常敏感，危机期间的营销对文化和旅游管理部门来说是一个巨大的挑战，要想在这种情况下取得成功，市场营销应该遵循以下几项原则：首先应该谨慎地进行市场细分；其次需要详细考察该危机前、危机中和危机后的旅游趋

势，并把市场营销战略作为危机管理模式的一部分；再次，必须如实公布有关当地危机的发展和控制情况；最后，要总结以前类似情况下营销活动的经验，吸取教训。

4.3.4 旅游目的地实施危机管理的必要性

学习微平台

延伸阅读4-7

1）旅游业的脆弱性要求必须对其实施危机管理

旅游业是一个非常脆弱的产业，它的经营随时会受到多种因素的影响。从需求的角度来看，旅游是一种非基本的需求，一旦受到外部因素的威胁，这种非基本的需求必然要为基本需求让路。从供给的角度来看，旅游业涉及食、住、行、游、购、娱等相互关联的各个行业，旅游活动的完成需要各个不同产业部门的协同配合，其中任何一个环节出现问题都会波及整个旅游业。因此，必须加强旅游业的危机管理，这样才能提高整个旅游产业链的稳定性。

2）旅游产品的特殊性要求必须对旅游业实施危机管理

与一般的商品不同，旅游产品具有无形与有形相结合、生产与消费同时、季节性强、需求弹性大等特征，这些特征使其经营销售过程中易出现异态、产生危机，且危机一旦出现损失也就不可挽回。因此，建立一套行之有效的预警系统，实施危机管理就十分必要。另外，游客所需要的旅游产品是各个企业提供单项旅游产品的总和，任何一个企业都不可能满足游客的整体需求。因此，如果一家旅游企业提供的单项产品出现危机，就必然影响整体旅游产品，进而危及其他旅游企业。

3）旅游市场的竞争性要求必须对旅游业实施危机管理

任何一家旅游企业都不能占领所有市场，也不能永远占领某一部分市场，相同或类似的旅游市场上存在众多的旅游企业，客观上加剧了竞争。旅游企业经营的产品大部分为无形的服务性产品，其经营成本不高（如旅行社的运作），除部分垄断性极强的旅游企业外，进入门槛低，因此一旦经营不善，市场就会被其他旅游企业所占领，从而导致危机。

4）国际政治经济环境的不稳定性要求对旅游业实施危机管理

随着旅游业的综合经济和社会功能日益受到重视，发展旅游业已经成为刺激内需、拉动经济增长的重要途径。许多地区都把旅游业作为支柱产业，大量的资金盲目投入到旅游业当中，人们仅仅看到了旅游业所带来的经济效益，而忽略了其中潜在的危机。近年来，国际危机事件数量呈现不断上升的趋势，恐怖袭击不断出现，地震、海啸事件也接连发生，各种大规模的疾病相继爆发。在全球化的背景下，各方面的交流频繁而迅速，因此，国际上的危机事件很容易跨越地理空间波及其他国家和地区，使得局部性危机迅速扩散为全球性危机。

4.3.5 旅游危机管理的途径

1）危机之前

（1）做好充分准备

世界旅游组织告诫：永远不要低估危机对旅游业的可能危害，它们是极端危险的。使危机影响最小化的最佳途径就是充分做好准备。为此，有关方面可以预先制订一套科学的危机管理计划和程序。必要时要对危机管理计划进行预演排练，并不断修正和完善。

（2）设立危机基金

设立危机基金的目的是在危机发生时，能够及时运用这笔基金，根据危机情况，作出迅速、灵活的反应，而不必经过一个冗长复杂的行动程序。该基金可以用于对旅游企业给予各种形式的援助，危机过后旅游业的推广，也可以用于奖励、资助那些在危机中表现突出、为对抗和尽快结束危机作出突出贡献的单位、组织和个人。

（3）加强应收账款的管理

危机到来之前，有时会有一定的征兆或预警，如果能预见危机的到来，旅游企业就应即时采取措施，加强应收账款的催收力度，以防危机时企业出现财务周转困难，同时防止危机发生后，对方企业因经营困难而倒闭，造成呆账、死账。

2）危机期间

（1）及时发布信息

危机发生后，要根据危机波及的范围、严重程度等，由旅游主管部门、旅游行业组织、国家及地方政府等，通过媒体适时地向社会公众发布信息，使外界和社会公众能够及时了解危机的客观情况，防止谣言的散布，以免造成社会的不安定。为此可设立一个新闻中心，迅速发布危机方面的信息。信息的发布要客观、准确、透明，既不能夸大事实，也不能为了达到某种目的而隐瞒或扭曲事实真相。

（2）迅速制止危机

危机发生后，有关政府部门、行业组织和旅游企业要尽快采取措施制止危机，防止危机的扩大，避免对旅游业造成更大的损害。

（3）确保旅游安全

危机期间，政府部门可采取强制措施，要求旅游企业确保旅游者的生命财产安全。文化和旅游管理部门应任命专人负责与其他政府部门、专业服务机构、旅游行业和世界旅游组织在安全保障方面的联络。文化和旅游管理部门要制定旅游行业安全保障措施，并在改进安全保障方面担当积极的角色。必要时，应组建能用多种语言提供服务的旅游警察队伍和紧急呼叫中心。

（4）合理制定对策

为了减少损失，危机发生后，旅游企业要根据危机的大小和严重程度，及时研究对策。这些对策包括：

①利用危机期间的经营淡季，对员工进行全面培训，以提高员工的素质。很多旅游企业长期超负荷工作，没有时间进行培训，这时应抓紧时间对员工“充电”，针对经营管理和服务中出现的问题，对员工进行培训，以便在危机过后，企业恢复正常经营时，其服务和管理水平能够上一个台阶，从而赢得更多的顾客，使企业能将在危机中遭受的损失，在危机过后加倍补回来。

②根据业务量的多少，安排员工补休、轮休。

③安排员工放假。当补休结束，轮休到达一定时间以后，危机尚未结束，可将轮休转为放假，放假期间，只发放基本生活费。

④采取降薪等措施，减少各种行政开支。特别是各级管理人员要带头降薪，为员工做好表率，以示与员工同舟共济的精神。

⑤裁员。裁员是不得已的选择，但如果危机持续时间较长，或企业已经超编，则

必须考虑裁员。

⑥对企业硬件设施加紧更新改造。很多企业经过多年的经营，其设施设备已经严重老化，但对其进行大面积、大范围的更新改造不仅需要大量的资金，而且会影响企业的正常经营，所以，往往一拖再拖，可能已经影响了企业的服务质量。此时，正是对企业进行大规模更新改造的最佳时机，决策者应该抓住这一时机，对企业进行全面或部分的更新改造，增强企业的发展后劲。

（5）保持与客户的沟通，提高产品质量

危机期间，尤其要注意以电话、传真、互联网以及各种新闻媒体等方式，与客户保持沟通，向他们通报企业的改进情况，争取客户的理解和支持，提高产品质量，保持客户对企业的信心。必要时，给予客户价格等方面的优惠，并感谢客户对企业的长期支持。

（6）实施金融救助和财税措施支持旅游企业

危机发生后，旅游企业要通过行业协会，呼吁政府给予旅游企业各种类型的支持，帮助企业渡过难关。此时，行业协会不必羞羞答答，不好意思，而应坚决地站在行业的立场上，客观反映行业的现状，维护行业的利益，与政府进行充分沟通，争取政府的各项政策支持。而各级政府也要充分理解旅游企业的困境，主动给予旅游企业在各种行政费用、税收等方面的优惠政策。

（7）寻找新的发展机遇

危机既可能是失败的根源，又可能孕育着成功的种子。危机总是与机会相伴，高瞻远瞩的企业决策者还应从危机中寻找新的商机。大规模危机的发生，会引发旅游业的重新洗牌，总的来说，对于资金雄厚的大企业可能比较有利。危机发生后，很多小企业愿意寻找可以依托的大企业作为“靠山”，一些资质不良的企业迫于资金压力，急于出售。而且这些企业的营业额大幅下降甚至亏损，其净资产值或评估值减少，这时进行购并的大企业便能比以前寻找到更多的收购对象，并可以较低的收购成本进行购并。

3）危机过后

（1）宣传旅游地的安全形象

通过报纸、电视、网络等新闻媒体，大力宣传旅游地的安全形象，尽快恢复国内外旅游者的信心。必要时，可请国家和地方政府领导人出面，亲自对旅游业进行宣传促销。

（2）加大投入，启动各种旅游促销活动

危机过后，政府有义务加大投入，启动各种旅游促销活动。如前所述，危机过后，恢复旅游业的核心是恢复旅游者对旅游地的信心，而政府及新闻媒体的宣传对于恢复旅游者的信心尤为重要。宣传的重点应是最有活力的市场和离东道国（地）最近的客源市场。特别要注意加强国内市场宣传，国内旅游在危机恢复时期可以弥补国外旅游需求的不足。

（3）邀请境内外媒体记者进行宣传报道

邀请境内外媒体记者进行宣传报道，是一种很好的旅游宣传方式，宣传效果好，且影响面广。

（4）调整经营策略

危机过后，旅游企业应重新审视自身的发展战略，考虑开展多元化投资和经营以及企业的股份制改造，避免“把所有的鸡蛋放在一个篮子里”，以提高抵御经营风险的能力。此外，还要考虑调整产品结构和价格策略等，以适应后危机时期的旅游市场变化。

（5）做好接待准备

在此阶段，旅游企业要练好内功，做好接待准备。旅游业是个敏感、脆弱、易受影响和打击的行业，其敏感性表现在两方面：一方面，它是脆弱的、最易受各种事件的影响和打击的行业；另一方面，它也是在事件和危机过后，最容易也是最先恢复的行业。毕竟，随着经济社会的发展和人们生活水平的提高、生活方式的改善，旅游业作为未来休闲产业最重要的组成部分，其高速发展、长期向好的发展趋势没有改变。因此，在危机期间，旅游企业必须始终保持冷静客观的心态、坚定的信心、必胜的信念，重新审视自己的发展战略，调整产品结构，苦练内功，做好旅游产品的生产和销售准备，迎接即将到来的新一轮发展潮；否则，一些旅游企业可能在危机到来时，被打个措手不及，而在旅游业迅速恢复时，又慢了半拍，被先知先觉的、有准备的企业抢占了市场。

深度剖析4-2

问题：如何结合心理学知识进行旅游目的地危机管理？

解析提示：心理学中与旅游目的地危机管理最为相关的是感知与目的地形象等理论。游客对某地的感知，形成了目的地形象。游客决定是否前往某个目的地，依据的是形象而不是现实。因此，目的地营销能否成功，在很大程度上取决于潜在游客头脑中确定和虚构的目的地形象。在心理学中风险和形象是不可分的，因为两者都是通过个人对未来不确定是否会发生的事件（风险），而不是当前的目标事件的认知过程和感知联系在一起的。正是两个概念之间这种不可分的关系，将旅游者和目的地联系在一起。游客选择目的地依赖于游客心里认为潜在目的地能提供给他们需要的相关事物。因此，目的地形象是激发游客的重要刺激物，不管形象是否真实地代表了该地所能提供的东西，它都有可能是目的地选择过程中的关键因素。

4.4 旅游目的地容量管理

4.4.1 旅游目的地容量的概念

旅游目的地容量（Tourism Destination Carrying Capacity）简称“旅游地容量”或“旅游容量”，是在不破坏和改变旅游地生态环境，不明显降低旅游者旅游质量和当地居民生活质量的前提下，旅游地所能容纳旅游者的最大数量（李雪松，2017）。

旅游地容量受两个因素影响：一是旅游地环境性质与结构；二是旅游活动性质与结构。同时，旅游活动不仅对环境有影响，而且对社会、经济也会产生影响。旅游地不仅仅是一个生态环境系统，同时也是一个旅游经济系统。因此，旅游地容量作为一个全面反映旅游地旅游活动的综合性指标，应是一个概念体系。

1）旅游地容量的影响因素

（1）旅游地容量与旅游目的地的类型及其所开展的旅游活动类型有一定关系

对旅游者来说，他们对观光型旅游地与度假型旅游地容量的认同标准是不一样的，相对于观光型旅游地，度假型旅游地的游客密度小，度假者才能获得较高的旅游效用，因此，当两个旅游地面积相等时，度假型旅游地容量要小于观光型旅游地容量；即使在两个面积相当的观光型旅游地中，不同观光类型的旅游地对容量要求也是不尽相同的，对于具有自然景观性质的观光地，其旅游地容量要小于具有人文景观性质的观光地。可见，人们对旅游地容量的认识往往是从其旅游地的性质和特点出发的。

（2）旅游地容量与旅游者需求特征相联系

旅游者需求特征主要包括旅游者社会经济特征和旅游行为特征两个方面。社会经济特征主要包括旅游者的年龄、性别、收入水平、职业等各种社会经济变量；旅游行为特征主要包括旅游者的出游动机、旅游类型、停留时间、旅游期望等行为变量。具有不同社会经济特征和旅游行为特征的旅游者对旅游地容量的认识是不同的。对于那些以娱乐为出游目的的旅游者来说，他们对旅游地拥挤状况的容忍程度要远远大于以休养放松为目的的旅游者，而那些在旅游地停留时间较长的旅游者则要求旅游地有较小容量。

（3）旅游地容量与这个地区的社会经济结构有重要的关系

旅游地通常具有满足旅游者旅游需要和满足当地居民生产与生活需要的双重功能。如果旅游地是一个具有多种功能的城市，那么，它所依赖的自然环境和旅游资源，不仅要满足外来旅游者的旅游需要，也要满足当地居民的日常生活需要；如果旅游地具有目的地和客源地双重空间经济特征，那么，它既要满足外来旅游者的旅游需要，还要满足当地居民的旅游需要，因此其旅游地容量一般要小于具有单项经济特征的旅游地容量。

（4）旅游地容量与旅游地的空间结构具有某种联系

空间结构主要表现为旅游地的极化和扩散，旅游地容量大小决定于旅游地的极化状态和扩散状态。所谓极化，是旅游地的外围向中心移动的现象，旅游地的旅游活动如果向区内某旅游中心形成了向心极化，并且越来越集中在某一空间点时，旅游地的总体容量必然会缩小。所谓扩散，是旅游地由极化中心向外围移动的现象，这时，旅游区内的旅游活动不仅仅集中在区内一个特定的中心点上，而且由极化中心向四周扩散，形成多个旅游中心，主要表现在区内旅游中心向近郊或远邻地区扩散，从一个景点景区向多个景点景区扩散。由于旅游活动不是相对集中在一个特定的活动点上，而是扩散到更大的范围内，旅游地容量也必然会增大。

2）旅游地容量体系

按内容尺度来分，旅游地容量可以分为空间容量、设施容量、生态容量和社会心理容量四类。

空间容量是指旅游资源依存的游憩用地和游览空间等有效物理环境空间能够容纳的游客数量。

设施容量是指旅游目的地的旅游从业人员向游客提供服务时依托的各项物质设施

和设备能够容纳的游客数量。它包括交通运输设施、食宿接待设施、游览娱乐设施、旅游购物设施、供水供电和安全卫生设施等的容量。

生态容量是指在景区生态环境承载力允许的范围内，景区可容纳的最大游客数量。

社会心理容量是指旅游者和旅游地居民双方面对旅游活动的容忍上限、旅游活动对旅游地人文环境冲击的上限以及景区能够实施有效管理的上限的综合。

按时间尺度来分，特定旅游区的旅游容量可以分为瞬时（一次性）游客容量、日游客容量和年游客容量。一次性游客容量又称“瞬时容量”，单位以“人/次”表示；日游客容量的单位以“人次/日”表示；年游客容量的单位以“人次/年”表示。

游憩用地生态容量应符合表4-1的规定。

表4-1 **游憩用地生态容量**

用地类型	允许容人量和用地指标	
	（人/hm^2）	（m^2/人）
(1)针叶林地	2~3	5 000~3 300
(2)阔叶林地	4~8	2 500~1 250
(3)森林公园	< 15~20	> 660~500
(4)疏林草地	20~25	500~400
(5)草地公园	< 70	> 140
(6)城镇公园	30~200	330~50
(7)专用浴场	< 500	> 20
(8)浴场水域	1 000~2 000	20~10
(9)浴场沙滩	1 000~2 000	10~5

4.4.2 旅游目的地容量的测定

测算旅游目的地容量的目的是切实保障旅游者和旅游资源与环境安全，促进旅游价值回归，推动旅游业持续健康发展。一般而言，需要测算旅游容量的主要是面积较小的景区型旅游目的地。

1）空间容量

（1）瞬时空间容量

景区瞬时空间容量C_1由以下公式确定：

$$C_1 = \sum \frac{X_i}{Y_i} \tag{4.2}$$

式中，X_i为第i景点的有效可游览面积，Y_i为第i景点的旅游者单位游览面积，即单个游客的基本空间占地标准。

（2）日空间容量

景区日空间容量C_2由以下公式确定：

$$C_2 = \sum \frac{X_i}{Y_i} \times \frac{T}{t} = C_1 \times Z \tag{4.3}$$

式中：T为景区每天的有效开放时间；t为每位旅游者在景区的平均游览时间；Z为整个景区的日平均周转率。

2）设施容量

（1）瞬时设施容量

当景区设施容量是景区容量的瓶颈时，或景区以设施服务为主要功能时，其瞬时容量取决于瞬时设施容量，瞬时设施容量D_1由以下公式确定：

$$D_1 = \sum D_j \tag{4.4}$$

式中：D_j为第j个设施单次运行最大载客量，可以用座位数来衡量。

（2）日设施容量

景区的日设施容量D_2由以下公式确定：

$$D_2 = \frac{1}{a}\sum D_j \times M_j \tag{4.5}$$

式中：D_j——第j个设施单次运行最大载客量；M_j——第j个设施日最大运行次数；a——根据景区调研和实际运营情况得出的人均使用设施的个数。

3）生态环境容量

依据《风景名胜区总体规划标准》（GB 50298—2018），生态环境容量测算的方法宜分别采用线路法、面积法、卡口法和综合平衡法。游人容量计算宜采用下列指标：

（1）线路法：以每个游人所占平均道路面积计，5～10㎡/人。

（2）面积法：以每个游人所占平均游览面积计。其中：主景景点50～100㎡/人；一般景点100～400㎡/人；浴场海域10～20m^2/人（海拔0～−2m以内水面）；浴场沙滩：5～10m^2/人（海拔0～+2m以内沙滩）。

（3）卡口法：实测卡口处单位时间内通过的合理游人量。单位以“人次/单位时间”表示。

4）社会心理容量

社会心理容量的主要影响因素是拥挤度。对于它的测算也是一个比较复杂的问题，目前主要的测算模型可以利用：一是满意度模型（Hyporhetical Density），二是拥挤认识模型（Perceived Crowding Models）。周年兴（2003）构建了基于游客量和满意度的旅游心理容量测定模型（如图4-1所示）。

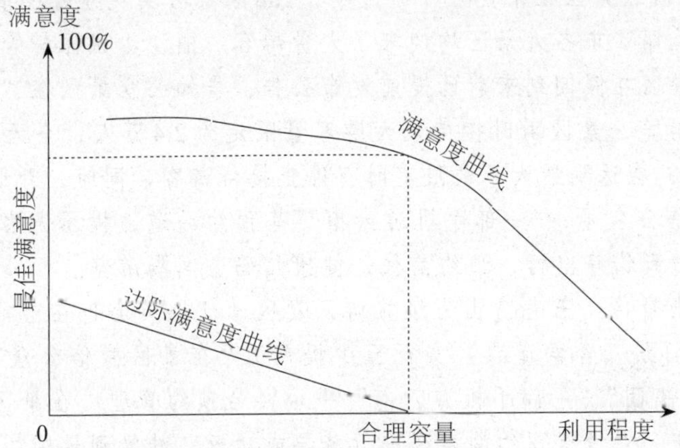

图4-1　边际满意度与合理容量

从旅游者角度出发，当边际满意度等于0时，就达到游客社会心理容量的最佳值；边际满意度大于0时，增加游客量不会使游客满意度显著下降；当边际满意度小于0时，略微增加一些游客，游客的满意度呈显著下降趋势。

拥挤认识模型主要基于对人际关系距离的感知。游客之间的空间距离感知主要体现为社会距离。根据拥挤认识模型，社会心理容量的一般标准为：游道人均游览长度为1～3m；陆地面积平均占地标准为$2m^2$/人，山地面积平均占地标准为$4m^2$/人，水面平均占地标准为$2m^2$/人。

5）旅游容量的确定

要测算出某一旅游目的地的旅游容量，最基本的要求是测算其空间容量与设施容量，并分析生态环境容量和社会心理容量。如果上述四种容量都有测算的必要性和测算值的话，那么一个旅游目的地的旅游容量应该是生态环境容量、社会心理容量、空间容量、设施容量四者中的最小值。

同步案例4-3

智慧旅游让游客游云南更安心更舒心

背景与情境：2020年“五一”假期，是我国进入疫情防控常态化阶段后首个旅游小长假。假日期间，云南省认真落实“限流、预约、错峰”的总要求，统筹推进疫情防控和旅游市场安全工作，突出智慧化管控，采取门票预约、智慧引导等手段，科学分流疏导游客，让市民、游客在云南游玩期间更安心、更舒心。

预约入园、智慧停车、智慧导览……“五一”期间，全省重点旅游景区依托“一部手机游云南”等智慧旅游系统提供智慧化服务，旅游体验度的提升，赢得了市民、游客的交口称赞。

分时段预约错峰玩更放心

“五一”假期，云南全省8家5A、90家4A旅游景区全面落实“限量、预约、错峰”要求，各A级旅游景区严格执行30%最大承载量，基本实现预约入园和分时段入园。截至目前，全省无一家A级旅游景区突破30%最大承载量。

5月1日，“游云南”App发布的4.0版本新增了“入园预约”功能。截至目前，全省已有283家A级景区在平台上开通账号，108家景区实现分时段预约。

假日期间，丽江市各大景区均迎来了大量游客。丽江古城保护管理局工作人员介绍，丽江古城景区在假期到来前已提前发布公告，告知公众景区在“五一”期间继续实行预约参观游览，景区瞬时接待最大游客量限定为2.4万人，全天最大游客接待量限定为7.5万人，在达到最大承载限定时将停止接待游客，同时，开通了电话、“丽江古城景区”微信公众号、“一部手机游云南”等预约通道，提示游客提前1个工作日分时段预约，做到错峰出行、预约前往、健康扫码、间隔游览。

在玉龙雪山景区，玉龙雪山省级旅游开发区管理委员会也在节前发出温馨提示，提醒游客景区门票（含索道票）实行至少提前1天在景区微信公众号“丽江玉龙雪山”“丽江旅游集团”“一部手机游云南”平台实名预约管理。在景区门票管理中心，安排了专人值守，对没有预约的游客进行疏导或劝返，杜绝到景区扎堆、聚集。

泸沽湖景区也于4月29日发布温馨提示，提醒游客进入泸沽湖景区必须通过“泸沽湖景区”微信公众号、“智游泸沽湖”小程序网上预约购票，不接受现金、现场购票。进入景区游客数量达到泸沽湖景区最大日承载量的30%，即3 600人时，停止售票。

智控客流量确保安全游览

假日期间，云南省文化和旅游厅通过“一部手机游云南”平台，及时掌握景区动态，及时发出预警，建立对所有A级旅游景区、部分非A级旅游景区实施入园量24%黄色预警、30%红色预警机制，对入园数量接近预警值的旅游景区，第一时间组织调度和干预。

5月2日20时19分、5月3日20时32分，丽江古城景区瞬时游客人数达到了2万。丽江古城景区及时启动了景区人流疏导三级预警，开启560个智慧应急疏导广播，启动27块智能引导屏，进行安全提示和人流疏导。同时，来自丽江古城保护管理局和公司、街道、社区、公安、消防共480名疏导员迅速就位，在16个门禁点配合门禁组开展人流疏导，确保景区的正常游览秩序，让游客游得放心、游得舒心。

此外，丽江古城景区还利用游客流量大数据统计应用分析平台，实时监测丽江古城景区各街巷的游客流量、游客构成和分布。据介绍，丽江古城将景区分为7个子片区，以不同的颜色展示各个片区的实时人数情况，并以图表的形式展示各时间段的客流趋势，在“丽江古城游”的官方微信、官方网站以及在古城内13块屏幕上进行实时公开，及时发布预警信息，对游客进行提醒疏导。

与丽江古城景区在游客流量动态监测方面有着相似做法的，还有泸沽湖景区。据泸沽湖景区工作人员介绍，景区的游客大数据分析平台实时提供了游客画像、热力图分布图，便于直观掌握进入景区游客的来源地，以及游客在景区的分布情况，进而指导景区工作人员根据游客的聚集程度来进行及时、有效的疏导。

同时，玉龙雪山景区主动对接省、市级平台，实现数据互联互通，实时掌握景区游客情况，管控人数，保证了游客及景区工作人员的健康安全。

智慧化引导更省心更舒心

“五一”假期，云南省各文化服务场所、景区景点、宾馆酒店通过开放多个入口、多张贴“云南健康申报”二维码、免票进入、“一部手机游云南”预约预购景区门票、将体温检测和扫码通道前置等方式，严防聚集，切实有效避免了人流拥堵，保障了游客安全游览。

“五一”期间，“游云南”App的智慧导览、智慧厕所、慢直播、精品线路推荐、AI识你所见等智慧化引导功能，在帮助游客快速、便捷游览景区方面发挥了显著作用。

在智慧景区建设方面走在全省前列的玉龙雪山景区，通过自助导游导览、线上购票、刷脸入园、智能停车找车、导览服务机器人、智慧厕所等智慧服务，为游客打造省心、安心、放心的文化旅游服务体系。

其中，通过“游云南”App及玉龙雪山景区微信公众号，可迅速查询到1至7号景区停车场的停车空位，便于进入景区即可快捷停车。同时，游客还可查询最近的智慧厕所及空位情况。通过上述两个平台，还可实时听到各景点的在线导览，该功能通过精美的手绘地图，为游客实时规划景区游览最佳线路，并可按照规划的线路进行精准定位和导航。

据玉龙雪山景区工作人员介绍，疫情防控期间，景区还开启了无人机巡查模式，利用无人机机动性强、灵活度高的优势，对游客进行戴好口罩、不聚集、不扎堆等实时的广播提醒。

此外，丽江古城景区积极探索网络展示新方式，开展了多场网络直播，让网民可以跟着金牌导游和网红“云逛”古城，体验丽江古城的独特美景和人文风光，足不出户也能感受诗与远方，受到了广泛关注和好评。景区还于5月1日推出了《我的世界·丽江古城》游戏地图，便于游客可以在线上“云”游丽江古城，感受古城之美，体验古城魅力。

据了解，云南省文化和旅游厅在节前也加大了对热门景区以外新产品新线路宣传推广，在线公布了80条“亲近自然·静心养性”云南文化旅游线路产品，引导游客的提前分流。

“五一”假期，在加强智慧化管控、不放松疫情防控的同时，云南各旅游景区让游客获得了更安全、更放心的游览体验，感受到了真正的安全旅游、健康旅游、绿色旅游、智慧旅游。

资料来源 毕芃．“五一”假期智慧旅游让游客游云南更安心更舒心［EB/OL］．［2020-05-04］．https://www.thepaper.cn/newsDetail_forward_7263966.

问题：试论述旅游目的地资源环境保护、旅游容量控制与旅游目的地可持续发展之间的关系。

分析提示：保护是前提，旅游容量控制是手段，可持续发展是目的；旅游目的地可持续发展的概念、原则；规制设计与旅游目的地容量管理的必要性。

深度剖析4-3

问题：旅游容量限制为什么在旅游目的地管理中应用越来越广泛？

解析提示：在日常的旅游管理工作中，旅游容量超载必然导致旅游污染或拥挤，长期连续性或间歇性超载，其结果将是旅游资源被过度使用、旅游地的生态系统被破坏、旅游者与旅游地居民的和谐关系破裂。由于旅游容量超载常常导致严重的环境后果，对旅游业本身也产生很大的消极影响，因此，对旅游容量的限制成为旅游管理和规划不可缺少的重要工作。

4.5 旅游目的地规划管理

4.5.1 旅游目的地规划管理概述

“规划”是个人或组织制订的比较全面长远的发展计划，是对未来问题的思考和谋划，是设计未来整套行动的方案。**旅游规划**是根据规划对象的特性，结合旅游市场的需求，筹划未来旅游发展蓝图，并对整个旅游系统进行优化配置和科学部署的行动方案。**旅游目的地规划管理**是旅游目的地管理者通过合理配置人力、物力、财力等资源，对规划编制、审批、实施和调整、修编工作等进行有效的前期、中期、后期管理，从而高效率地实现既定规划管理目标的过程（程金龙，2019）。

编制旅游规划的一个重要目的，就是要努力促使旅游目的地保持吸引力，延长其发展稳定期，延缓衰退期的到来，或者在衰退期到来之前，就已经未雨绸缪进行旅游产品的再开发，实现更新换代，推动旅游开发进入一个新的发展阶段，步入复兴期的良性循环。

1）旅游目的地规划管理的特征

（1）编制过程规范化

原国家旅游局高度重视旅游规划的规范化，相继出台了《旅游发展规划管理办法》、《旅游规划通则》（GB/T 18971—2003）、《旅游规划设计单位资质等级认定管理办法》，带动我国的旅游规划走上了规范化、标准化的轨道。2013年，《中华人民共和国旅游法》颁布实施，进一步确立了旅游规划的法定地位。2019年，文化和旅游部发布的《文化和旅游规划管理办法》，对旅游规划的规范发展又提出了新的要求。

（2）规划技术整合化

旅游目的地规划技术的发展主要有四种途径，即规划理论的自我完善、相关学科理论的发展、最新科技手段的应用（如无人机技术、虚拟现实技术等）和规划实践经验的总结。以上四种途径都会在不同程度上提升旅游目的地规划的技术水平，从而使规划更科学、准确。此外，随着专门旅游规划机构的发展和旅游管理类专业教育水平的日益提升，掌握多种技术的专门的旅游目的地规划人才不断涌现。

（3）规划层次有序化

旅游目的地规划层次的有序化包括两层含义：一是旅游目的地规划与土地规划、交通规划、城市规划等其他类型的规划相互融合，以避免重复性建设，并加强旅游与土地、交通、城建、环保等部门的协作；二是不同级别的规划之间应有效衔接，以便一个地区统一布局旅游业的发展，尤其是塑造鲜明一致的市场形象和开发系列化、多样化的旅游产品。

为实现旅游目的地规划层次的有序化，地区有关部门应着重做好两项工作。首先，在编制工作开始前成立专门的规划领导小组，以增强旅游目的地规划的权威性，并切实提高相关部门甚至包括主要旅游企业在规划编制中的参与程度，旅游目的地规划内化于其他行业规划之中；其次，建立区域旅游目的地规划—旅游区规划—旅游景区（景点）规划三级控制体系。原则上，低级别的旅游目的地规划应严格服从高一级的旅游目的地规划。

（4）实施监管协作化

旅游目的地规划是一项跨行业的综合性规划，其监督实施需要各相关部门的共同努力。目前，国内许多地区的旅游目的地规划在实施过程中都存在着不足之处，主要有以下三种情况：一是由于责权不明确，旅游目的地规划制定出来后没有具体的部门去负责实施；二是几乎完全由旅游主管部门负责，从而给旅游主管部门造成极大的压力；三是相关部门发展旅游的积极性都很高，但由于缺乏协调机制，各部门落实规划的步调不一致，进而导致重复性建设严重。以上不良现象势必会降低旅游目的地规划的实施成果，甚至给区域旅游业的发展带来负面影响。由此可见，旅游目的地规划的实施和监管的协作化已迫在眉睫。

旅游目的地规划的协作化与规划层次的有序化是相辅相成的。旅游目的地规划与其他部门规划的有机融合，有利于旅游目的地规划的顺利实施。另外，旅游目的地规划的实施牵涉相关行业或部门的利益，因而需要有专门的组织机构来协调各部门之间的关系。

2）旅游目的地规划管理的职能

（1）管理协同

现代旅游市场激烈竞争的现实和可观的效益驱动客观上要求对旅游目的地规划的编制、审批、实施和调整修编实行管理，必须从部门管理机制走向联合管理机制，由联合管理机制走向协同管理机制。旅游目的地规划的实施管理机制的妥善解决，应从旅游系统、旅游目的地规划的本质特征着眼。其机制理顺的标志，是各相关管理部门的条块联系更加密切，直至各部门的技术能力、行政能力和执法能力在旅游系统达成管理上的协同。

（2）规划整合

旅游目的地规划虽由文化和旅游管理部门负责编制，但需纳入国民经济和社会发展规划、国土规划、城市规划及政府年度财政计划才能落地实施。一方面，旅游目的地规划需在类型结构、内容及相应技术规范与上述规划相整合。另一方面，在旅游目的地规划编制的过程中，必须有相关部门的参与，特别是保证负责编制上述规划的或计划的主管部门的介入和充分协作。

（3）技术推动

建立旅游管理信息系统，进行旅游资源利用与旅游经济发展的高效统计与监测。该系统以电子计算机软件与设备为载体，以旅游资源普查、规划、计划、市场信息、市场分析、旅游发展统计、旅游企业经营状况为信息源，对旅游系统的信息进行及时收集、输入、储存、处理统计、评价和应用。另外，聘请有关权威机构和专家，定期和不定期地对旅游开发建设与经营情况进行综合评估与咨询，有利于迅速提高旅游目的地规划实施管理机制的技术含量。

（4）政策引导

旅游政策是国家为了实现旅游发展的目的，根据旅游发展的社会经济条件和旅游发展的具体情况所制定的一系列措施和办法，包括支持、放任或限制等调控手段。政策机制是旅游目的地规划实施的管理机制的重要组成部分。从理论上而言，政策应该要灵活调整，适时变通。

3）旅游目的地规划管理的意义

（1）有助于提升规划的科学性

旅游目的地规划是一个巨大的系统性工程，涉及旅游、建设、环保、农业、林业、水利、土地、文化、宗教、交通、市场监管、公安等10多个部门，如何协调这些部门之间的关系，是一项非常复杂的工作。因此必须提高领导决策的科学性和民主性，不能只强调收益，更不能夸大收益，不能不计成本而忽视风险。因此，加强旅游目的地规划的过程管理，有助于提升旅游目的地规划的科学性、可行性，规避投资风险。

（2）有助于提升规划成果的落实

规划的落实，是旅游目的地规划的一大难题，却很容易被忽视。世界旅游组织进行的一项调查表明，只有55.5%的规划和方案得到实施，也就是将近一半的规划没有得到落实（吴必虎，2001）。在我国，这种现象也普遍存在。至少可以说，有不少旅游目的地规划在执行的过程中被改得面目全非。因此，加强旅游目的地规划的管理，可以确保规划方案的理念、技术与规划成果落实到位，提升各有关部门对旅游规划的执行力。

（3）有助于解决旅游发展的制约因素

旅游目的地规划的制定是一个复杂的过程，不仅要考虑规划的科学性、可行性，还要考虑规划的相关制约因素，如旅游交通、旅游餐饮、酒店等基础设施和旅游接待设施。如何在节假日和旺季避开交通拥堵，错开旅游高峰，也是旅游目的地规划考虑的重要内容。旅游服务包括停车场服务、旅游信息服务、住宿服务、饮食服务、购物服务等，不仅是旅游目的地规划的客观制约因素，还是旅游吸引物。因此，加强旅游目的地规划的管理，有助于发现旅游发展的制约因素，并出台相应措施协调解决。

（4）有助于打造特色化的旅游产品

旅游目的地规划要解决的核心问题主要有两个：一是要达到什么样的发展目标，二是开发什么样的旅游产品来满足旅游市场的需求。旅游产品具有多类型、多层次、系列化的特点。从旅游功能的角度上看，旅游产品有度假、娱乐、观光、商务、会议、购物等类型；从形态角度上看，旅游产品有动态、静态的产品类型。每一类的旅游产品都具有多种层次，每一类的旅游活动又具有多种系列，同时旅游产品具有复杂的空间组合。因此，加强旅游目的地规划的管理，可以更科学合理地打造特色化的旅游产品，设计更独特的旅游线路的组合。

4.5.2　旅游目的地规划编制管理

1）旅游规划招投标管理

招投标是“招标”和“投标”的简称。旅游规划招标就是旅游规划委托方选择合适的旅游规划编制单位的工作过程。

（1）旅游规划招投标方式

旅游规划招投标方式有三种（见表4-2）：

表4-2　**旅游规划三种招投标方式优缺点比较**

招投标方式	优点	缺点
公开招标	公开、公正、公平	耗时长、成本高
邀请招标	易于掌控、比较经济	竞争范围和选择余地较小
直接委托	节省时间、经费和人力	容易滋生腐败

①公开招标。公开招标是委托方以招标公告的方式邀请不特定的旅游规划设计单位投标。公开招标的优点是公开、公正、公平，能够避免旅游规划项目委托中出现的不公平和不透明等问题，能够将最优秀的旅游规划编制单位遴选出来。但公开招标耗时长、成本高，只适用于编制经费充裕的大型旅游规划。

②邀请招标。邀请招标是委托方以投标邀请书的方式邀请特定的旅游规划设计单位投标。与公开招标相比，邀请招标程序相对简化，不需要在媒体上公开发布招标公告，只对自己了解的旅游规划编制单位发出招标邀请书。邀请招标的投标方一般为3～10家单位。其优点是易于掌控、比较经济，缺点是竞争范围和选择余地较小，比较适合于编制经费或规模中等的旅游规划。

③直接委托。直接委托是委托方直接委托某一特定规划设计单位进行旅游规划的编制工作。这种方式适宜的旅游规划项目编制情况有三种：一是规模较小或经费有限的旅游规划项目，二是时间紧的旅游规划项目，三是专业性和保密性强的旅游规划项目。其特点是只有直接委托，不走招标程序，可以为委托方节省时间、经费和人力，但容易滋生腐败。

（2）旅游规划招标的程序

旅游规划招标的程序主要包括招标文件的编制、投标单位资格审查、开评标、决标签约等步骤。

①招标文件的编制。旅游规划招标文件主要包括招标邀请书、投标人须知、技术规范、规划项目资料、协议书、违约保证书等。旅游规划招标邀请书没有固定的编写格式，可以参照工程或建设项目招标书的格式编写；投标人须知包括项目概况、投标单位的资格要求、时间安排、投标书的编制要求、开标时间、评标与定标的基本原则等。

②投标单位的资格审查。旅游规划招标单位对投标方是否具有完成规划项目的资格、能力进行初步评定。其内容主要包括法人资格（如营业执照），旅游规划设计单位资质证书（含资质等级），主要的规划经历（已经编制的旅游规划成果），规划队伍状况（人员的学历、职称、学术背景等），规划成果的社会影响等。

③开评标。旅游规划的开标，主要由规划委托方组织实施，除监理单位外，还应吸纳本单位的纪检、监察部门的人员参加。

对不符合招标要求的投标文件，按废标处理。基本符合要求但需要投标单位对标书问题予以澄清的，一般要召开澄清会议，对投标者进行询标质疑。询标过程中的质疑和澄清，均以书面形式形成招投标文件的补充条款。评标时要进行报价比较和对其他因素进行审查比较，评价报告应包括对投标书的方法、技术、管理、服务、工作跨期、法律等方面进行分析和评价，选出2～3家候选中标单位，供决标时参考。

④决标签约。决标是最终选定中标单位的过程。决标后，招标单位向中标单位发出中标通知书或接受信，通知中标单位在规定期限内与招标单位签订协议或合同。对未中标的投标单位，退回招标文件和预缴的保证金，并付给一定数量的标书编制补偿费。

（3）旅游规划招投标管理的主要内容

①对信息公开的管理。明确旅游规划招投标信息公开的时限、渠道、内容、对象等，并依规执行。

②公正的评标管理。

③过程透明的公平议标管理。

（4）旅游规划招投标管理的步骤

旅游规划招投标管理的步骤极其烦琐。总体来说，它可以分为委托方和规划方两个方面。

委托方的旅游招标管理步骤主要包括：确定招标方式，发布招标公告或邀请书，编制并发放资格预审文件和递交资格预审申请书，资格预审并确定投标申请人，编制和发出招标文件，评标和议标，签订合同（如图4-2所示）。

规划方的旅游投标管理步骤主要包括：接收旅游招标信息，准备相关材料，按照规定编制旅游投标书，投标，答辩，签订合同（如图4-2所示）。

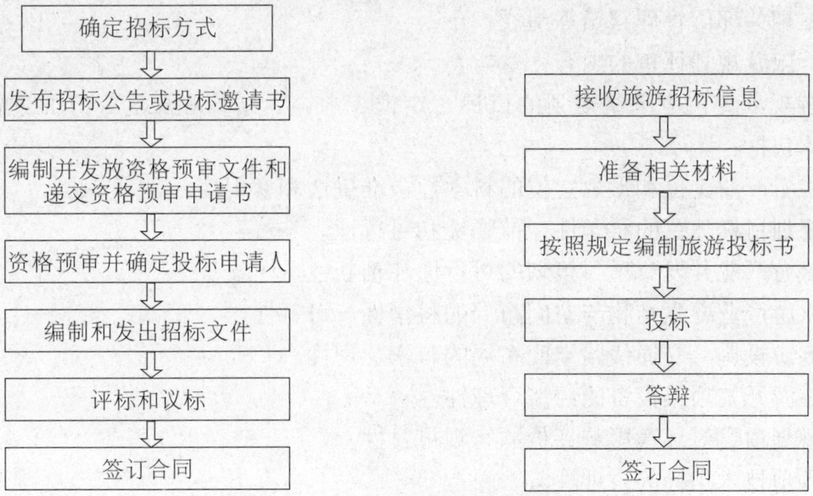

图4-2　旅游规划招投标管理的步骤

2）旅游规划评审管理

旅游规划文本、图件及附件完成后，由规划委托方提出申请，上一级旅游行政主管部门组织评审。

（1）旅游规划评审的程序

①旅游规划评审的方式和要求。旅游规划的评审采用会议审查方式。规划成果应在会议召开5日前送达评审人员审阅。评审会召开前，一般应组织评委会成员对规划区域的主要旅游资源、设施和环境进行实地考察。

②旅游规划评审会的程序。旅游规划评审会的程序如下：

A.评委会主任（组长）或副主任（副组长）宣布评审会开始。

B.规划课题组代表就规划编制的过程、指导思想和基本内容向全体评委作陈述，并向评委和与会人员展示规划图件及有关规划成果材料（课题组汇报陈述与成果展示）。

C.评委质询，课题组答辩。

D.评委讨论与表决。在旅游规划委托方和编制方均回避的情况下，经全体评审人员讨论、表决，并有3/4以上评审人员同意，方为通过。评审意见应形成文字结论，并经评审小组全体成员签字。

E.评委会主任宣读评审意见。

（2）评审人员的组成

旅游发展规划的评审人员由规划委托方与上一级旅游行政主管部门商定；旅游区规划的评审人员由规划委托方商请当地旅游行政主管部门确定。

旅游规划评审组由7人以上组成。其中，行政管理部门代表不超过1/3，本地专家不少于1/3。规划评审小组设评委会主任（组长）1人，根据需要可设副主任（副组长）1～2人。主任（组长）、副主任（副组长）人选由委托方与规划评审小组协商产生。按照惯例，旅游规划编制单位的成员不宜成为评委会成员，这有助于评审的公正性，确保评委会的意见具有权威性。旅游规划评审人员应由经济分析专家、市场开发专家、旅游资源专家、环境保护专家、城市规划专家、工程建筑专家、旅游规划管理官员、相关部门管理官员等组成。

（3）旅游规划评审的内容

旅游规划评审应围绕规划的目标、定位、内容、结构和深度等方面进行重点审议。具体包括：

①旅游产业定位和形象定位的科学性、准确性和客观性。

②规划目标体系的科学性、前瞻性和可行性。

③旅游产业开发、项目策划的可行性和创新性。

④旅游产业要素结构与空间布局的科学性、可行性。

⑤旅游设施、交通线路空间布局的科学合理性。

⑥旅游开发项目投资的经济合理性。

⑦规划项目对环境影响评价的客观可靠性。

⑧各项技术指标的合理性。

⑨规划文本、附件和图件的规范性。

⑩规划实施的可操作性和充分性。

（4）旅游规划的评审意见

目前，我国旅游规划的评审意见无固定格式，但一般包括以下内容：

①评审会的时间、地点和与会人员概况。

②对规划基本内容的简要概括。

③对规划的基本评价。具体包括：规划是否符合实际情况；是否符合国家和地方有关法律法规和方针政策；是否与国民经济和社会发展计划、城市总体规划，以及交通、土地、园林、文化、环保等其他专业规划相衔接；是否符合行业标准和技术规范；是否科学、合理、可行等。此外，对规划存在的不足之处亦应明确指出。

④对规划进行结论性评价。结论的用语目前全国还没有统一的规定。《浙江省旅游规划管理》（草案）将旅游规划评审的等级确定为四级（见表4-3）：一致通过（评审组全体表示同意，总平均分数在85分以上）；原则通过（评审组提出较多修改意见，但没有原则性问题，总平均分数在70~84分）；暂缓通过（评审组提出较多修改意见，但有原则性问题，如发展目标模糊、主题定位不准、文本图件缺失等，总平均分数在60~69分）；不予通过（评审组中60%的成员表示不同意通过，总平均分数在59分以下）（唐代剑，2005）。

表4-3 **旅游规划评审的四级结论**

评审结论	特征	平均分值（总分100分）
一致通过	评审组全体表示同意	85分以上
原则通过	评审组提出较多修改意见，但没有原则性问题	70~84分
暂缓通过	评审组提出较多修改意见，但有原则性问题，如发展目标模糊、主题定位不准、文本图件缺失等	60~69分
不予通过	评审组中60%的成员表示不同意通过	59分以下

旅游规划的评审结论应实事求是，不能人为拔高或故意贬低。旅游规划评审意见中可将评审会上评委对旅游规划存在的问题一一列出，也可以将需要进一步修改完善的意见以会议纪要的形式列出，不具体出现在评审意见中。

3）旅游规划成果管理

（1）旅游规划的上报与审批管理

旅游规划文本、图件及附件，经规划评审会议讨论通过并根据评审意见修改后，由委托方按有关规定程序报批。

旅游规划按行政序列实行分级审批。跨省级区域的旅游规划，由文化和旅游部征求有关地方人民政府意见后审批；地方旅游规划在征求上一级文化和旅游管理部门的意见后，由当地文化和旅游管理部门报当地人民政府审批，或由当地人大审议后由政府发布。

（2）旅游规划成果归档管理

成果归档管理有两层含义：一是对旅游规划文本的数量控制及发放范围控制，并对发放的规划文本进行记录和跟踪；二是对其成果进行归档备案和保管，统一使用。对于上报的规划成果，必须由上级主管部门进行备案，以便查询。

（3）旅游规划预执行管理

预执行管理是以贯彻执行旅游规划为目的的准备性管理工作，包括实施旅游规划的宣传准备、资料准备和组织准备等。预执行管理的目的在于提高实施人员对旅游规划思想理念和内容任务的理解，从而在旅游规划实施中能统一思想，加强贯彻落实。编制和实施旅游发展规划，应当遵守《文化和旅游规划管理办法》。编制旅游开发建设规划应当服从旅游发展规划。

4.5.3　旅游目的地规划实施管理

旅游规划作为一种中长期计划和行动纲领，一般都要经历规划的编制、实施、评估、修编等过程。旅游规划编制工作的完成仅仅是第一步，旅游规划能否顺利实施，则是规划成功的关键。

1）旅游规划实施的主体

不同层次、不同类型的旅游规划的实施主体不尽相同。旅游规划实施的主体主要有政府、企业和社区。

（1）政府

旅游规划实施中的政府涵盖各级政府、文化和旅游管理部门、旅游区管委会以及各类资源直属管理部门等，它们既是旅游规划编制的委托方、审批者，又是旅游规划的实施者、协调者。纵观我国政府主导旅游发展的历程，政府在旅游规划实施或开发中主要有政府包办式、政府主导式和政府服务式三种形式。

政府包办式是政府大包大揽的实施模式，政府承担旅游规划的监督管理者、委托方、开发投资者、项目建设者、运营者、市场营销者等综合职能，主要适合于旅游业刚起步时期。

政府主导式坚持“统一规划、政府主导、市场运作、社会投资”的原则，充分发挥政府在政策法规制定、旅游规划和市场管理方面的主导作用，广泛吸纳社会投资，共同开发建设和管理运营旅游项目。这种形式主要适合于范围较广的区域性旅游规划，是我国目前较为常见的开发方式。

政府服务式的特点是各级政府或部门退出旅游开发经营领域，主要提供行政管理服务、旅游中长期规划、利益相关者协调及一些公共服务，最大限度地吸纳外资或民营资本来投资建设。例如，政府把一些景区或景点的经营权租让给企业或个人投资运营。随着旅游地发展的不断成熟，旅游主管部门的主要职责从旅游资源开发转移到对外推介旅游产品、对内服务旅游企业两大功能上来，不断强化旅游法规建设和市场监管，维护旅游者和经营者的合法权益。

（2）企业

企业是市场经济的主体，旅游企业在旅游市场经济中的主体作用日益显现。越来越多的旅游区规划由旅游企业出资委托编制和实施。旅游企业在旅游规划实施过程中更加注重时效性和经济效益，容易从自身利益角度出发，因此离不开政府的有力监管。

（3）社区

社区居民参与旅游规划是当前旅游研究的热点和难点之一。从目前实践经验来看，社区居民参与旅游规划有三种不同的形式：一是社区紧密参与型，社区参与全程旅游规划的编制和实施；二是社区非紧密参与型，社区只承担环境改善和配合实施的职责；三是社区无关型，社区只是旅游规划中的一个利益主体，不参与规划决策和实施，到最后利益分配的时候社区参与分成。

2）旅游规划实施的内容

旅游规划实施的主要内容一般包括旅游项目开发、旅游市场推广、旅游服务设施建设、旅游基础设施建设、旅游环境保护与建设五个方面。不同的实施内容，参与主体及其参与程度有所差异。

（1）旅游项目开发

旅游项目开发是旅游规划实施的关键。旅游规划是否具有可行性和可操作性，取决于旅游项目能否落地。旅游项目的开发建设一般以企业为主，政府规划审批或从旁协助、监管。

（2）旅游市场推广

旅游项目开发建设好之后，就需要进行市场宣传和推广，以吸引大规模的旅游者。旅游市场推广包括旅游形象宣传和旅游产品促销等内容。一般以政府与企业合作为主，政府负责旅游地整体形象推广与组织旅游地市场营销活动，而企业则负责具体的自身产品宣传促销活动。

（3）旅游服务设施建设

旅游服务设施建设主要包括住宿设施、餐饮设施、游乐设施以及其他旅游服务设施的建设，如游客服务中心、旅游咨询中心、观景台、旅游购物场所等。旅游服务设施建设一般以企业为主，政府规划引导。

（4）旅游基础设施建设

旅游基础设施建设一般由道路及交通配套设施建设、防灾设施建设、给排水设施建设、邮电通信设施建设等内容组成，以政府投资建设为主，企业可采取BOT（建设-经营-移交）等方式参与部分基础设施项目投资建设。

(5) 旅游环境保护与建设

旅游环境保护与建设包括对旅游区生态环境系统的维护与修复、植被景观的保护、重点区段点的绿化、社区文化氛围的营造、旅游服务环境的改善等，主要以政府为主，社区参与，企业协助。在旅游规划实施中，要培训并配备专业人员参与各种旅游环境的保护与建设，包括对道路及景观植被进行定期的维护与修复工作，保障森林植被和生物物种的多样性，保持生态平衡等。

3）旅游规划实施的程序

旅游发展规划经批复后，由各级文化和旅游管理部门负责协调有关部门纳入国土规划、土地利用总体规划和城市总体规划等相关规划。旅游发展规划所确定的旅游开发建设项目，应当按照国家基本建设程序的规定纳入国民经济和社会发展计划。

审批后的旅游规划，其所规划的产业定位、发展目标、总体布局和主导产品等内容，具有指导性，必须贯彻执行。

4）旅游规划实施效果评估

根据《旅游发展规划实施评估导则（LB/T 041—2015）》，按照“政府组织、专家评估、公众参与”的组织原则，主要采用专家评审会的会议审查方式，由第三方主导（非利益相关）、多方参与旅游规划评估。遵循“定量与定性评估相结合，自我评估、专家评审与社会参与相结合，材料审查与实际考察论证相结合”的评估原则，形成统一书面评审意见，经评审专家组全体成员签字。每位评审专家形成独立的专家评估表并签名。规划实施评估报告的内容包括：规划的基本情况；规划主要目标的落实情况；规划主要内容、重点项目、重点任务的执行进展情况；规划实施的综合影响；总体评价及原因分析；问题与建议等。

课程思政 4-1

治愈系海南：养眼 养心 养生

背景与情境：随着北方多地气温明显下降，10月下旬起，“候鸟”老人便开启“年度南北大迁徙”。携程相关数据显示，三亚成为“候鸟”老人避寒首选目的地，北京、上海、哈尔滨、长春等地至三亚、海口的航班也成为2020年热门“候鸟”航线。

生态岛、健康岛、长寿岛、阳光岛……这些都是海南岛的别称。多年来，温暖湿润的气候、清新的空气、良好的生态环境吸引诸多银发族前来康养旅居。随着国民健康意识的增强，大众对健康的需求逐年提升，康养需求不再是老年群体的专属话题。而随着我省康养旅游产品的不断丰富和升级，康养旅游正成为我省旅游的一大亮点。

优质资源带来市场契机

“冬天待海南舒服啊，气候好、空气好、环境好，咽炎症状都减轻很多，身边好多亲朋好友过来了。”因为担心秋冬季节流感高发，来自吉林的张爱国和老伴上个月就“迁徙”到了琼海。

随着生活水平的提高，人们对自身的健康也越来越重视。拥有医疗技术、生态环境、健康等资源优势的区域，成为人们追寻健康与养生的首选之地。

这无疑给海南带来了庞大的市场契机。在此前举行的“2020海南旅居康养研讨会”上，中国康养旅居品牌联盟执行主席李永春表示，海南拥有丰富的滨海资源、森林资源和空气资源以及气候优势，是呼吸系统疾病疗养和过敏性疾病康养的优质目的地，具有发展康复医学和打造康养基地的最佳气候环境条件。

与此同时，博鳌乐城国际医疗旅游先行区、中国人民解放军总医院（301医院）海南分院、三亚中医院国际友好中医康复疗养院等一批具有国内先进水平的医疗机构也为我省发展康养旅游打下了坚实基础。

《海南自由贸易港建设总体方案》提出，推动旅游与文化体育、健康医疗、养老养生等深度融合。为全面激发旅游市场消费潜力，促进旅游业与医疗康养业融合，为海南全面建设自由贸易港助力，今年8月，省旅文厅充分利用自贸港政策，以免税购物、健康疗养等主要产品，在北京举办2020海南自贸港旅游推介会暨“健康游 欢乐购”全国游海南启动仪式，进一步打响海南康养旅游品牌，吸引广大游客前来海南康养度假。

“我们也依托本地独特的滨海温泉资源、南药资源、医疗专科以及良好的生态环境资源优势，设计推出符合游客需求、具有海口特色的健康游系列产品，比如度假温泉康养、生态挥杆高尔夫、帆船帆板体验、万年火山深呼吸、中医健康理疗等体验式旅游产品，希望进一步丰富海口旅游产品体系。”海口市旅文局相关负责人表示。

更新产品拉动旅游消费

“博鳌经常来，很熟悉很喜欢。乐城听说过很多次，国庆长假第一次来，感受很不错，的确是国际一流水平。”旅居海口的浙江人王芮将“乐城康养+琼海度假”的休闲方式第一时间推荐给了浙江的朋友们。

今年上半年，“1+X”超值康养旅游套餐成为琼海的“爆款”旅游产品。4月初，为尽快实现全面复工复产、振兴琼海旅游业，琼海面向全岛居民推出“1+X”一站式康养旅游新体验，将乐城先行区一流的医疗旅游与本地酒店、景区、风情小镇和美丽乡村等旅游资源进行有机整合，进一步丰富和完善了琼海独具优势和特色的医疗旅游尤其是康养旅游产品。

据博鳌一龄生命养护中心董事长李玮介绍，在一龄，市民游客可以选择舒筋正骨、拨筋疗法、经脉针灸理疗、罐诊疗法等多个中医特色理疗项目，以及亚音速无针水光、BBL光子嫩肤、RF多极射频美容、注氧活肤美肤、红蓝光祛痘美肤等美肤项目，此外，还有五韵疗法、琴音疗愈、禅意插花等十余项文化治愈体验项目。“海南是医疗旅游发展高地，自从进驻海南，特别是进驻博鳌乐城国际医疗旅游先行区之后，我们在海南的投入超过20亿元，博鳌一龄生命养护中心已经成为集团在国内的发展母版，并在国际合作中找到新的机遇。”李玮表示。

以滨海旅游度假为王牌的三亚，正瞄准康养旅游发展的巨大潜力，使其成为三亚旅游发展新的增长极。三亚市旅文局联合该市卫健委，对多家旅游企业和康养机构新近开发的康养旅游产品进行推介，其中包括三亚国际友好中医疗养院推出的“喜松堂”中医药健康产品和中医药文化体验路线、海棠湾·上工谷国际中医药康养特色小镇推出的以运动医疗康复为主题的康复中心项目和精品康养民宿、亚龙湾生命泉健康管理中心推出的3天2晚养生静心之旅、三亚半岭温泉海韵别墅度假酒店推出的多款高端温泉度假别墅酒店套餐、三亚亚龙湾人间天堂鸟巢度假村推出的3天2晚云端“轻养”产品套餐等。

产业潜力引企业探索布局

今年7月28日，海南航空北京至琼海博鳌航线正式开通，并由“博鳌乐城国际医疗旅游先行区”号飞机执行首航，博鳌机场为此举行了民航界最隆重的“过水门”仪式。据悉，海南航空的“乐城号”开通后，乐城康养医疗旅游产业的交通主动脉就此打通，患者或旅客可以从北京直飞博鳌，节省了至少2个小时的换乘和乘坐火车时间。与此同时，海南航空还推出了机票附加产品，如凭登机牌可免费获得由博鳌恒大国际医院提供的乳腺癌筛查项目、在乐城先行区享受直肠癌检测项目及胶囊胃肠镜检测项目专属折扣价的康养权益等。

航空公司积极拓展“航空+康养”等服务边界，大型旅游企业也已嗅到先机。

8月23日，众信旅游集团与海南博鳌乐城国际医疗旅游先行区管理局签署战略合作协议。海南日报记者了解到，相关协议签署后，众信旅游集团将与乐城先行区共享博鳌乐城品牌和先行区国际化医疗资源优势，创新设计相关医疗康养旅游产品并投入市场，为客户提供包含问诊、治疗、医美、医养、度假、旅游于一体的综合医疗健康服务。在“乐城城市展厅”项目的合作中，众信旅游集团将与乐城先行区患者服务中心共同在全国各主要省市开设百家乐城先行区线下窗口，由此窗口重点展示乐城的政策、产品和服务，引导有需求的患者前往乐城就医、康养。与此同时，众信旅游集团旗下优耐德旅游已与海南航空联合独家运营了“百人博鳌乐城5日健康行”项目，服务游客以乐城先行区为核心，享受健康养生之旅，体验海南国际化的医疗旅游服务。

自今年3月与海南省旅文厅签署战略合作协议以来，众信旅游集团深入探索布局海南，积极探讨参与海南自贸港建设的新思路、新模式。此次与乐城先行区在医疗康养旅游、联合营销推广、康养基地投资建设等方面展开合作，是众信旅游“旅游+医疗”布局的重要节点，也正是众信旅游集团深耕海南市场的又一探索。

资料来源 赵优. 治愈系海南：养眼 养心 养生［EB/OL］.［2020-11-11］. http://hnrb.hinews.cn/html/2020-11/11/content_58479_12606022.htm.

问题：海南国际旅游岛如何应对不断挤占公共空间的旅游开发和滨海原生态保护问题？

研判提示：第一，要摆正“利益驱动”与“环境伦理”的关系，使前者从属于后者。第二，进行科学规划，完善公共基础设施，优化配套设施，同时依托相关产业发展，提升服务质量。第三，创新理念，不断推出具有市场竞争力的新型海洋旅游产品。第四，应采取严格管控措施，切实有效保护现有海南热带雨林和山地森林生态环境与旅游资源，实现可持续发展。第五，要严格执行《中华人民共和国旅游法》的相关规定，如科学合理控制全岛住宿设施的发展总量，调整结构，优化布局等。

本章概要

主要概念

旅游目的地　旅游目的地管理　旅游目的地营销　旅游目的地危机管理　旅游目的地容量管理　旅游规划　旅游目的地规划管理

内容提要

- 本章主要介绍了旅游目的地管理的基本理论和主要内容，包括旅游目的地管理的相关概念、旅游目的地营销管理、旅游目的地危机管理、旅游目的地容量管理和旅游目的地规划管理。

- 旅游目的地管理是指通过行政方法、经济方法和法律方法，将旅游目的地视为一个开放型的完整系统，开发、利用和保护旅游资源，调控旅游目的地的运行机制，组织丰富多彩的旅游项目活动，创造显著的经济效益和社会效益的过程。旅游目的地管理的主体是旅游目的地管理组织（DMO），旅游目的地管理的对象包括旅游企业、旅游从业人员、旅游市场营销活动、当地居民与游客等。

- 旅游目的地营销是指区域性旅游组织通过区分、确定本旅游目的地产品的目标市场，建立本地产品与这些市场间的关联系统，并保持或增加目的地产品所占市场份额的活动。旅游目的地营销的主体是区域性或跨区域性旅游组织，客体是旅游客源市场，主要营销媒介是目的地形象。旅游目的地营销不宜孤立进行，不同目标市场宜采取不同的营销策略，不同发展阶段宜采取不同的营销策略。

- 旅游目的地危机管理是为预防可能危及、影响旅游业正常发展的各种突发性事件的发生而建立的一套系统防范、沟通、处理、化解危机的日常管理模式。旅游危机管理体系包括政府（主要指政府旅游主管部门）、旅游企业、旅游从业人员、旅游者等多个行为主体。

- 旅游目的地容量是指某一区域的资源与环境状态在没有受到不可接受的破坏时所能达到的旅游活动水平。旅游目的地容量包括生态容量、经济容量、物质容量、心理容量和社会容量。对于一个旅游目的地来说，日空间容量与日设施容量的测算是最基本的要求。旅游目的地生态环境容量测算常用的方法有线路法、面积法、卡口法和综合平衡法。

- 旅游规划是以旅游学为理论依据，以特定的区域为对象，根据旅游发展条件与发展规律，将与旅游活动有关的各种资源进行优化配置，并作出全面战略安排与总体部署，规划、设计具体经济技术方案与措施，以充分发挥整个旅游系统的功效，达到预期的目标效益的一项科学活动。从旅游规划本身看，旅游规划可以分为跨区域旅游规划、区域旅游规划、景区（点）旅游规划三个性质和要求不同的空间层级，分别代表宏观、中观和微观。每个空间层级又包括若干层次，如区域旅游规划包括国家级、省级、州市级等层次。旅游规划具有周期性，一个旅游总体规划就是一个旅游规划周期，它包括旅游发展总体规划、控制性详细规划、修建性详细规划。三者按时间顺序展开，在规划范围和深度要求上存在差异。从旅游规划内容看，旅游规划可以分为综合规划和专项规划，专项规划既可以指不同的旅游种类规划（如乡村旅游规划、生态旅游规划等），也可以指旅游开发中的某个部分（如旅游产品规划、旅游营销规划等）。旅游规划按照近细远粗的原则，可以分为短期旅游规划（1年内）、近期旅游规划（1~5年）、中期旅游规划（5~10年）、远期旅游规划（10~20年）。《旅游规划通则》（GB/T 18971—2003）是编制旅游规划的重要参考标准。

内容结构

本章内容结构如图4-3所示。

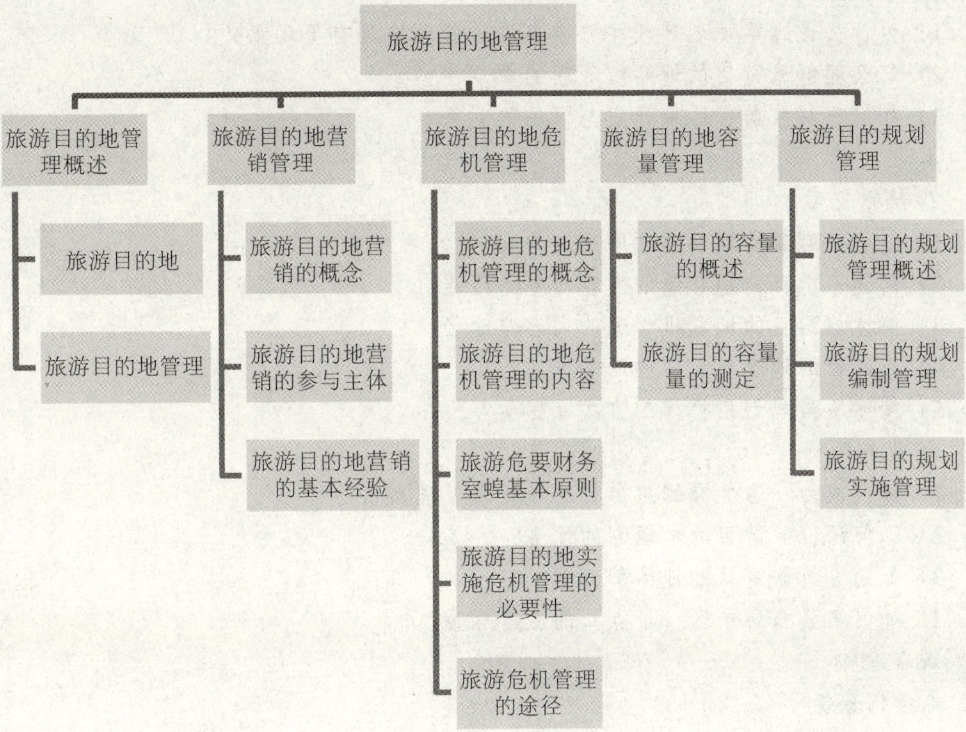

图4-3　本章内容结构

重要观点

观点4-1：旅游目的地指具有独特的旅游形象和吸引力、健全的设施和服务、完善的区域管理与协调机构，能够使潜在旅游者产生出游动机并作出出游决策，实现其旅游目的的区域。

常见质疑：旅游目的地是由旅游目的地、旅游区、旅游景区、旅游景点组成的。

释疑：旅游目的地包括三个层次要素：首先是吸引力要素，即各类旅游吸引物，是吸引旅游者从客源地到目的地的直接的基本吸引力；其次是服务要素，即各种旅游服务的综合，会影响旅游者的整个旅游经历；最后是环境要素，环境要素既是吸引要素的组成部分，同时又是服务要素的组成部分，形成了一个旅游目的地的发展条件。

单元训练

传承型训练

▲ 理论题

△ 简答题

1）简述旅游目的地的概念、要素、特点和分类。

2）简述旅游目的地营销的概念与特点。

3）简述旅游目的地危机管理的概念与实施的必要性。

4）简述旅游目的地容量的概念、影响因素与体系。

5）简述旅游目的地规划管理的意义。

△ 讨论题

1）为什么说战略规划管理在旅游目的地管理中具有重要意义？

2）怎么理解旅游目的地品牌管理的重要性？

3）如何理解旅游目的地开发与保护的关系？

▲ 实务题

△ 规则复习

1）简述旅游目的地管理的原则与内容。

2）简述旅游目的地营销的内容与基本经验。

3）简述旅游目的地危机管理的内容与途径。

4）旅游目的地容量有哪些测量方法？

5）简述旅游规划招投标的方式有哪些？

△ 业务解析

1）如何成为一名优秀的旅游目的地行政管理人员？

2）如何评价旅游目的地规划的优劣？

3）如何进行旅游目的地品牌管理？

4）如何测量旅游景区（景点）的旅游容量？

▲ 案例题

△案例分析

【训练项目】

案例分析-Ⅲ。

【训练目的】

见本章“学习目标”中“传承型学习”的“认知弹性”目标。

【教学方法】

同第1章“单元训练”中本题型的“教学方法”。

【训练任务】

同第3章“单元训练”中本题型的“训练任务”。

【相关案例】

打赢疫情攻坚战的湖北A级旅游景区门票全免感恩国人

背景与情境： 名满天下的黄鹤楼、气势磅礴的三峡大坝、野趣盎然的神农架……“灵秀湖北”可以免票畅游了。2020年8月，湖北启动“与爱同行 惠游湖北”活动，全省近400家A级旅游景区对全国游客免门票开放。

大手笔“请客单”饱含湖北的绵绵深情。新冠肺炎疫情突袭荆楚，作为疫情防控主战场的湖北和武汉，一度形势严峻、处境艰难。当此之时，党中央、国务院调集各种资源和力量支持湖北；全国人民心系湖北，捐赠了大量医用物资、生活物资；340多支援鄂医疗队、4.2万余名医护人员白衣执甲、逆行出征，不顾生死、奋勇战疫，创造了一个个生命救援的奇迹。进入疫情防控常态化阶段，各地又纷纷对湖北发展“搭把手，拉一把”。湖北以景区免票报答帮助过自己、为自己拼过命的人，体现的是一种朴素而真诚的感恩。

于湖北而言，免门票是“涌泉之恩，滴水相报”的感恩之举；于市场而言，免门票则是激活旅游市场、激发消费潜能的重要举措。全国恢复跨省团队旅游以来，一度停摆的国内旅游业，进入全面恢复正常运营的新阶段，各地纷纷出台优惠政策。从山东81个国有景区集体降价，到内蒙古、贵州等地大幅度下调景区门票价格，景区减免门票，提升的是人气，带动的是周边酒店、餐饮、购物、特色演出、娱乐等全链条产业的发展。减免门票既是特殊时期的应对举措，也是旅游市场摆脱对“门票经济”的依赖，变得更加开放、更加成熟的一个契机。

随着全国疫情防控阻击战取得重大战略成果，积压的旅游需求正在不断释放，国内旅游业有望加速步入复苏通道。中国旅游研究院《2019年旅游市场基本情况》显示，2019年中国国内旅游人数达60.06亿人次，全年实现旅游总收入6.63万亿元，表明我国境内游市场基本面厚实。受疫情影响，大量出境游需求纷纷转向境内游。未来，中国旅游市场消费潜能巨大，大有可为。在疫情防控常态化背景下，旅游主管部门、景区、企业在合理引导消费者，协力做好各环节安全保障工作的同时，还需努力探索更科学、更人性化、更具吸引力的服务新模式，持续激发消费潜力，推动旅游业加快复苏。

面对纷至沓来的游客，各地景区也将迎来服务质量的大考。景区门票减免之后，服务好坏影响着当地旅游吸引力。为了提升旅游服务竞争力，有的地方面向社会聘请监督员，推动地方旅游服务质量提升；有的开展整治行动，全面解决旅游市场存在的问题；有的加强旅游从业人员技能培训，提高游客满意度……各地多措并举，景区人气渐旺，民宿重新开张，餐馆恢复往日烟火气。事实证明，大力提升旅游供给能力和服务质量，才能让游客游得安心顺心；加快培育新产品新业态，才能让游客遇见更精彩的风景，加速旅游业从传统的观光型转向综合度假型。

危和机总是同生并存的，克服了危即是机。抓住旅游业疫后复苏的契机，革除不适应疫后重振的发展思维和模式，创新体制机制，使之更加符合市场的需求、人民的期盼，旅游业必能在危机中育新机、于变局中开新局。

资料来源　李思辉．“免门票”促进旅游业转型升级［EB/OL］．［2020-08-20］．http://travel.people.com.cn/n1/2020/0820/c41570-31829978.html.

问题：

1）该案例涉及本章的哪些知识点？

2）请从战略管理的角度探讨为什么湖北旅游景区要实行免门票政策。

3）请从旅游目的地管理的角度，分析湖北旅游景区的做法是否可以普遍推广。

【训练要求】

同第1章“单元训练”中本题型的“训练要求”。

【成果形式】

1）训练课业：《“打赢疫情攻坚战的湖北A级旅游景区门票全免感恩国人”案例分析报告》。

2）课业要求：同第1章“单元训练”中本题型的“课业要求”。

△ 课程思政

【训练项目】

课程思政-Ⅲ。

【训练目的】

见本章“学习目标”中“传承型学习”的“认知弹性”目标。

【教学方法】

同第1章“单元训练”中本题型的“教学方法”。

【训练准备】

同第1章“单元训练”中本题型的“训练准备”。

【相关案例】

淄博和柳州共寻“网红”变“长红”之道

背景与情境：“南柳州，北淄博。”作为2023年“出圈”的两大“网红”城市，柳州和淄博日前“梦幻联动”。当一碗粉遇上烧烤，两者会碰撞出什么样的火花？

淄博市长考察柳州螺蛳粉

5月15日，淄博市市长赵庆文率考察团来到柳州，实地考察柳州螺蛳粉产业发展情况。当众人进淄“赶烤”时，淄博市长为何率团前来柳州考察？吸引淄博市长前来的，是一碗螺蛳粉。

据《柳州新闻》报道，5月15日，在柳州市市长张壮陪同下，赵庆文一行先后实地走访广西螺霸王食品有限公司、广西兴柳食品有限公司等企业，详细了解柳州螺蛳粉企业生产、运营情况，以及柳州螺蛳粉一二三产业融合发展情况等。

今年以来，作为工业城市的柳州，旅游市场却持续火爆，从“舌尖”到“脚尖”，到处都是“人人人”的景象。柳州市各“网红”螺蛳粉店门前排起长龙，许多游客一落地就背着包、拖着行李箱来“嗦粉”。

“五一”假日期间，柳州市接待游客390.14万人次，同比增长103.6%；实现旅游消费35.93亿元，同比增长111.1%。

一碗粉，带火一座城

带火柳州的，是当地的特色小吃螺蛳粉，具有辣、爽、鲜、酸、烫的独特风味。

20世纪七八十年代，柳州夜市逐步繁荣，不少食客在吃米粉时要求加入鲜辣螺蛳汤。久而久之，柳州螺蛳粉就此诞生。但此前，螺蛳粉只是深藏在柳州街头的路边摊小吃。

转机出现在2014年，第一家袋装螺蛳粉企业诞生商家开发出方便流通、速食的袋装螺蛳。袋装螺蛳粉搭乘“互联网+”的东风，走进千家万户，成为“粉圈”顶流，并带火柳州这座城市。

如今，对于柳州而言，螺蛳粉既是可以带动地方经济发展的特色产业，也是吸引游客前来的名片。

2022年，柳州螺蛳粉全产业链销售收入达到600.71亿元、同比增长19.8%，出口达到8 300万元、同比增长61%。

工业城市变身“网红”城市“密码”

“南柳州，北淄博。”经梳理不难发现，柳州与淄博有很多相似点：同为开放包容的工业城市，同样因小吃而“出圈”。

今年开春以来，“大学生组团到淄博吃烧烤”等话题和帖子在网络上热度不减，全国各地的大学生不断涌入淄博，让淄博成为“网红”城市。

解密工业城市“出圈”的“密码”，主打一个真诚。

淄博以烧烤走红为契机，借势全方位推介城市。各级各部门迅速行动起来，让来淄博吃烧烤的大学生“吃得放心、玩得开心、走得舒心”。

为此，淄博专门制定烧烤地图、开通烧烤高铁专列，并在公共厕所里配备湿厕纸、卫生巾、肠炎宁等“安心篮”。“五一”前夕，淄博发出通知，要求具备开放条件的政府单位，免费向社会开放停车场和厕所。

与此同时，柳州开通嗦粉、夜宵美食等公交专线，途经各螺蛳粉“网红店”、各大夜市。“五一”期间，柳州设置近200个“宠粉”志愿服务岗、增开柳江水上音乐喷泉场次、扩增行李寄存处等，全方位为旅客服务。

两大“网红”城市如何联动？

淄博烧烤“爆红”的同时，如何让城市既有“烟火味”，又不“呛人”，也考验着城市管理者的功力。这也正是各地政府关注的内容。

据《柳州日报》报道，在当天召开的座谈会上，“淄博是如何推进城市柔性管理？”，成为柳州市政府关注的话题之一。此外，双方围绕特色产业发展、文旅融合、城市管理等进行深入交流。

“我们欢迎淄博烧烤进军柳州，柳州螺蛳粉到淄博去也请予支持。”张壮表示，淄博和柳州同为工业城市，希望双方以烧烤、螺蛳粉为媒，实现相互促进、常来常往，并在产业互融互通、优势互补以及城市环境治理等方面，全方位加强交流合作，共同把两座城市建设好、发展好。

赵庆文表示，淄博和柳州既是工业城市，也是“网红”城市，都处于升级转型的重要时期，很多经验值得交流学习。

近年来，柳州通过工业化理念谋划，互联网思维营销，打造出来的“网红”产品袋装螺蛳粉颇受市场青睐，淄博的年轻人对柳州螺蛳粉也十分热衷，希望在柳州学习到更多特色产业发展的好经验，在升级转型的道路上实现更多突破。

资料来源　林馨. 淄博、柳州“梦幻联动”共寻“网红”变“长红”之道[EB/OL].[2023-05-17]. https://baijiahao.baidu.com/s?id=1766125824657151467&wfr=spider&for=pc.

问题：

1）本案例中体现了哪些思政元素？

2）试对上述案例作出你的思政研判。

3）说明你所作思政研判的依据。

4）请从旅游目的地管理的角度对淄博和柳州成为“网红城市”的原因作出分析和评价。

【训练要求】

同第1章“单元训练”中本题型的“训练要求”。

【成果形式】

1）训练课业：《“淄博和柳州共寻“网红”变“长红”之道”思政研判报告》。

2）课业要求：同第1章“单元训练”中本题型的“课业要求”。

创新型训练

▲ 拓展创新

拓展创新-Ⅰ

【训练目的】

见本章“学习目标”中“创新型学习”的“拓展创新”目标。

【教学方法】

采用“学导式教学法”和“创新教学法”。

【知识准备】

学生通过院资料室、校图书馆和互联网等途径，自主学习如下知识：

1）列入本教材“附录一”附表1“能力领域”中“与人交流”、“与人合作”和“革新创新”能力，“初级”各技能点“‘知识准备’参照范围”的知识。

2）本教材“附录三”附表3“能力领域”中“与人交流”、“与人合作”和“革新创新”能力，“初级”各技能点的“基本要求”和“参照规范与标准”。

【训练任务】

1）自主学习“知识准备”所列知识。

2）查阅关于“中外旅游目的地危机管理”的各种观点信息。

3）应用“知识准备”所列知识，依照相关要求和“参照规范与标准”，进行“知识创新”强化训练。

4）撰写、讨论和交流训练课业。

【训练要求】

1）体验对“知识准备”所列知识的自主学习过程。

2）体验对“知识准备”所列知识的应用，以及相关“要求”和“参照规范与标准”的遵循。

3）体验将关于“中外旅游目的地危机管理”的各种观点信息中的诸多拓展性观念要素整合为一个内在一致、功能统一的新整体，形成一个带有原创性成分的《中外旅游目的地危机管理比较研究》的“知识创新”（初级）过程。

【训练时间】

本章课堂教学内容结束后的课余时间，为期一周。

【训练步骤】

1）将班级同学组成若干“知识创新”项目团队，每队确定一人负责。

2）各团队根据训练项目需要进行角色分工。

3）各团队自主学习“知识准备”所列知识。

4）各团队应用“知识准备”所列知识，并遵循相关“要求”和“参照规范与标准”，系统体验关于本项目的如下技能操作：

（1）通过队内分工与合作，搜集和处理本训练项目中存有争议的关于“中外旅游目的地危机管理”的各种观点信息，分析研究、讨论与交流其各自所长与不足。

（2）将关于“中外旅游目的地危机管理”的各种观点信息中诸多拓展性观念要素整合为一个内在一致、功能统一的新整体，撰写带有原创性成分的《中外旅游目的地危机管理比较研究》论文。

(3) 以相互质疑和答疑的方式，在班级讨论、交流、相互点评其《中外旅游目的地危机管理比较研究》论文。

(4) 根据班级讨论交流结果，各团队修订和完善其《中外旅游目的地危机管理比较研究》论文。

5) 各团队总结本次“创新理论与方法知识应用”训练中的各项技能操作体验，形成作为最终成形式的训练课业。

6) 在校园网的本课程平台上展出经过修订和任课教师点评的优秀训练课业，供相互借鉴。

【成果形式】

训练课业：撰写《“拓展创新-Ⅰ”训练报告》

课业要求：

1) 内容包括：训练团队成员与分工；训练过程；训练总结（对三项“训练要求”操作体验中成功与不足的分析说明）；附件。

2) 将《中外旅游目的地危机管理比较研究》论文作为《“拓展创新-Ⅰ”训练报告》的“附件”。

3)《中外旅游目的地危机管理比较研究》应符合科学论文写作规范要求，做到创新方法运用正确，观点独到新颖，论据确凿合理，文字简洁准确。

4) 结构与体例参照本教材“课业范例”的“范例综-6”。

5) 在校园网的本课程平台上展示经过教师点评的班级优秀《“拓展创新-Ⅰ”训练报告》，并将其纳入本课程的教学资源库。

建议阅读

[1] 鲍尼费斯，库珀. 世界旅游目的地经营管理案例：以旅游地理学视角分析[M]. 孙小珂，等译. 沈阳：辽宁科学技术出版社，2009：32-42.

[2] 李雪松. 旅游目的地管理［M］. 北京：中国旅游出版社，2017：1-24.

[3] 邹统钎. 旅游目的地管理［M］. 2版.北京：高等教育出版社，2019：212-229.

[4] 王昕，张海龙.旅游目的地管理［M］. 北京：中国旅游出版社，2019：2-25.

[5] MORGAN，PRITCHARD，PRIDE.旅游目的地品牌管理［M］. 杨桂华，等译. 天津：南开大学出版社，2006：117-137.

[6] 黄安民. 旅游目的地管理［M］. 武汉：华中科技大学版社，2016：3-8.

[7] 程金龙. 旅游目的地管理［M］. 北京：中国旅游出版社，2019：64-70.

参考文献

[1] BLAIN，LEVY，RITCHIE.Destination Branding：Insights and Practices from Destination Management Organizations ［J］. Journal of Travel Research，2005（43）：328-338.

[2] GUNN C.Tourism Planning［M］. New York：Taylor & Francis Press，1988：7-8.

[3] 保继刚，楚义芳. 旅游地理学［M］. 北京：高等教育出版社，1999：73-76.

[4] 程金龙. 旅游目的地管理［M］. 北京：中国旅游出版社，2019：64-70.

[5] 黄安民. 旅游目的地管理［M］. 武汉：华中科技大学出版社，2016：3-8.

[6] 魏小安. 旅游目的地发展实证研究 [M]. 北京：中国旅游出版社，2002：5-7，35-43.

[7] 王晨光. 旅游目的地营销 [M]. 北京：经济科学出版社，2005：34-41.

[8] 王国新. 论旅游目的地营销误区与新策略 [J]. 旅游学刊，2006 (8)：45-49.

[9] 王磊，刘洪涛. 旅游营销的新观念：旅游目的地营销 [J]. 旅游科学，1998 (4)：28-44.

[10] 邹统钎. 旅游目的地管理 [M]. 2版.北京：高等教育出版社，2019：212-229.

[11] 高静，章勇刚. 旅游目的地品牌化若干基本问题的探讨 [J]. 北京第二外国语学院学报，2007 (9)：73-78.

[12] 凯勒. 战略品牌管理 [M]. 卢泰宏，吴水龙，译. 3版. 北京：中国人民大学出版社，2009：23.

[13] 王昕，张海龙.旅游目的地管理 [M]. 北京：中国旅游出版社，2019：2-10.

[14] 李雪松. 旅游目的地管理 [M]. 北京：中国旅游出版社，2017：1-24.

[15] 库珀，弗莱彻. 旅游学 [M]. 张俐俐，等译. 3版. 北京：高等教育出版社，2007：67，259.

[16] 张红，席岳婷. 旅游业管理 [M]. 北京：科学出版社，2006：102-105，412，418-421.

[17] 舒伯阳. 实用旅游营销学教程 [M]. 武汉：华中科技大学出版社，2008：96-98，191.

[18] 肖光明. 旅游目的地营销特点与策略研究——以肇庆市为例 [J]. 热带地理，2008，28 (5)：1-3，488-492.

[19] 柏杨. 旅游学概论 [M]. 合肥：安徽大学出版社，2009：125-127，209-213.

[20] 方增福，夏传辉，赵希勇. 旅行社管理 [M]. 北京：科学出版社，2005：154，163-165.

[21] 后东升，樊丽丽. 旅游学概论 [M]. 西安：西北农林科技大学出版社，2007：179，183-184.

[22] 孙玉梅. 论旅游的可持续发展 [M]. 北京：经济日报出版社，2006：85-97，136.

[23] 章海荣. 旅游审美原理 [M]. 上海：上海大学出版社，2002：173-174.

[24] 唐代剑，等.旅游规划理论与方法应用 [M]. 北京：中国旅游出版社，2016：280-308.

[25] 杨晓霞，向旭，等.旅游规划原理 [M]. 北京：科学出版社，2013：36-41.

[26] 马勇. 旅游规划与开发 [M]. 2版. 北京：高等教育出版社，2006：8-20.

[27] 冯学钢，等.旅游规划 [M]. 上海：华东师范大学出版社，2011：251-266.

第5章
会展旅游管理

▶ 学习目标

▷ 传承型学习

通过以下目标，建构以“会展旅游管理”为阶段性内涵的“传承型”专业学力：

理论知识： 学习和把握会展旅游的相关概念与特征，会展旅游产品的概念、特点与构成，会展旅游者的概念、特点与需求，会展企业的概念、类型与特点，会展设施的概念与类别等陈述性知识；用其指导“同步思考”、“深度剖析”和相关题型的“单元训练”；体验“会展旅游管理”中“理论知识”的“传承型学习”及其迁移。

实务知识： 学习和把握会展旅游产品开发设计应着重突出的方面，会展旅游产品营销，会展企业各部门工作职责，会展设施软硬件管理应重点考虑的因素，会展设施的主要运营模式和综合利用，以及“业务链接”等程序性知识；用其规范“深度剖析”、“教学互动”和相关题型的“单元训练”；体验“会展旅游管理”中“实务知识”的“传承型学习”及其迁移。

认知弹性： 运用本章理论与实务知识研究相关案例，对本章“引例”、“同步案例”和“中国银河会展中心，企业云上办展新标配”等案例情境进行多元表征，体验“会展旅游管理”中“结构不良知识”的“传承型学习”及其迁移；依照相关行为规范对“课程思政5-1”和章后“课程思政-V”进行思政研判，激发与“会展行业职业道德建设亟待加强”和“中国会展业，交出十三五成绩单”等议题相关的会展旅游职业要求和发展不足的思考，促进健全职业人格塑造。

实践操练： 参加“‘会展旅游管理’知识应用”的实践训练。在了解和把握本训练所及“能力与道德领域”相关技能点的“参照规范与标准”基础上，通过对“知识准备”所列知识的运用，相关“参照规范与标准”的遵循，系列技能操作的实施，相应实践报告的准备、撰写、讨论与交流等有质量、有效率的活动，系统体验其诸多技能的“传承型学习”及其迁移；通过践行“职业道德”选项的行为规范，体验“职业道德”规范的“传承型学习”（内化级）及其迁移，促进健全职业人格的塑造。

▷ 创新型学习

通过以下目标，建构以“会展旅游管理”为阶段性内涵的“创新型”专业学力：

自主学习： 参加“自主学习-III”训练。在制订和实施团队自主学习计划的基础上，通过阶段性学习和应用其“知识准备”所列知识，搜集、整理与综合“会展旅游发展研究”前沿知识，讨论、撰写和交流《“会展旅游发展研究”最新文献综述》、撰写《“自主学习-III”训练报告》等活动，体验“会展旅游管理”中的“自主学习”（高级）及其迁移。

引例：会展或成“旅游+”链接中最大亮点

背景与情境：据不完全统计，2021年以来文化和旅游部以及北京、江苏、浙江、重庆等9个省市预计将为文旅市场带来669个文旅项目，并投入28 047亿元。资本与项目的加码，让文旅市场持续升温。持续推进“旅游+”是文化和旅游部“十四五”旅游发展的重点之一，“催生新业态、延伸产业链、创造新价值”成为发展“文旅+”的关键词。

其中，“旅游+会展”的协同联动，给行业带来了不一样的惊喜，数以万计的会展规模及其背后的拉动效应，引得融创、飞猪等实力玩家入局。文旅市场进入“大升温”时代，旅游与会展撞击出的火花在其背景下显得更为耀眼。

“旅游+会展”成文旅发展“新势力”

何谓“旅游+会展”？顾名思义，在万物皆可“旅游+”的热潮之下，会展行业也融入其中，以期来分得一杯羹。

会展业是集商品展示交易、经济技术合作、科学文化交流为一体，兼具信息咨询、招商引资、交通运输、城市建设、商业贸易、旅游服务等多功能的一种新兴产业。通过会展活动，能带动巨大的物流、人流、资金流、信息流，提升城市品位和知名度，进而推动经济和社会的发展。“旅游+会展”正是在会议、展览、展销会、交易会、博览会等举办的前提下，延伸到旅游业的产物。

“旅游+会展”为何会来势汹汹，有成黑马之势？这其实得益于文旅市场“大升温”的大环境和会展业本身的独特性以及与旅游业的适配性。

由于新冠肺炎疫情的爆发，文旅行业在2020年遭受了重击，经历了至暗时刻。好在文旅行业的“惊魂时刻”随着疫情得到有效防控之后正在逐渐褪去，市场逐渐开始恢复常态。

据统计，2021年春节假期国内游达2.56亿人次，恢复至疫前同期的75.3%；实现国内旅游收入3 011亿元，恢复至疫前同期的58.6%。文旅行业这一重要的经济发展引擎，终于重焕生机。“春暖花开”之际，资本、玩家、市场都已蠢蠢欲动了。

首先有所动作的是资本。1月初，文化和旅游部公布全国文化和旅游投融资项目遴选结果，包括320个全国文化和旅游投融资项目，总投资6 194.1亿元，拟融资2 325.4亿元。自此之后，9个省市先后发布针对文旅板块的投资以及项目，共计349个项目，投入25 722亿元。

其次是新进玩家名单的不断更新。文旅市场使得“文旅+”的队伍不断壮大。凭借强大“种草”功能的小红书链接了OTA，拼多多新增“旅游业务”，抖音新增“门票预订”“酒店预订”新功能……这些手持流量且虎视眈眈的新玩家的进入，从侧面证实了文旅市场的强大吸引力。

文旅市场究竟有多大？中国旅游研究院院长戴斌给出过答案，“未来五年，我国将形成一个百亿旅游人次和十万亿元消费规模的国内旅游超级大市场”。而资本和新玩家是文旅市场从“骤冷”走向“大升温”时代的时针，拨动着大文旅的希望与困境。

“旅游+会展”就在这样的大背景下让两者间碰撞出的火花越来越耀眼

此外，就其本身而言，除了乡村、工业、博物馆、非遗等常规选项之外，会展是

"旅游+"的一个新选项，并且在各省市的"十四五"旅游发展规划中被频频提及。

"十四五"期间，山东省文旅厅确定了"1+8"规划体系，点名大力培育会展旅游；海南省旅游板块主要目标"一中心、三天堂、一高地"，"一高地"即会展高地。上海旅游产业博览会则被直接列入上海"十四五"旅游高峰工程，成为上海市旅游产业"三大名片"之一。

"旅游+会展"释放三大利好信号

为什么会展在"旅游+"链接中如此亮眼？于旅游行业而言，会展最初的意义在于拉动激活城市人口的流动，催生商务旅行需求。而随着会展与旅游行业融合度的进一步提升，"旅游+会展"开始释放出更大的经济效应、社会效应，让人对其刮目相看。

最为直观的莫过于经济效应。"如果一个城市办会展，就相当于一架飞机在这座城市上空撒钞票。"这是一位德国经济学家对会展经济作出的生动比喻。以将在上海盛大召开的首届上海旅博会为例，其由上海国际酒店及商业空间博览会HOTEL&SHOP PLUS、上海国际酒店及餐饮业博览会HOTELEX、上海国际游艇展及生活方式上海秀The Boat & Lifestyle Show与上海旅博会主题展一起构成，超过5 000家展商的规模、观众预计将达到40万人次。这些因旅博会而来的流动人口，所产生的住宿、餐饮、交通、零售、物流、旅游等需求于上海经济发展而言无疑是一大利好。

紧跟其后的是"旅游+会展"对于旅游行业的积极效应。于旅游行业而言，会展能够推动商业进程、实现快速对接资源、帮助参观者早知道行业趋势并完成品牌的高效传播。上海旅博会的系列展之一——上海国际酒店及商业空间博览会于行业而言，就是具备积极效益的一场"盛宴"。数以千计的参展商，为参观者呈现出更多灵感，赋能行业。

最后是"旅游+会展"对城市发展的利好影响。早在1851年首届世界博览会开幕之时，现代会展业就开始向城市展现自己独特的魅力，深刻地影响着一座城市乃至一个国家的面貌。"会展之都"城市名片的成功打造，一方面有助于城市品牌的发展，另一方面增加了城市旅游的更多可能。

资料来源　澎湃新闻．会展或成"旅游+"链接中最大亮点［EB/OL］．［2021-05-21］．https://m.thepaper.cn/baijiahao_11744892.

5.1　会展旅游

会展旅游作为一种新兴的旅游业态，以其产业的综合性、行业的带动性、消费的集中性、收益的显著性、服务的关联性等优势得到了旅游企业的普遍重视，其具有影响大、停留时间长、消费档次高等特点，是世界旅游业发展的一个重要方向，也是城市经济发展水平的重要标志之一。旅游企业在认真分析市场，寻找进入的突破口，并积极探索开发会展旅游这一市场的方式；文化和旅游管理部门在思考会展旅游市场开发与管理，寻找旅游业与会展业的结合点；旅游院校和相关的科研机构，也在研究会展旅游市场的规律和发展特点。尤其是在一些会展经济发展势头良好、旅游资源丰富、基础设施完善的地区，会展旅游已成为改善旅游业产品结构的一个支点，成为促进当地经济发展的一个新的动力，成为提升当地形象的一个新的促销手段。

5.1.1 会展旅游的概念

国内外许多学者对会展旅游作出了各种界定，但目前仍未有统一的定义。如以研究事件旅游而闻名的学者盖茨（Getz）就认为，展览会、博览会、会议等商贸及会展事件是会展业（Meeting Industry）最主要的组成部分。同时，有许多学者主张将会展旅游概念泛化。本书所讨论的会展旅游指M、I、C、E细分事件旅游市场的概念，即Meetings（会议）、Incentives（奖励旅游）、Conventions（大会）、Exhibitions（展览），并包括以节日庆典和体育赛事为主题的节事（Events）在内的旅游形式（如图5-1所示）。**会展旅游**是指借助举办的各种类型的会议、展览会、博览会、交易会、招商会、文化体育、科技交流等活动，吸引游客前来洽谈贸易、观光旅游，进行技术合作、信息沟通和文化交流，并带动交通、旅游、商贸等多项相关产业发展的一种旅游活动。

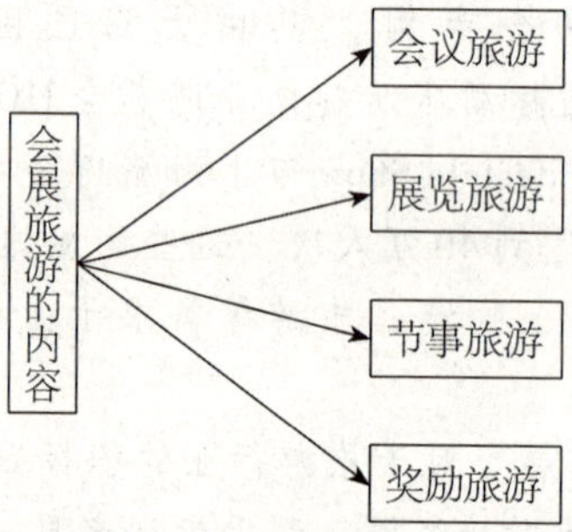

图5-1 会展旅游的内容

虽然会展业和旅游业是两个独立的产业部门，但是会展与旅游的相互介入是经济活动发展普遍联系的外在表征。会展业和旅游业同属于第三产业，具有较强的产业关联性，举办会展不仅使当地的展览馆、饭店、餐饮服务业受益，而且对相关的电信、交通、购物、旅游服务以及城市市政建设，都有积极的促进作用。会展业是旅游业的多元化战略之一，同时会展业可以利用旅游业提供的各种服务和资源，二者紧密相连、相辅相成、互为补充。

1）会议旅游

会议旅游所指的会议，是人们有组织地聚集在一起进行交流信息、联络感情和制定决策的活动，这里不包括带有展示、交易或竞技性质的展览会、博览会、交易会和运动会。在这种界定下，我们将会议旅游定义为：人们出于会议的原因离开自己的常住地，前往会议举办地的旅行和短暂逗留活动，以及这一活动所引起的各种现象和关系的总和。这一定义反映出会议旅游的基本特点包括：

（1）会议性和目的广泛性。会议旅游是以“会议”来界定的，其概念的核心是“由‘会议的原因’引发的旅游活动”，这是会议旅游与其他旅游形式相区别的特异之处。由会议这一根本原因引发的旅游活动，在目的上具有广泛性。目的的产生是基于会议这个会议旅游最根本的引发原因（或吸引力因素）。因为会议代表是最主要的会议旅游者，其主要旅游目的是参加会议。由此可知，参加会议也是会议旅游活动的主要目的，但绝非唯一的目的。

（2）内涵的综合性。会议旅游不仅指会议旅游者的活动（如在常住地与会议举办地之间往返的旅行，在会议举办地出席会议、参加文娱联谊活动、参观考察、游览观光、休闲购物、探亲访友等），还包括由会议旅游者的活动而引起的各种现象和关系，其中最主要的是，会议旅游者与当地会议旅游企业进行会议旅游产品交换这一经济现象及其反映的经济关系。从这一定义不难看出，会议旅游是一个内容非常丰富的概念，完全超出了开会、会务的范畴。即使这里的会议旅游主要是会议活动，实际上对会议旅游者而言，也至少包括旅行的经历、新环境的体验、会议期间与他人的交流、享受各种会议服务和旅游接待服务等，总之是其旅行和逗留期间的所有活动（亦即经历）。至于由此而引起的诸多现象与关系就更为复杂了。

（3）异地性和暂时性。这是会议旅游及一切旅游形式的共同特点。旅游是人们离开自己的定居地，去异国他乡访问的活动，即作为旅游活动主体的人——旅游者必须发生身体的位移，由自己的长期居住地前往另一地，而不管其位移的方式如何，步行、乘车及利用火车或者飞机均可。反之，旅游活动不可能发生在旅游者的定居地，这无论出于哪个角度或何种目的，都是不可改变的。

2）展览旅游

展览旅游是指参与产品展示、信息交流和经贸洽谈等商务活动的专业人士和参观者进行的一项专门的旅行和游览活动。相对于会议来说，展览要求的是聚人气、讲规模、重品牌，举办地需要经济实力强大、基础设施良好、商业环境优越、文化氛围浓郁、信息传递迅速、进出交通便利。相关企业在开发这一旅游产品的同时，还必须按照专业性展览和综合性展览的不同特点而调整其服务内容。对专业性展览而言，旅游企业应该熟悉行业的发展情况和参展者展览之外的需求，能安排与本地同行业的交流与参观访问活动，并由专业化的旅游企业来承担。对综合性展览而言，由于其规模庞大、人数众多、持续时间长，从而使单一的旅游企业无力提供所有服务，因此，需要建立战略伙伴或由大型旅游集团来承揽。

3）节事旅游

节事旅游就是非定居者出于参加节庆和特殊事件的目的而引发的旅游活动。它属于旅游业中的专项或特种旅游活动，涉及会展业中的大型活动。由于节事活动归类的特殊性，其具有如下一些特点：

（1）节事旅游属于典型的二级促销旅游市场，开发的难度相对较大。相对于面向直接旅游者的营销而言，面向节事参加者的旅游促销难度更大，需要二度开发方可使他们转化为旅游者。因此，可将开发节事参加者的旅游促销定性为二级旅游市场，而将开发直接旅游者的市场定性为一级旅游市场。

（2）节事旅游需要获得当地的认可。从旅游容量的角度来分析，大量人流的涌入既会给当地带来正面的效应，也会带来负面效应。如果超过当地居民的承受能力，就会遭到当地居民强烈的抵制而显示出一种极不友好的态度。因此，举办地应很好地控制节事活动参加者的数量，并非人越多越好。

（3）节事旅游产品必须丰富多彩，充满个性化选择。节事旅游者往往具备较高的收入和良好的素养，个性化十足。如果举办地没有特别出色的旅游产品供他们挑选，一般很难打动他们。当然如果宣传不到位，也无法将节事活动的参加者转换成旅游者。

（4）节事旅游者的身份具有二重性。节事旅游者的第一角色一般是某个主题节事的参加者，他们只有在时间充足的前提下才会作出旅游的选择，扮演第二角色，成为旅游者。

4）奖励旅游

不同机构、不同研究人员根据对奖励旅游的不同认识与理解，从不同角度对奖励旅游现象给出了不同解释，我们在总结这些不同解释的基础上，将奖励旅游定义为：基于工作业绩而对优秀职员及利益相关者进行奖励的管理方法，或者是以旅游方式进行的商务活动。

奖励旅游是一种管理手段，其特征区别于会展旅游的其他构成者，具体表现为：

（1）旅行游览。奖励旅游通过旅行游览的方式激发职员的进取精神。其旅游目的地的选择、旅游线路的设计、活动内容的安排都是经过精心安排并按照一定的流程进行的。

（2）长效激励。奖励旅游会使职员在参加不同形式奖励旅游的过程中，产生令人愉悦的精神享受和难以忘怀的经历，对职员的内在激励将是持久的，并由于奖励旅游的参加者都是企业精英，可以和企业的最高领导层对话，这会让他们感到无上的荣耀，使奖励旅游在结束后给参加者带来更多的期待，希望下次还能参加。在长久的期待中他们会主动要求自己更加努力工作，以获得更好的工作绩效和参加下次奖励旅游的机会。

（3）绩效标准。奖励旅游是基于工作目标的实现而对工作业绩表现优异的职员进行物质与精神的双重奖励。这种标准来源于职员个人所承担的工作目标、部门目标和企业目标的完成情况，其评估结果来源于人力资源部门的年度考核和业绩评价。

（4）精神奖励。奖励旅游的出现与实行是企业激励方式转化的一种表现，在物质奖励边际效用递减的情况下，企业为了保持和提高职员的工作效率和积极性，转而依靠精神手段满足职员的社会需求和人性化要求。

（5）福利性质。奖励旅游在性质上是一种带薪的、免费的、休闲的奖励方式，这种方式依照实际绩效与原定标准对比结果来决定奖励旅游的花费，其费用来自超过企业预定目标的超额利润。整个活动的费用由企业为参加奖励旅游的优秀职员进行全额支付。

（6）管理手段。奖励旅游作为现代管理的法宝，在企业经营管理中发挥着重要的作用。奖励旅游作为企业管理的一种策略和方法，可以通过组织外出旅游加强企业的团队建设，潜移默化传递企业的经营理念，以此来凝聚企业的向心力，提高企业的生产率，增强职员对企业的认同感，塑造企业文化。

5.1.2 会展旅游的特征

在会展与旅游及其他一些行业的交互作用之下，会展旅游已经在当前的经济条件下渐显繁荣，充满活力与竞争。从旅游业的角度及会展旅游的概念来看，会展旅游具有的特征如图5-2所示。

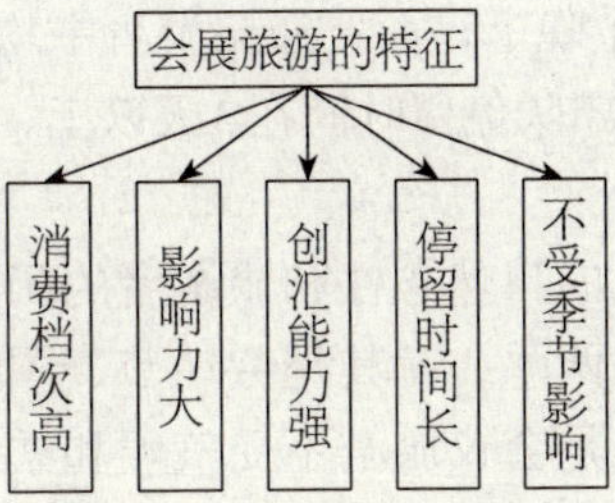

图5-2 会展旅游的特征

1）消费档次高

一方面，由于会议人员的费用通常由公司或政府负担，都是因工作带来的旅游，与会人员一般不太计较价格，而更注重质量、特色、服务等方面因素；另一方面，参加会议、展览的人士通常都有较高的地位和职务，收入水平高，对产品和服务要求也高。

因此，会展旅游者的消费与普通旅游者的消费相比，呈现出消费档次高、消费能力强、服务要求高等特点。据统计，会议旅游的人均消费是一般游客的3~5倍。国际会议协会（ICCA）的统计结果显示，每年全世界举办的参加国超过4个，参会外宾人数超过50人的各种国际会议总开销超过2 800亿美元。海外旅游者抽样调查报告显示，在各种旅游消费中，会议旅游的人均消费最高，达156.64美元，而且这些花钱“大方”的会展旅游者还呈现出了表5-1所示的消费特点与偏好。

表5-1 会展旅游者消费特点与人口特征

消费特点	人口特征
住宿：舒适、服务周到、中高档饭店为主 交通：安全、准点、服务热情 餐饮：有地方特色、服务细致周到、满足个性化需求 通信：先进、迅速 购物：新奇、具有地方特色	受教育程度高 一般白领、专业人士居多 收入高、购买力强 以30~40岁的人居多

2）影响力大

一些大型国际会议、展览通常是新闻媒体报道的焦点，会引起各方面的重视。大型国际会议不仅可以扩大举办国的政治、经济影响，提高举办城市的知名度，提升都市旅游的形象，而且对于提高市民素质、市政建设、城市环境等各方面均有促进作用。2001年在上海举办的APEC会议就空前提升了上海的国际形象和知名度，大大加快了上海建设国际化大都市的进程。

3）创汇能力强

由于国际会议和展览吸引的海外客商不仅数量大，而且消费档次高，因此比普通旅游能获得更多的外汇收入。例如，每年在广州举办的“中国进出口商品交易会”每届可吸引来自170多个国家和地区的客商，为广州地区带来了巨额的外汇收入。

4）停留时间长

一些会议、展览，特别是国际性的会议展览，持续时间较长，因此使得会展旅游者停留时间比普通旅游者要长。根据拉斯维加斯会议及展览协会提供的数字，会议旅游者平均每人在该市停留4.1个晚上，而普通旅游者平均停留仅为3.7个晚上。据了解，在宁波，80%以上的奖励旅游团队停留时间在3天以上，有的甚至可以达到一周以上。

5）不受季节影响

一般旅游，出于旅游地区的自然条件和旅游者的闲暇时间分布不均衡，具有明显的季节性。例如，每年的春秋两季，尤其是劳动节、国庆节期间，是我国各大城市的旅游旺季。而会展旅游，尤其是会议旅游不受气候和季节的影响，因此弥补了旅游行业的不均衡性，增加了旅游淡季的营业收入，还促进了旅馆业等旅游服务行业的稳健发展。

同步链接5-1

“二十大”精神为指导，推进高水平对外开放

对旅游业来说，参加会议和展览的代表们只是一个潜在的客源市场。一次会议或展览的举办，使参加者转化为旅游者的规模通常与会展的性质（国际还是国内）、类别（综合性的还是行业性的）、时间的长短、行业发展的前景等因素有关。当地的旅游业获得的经济收益，又和旅游业介入的深度有关，与旅游企业是否认真开发和重视这一市场有关。当然也取决于代表们对当地旅游资源的熟悉程度，而这种熟悉程度又与当地政府和旅游企业对旅游资源的宣传力度密不可分。

会展旅游综合会展业和旅游业两大产业优势，在社会经济中发挥着日益重要的作用。它是会展业优化发展的必然结果，也是旅游经济的重要组成部分。会展旅游扩展了会展活动和旅游活动的领域，拓宽了会展和旅游的范围，旅游、会展的相互推动，促进了一个城市、地区乃至一个国家的经济文化发展。旅游促进了会展的进步，会展带动了旅游的发展，从而又共同促进了经济的繁荣，加强了各地和世界各国间的交往与合作。因此，在讨论会展业和旅游业的经济作用时，会展旅游成为不可回避的话题，也成为研究会展业和旅游业发展的重要内容。

延伸思考5-1

问题：会展旅游还有哪些作用？

理解要点：首先，大型或知名会展活动的举行，对本地旅游业中的酒店、旅行社、景区、旅游交通、购物均会产生较大的促进带动作用。其次，对于一般旅游团队或旅游者来说，若在旅游过程中恰逢举办会展，由于会展所带来的强烈的气氛，将使其旅游情趣大增。再次，会展旅游大多数安排在城市的旅游淡季，其发展有利于提高城市旅游设施和服务的使用率。最后，会展为城市提供了一次旅游资源、旅游产品展示的良机，有利于带动城市功能的提升、增加城市的知名度，为旅游业的进一步发展提供了有利的环境。

学习微平台

延伸阅读5-1

同步思考5-1

问题：我国会展旅游的发展趋势如何？

理解要点：会展相关法律进一步规范；会展旅游向几个大城市集中；会展旅游市场进一步专业化细分；国际会展组织和会展中介公司大批进入中国会展旅游市场等。

业务链接5-1

分享旅游生态链中最“肥美”的一环 嘉兴商务会展旅游接轨上海再发力

2017中国会议与商务旅行论坛暨交易会在上海国际会议中心闭幕。嘉兴市旅委

连续三年作为联合主办方，携南湖、乌镇、西塘、梅花洲、富悦大酒店等旅游企业集体亮相，进一步打响“运河国际旅游休闲城市”商务会展旅游新品牌。

商务会展旅游的“乌镇经验”

商务会展旅游具有规模大、时间长、档次高等特点，其消费群体实力雄厚，被认为是高端旅游市场中含金量最高的部分。

4月26日，乌镇圆满承接“聚浪成潮”浪潮合作伙伴大会，这是一个近3 000人参加的大型活动。活动预订了1 500间客房，还举办了一场450桌的超大型宴会，由此也创下省内室内场地单日宴会接待量之最。5月底，乌镇还将举办举世瞩目的AlphaGo与人类围棋终极对抗。乌镇在连续三年为世界互联网大会提供高水平服务中赢得了商务会展旅游市场的垂青。乌镇旅游股份有限公司销售副总经理曹阳栋表示，2016年乌镇共接待各类商务会展团队1 000多个，丰富了景区的客群结构。这些商务活动类型多样，既有传统的部门、公司例会，也有近年来日渐增多的主题秀、新品发布会、各类论坛等活动。上汽大众、东风本田、一汽奔腾等品牌不约而同选择在乌镇举办新车发布会，中国国际时装周闭幕秀也相约在乌镇举行。据介绍，乌镇景区正在围绕乌镇互联网国际会展中心配套建设国宾馆、宴会酒店项目。

近年来，作为上海后花园的嘉兴，其商务会展旅游市场每年都有新变化，新场馆也在加快建设，旅游企业加快向上海扩张。以乌镇为代表，通过举办有影响力的大型活动使得其商务会展旅游知名度迅速提升，以国际会议吸引国内会议，这样的事例不断在嘉兴上演。他认为，上海在承接各类国内外重大活动的考验中提升了服务水平和能力，这是国际商务会展旅游钟情上海的一个重要原因。提升为国际性大型活动服务的能力是嘉兴发展商务会展旅游的当务之急。

“八仙过海”，接轨上海

上海一直是嘉兴市重要的旅游客源地，也是最重要的商务会展旅游客源地。嘉兴市旅委持之以恒地举办接轨上海商务会展旅游专题活动，通过“走出去”和“请进来”双向发力，接轨上海，承接上海商务会展旅游“溢出效应”。

与此同时，嘉兴旅游企业“八仙过海”“各显神通”，积极开发上海商务旅游市场。南湖景区相关负责人介绍说，游船会议是南湖景区商务会展旅游的一大特色产品，推出数年来备受好评。“一些初创公司会议、公司重大决策会议、小型董事会等活动特别青睐南湖游船。”该负责人表示，在南湖游船上，上一次“特殊党课”也已经成为南湖景区的经典产品。

富悦大酒店是嘉兴旅游饭店中“做上海人生意”做得最好的酒店之一。富悦大酒店董事吕群说：“以上海富悦带动嘉兴富悦是我们采取的最主要策略。从客户反馈来看，主要活动放在上海而把分支活动放在嘉兴是客户最喜欢的接待方案。”从成本控制上来说，嘉兴商务接待的综合成本只有上海的三分之一。嘉兴富悦大酒店客群结构中上海客人已经占到一半，会议室供不应求，并进而带动上海客人向周边酒店辐射。与此同时，富悦大酒店也与清池温泉等景区合作，共同分享商务会展旅游市场红利。2016年5月，上海富悦大酒店开业，有了这个桥头堡和“敲门砖”，富悦大酒店渐渐在上海商务会展市场上站稳脚跟，这是富悦成功开辟上海市场的最重要一步。

来自嘉兴市旅委的统计，目前全市住宿业总床位数比2016年同期增加了1万多张，其中以中、高等级酒店为主，显示了嘉兴承载力的逐步增强。市旅委相关负责人表示，近几年来，全市围绕打造运河国际旅游休闲城市这一目标，加大旅游投资，加快精品建设，推进产业融合，旅游产业规模和效益不断提升，旅游接待设施不断完善。在旅游资源上与上海形成互补，在服务水平上向上海看齐，深度对接上海商务会展旅游大市场，把嘉兴打造成为中国会议与商务旅游新高地。

资料来源 王艺. 分享旅游生态链中最“肥美”的一环 嘉兴商务会展旅游接轨上海再发力[EB/OL]. [2017-05-11]. http://zjnews.zjol.com.cn/zjnews/jxnews/201705/t20170511_3647591.shtml.

深度剖析5-1

问题：澳大利亚是目前世界上会展奖励旅游发展较为成熟和成功的国家之一。查阅相关资料，从社会结构、宗教信仰、风俗习惯、价值观念、文化水平、生活方式等方面分析其会展旅游获得成功的原因。

解析提示：澳大利亚是一个多民族国家，由来自世界各地的100多个民族共同组成，其中英国、新西兰和中国为其最大的三个移民来源地。这一特殊国情决定了澳大利亚社会文化的多元性，也决定了它对会展旅游这种新型旅游模式的接受程度。澳大利亚地广人稀，而且孤立于大西洋上，和人口密集的亚洲国家、经济繁荣的北美洲国家均有一定距离。但是正因为这一特殊地理位置，使其保存了较为完整的土著文化，现今澳大利亚当地日渐成熟的各类专业旅游机构已越来越多，这些都使它在发展会展旅游领域方面独领风骚。

资料来源 沈金辉，章平. 会展旅游[M]. 大连：东北财经大学出版社，2009.

5.2 会展旅游产品

会展旅游产品是指旅游业为满足与会者休闲的愉悦需求而专门开发的旅游产品，简而言之，就是专门为参与会展旅行者提供的旅游产品。会展旅游产品具有三层含义：第一，会展旅游产品必须是旅游产品，其活动内容与会展没有必然联系，即使少数会展产品（旅游、休闲博览会）本身具备旅游产品的特征，但是它的运作仍然是会展模式，仍然是会展活动。第二，会展旅游产品是为会展活动以外的休闲时间而提供的。第三，会展旅游产品可以是单独的核心旅游产品，也可以是组合旅游产品，即“吃、住、行”与“游、购、娱”中的任何一种、两种或全部的组合。

5.2.1 会展旅游产品特点

会展旅游产品的核心是服务，具有明显的综合性、无形性、不可分割性、不可储存性和异质性的特点。

1）综合性

会展旅游产品的综合性，首先表现在它是各种会议和展览设施、交通设施、住宿餐饮设施、娱乐设施以及各项服务组成的混合性产品；其次表现在会展旅游业提供服务产品的部门和行业的涉及面广，包括商业部门、交通运输部门、餐饮业、娱乐业、景点、旅行社、银行、海关、邮政、通信等众多部门和行业。会展产品的综合性要求会展企业能起到较强的协调作用，为参展的单位及个人提供既方便、快捷，又能符合其需要的针对性服务。无论是哪一环节、哪一部门的服务出现不符合参展人员要求的情况，都会使参展人员感到遗憾，甚至失望，从而降低他们对整体会展旅游产品的评价。

2）无形性

会展旅游产品具有无形性，企业无法直观地展现产品的外形、内部构成以及使用价值，加大了企业与其潜在消费者进行有效沟通的难度；会展产品的消费者在购买之前既无法看到，也不能试用，无法预计其消费效果，不能预计其成本和效益，加大了他们的购买风险。会展消费者购买决策的依据是购买前的附加服务、相关群体的口碑宣传、大众媒体宣传以及相关物品的外在表现。因此，会展旅游企业的员工应树立服务营销观念，以服务营销观念指导其经营管理活动，做好售前服务工作，增加服务的有形性，加强对有形因素的管理，努力建设服务品牌，确立差异化的竞争优势，以增强消费者的购买信心。

3）不可分割性

会展旅游服务的生产与消费在同一时间、同一地点进行，服务人员、参展商、观众或参展人员等结合在一起，他们之间的协调配合是提高会展旅游产品质量的重要条件，而会展旅游产品的即时生产和即时消费受到一些客观条件、相关单位的协作程度、服务人员和参会人员的生理以及心理等方面因素影响，即时生产和即时消费的产品质量易变，具有不稳定性，从而加大了参加会展人员的消费风险。因此，会展旅游企业应使服务人员树立服务营销观念，在会展服务过程中，尽量降低消费者的消费风险，提高会展旅游企业的声誉。对于会展企业来说，首先需要聘用合格的服务人员，降低服务质量的波动幅度，同时，需要增加选择和培训服务员的投资，培训更多的优质服务员，强化激励机制，增加激励面，提高激励频率，根据服务员的需求进行差异化激励，不断更新激励方式。

4）不可储存性

会展旅游服务的生产与消费是同时进行的，它具有不可储存性。会展企业所提供的服务是即时性消费的，如果参加展会的人员多，可能会出现供不应求的局面，会展企业所提供的服务也可能因为设备、人员等方面的不足而出现速度、质量等方面的缺陷；相反，如果参加展会的人员少，市场就会供过于求，使部分展位不能出租，从而使会展企业的利润减少，甚至出现亏损的现象。由此可见，会展旅游产品的不可储存性加大了企业的经营风险。会展企业有必要树立服务营销观念，采取灵活定价、提高会展服务人员提供更多优质服务的能力和愿望、鼓励参加展会的人员在一定条件下进行自我服务等必要的措施，以减少供求波动带来的不利影响。

5）异质性

会展旅游产品的核心部分是服务，而服务产品的质量评价往往具有很强的主观性，对于大多数具有不同社会文化背景和兴趣爱好的参展者而言，个性化服务更能满足其需求，因此，会展旅游产品具有异质性的特点。异质性使会展旅游服务难以标准化，加大了企业质量控制的难度，而且，某些服务环节的标准化虽然便于质量控制，但是不一定有利于展会参加者满意度的提高，这是因为标准化的服务往往会给一些消费者传递企业并不真正关心单个个人的具体需要的信息。会展旅游服务的异质性决定了服务个性化的必要性，这就要求服务人员树立服务营销观念，在展会服务过程中，时刻关注展会参加者的个性需求，尽力满足其需要，提高他们的满意度。

5.2.2 会展旅游产品的构成

从旅行社层面讲，会展旅游产品就是旅行社提供给会展旅游者的一切吸引物及为满足会展旅游者因参加会展活动而产生空间移动过程中的各种需要，在购买旅游供应商的产品并进行开发后提供给会展旅游者的各种物品和服务的总称。

从会展活动性质角度，会展旅游产品根据会展活动性质不同可分为会议旅游产品、展览旅游产品、奖励旅游产品和博览会、节庆、大型文化体育活动旅游产品。

从会展活动的进程分析，根据会展活动的进程，旅行社的会展旅游产品可分为会展前、会展中、会展后三个阶段的产品。

从会展旅游者需求角度，根据会展旅游者需求不同，会展旅游产品可分为基本产品和非基本产品。基本产品用于满足会展旅游者因参加会展活动而产生空间移动和逗留过程中需要的食、住、行方面的接待、票务等基本需求。非基本产品用于满足会展旅游者因参加会展活动而产生空间移动和逗留过程中的非基本需求，如游、购、娱、学、休、委托代办等。

从会展旅游产品特点角度，会展旅游产品可分为一般产品和专业产品。一般产品是指为满足会展旅游者作为一名普通旅游者需求提供的一般性旅游服务产品。专业产品是指为满足会展旅游者作为一名商务会展旅游者特定需要的专业性旅游服务产品，如咨询、专业化差旅顾问服务等。

从会展旅游产品供给形式角度，会展旅游产品可分为全包式产品、半包式产品、单项式产品。对一定区域的旅行社来说，因区域大小不同、旅行社实力及会展旅游资源的限制，会展旅游产品不一定要包含上面所有的旅游产品，应视实际情况进行选择或组合，然后将其进行优化创新，形成特色各异的会展旅游产品，从而创建旅行社各自的会展旅游产品品牌。

5.2.3 会展旅游产品的开发

会展的与会人员一般都具备这样一些特点：个人素质高、文化修养高；具有探索和创新精神、好奇心强、独立意识强、个性化十足；时间紧迫、停留时间短、随机性大。因此，在进行会展旅游产品开发设计时，应着重突出以下几个方面：

1）产品要多元化、个性化

会展的与会人员国籍、性别、年龄、兴趣、饮食习惯、健康状况等方面差异很大，会展旅游产品要根据这些不同点进行多元化设计、制作和包装。要使每个客户在得到服务产品时，如同进超市采购一样，可以选择最适合自己的产品。如果产品设计得过于单一，就会挫伤与会人员的旅游积极性。假如主题鲜明、灵活多样、选择余地大，与会人员可根据各自的需要和时间进行安排，就能使潜在的旅游市场变成现实的旅游市场，就能使一次会展活动拓展为一个短期的旅游黄金周。

2）产品的含金量要高

从与会人员的文化修养高、好奇心强、富于探索和创新精神等特点出发，产品的科技含量要高，文化积淀要深，历史感要强，探索性要足，那些一般意义上的“游山玩水”无法满足与会人员的需求。可以设计与会展主题相关的产品，也可选择综合性的具有地区特色的产品。例如，在陕西西安召开的“东西部经贸洽谈会”期间，隆重推出“发现法门寺之旅”。法门寺因供奉有世界上唯一的佛骨真身舍利而名扬海内外，其出土文物均为稀世瑰宝。这类产品一定会受到各方人士的欢迎。

3）要追求服务的地方特色

会展服务特色化就是要结合本地区的资源优势和特点，保持企业的地方特色，要让顾客看到所提供的会展产品与服务不同于其他地区之处。为获取新的会展市场机会，必须开发新的会展旅游产品，增加新的会展服务内容，提高会展市场份额，充分利用各种会展旅游市场合作机遇。

总之，在会展旅游产品开发中，要十分重视服务产品的开发。在服务产品的开发中，追求服务的地方特色是关键。

深度剖析5-2

问题：会展旅游产品的开发创新固然重要，但是如何把这些产品营销出去也非常值得思考。会展旅游产品的营销渠道主要有哪些？

解析提示：会展旅游企业需要综合运用广播、电视、报纸、专业刊物、互联网、商业网点、户外媒体、直接邮寄等多种方式，结合对旅游产品的深刻理解和创新的表达方式，向广大顾客群体进行营销。

5.2.4　会展旅游产品的营销

1）重视服务产品的组合

会展旅游服务产品包含的内容很多，旅游者不会也不可能全部消费，而是根据自己的需要选择其中的一部分进行消费。因此，旅游企业必须针对不同顾客群的需要，考虑服务产品的组合方式，最大限度地满足顾客需求。旅游消费涉及食、住、行、游、购、娱六大类的服务产品，其中每一类服务产品又包括许多子项内容，如娱乐服务产品包括舞厅、健身房、网球、保龄球、桑拿浴等；餐饮服务产品包括咖啡厅、主题餐厅、自助餐厅、各式特色餐厅等。每一类服务产品的长度（每一项分类服务产品可以提供多少种不同项目的服务）和深度（每一服务项目可以提供的品种），将决定最终组合的数量，组合的数量越多，旅游者选择的余地越大，产品的销售也就越好。

2）推动各种会展旅游中介机构的发展

推动各种会展旅游中介机构的发展，完善会展旅游市场开发的商业化招徕机制，形成符合国际惯例的会展旅游运作模式，有利于会展旅游市场的培育，有利于独立营销系统的构建。会展旅游中介机构的业务不能仅限于组织会后旅游，而应该配合会展主办者，介入会前策划和会中服务的全程运作，只有这样，才称得上介入了会展旅游的业务，才能把握住会后旅游的组织与销售。

3）与会展部门协作，开展联合促销

会展旅游部门要以本部门（企业）的资质和信誉，取得会展活动主办者的信任和支持，获取进入会展场馆销售或者共同销售会展旅游产品的权利。在此基础上，针对与会者（参展商）、采购商的不同需求，促销相关产品。例如，对参展商应主要销售与会展活动相关的住房、交通、旅游景区、纪念品、客商谈判所需的“商务套餐”（如谈判间、休息间、点心或工作餐、美容或娱乐项目等），以及客商联谊活动需要的产品等。而对采购商来说，需要的是提供前往欲购产品的企业、欲投资地区等考察活动的服务。旅游企业要为产品的宣传大造声势，要把宣传工作渗透到会展的每一个阶段，充分利用各种新闻媒体和手段，强化商务客户的旅游意识，最终达到销售产品的目的。即使是会展企业单独开展促销活动，也应将会展举办地及其周边的旅游资源和旅游接待设施结合起来。

4）采用忠诚营销的策略

在市场竞争日益激烈的情况下，为了吸引各类会展举办者和策划者，会展旅游企业往往采取各种措施，提高会展举办者和策划者对旅游企业的忠诚度。其中满意度、信任感和服务承诺，则是影响会展策划者、举办者忠诚度的几个重要因素。顾客满意度是衡量旅游服务质量的客观标准。随着消费者自主意识的增强，企业间竞争的加剧，企业经营管理理念的变化，越来越多的企业感到只有以顾客为中心，持续地令他们满意，才能与他们建立长期的关系，企业才能获得可持续发展。而那些忽略顾客需求的企业，注定会在竞争中失败。

旅游者愿意付出时间、金钱、精力去旅游，是因为他们预期在旅游中获得的总价值大于总成本。所以，旅游者的满意度可用旅游者购买的总价值与总成本之比来表示。因此，要提高顾客的满意度，必须从提高旅游者购买的总价值、降低购买的总成本两方面入手。顾客满意度是一种总体的评价，是对不同过程、不同层次、不同环节、不同要素质量的累加和综合。一旦某个过程、某个层次、某个环节、某个要素出现问题，就会影响其他方面的质量感知，最终影响顾客的满意度。因此，持续地、全方位地改进服务质量是提高顾客满意度的根本。

深度剖析5-3

问题：为了突破会展旅游服务局限，增加旅游业的收益，延长参展人员、观展者以及外围参加者的逗留时间，会展企业可以采用哪些相应的产品策略？

学习微平台

延伸阅读5-2

解析提示：由于会展旅游者的商业意识强，文化素质高，消费能力强，且时间观念强，他们参加旅游活动，通常有较强的独立性。游览一般发生在参展之后，多数是就近或顺道旅游。因此，旅游企业针对这些人群开发的后续旅游产品应以组团灵活的中短线为主。根据独立性较强的特点，旅游产品广泛采取半包价、小包价等形式，使会展旅游者根据自身需要，机动灵活地选取相应的产品。

资料来源　沈金辉，章平. 会展旅游［M］. 大连：东北财经大学出版社，2009.

同步案例5-1

2020年大改变：从“会展服务”到“会展营销”——杭州嘉诺会展的转型范式

背景与情境：将2020年外贸行业的长镜头拉近、聚焦，再拉近、聚焦，会展领域所经历的切肤之痛便映入眼帘。作为服务外贸的一个细分领域，会展行业从未像今天这样不知所措，特别是外展。过去在各大国际展会上四处奔忙的会展人，2020年可能因展会无法举行而停下了脚步。多年来，兼具十八般武艺的会展人与外贸企业同风同雨，相伴在世界贸易舞台上扮演了重要角色。今朝遇此一“疫”，会展企业又该如何自救与转型？

在复杂的市场环境中，一些会展企业早已行动起来，积极拓展传统会展服务的边界，运用数字化技术和营销手段精准切合外贸企业需求，从思维模式到经营方式实现了质的转变，转型升级之路可圈可点。扎根杭州的嘉诺会展有限公司（以下简称“嘉诺会展”）就是其中一个转型样本。早在2020年之前，嘉诺会展就已经优化了公司的战略定位，从原先的“会展服务专家”转变为“会展营销专家”。嘉诺会展作出这一转变，是基于这样的考虑：长期以来，大部分会展公司为参展企业提供申请展位、组团、安排货运、搭建展台等普通服务，而对于如何帮助展商取得更好的参展效果、在展会上进行品牌营销等方面考虑甚少。2020年，在许多会展公司茫然失措、踌躇不前之时，嘉诺会展却为此项战略转型拿出了实际行动，开发了有针对性的课程和产品。从上半年聚焦线上培训到下半年线上线下同步推进，嘉诺会展这场传递“会展营销理念”之旅走得越来越顺畅。从营销的角度说，传递一个新的概念需培训先行，让理念走在前面。在会展行业经营多年，嘉诺会展对企业参展需求变化的关注是持续的。很多企业都有参展营销需求，但是未被会展行业真正挖掘出来。所以，国内疫情好转之后，嘉诺会展开始从线上走到线下，与客户当面交流，通过课程培训传递新理念。

无法出国参展，实体企业可以变被动为主动，消化、吸收参展新理念。近年来，一些参展企业可能觉得参展效果没有以前那么好了，在展会现场直接拿到订单或获得高质量询盘的机会变少了。对此，嘉诺会展为企业分析其中的原因，并告诉企业如何更精细化地筹划参展事项，如何在展前、展中、展后运筹帷幄，用会展营销思维方式达到更好的参展效果。在2020年这一特殊之年，嘉诺会展正是站在行业未来发展的高度，坚定地向企业传递会展营销新理念。对于嘉诺会展来说，从“会展服务专家”转变为“会展营销专家”是定位上的一个大改变，而大改变才是真正转型的开始。

资料来源　李前. 2020年大改变：从“会展服务”到“会展营销”——杭州嘉诺会展的转型范式［J］. 进出口经理人，2020（12）.

5.3 会展旅游者

会展旅游者是旅游者中的一部分，是旅游行为与会展相关的旅游者。会展旅游者一定是参会者，而参会者不一定都是旅游者。本节主要介绍会展旅游者的特点和需求。

5.3.1 会展旅游者的构成

会展旅游者，在构成上主要包括三个部分：一是政府、企业、科研机构、民间团体等组织派遣到一定目的地参加会展的人员；二是参与产品展示、经贸洽谈等商务活动的专业人员；三是因会展类活动的进行而在特定时间被吸引来到活动地的参观者。需要指出的是，这三部分主体在实际的旅游活动中，某些情况下是独立存在的，但在某些情况下又是“三位一体”的。例如，我们熟悉的世博会就是由一个国家的政府主办，多个国家或组织参加，以展现人类社会、经济、文化和科技成就，展望人类社会发展前景及寻求解决面临的重大问题的方案等为主要内容的国际性展会。各国与会人员既要参与博览会的展览活动，展出自己的先进成果，又要参与期间召开的交流会议，同时又是各国展品的参观者。

5.3.2 会展旅游者的特点

会展旅游是会展活动与旅游活动相结合的产业，会展旅游者除了具备一般旅游者的基本特征之外，还具有特殊的旅游目的——参加会展活动。

1）消费水平高

一般旅游者外出旅行都是费用自理、省吃俭用、精打细算，以节约开支。而会展旅游者的各种消费基本上是由政府、企业、事业单位或国际组织等支付，标准很高，无须自掏腰包，所以会展旅游者不太关注消费服务的价格，而更注重消费所带来的舒适性、安全性、便利性和服务质量，更注重服务的效率、品质、个性化及完善程度，更看重物有所值。根据中国香港旅游协会的统计，赴港游客日均消费约为2 380港元，而参与会议及展览的旅客在港逗留期间，消费额要比赴港观光游客的平均消费高出3倍。另外，国内会展商务客人的消费水平也比其他游客高，2012年，北京规模以上会展单位实现直接会展收入250.9亿元，会展旅游日益成为助推北京服务贸易业加快发展的重要引擎。2013年5月，根据国际大会与会议协会发布的数据，在2012年全球城市接待国际会议的数量中，北京排在第13位，位列中国城市之首、亚洲第二。中国国际航空公司提供的数据也显示，2012年，世界500强跨国公司驻京机构，通过协定价格购买商务舱以上机票抵达北京的客人同比增长19.8%。

2）主要集中在大、中型城市和经济比较发达的地区

会展旅游业的发展不仅需要有稳定的社会环境、频繁的政治活动、繁荣的经济态势、鲜明的城市形象，还需要完善的基础设施、便捷的都市服务，包括交通、住宿、会展、通信等设施及其他如金融、货运、保险等一系列配套服务。这些综合设施与配套服务比较齐全的地方一般都是大、中型城市和经济比较发达的地区，所以，会展旅游者也就自然集中在这些城市和地区。

3）重复出游次数较多

会展旅游者不像一般观光旅游者去过的地方就不去了，会展旅游者会一而再、再而三地重访旧地，这是由他们的工作性质和来访目的所决定的。会展旅游者一般无法自己选择会展旅游的时间和地点，一个城市只要有吸引人的特殊活动，就会有活动爱好者、感兴趣者前去参加。他们不受观光旅游中很少重复出游特点的限制。因为其目的不是看某个地方，而是去参加他感兴趣的活动。这样的活动越多，他们的出游次数就越多。所以，会展旅游者多为重游客、再访者和回头客。据统计，国外会展旅游者首次来华的只占32.6%，而重复来华的占67.4%，其中第二和第三次来华的占32.1%，第四次及四次以上来华的占35.3%。

4）停留时间长

参加会展的人员，既要参加会议、展览，还要参观游览，因此，他们逗留的时间比一般旅游者要长得多。会议的召开和展览的举办一般持续的时间比较长，短则三五天，长则七八天，有的时间跨度会更长，这就为参加展会的代表在工作之余进行休闲娱乐活动提供了机会。况且在紧张繁忙的公务交往中，代表们在精神上感到疲惫，持续的工作也造成心理上的压力，他们迫切希望寻找一个比较好的休闲的地方和放松的方式，到就近的旅游点进行参观游览往往成为代表们的首选，尤其是外地的代表，更是强烈希望能到当地有代表性的旅游风景区进行游览以获得精神上的放松。

5）文化素质高

大多数会展旅游者都是干练而精明的年轻人，他们受过良好教育，文化程度高。由于企业的全球化，为了工作的需要，他们必然经常进行国际或国内旅行，去许多地方参加各种形式和内容的会展活动，这又使得他们见多识广。会展旅游者往往在企业中担任着一定的领导职务，其中许多人又处在企业的决策层，所以他们的影响力和影响面都比一般观光旅游者与探亲访友者要大得多。例如，首届夏季达沃斯会议期间，近90个国家的1 500名左右的正式注册会员从世界各地来到大连，其中不乏国家元首和商界领袖。

6）旅游团体规模较大

由于共同工作或共同兴趣的原因，会展旅游者的团队规模较大。比如参加会议、展览的代表团，看世界杯足球赛的球迷团，看F1比赛的车迷团，看歌星演唱会的歌迷团等。会展旅游者往往有自己的圈子，他们会根据会展旅游活动的类型、内容、时间等因素决定是否一起前往参加。如2014年由中国国旅、国际会议展览有限公司承办的完美中国有限公司海外研讨会达6 000人的组团规模，创下了中美建交以来中国单一组团赴美国旅游规模最大、人数最多的纪录。

7）受季节性影响很小

一般的大众旅游活动容易受季节性影响，致使旅游地有明显的旅游淡旺季之分。而节事旅游者由于多是因事而游，所以其旅游活动主要与活动举办时间紧密相关，很少受季节性影响。其中会展旅游者由于其参加会展活动即是工作的一部分，主要目的是从事商务活动，完成商业目标。对大多数会展旅游者来说，进行会展旅游是一种公务，不受季节和气温影响。

8）时间安排紧，活动节奏快

因为会展旅行费用高昂，越来越多的企业对属于商务旅游市场的会展旅游费用有所控制，而对会展旅游费用的控制又必然要求会展旅游者加快活动节奏，压缩会展旅游日程，收紧会展旅游日程安排。随之而来的就是会展旅游者对提供商务会展旅游产品与服务的饭店、旅行社、航空公司等企业顺理成章地提出需要快速优质服务的要求。会展旅游者时间观念强，旅行日程安排紧凑，强调效率，因此，他们希望旅行社提供的商旅服务能统筹安排，提高效率，节约时间。

9）比较挑剔，要求较高

会展旅游者对旅游活动的新颖性、灵活性、舒适度等问题非常看重，对旅游服务设施是否周全、服务项目是否丰富、服务质量是否有保证、旅游活动的组织形式是否灵活、是否人性化等问题，比较挑剔，要求较高。

10）女性会展旅游者逐渐增多

近年来，国际上妇女就业比例日益提高。据统计，2015年，德国劳动力市场中，女性占比达到历史新高，占就业总人数的46%，这一数据较1995年的数据上升了近10个百分点。该国统计数据显示，2013年获得有偿工作的女性人数升至1 800万，这一数据在1995年为1 500万。因此，女性会展旅游者也随着女性就业人数比例的提高而增加。与此同时，作为会展旅游者的女性商务客也逐渐引起人们的重视。为了更好地了解女性商务客源市场的特点，美国的几所大学联合对精选出来的1 000名女性商务人员和专业人士进行了一次系统的抽样调查。调查发现，舒适和安全是女性商务人员选择饭店的决定性因素，其中以下几点被90%的被调查者认为是最重要的：饭店的干净程度；舒适的床和枕头；客房内有烟雾探测器、防盗门链和门锁；停车场有照明。调查所反映的女性商务人员的特点，对会展业和旅游业了解女性会展旅游者的需求并据此提供个性化服务有着重要参考价值。

5.3.3 会展旅游者的需求

从产品开发的角度看，会展旅游在很大程度上取决于它能否吸引足够多的游客参加，能否为参与者提供高质量的服务与活动体验。而要想吸引这类高端旅游者并满足其需求，我们就必须对会展旅游者的心理与行为特征进行科学的分析和研究，了解他们在旅游中的需要和偏爱，这对于会展旅游经营管理人员和服务人员来说是至关重要的。

1）对旅游景观的渴望

会展旅游者对新颖、独特的旅游景观有着急切的渴望。追新猎奇本来是所有旅游者都有的心理，不过，会展旅游者在这一点上表现得更为突出。会展旅游经营者应该通过为旅游者提供不同于日常生活的旅游体验，满足其求新求异的动机。

2）对旅游项目的需求

会展旅游者比较活跃，他们在生活中对动感、活力、激情体验等有着较强烈的要求。他们希望在旅游过程中参与各类活动，展现生命活力。都市节事旅游中的狂欢活动尤其受他们的欢迎。由于受教育程度比较高，相对于传统的观光旅游，生态旅游、高科技旅游以及一些参与性极强的旅游项目对会展旅游者更有吸引力。

3）对旅游体验的追求

会展旅游，尤其是都市节事旅游一般不会只有一个活动项目，往往由展现、烘托活动主题的一系列活动项目所组成，这一点为参与者提供了多类别、多层次、多方式的旅游体验机会，很好地满足了旅游者对丰富性、多样性旅游体验的需求。

4）对旅行社服务的要求

旅行社从事会展旅游业务的工作人员不但要有较高的专业知识水平，更要有高度的接待技巧。会展旅行的变动虽然不会像商务旅行的变动那样大，但会展旅游者的行程也常常需要随着会展活动的变化而更改，所以，相关的旅行安排也就必须相应地作出更改。这相当复杂，需要有高度技巧和能力的工作人员来加以妥善处理，为旅游者提供精致细微的服务。

5）对旅游交通服务的要求

英国瑞德旅游公司的调查发现，91%的商务旅游者喜欢前后座位之间有较大的伸腿空间，72%的人则喜欢座位靠背可调整角度，希望在远程旅行中有较好的休息设施。商务旅游者对飞机内设施与服务的这些要求，自然也包括了会展旅游者对航空公司的要求。

会展旅游者除了对飞机内设施和服务有一定要求外，还对机场设施有一定要求。维斯特拉普调研机构在哥本哈根、都柏林和巴黎的几个机场对来自9个国家的1 700名旅游者（其中有600多名商务旅游者）的一项调查中，得到了包括会展旅游者在内的商务旅游者的回答。25%被调查的商务旅游者在欧洲机场真正需要的是儿童游玩的地方；20%的商务旅游者需要机场为其在休息厅准备个人使用的电视；20%的商务旅游者需要能变成床的椅子，可以稍事休息。

6）对旅游饭店服务的要求

近些年来，商务游客越来越追求快捷便利的现代化办公设施。据有关方面调查，10个国际商务客人中就有6人携带笔记本电脑，他们在酒店中使用传真机的比例高达97%，有超过50%的国际商务客人在差旅过程中使用互联网，因此，他们往往对办公地和住宿房间是否有宽带互联网比较关注。另外，商务客人对电子信箱、电传、国际直拨电话等通信工具使用频率也较高。

英国瑞德旅游公司在对700名商务散客的调查中发现商务客人对饭店有以下基本需求：

（1）客房类型：要求标准客房，但一个人出差时希望住单人房，要求安全、隐私，不愿与不相识的人共住。

（2）设施设备：要有卫生间、空调、长途电话、遥控电视。

（3）布置用品：日用日换，保持清洁整齐。

（4）一次性用品：配备牙具、梳子、洗浴用品，备有信封、信纸、简易用笔。

（5）商务服务：提供复印、打字、传真等商务服务，订火车票、飞机票、船票等业务。

（6）选择偏好：喜欢熟悉的饭店，对服务要求较高，希望物有所值，讲究地段位置。

（7）愿望：商务散客出差在外，工作压力大，生活上希望能有一种家的感觉，得到个性化的服务，并希望得到饭店的关心，在生日或节假日能得到饭店的问候，并能得到饭店送上的一份小礼物及营造的温馨的气氛。

总之，不管是国际会展旅游者还是国内会展旅游者，他们自身的特点和消费特性都会随着社会和国内外经济形势的变化而不断地变化。这就要求从事会展旅游经营、管理与服务的工作人员时刻注意观察并坚持调查研究，更好地了解会展旅游者的共性和个性特点及消费需求的变化。

教学互动5-1

主题：会展旅游者有“对旅游景观的渴望”、“对旅游项目的需求”、“对旅游体验的追求”、“对旅行社服务的要求”、“对旅游交通服务的要求”和“对旅游饭店服务的要求”等需求。

问题：假设你是某地会展旅游的经营管理者，请你依据当地实际情况，进一步考虑如何满足会展旅游者的上述需求。

要求：同“教学互动1-1”的“要求”。

学习微平台

延伸阅读5-3

业务链接5-2

即将颠覆商务旅行的五大技术趋势

随着行业的不断发展，商务旅行者与企业的需求也在不断深化。商务旅行者想要获得更多的选择、更透明的价格、更个性化的服务。与此同时，企业也希望从商旅投入中获得更高的回报。商务旅行社必须适应不断变化的市场环境，以卓越的服务帮助企业及差旅人员从商务旅行中获得最大价值。为此，商务旅行社应主要关注两大核心需求——企业自身需求和商务旅行者的需求。成功的商务旅行社必须拥有强大的技术支持，走在创新的最前沿，了解并迅速满足客户不断变化的需求。那么，哪些技术趋势会对该行业产生重大影响呢？

(1) 定制化的商务旅行

与个人旅行一样，商务旅行者也希望个性化服务贯穿整个行程。因此，商务旅行社必须赋予差旅人员随时获取旅行相关信息的能力，并通过合适的工具帮助他们从预订的那一刻起即开始享受轻松、便捷的差旅体验。随着旅行资源的不断整合，商务旅行社将能够依据旅行者的个人信息为其提供更多选择，并允许企业选择差旅人士可以查看的内容。旅行社为客户打造旅途全流程定制体验的同时，还可以帮助企业更好地管理差旅成本。

(2) 交易环节透明化

旅游业即将拥抱“区块链原则”，即透明地展示差旅的每一交易环节信息。这些数据十分重要，商务旅行社将能够依此深入洞察商务旅行者的整个行程，打造量身定制的旅行体验，公司也将获得行程记录，并将相关数据用于内部报告、预测和趋势判断。

(3) 商务休闲之旅备受千禧一代青睐

据 Expedia Group Media Solutions 预测，在未来，60%的商务旅行将转变为商务休闲之旅（即在差旅之余休闲放松），商务休闲旅游的大部分收入都源于在全体从业人员中占比越来越高的千禧一代。若商务旅行社有意愿深挖千禧一代的需求，并为他们提供可行的相关选择，则必将发现一片利润蓝海。为在这一趋势之下保持竞争力，商务旅行社应与企业携手打造可以满足旅行者各类期望的商务旅程，比如灵活的日程安排、满足不同的旅行偏好等。

(4) 移动技术至关重要

移动技术对各种类型的旅行社都十分重要，对商务旅行社也是如此。商务旅行者往往日程紧张，事务繁忙，因此更希望通过触手可及的方式进行问题沟通和旅行计划管理。而这需要商务旅行社在移动平台上进行全面优化，收集移动应用端数据并对其充分利用，发送有针对性的信息，提供个性化服务。

(5) 行业趋于整合集中

随着旅行内容资源的进一步整合和集中，商务旅行社无须更改平台即可高效地访问内容。这一便捷的特性将随着 NDC 标准的推行进一步提升，因为它不仅使商务旅行社可查阅差旅人士包含个人偏好等信息的档案，还允许商务旅行社管理旅行者所查看的内容，便于其为客户提供全流程的定制差旅体验。

资料来源 佚名. 即将颠覆商务旅行的五大技术趋势 [J]. 空运商务，2019 (7).

5.4 会展企业

会展企业是会展业的市场主体。企业是市场经济运行最基本的微观单元，企业这一微观单元的发展，是决定会展经济增长、滞缓或衰退的基本因素。会展企业在一定范围内的要素市场和产品市场运营中与其他企业、经济部门所形成的相互联系（产品、服务、信息、技术联系）及其强度，决定了会展业的整体发展。会展企业的结构、功能、规模及其要素组合影响着会展业的性质、规模、产业结构以及发展潜力。

5.4.1　会展企业的概念

会展企业是指依托各类会展场馆和相关设施，从事会议、展览和节事活动的策划、组织和经营管理等相关活动，以营利为主要目标，具有相对独立性的经济组织。

5.4.2　会展企业的类型

根据不同的标准，会展企业可以划分为以下不同的类型：

（1）按照经营业务划分，会展企业可以分为会展经营公司、会展场馆公司，以及为会展提供搭建、物流等服务的公司等。

（2）按照经营规模划分，会展企业可以分为大型会展企业、中型会展企业和小型会展企业三种类型。

（3）按照投资主体划分，会展企业可以分为国有会展企业、民营会展企业、合资会展企业、外商投资会展企业、港澳台投资会展企业等多种类型。

（4）按照与会展活动的密切程度，会展企业可以分为直接会展企业、间接会展企业和配套会展企业三种类型。直接会展企业是指直接和专门经营会展业务的企业，如专业会议组织公司、展览公司、场馆经营公司等。间接会展企业是指除了为会展提供服务外，同时也为社会其他部门和人员提供服务的企业，如广告、酒店、餐馆、交通运输等企业；配套会展企业是指为会展企业提供配套产品和服务的相关企业，如装饰公司、建筑企业、物流公司等。

5.4.3　会展企业的特点

会展企业作为企业的一种具体类型，既有一般企业的共性特征，又有其独有的特征，具体表现在以下四个方面：

1）对基础设施和环境的依赖性

会展企业主要是利用会展场馆和相关设施设备的功能、空间以及其他产业所提供的产品和服务为参展商、会议参与者和观众提供服务。会展业是服务型产业，会展活动的开展显著地依赖其他产业的产品和服务作为中间投入的生产要素，与国民经济其他产业的关联性很强。会展业的发展也会拉动其他产业相关部门的发展。因此，一个地区和城市的经济发达程度、基础设施建设、市政工程配套、资源环境、物资配套以及水电能源消耗等，对该地区和城市会展企业的发展具有重要影响。

2）经营的敏感性

由于会展活动本身受国内外政治、经济、文化、外交以及恐怖事件、自然灾害、疾病流行等多种因素的影响，会展企业的经营活动往往具有较强的敏感性。对外在环境变化的敏感性，导致会展企业的经营活动存在较大的波动性。因此，会展企业必须关注各种危机事件发生的可能性，不断提高企业的抗风险能力，同时对自身的发展应保持信心。

3）服务的时效性

通常情况下，会展活动往往是在特定的时间和地点举办，因而具有一定的时空条件约束。这就要求会展企业必须在会展活动举办的特定时间和特定区域内，为参展商、会议与会者和观众提供及时有效的服务，才能获得经营的最大效益。

4）先进设备和劳务服务并存

会展活动既需要高水平的策划和设计，也需要设施先进的现代化场馆支撑，更需要提供相应的劳务服务，如展台搭建、交通、物流、金融、餐饮、住宿等。一次会展活动往往需要大量的先进设施设备来有效地展示，也需要提供高质量的服务，这样才能真正满足客户的需求，保证会展活动成功举行。

5.4.4 会展企业职能部门设置

会展企业职能部门设置是指把会展企业划分为若干管理单位，确定组织中各项任务的分配与责任的归属，以求分工合理、职责分明，有效地实现组织的目标。会展企业职能部门设置主要依据参展商在展会期间的活动流程来安排。

会展企业的部门设置需兼顾会展服务的质量与效率，一般来说，包括策划部、外联部、招商部、创意设计部、会展服务部、信息管理部、特装制作部、物流部、工程管理部和安全保卫部等。会展企业部门设置可以保证其良好运营，同时也与盈利状况密切相关。由于公司的规模大小不同，内部职能部门设置也有差异。在实践中，会展企业应根据实际情况，充分考虑企业的业务特点来设置部门。比如，有些公司可以增设行政部和人事部；还有一些会展公司将具体的接待、展区设计、场地建设等工作外包给专业公司来完成，这样它的组织结构和部门设置都会简单一些。

会展企业在接到会展项目后，根据会展项目的特点及具体情况，将项目工作细分并分派到各部门主管领导。各部门将按照分工，根据各部门的工作职责完成相应的工作。常见的会展企业各部门工作职责如下：

1）策划部

策划部是会展公司的部门之一，主要负责策划会展立项、调研会展市场、进行会展宣传推广和开展公关活动等工作。

2）外联部

外联部主要负责会展公司所需服务的联络、洽谈的工作，并负责与这些服务提供商建立良好的合作关系。其具体工作包括：选择外部服务商、租赁会展场所、维护与会展提供商的合作关系等。

3）招商部

招商部是会展公司业务拓展的部门，主要负责管理客户信息、制订招商计划、开展招商活动、维护客户关系等工作。

4）创意设计部

创意设计部是向客户提供各种创意与设计的部门，主要负责设计会展场所、提供创意展示设计服务等。

5）会展服务部

会展服务部是体现会展公司综合服务水平的重要职能部门，主要负责提供会展接待服务、管理会展活动及节目、提供会展后勤服务。

6）信息管理部

信息管理部主要负责会展行业的信息管理工作。其具体工作包括：搜集整理会展行业信息、管理公司信息系统、维护公司网络、管理通信网络设备，并向公司内部、外部客户提供信息管理系统建设和维护服务。

7）特装制作部

特装制作部主要负责展会中特装展台的制作。其具体工作包括：实施和控制特装制作流程、管理特装制作现场。

8）物流部

物流部主要负责会展公司所需物资的采购、管理和运输工作。其具体工作包括：管理物资采购、存储、运输等工作。

9）工程管理部

工程管理部承担的主要是会展现场的工程施工和会场设备的管理。其具体工作包括：会展施工的前期准备、现场控制、后期拆除、管理施工物资和资料。

10）安全保卫部

安全保卫部主要是为会展产品以及会展场馆的安全需求而设立的。其具体工作包括：维护公司和会展现场的安全秩序、管理消防安全、管理安全意外事件、管理安全保卫人员。

11）财务部

财务部是直接管理资金、进行账务处理的部门，是会展公司的重要保障部门，主要负责制定财务规章制度和财务计划、会计核算、财务监督、现金出纳、税务工作等。

同步案例5-2

会展企业数字化的四个表象

背景与情境：阿里巴巴集团创始人马云在中国绿公司年会上演讲时曾强调，在今天所有巨大的不确定当中，他认为数字化是确定的，数字化一定会全面地改造所有的行业，不是每个企业都要转型，但是每个企业都必须升级，完成数字化升级。在当前百年未有之大变革的历史时期，数字化对每一个产业、每一家企业的重要性都毋庸置疑，会展行业也不例外，会展企业亟须转型升级为数字化企业。现阶段，大多数企业对于数字化非常重视，都认为是未来的发展趋势和方向。但是，目前还没有看到数字化会展企业的实践案例。令人诧异的是，继复展后，很多企业又回到了新冠肺炎疫情前的业务运营常规状态。那么，究竟什么是数字化运营，数字化企业应该是什么样子呢？它们通常具备以下四个方面的表象，具体如下：

学习微平台

延伸阅读5-4

第一，要有基于整个企业业务流程实时的数据可视化看板。例如Uber总部的大屏可以实时显示全球200多个城市的实时车辆运营状况。实现业务流程的数据可视化看板的先决条件，就是要具备相对完善的数字技术，同时业务流程也已经规范化。在涉及智慧城市、数字经济、人工智能、机器人等众多数字化企业里，这类数据可视化看板都是必不可少的。

第二，企业团队要有统一的网络协同办公系统。数字经济很重要的一个指标就是要提升工作效率，实现业务规模快速增长。提高工作效率，一方面是要用数字技术、智能技术通过替代人所不擅长的能力来提高生产力；另一方面就是要通过网络协同让更多的人同时工作，以提升团队整体的效率。这就需要通过组织创新打破传统企业部门与部门之间的壁垒，也需要依靠数字技术、新的组织架构及业务流程来建立网络协同系统。

第三，要有基于云架构的开放平台。数字化互联网的基础就是开放性，数字化企业也需要跟众多的外部合作伙伴进行共创、共享、合作，因此搭建一个具有开放性的数据化平台，实现合作伙伴间的数据互联互通是非常重要的。另外，只有企业数字化系统具有开放性，才能将BAT的云平台技术能力发挥出来。同时打通企业内部多个系统的数据，避免产生数据孤岛，这样最终汇总出来的业务数据才有实时性、统一性、真实性。

第四，要有基于数据智能的辅助决策体系。当下，企业数字化已进入数据智能阶段，可以扮演与人类智能协同决策的角色。数字化的必要性就是基于大数据、云计算、移动互联网、物联网等领先科技辅助人类的各项决策更快速、更准确。当然，它也并不仅仅是技术问题，而是需要企业团队和管理者一起研究各个应用场景，提出基于场景所需要解决的问题，并不断根据新需求而增加的。例如，哪位演讲嘉宾可能会由于航班延误而不能按时出席论坛；哪位参展商的展台存在安全隐患；哪辆展品运输车辆违规停放；哪位与会观众意外跌倒受伤，等等。这些问题今后都可能通过装有各种传感器的智能硬件设备采集数据进行分析，及时发布到会展项目运营管理人员的移动端上，以便及时进行协调和处理。

对于以上四个表象，或许大多数会展企业会感觉有一些实现难度，或者认为目前并没有必要，但会展业的数字化升级是会展企业不得不面对的一大挑战，关系到未来企业能不能活下来。通过这次疫情，腾讯、阿里巴巴、华为、百度等公司都积极开放和提升数字化能力，来降低传统行业转型的成本。因此，会展企业需要抓住当前新基建的契机，利用这些大平台的基础能力，分步实施、快速推进数字化升级的相关工作。需要指出的是，企业数字化不仅仅是一个技术问题，而是一个一把手工程，要提高到战略层面，只有将战略层面、技术层面和组织层面三个方面的数字化升级结合起来，企业才能在未来的竞争中立于不败之地。

资料来源 周景龙. 会展企业数字化的四个表象［J］. 中国会展，2020（21）.

课程思政 5-1

会展行业职业道德建设亟待加强

背景与情境：产业发展到一定规模时，职业道德问题便会受到关注。会展行业经多年发展，也存在职业道德建设问题，应引起有关部门高度重视。当前我国会展行业职业道德存在如下几个突出问题：一是职业道德建设机构缺位，政府没有监督机构，各会展行业组织没有把职业道德建设纳入议事日程，尚处于一个自由发展的状态；二是职业道德风气亟待改善，展会组织机构间关系不融洽，相互抢会、拆台、恶意攻击等现象时有发生，一些展会组织者只顾经济利益，在展会操作的各个阶段掺假使假，败坏了行业声誉；三是职业道德成为行业健康发展的掣肘，职业道德问题已成为影响会展行业健康发展的绊脚石。

问题：应怎样加强会展行业的职业道德建设？

研判提示：加强会展行业职业道德建设，应从以下几方面着手：第一，积极制定道德规范。商务部、中国贸促会等有关部门要组织专门人员进行调研，在摸清实情后，制定出台会展行业职业道德规范，积极倡导全行业执行。第二，积极发挥行业组织的作用，中国会展经济研究会、中国展览馆协会等全国性组织应积极筹建职业道德建设委员会，号召全体会员维护会展行业的整体形象、整体利益，严格自律。第三，试行颁发职业道德奖，全国各级各类会展行业论坛、评委会、联盟等机构，在设立各类评选活动时，可单设职业道德奖项，主动、积极地发现一批守法经营的会展企业和个人，推出一批值得全会展行业学习的典型。第四，建立淘汰机制，各地政府和会展业管理部门要倡导实事求是地发布有关展会组织者的违纪违规事件，通过发布公告、通告、简报等形式，督促其纠正不良行为，警示大家遵纪守法。对于较为恶劣的反面典型，要根据实际情况，积极配合市场监督管理等部门，直接撤销其展会组织资格。第五，充分发挥媒体的舆论监督作用，建议媒体对发现的各种有悖会展行业职业道德的问题进行专题讨论、聚焦。

5.5 会展设施

会展设施可以从广义上和狭义上来理解。从广义上看，会展设施包括整个城市中与会展相关的所有的公共设施；从狭义上看，会展设施指的是在会展举办过程中所需要用到的场馆，当然其中包括场馆中的最基本的设施和一切涉及会展项目的要素。比如举办展览会的会展中心以及中心内的供电系统、给水排水系统、空调、电梯、照明设备、消防器材、通信设备、网络和信息传递设备以及公共广播等宣传器材；举行各种会议的会议中心以及中心内的座位布局、家具（包括桌椅、讲台等）、照明设备、空调设备以及音响器材等。

5.5.1 会展设施的类别

会展设施作为各类会议和展览活动的载体，应该具备比较完善的设施和相对完备的功能，才能为各类会议和展览活动提供相应的服务。会展设施主体以展览、会议为主，兼作与展览有关的展示、演示、表演、宴会等场所。场馆外部一般设置公园式广场和绿地，以促成经贸活动、文化会议交流与旅游相结合；内部配以商务、旅游、票务、邮政、通信、海关、餐饮、停车场等服务设施，为会展活动提供直接服务。场馆周边附设必要的酒店、写字楼、公寓、商场等配套设施，作为完善的会展活动后勤保障系统。本章把会展设施分成六个组成部分来介绍。

1）展览设施

展览设施主要由展览厅和展示厅组成。展览厅应根据展览中心的市场定位和所举办的展览类型以及具体规模来设置标准摊位，要按能适合举办各种类型室内展览来设置，总体要求为建筑装修及装备注重实效，部分关键设备和软件系统应达到国内或国际相应水平。展示厅内按需要设置展示橱窗，用于常年展示展品。

2）展览辅助设施

（1）展厅主入口主大厅。展厅主入口主大厅能举行室内开幕式，兼作登记、咨询服务用，设置工作间、贵宾休息室、大型电子屏幕墙等。

（2）各独立展厅门厅（过厅）。各独立展厅门厅（过厅）能举办小型开幕式，兼作登记、咨询服务处，设有工作间、休息处、公共饮水处、展场导引处等。

（3）餐厅厨房。应配备能满足一定数量的参展商和观众同时用餐的餐厅厨房，包括宴会厅、中西餐厅、外卖餐厅等。

（4）展览工程制作场和仓库，用于展览布展工程、摊位搭建、器材堆放、展品存放等，分布于各独立展厅。

（5）商场服务设施，包括商场和食品、饮料、快餐销售点等；在休息场地可设置小卖部。

（6）商务服务设施，包括洽谈间，会展组织者办公室，通信、复印、运输、旅游票务、银行、海关等工作场地。

（7）设备用房，包括安全消防监控中心、电话交换机房、中央空调机房、消防水池、泵站、热源交换站、发电机房、污水处理站、变电站、配电房、智能化中心。

3）会议设施

不同规模的会议厅可以适应各种不同规模的会议的需要，也可满足举办表演、演示、小型展览展示、专业技术推介等活动的需求。会议厅一般包括多功能大厅、中型会议厅、组合式小型会议厅、贵宾厅等。

（1）多功能大厅。多功能大厅按容纳一定人数活动设置，可用隔音墙分隔成2~3间，设伸缩舞台及无线同声翻译，用作会议、宴会、时装表演、小型专题展览等；大跨度结构能符合会议功能的通视性要求，音响效果需符合会议建筑规范要求。

（2）中型会议厅。中型会议厅一般设置固定座席，兼作电影放映、专题会议用。按高标准配置设备，还可设声光图像放映和投影设施以及卫星电视电话会议、有线同声翻译、电子投票系统等。

（3）组合式小型会议厅、贵宾厅，主要用于灵活机动地组合各种不同规模的会议，可兼作临时办公、谈判、签字仪式、新产品发布用。其中高标准的会议常配有声光图像放映和投影设施及同声翻译系统。配备多种设备的会议室应尽量与普通会议室组合，以实现设备共用。贵宾厅是为各会议配置的专用设施，以供参会的贵宾使用。

4）会议辅助设施

会议辅助设施主要包括：

（1）会前接待服务场地即多功能大厅和中型会议厅，作登记、休息、活动、交流用。

（2）门厅、过道、工作间，门厅应宽敞，工作间主要供会议服务人员使用和存放设备。

（3）仓库，主要用于存放多功能厅座椅、餐台以及各会议室的设备、家具。

（4）其他辅助设施，如卫生间等。

会议交通以大通量的双向电动扶梯为主，可随人流上下的高峰调配扶梯走向。设置部分直升式电梯和货梯，考虑贵宾通道和残疾人交通无障碍设计。

5）室外展场、广场和车位部分

（1）室外场地项目。室外场地项目主要包括室外展场、室外广场和车位。室外展场通常在室内展场不能满足展览需求时使用，有时是为了制造气氛而使用。室外广场通常作为举办大型活动仪式场地，并兼作室外展览用。停车场应根据会展中心的规模以及相应的汽车数量而定，一般分为地下停车场和地面停车场，露天展场不使用时，作为停车场使用。室外场地应保有货场及车辆调度区，以满足运送货物及车辆调度的需要。另外，还应该设计小区道路，使人、货车道分流，货车道应能满足超大型平板车的进出。

(2) 室外场地设施。室外场地设置声、光、电系统，适应夜间室外展览、布展、撤展和夜间庆典等活动。绿化区设休息小区、雕塑群。在广场或建筑物上显著位置设置大型电子屏幕，主体建筑设计时应考虑便于设置大型广告牌和装饰物，以增强会展中心的宣传功能和经营效果。

6) 智能化设施

随着会展经济的发展和会展信息化、智能化水平的提高，越来越多的会展中心为会展活动提供各种高水平的信息化和智能化服务，如智能卡管理系统、通信系统、网络系统、信息服务系统、卫星及有线电视服务系统。

(1) 智能卡管理系统。展览中心一般在展厅、会议室、库房等重要场所设置电子卡，对出入口进行管理控制。在展厅出入口安排门口机，采用读卡过闸的管理方式，为展厅内的人员提供良好的投资洽谈及参观的环境。门口机具有读取多种卡的功能，同时可以控制展馆内的人流。观众和来宾在进入展馆前必须先登记个人信息并领取卡片，方可凭卡进入。卡的登记有两种途径：一是通过互联网在线登记信息后向组委会办理；二是在展会期间，现场登记办卡。

(2) 通信系统。通信系统为参会人员或参展观众提供各种通信服务。例如，在展馆内展位、会议室、办公用房等场所可提供直拨电话，各大通信公司在展览中心设有无线覆盖系统，各展区、楼层设有ATM（自动取款机)、公用电话。

(3) 网络系统。网络系统基于综合布线之上，是数据交换的中心和公共通道。对内把信息管理系统和设备系统连接成一个有机的整体，对外与世界各地进行数据通信。现代化会展中心网络系统的建设规模可同时满足一定数量的信息点交换信息的需要，使用者可通过局域网直接接入互联网，而无须进行拨号。在重要的会议室及信息中心等处设有光纤点，保障会议及机房的使用和具有良好的可扩展性。此外，各后勤办公室及门口机、触摸屏等重要设备可通过网络系统进行数据交换。另外，展馆内可通过网络系统进行视频直播。

5.5.2　会展设施的管理

会展设施的管理，对于会展的成功有着极其重要的意义。在会展活动期间，要求在有限的时间内完成场馆布置、物料运输等任务，这一切都要依赖于良好的会展设施的管理。会展设施虽然不能直接创造利润，但是通过管理，提高会展设施效能、控制能源的浪费、提高其服务质量，可以提高会展设施创造的经济效益。

会展设施的管理可以分为硬件管理和软件管理两个方面。

1) 硬件管理

硬件管理往往受到设施的规模、布局、设计和装备的影响。会展场馆的位置和面积一般是在建成的时候就已经定下来的，所以硬件管理的重点多放在会展场馆的运作与成效方面，主要是以下六个方面：

（1）安全是重中之重。在会展活动举办期间，会有大量人员在会展场馆中短期逗留或进出会场，如展览会的参展商、会议的出席嘉宾、各种大型活动的观众等。因此，会展场馆一定要保证消防系统、防火装置、警报系统、广播系统、紧急照明系统、后备发电机、控制中心等的正常运作；会展场馆的工作人员也必须经过专业的训练以处理随时可能发生的火警或其他突发紧急事故，从而保证所有会展参与人员的人身安全和会展场馆内的财产安全。

（2）提供舒适的环境。向场馆使用者和出席会展活动的人提供舒适的环境，使活动可以顺利地进行，是会展设施管理的基本责任。必须保证在会展期间使用到的照明、通信等基本设施可以正常运行。

（3）保证物品进出便捷。会展活动的日期在确定之后，一般不可以更改。所以，运输通道，如车道、货梯等一定要保持通畅，以配合会展活动的要求，使得大量的设备和展品可以在既定时间内顺利进出会展场馆。

（4）会展设施的维修保养妥当。会展设施日常的维修保养非常重要。如果由于设施的运作突然出现问题而引起会展活动的延误甚至中止，后果将会非常严重。良好的维修保养，除了可以防止设备和系统发生故障外，还可以延长设备和系统的使用寿命、提高使用效率，从而降低成本。

（5）权衡增添特别设备或器材的成本。不同类型的会议或展览会可能需要一些非常特别的设备或器材以配合活动的进行，通用的设备或器材可以考虑添置，而非常用的设备或器材可以考虑租借。盲目增添为应付个别项目使用的设备或器材，只会增加日后的维修保养成本并且浪费储存空间。

（6）注重环保是重要一环。会展活动经常要在会展结束后把活动使用的大量物料丢弃，这是一种资源浪费，也增加了处理废物的支出。因此，会展场馆需要尽量做到物料的循环利用，甚至可以规定会展期间不允许在场馆内使用不环保的物料。

2）软件管理

软件管理是会展场馆运营成功与否的关键所在。其中，应该重点考虑以下六个方面的因素：

（1）市场定位。会展场馆的管理者应该清楚掌握市场需求、竞争环境、设施本身的规模、地理位置、周边环境的配合等因素，来确定会展设施的市场定位，从而制定适当的经营管理策略和方针。正确的市场定位是会展设施成功运营的重要基础。

（2）重视有经验的专业管理人才。会展设施的管理需要专业的人才，而就目前情况而言，虽然会展业发展迅猛，但是专业的会展设施管理培训非常少，有经验的专业管理人才供应不足。因此，会展设施管理者要充分重视人才、善用人才，采取措施吸引人才。

（3）制定服务标准。会展设施的管理不仅应重视场馆的规模和设备的运营，提供优质的服务同样重要。

（4）调整使用的周期性和差异。由于会展活动大多具有周期性和差异，比如大型运动会具有周期性，而一些商业展览会具有季节性，所以会展设施的使用率在不同的月份有非常明显的差异。一般而言，会展场馆的使用率多集中在30%～70%，在服务资源提供和配合方面应考虑使用率的周期性。因此，一些需要大量人力配合的服务，如餐饮、清洁、保安等可以采用外包的方式。

（5）注意租用会展设施之间的竞争。大部分会展活动都是商业性活动，适合的档期是非常重要的，所有同类型或性质接近的会展活动经常会竞争同一档期。会展设施的管理者要合理编配设施的档期，避免会展活动冲突的情况出现，而且不应该只看重租金收入，而忽视设施租用者的利益。所以，会展设施管理者在与顾客的商业交往过程中，要注意树立信誉，以争取顾客的信任。

（6）兼负服务社会的职能。由于会展设施自身的特点，因此会展设施大多是由政府投资或资助的，在管理上，除了正常的商业运作外，也应该满足当地非商业活动对设施的需要，承担服务社会的职能。

5.5.3 会展设施的运营模式

会展设施的运营与管理决定着吸引和保留顾客的能力。因此，会展设施的运营与管理成为会展业发展中相当重要的一环。现在主要存在以下几种会展设施的运营模式：

1）政府运营模式

由于会展设施具有专用性强、造价高、投资回收期长等特点，所以主要靠政府投资兴建。这种所有权归政府的会展设施多是由政府进行运营与管理的，政府运营模式可以分为以下两种情况：

（1）政府全包全管模式。在这种情况下，由于政府的精力有限以及政府的官僚作风，这一模式将束缚和降低会展设施的管理效率。

（2）政府委托运营模式。政府指定某一委员会或理事会作为非营利性经营实体，来对会展设施进行管理。在这种情况下，委员会或理事会免受政府许多管理规章和程序的约束，可以提高会展设施运营的效率，但是，时间一长，由于一些政治上的庇护，由政府代理人作为会展设施管理人的优势也可能消失。

2）企业运营模式

会展设施企业运营模式的前提可能是所有权归政府所有，也可能是归企业自身所有，由此也可以分为两种情况：

（1）所有权归政府所有。在这种情况下，政府仍然可以保留对会展设施的控制权。但是，具体的运营决策是由企业作出的。企业根据自身的财务状况、市场的需求、竞争者策略和整个社会的环境可以作出需求预测，更好地满足已有需求并利用各种营销手段促进需求。这有利于改善会展设施的经营状况，提高它对社会总效益的贡献。

（2）所有权归企业所有。在这种情况下，会展设施的运营与管理效率最高。企业的目标就是利润最大化，如果企业对会展设施运营不善，则意味着企业自身的亏损甚至会造成更加严重的后果。

3）其他运营模式

现在应用比较广泛的会展设施运营模式是一种政府调控管理与市场多元运作相结合的模式。在这种模式下，政府在会展设施建设和管理的大方向上给予指导，进行把握；完善相应的制度，营造竞争有序的环境；对会展设施产品和服务的价格进行适当的宏观调控；对会展设施的运营和管理过程实行必要的监控，政府的重心转向提供公共服务。而在市场经济的作用下，运营与管理会展设施的企业像其他所有行业的企业一样，遵守市场经济的规律，在市场经济中，注重企业自身综合竞争力的培养，运用先进的管理技术，使得企业的利润最大化、价值最大化。

5.5.4 会展设施的综合利用

无论是从广义上看，还是从狭义上看，会展设施的综合利用都非常重要。会展设施的综合利用涉及会展设施的回报率，即会展设施的盈利能力。所以，会展设施的综合利用程度已成为会展设施运营与管理的生命线。

就会展活动内容横向的五个层面——展览、大型活动、会议、节庆活动和其他特殊活动来看，会展活动所涉及的设施主要是一些会展场馆，如会展中心、酒店和体育场馆，其中还包括展览会中搭建展位的设施、会议影像设备，以及其他活动中所需要用到的工具性的设施。

会展设施的综合利用一般包括两个方面：

一方面是会展设施在会展活动举办期间的综合利用。在会展活动中，许多设施是可以通过巧妙的安排进行综合利用的。比如，在同一个展览会中，可以将有相同特点的展台或者展品安排摆放在一起，综合利用一些服务台或者广告展板进行宣传；在同一节庆活动中，可以综合利用搭建的某个舞台进行一系列活动。

另一方面是会展设施在不举办会展的平日里的综合利用。比如，在会展场馆中，作为会议主要设施的酒店在会议不举行期间可以正常营业；体育场馆可以通过承办体育赛事、展览会、招聘会、演唱会、各种集体性会议等达到综合利用的目的。作为展览会主要设施的会展中心的利用率非常低，虽然现在展览会举办的次数越来越多，但是大多数会展中心的闲置时间仍然较长，这使得会展中心的亏损情况屡见不鲜，因此，提高会展中心的综合利用率受到广泛的关注。

会展中心可以通过以下几种途径来提高其综合利用率：

（1）建设大面积的会展中心或者聚集一定数量的会展中心在较近的区域内。大面积的会展中心意味着会展中心所有者资金实力雄厚，这是一种品质和信誉的象征，因此，顾客自然会增加，使得会展中心的利用率提高；大面积也增加了会展中心在进行其他方面使用的能力，比如，面积大的会展中心可以举办大型的人才招聘会，由于可以容纳较多的招聘企业，所以对招聘方和应聘方都具有相当大的吸引力，从而使会展中心的利用率得以提高。聚集一定数量的会展中心在较近的区域内，可以实现规模经济。

（2）最大限度地利用会展设施。在不举行展览会的日子，可以举办大型的文艺演出、品牌的打折促销活动、招聘会、艺术休闲展览等。

学习微平台

延伸阅读5-5

（3）调整会展中心维护的时间。在对会展中心进行维护和升级的时候，尽量选择会展中心的使用“淡季”。采用弹性时间，依会展中心的具体安排来调整会展中心自身的管理安排。比如，在会展中心的使用高峰期，可以用较高的报酬雇用人员，让其在加班时间对会展中心进行维护和升级，以避开会展中心的使用时间。

业务链接5-3

国家会展中心（天津）2021年6月迎首展

国家会展中心（天津）是继广州广交会展馆和承办进博会的国家会展中心（上

海）后，商务部布局的第三个国家会展项目，也是商务部国家会展项目整体布局的收官之作，珠三角、长三角、环渤海三个最具行业代表性区域的国家会展项目整体布局至此完成。项目建成后，将为京津冀城市群提供大型国际会展场所，使环渤海区域成为中国会展经济创新发展的新引擎。

国家会展中心（天津）体量庞大，集展览、会议、商业、办公、酒店功能于一体。项目总投资180亿元，总建筑面积约138万平方米，其中室内外展览总面积55.8万平方米，停车位9 400多个，商业配套32万平方米，货车轮候区11万平方米。全面建成后，它将成为我国北方展览面积最大、全球领先的新一代绿色智慧创新型国家会展综合体。国家会展中心（天津）携手华为，汇集5G、大数据等尖端技术，可为国内外客户提供便捷的一站式智能化服务，打造智慧会展新平台。其中，应用人脸识别、实时客流热力图跟踪等技术的智慧安防系统将加强展会安全保障，降低安保成本；应急指挥调度系统可以做到突发事件及时响应；智慧车辆调度系统可以让货车轮候更轻松，提升布撤展效率。展馆的会展电商系统具备展馆资源租赁、订单管理、即时工单派发、工单完成监管等智能管理功能，可实现配套服务轻松掌握。智慧点餐、展馆线上导航、路线规划、智能语音助手、商旅信息等扩展功能也将提升客商参展参观综合体验。

国家会展中心（天津）地理位置优越，北临天津城市天然轴线海河，东至卫津河，南至天津大道，西至宁静高速。展馆周边交通发达，距首都机场134公里、北京大兴机场99公里、天津滨海机场约10公里，距天津港约20公里，距高铁站约15公里，天津地铁1号线可直达展馆。未来津兴高铁通车，36分钟即可由大兴机场抵达天津西站，津雄高铁也将在天津津南区设站，方便客商自北京、雄安快速抵达展馆。国家会展中心（天津）是商务部和天津市政府合作共建的重点项目，也是承载北京非首都功能疏解、打造全球会展新高地的中国北方展览旗舰平台，为京津冀城市群提供大型国际会展场所，使环渤海区域与粤港澳大湾区、长三角地区遥相呼应，成为中国会展经济创新发展的新引擎。会展是经济社会发展水平的晴雨表和推进器，大型场馆是会展经济发展的基础设施。会展平台是联系政府与企业，连接产业与市场的理想平台，国家会展中心（天津）给北方会展业发展带来重大战略机遇。

资料来源　白波. 补京津冀缺乏大型展馆短板，国家会展中心（天津）6月办首展［N］. 北京日报，2021-01-14.

深度剖析5-4

问题：会展场馆的设施设备管理应遵循什么理念？

解析提示：

（1）效益理念。会展场馆的管理者应掌握市场需要、竞争环境、设施本身的规模、地理位置、周边环境的配合等因素，以确定场馆的市场地位，制定适当的经营管理方针和策略。

（2）技术理念。会展场馆必须走技术创新、多元化经营道路，依靠信息化、智能化的核心竞争力，以管理和服务整合来赢得市场份额。

(3) 服务理念。每个展览或会议活动都有不同的特性和要求，经营者应了解不同项目的需要，提供恰当的项目策划、场地布置、视听、通信、保安、清洁、餐饮等服务，以便活动顺利进行。

(4) 环保理念。现代化会展中心应注重环保，保持场地清洁并具备适当的废物处理能力，还要不断地完善合乎环保要求的技术操作程序。

本章概要

主要概念

会展旅游　会展旅游产品　会展旅游者　会展企业　会展设施

内容提要

- 本章主要介绍了会展旅游管理的理论基础，包括会展旅游的概念和特征以及会展旅游产品、会展旅游者、会展企业和会展设施的概念。

- 会展旅游指M、I、C、E细分事件旅游市场的概念，即Meetings（会议）、Incentives（奖励旅游）、Conventions（大会）、Exhibitions（展览），并包括以节日庆典和体育赛事为主题的节事（Events）在内的旅游形式。会展旅游是指借助举办的各种类型的会议、展览会、博览会、交易会、招商会以及文化体育、科技交流等活动，吸引游客前来洽谈贸易，观光旅游，进行技术合作、信息沟通和文化交流，并带动交通、旅游、商贸等多项相关产业发展的一种旅游活动。

- 会展旅游产品是指旅游业为满足与会者休闲的愉悦需求而专门开发的旅游产品，即专门为参与会展的旅行者提供的旅游产品。会展旅游产品的核心是服务，具有明显的综合性、无形性、不可分割性、不可储存性和异质性的特点。在会展旅游产品开发中，要十分重视服务产品的开发。在服务产品的开发中，要追求服务的地方特色。在会展旅游产品营销中要重视服务产品的组合、推动各种会展旅游中介机构的发展、与会展部门协作，并且采用忠诚营销的策略。

- 会展旅游者是旅游者中的一部分，是旅游行为与会展相关的旅游者。会展旅游者与其他类型旅游者相比，具有消费水平高、停留时间长、文化素质高、旅游团体规模较大、时间安排紧等特点。

- 会展企业是指依托各类会展场馆和相关设施，从事会议、展览和节事活动的策划、组织和经营管理等相关活动，以营利为主要目标，具有相对独立性的经济组织。按照经营业务、经营规模、投资主体等分类方式可将会展企业分为不同类型。会展企业作为企业的具体类型，既有一般企业的共性特征，又有其独有的特征，具体表现在对基础设施和环境的依赖性、经营的敏感性、服务的时效性、先进设备和劳务服务并存四个方面。

- 从广义上看，会展设施包括整个城市中与会展相关的所有公共设施；从狭义上看，会展设施指的是在会展举办过程中所需要用到的场馆。会展设施主体以展览、会议为主，兼作与展览有关的展示、演示、表演、宴会等场所。会展设施的管理可以分为硬件管理和软件管理两个方面。硬件管理主要集中在会展场馆的运作与成效方面；软件管理比较注重服务。会展设施的主要运营模式包括政府运营模式、企业运营模式及其他运营模式。

内容结构

本章内容结构如图5-3所示。

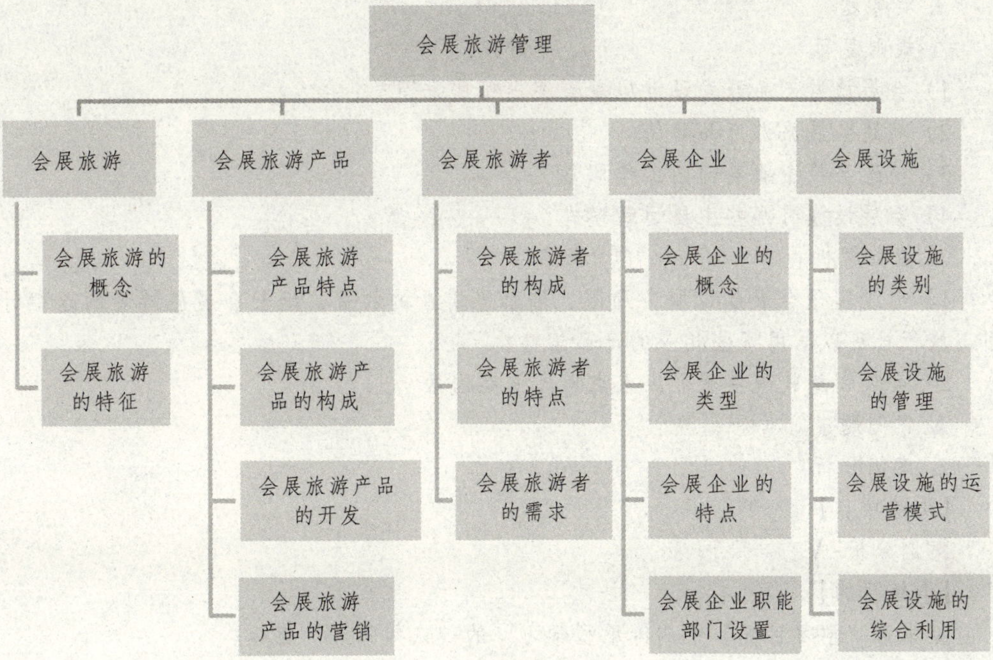

图5-3 本章内容结构

重要观点

观点5-1： 会展旅游指M、I、C、E细分事件旅游市场的概念，即Meetings（会议）、Incentives（奖励旅游）、Conventions（大会）、Exhibitions（展览），并包括以节日庆典和体育赛事为主题的节事（Events）在内的旅游形式。

常见质疑： 会展业与旅游业是两个互不相关的产业。

释疑： 会展旅游是指借助举办各种类型的会议、展览会、博览会、交易会、招商会以及文化体育、科技交流等活动，吸引游客前来洽谈贸易，观光旅游，进行技术合作、信息沟通和文化交流，并带动交通、旅游、商贸等多项相关产业发展的一种旅游活动。

单元训练

传承型训练

▲ 理论题

△ 简答题

1）简述会展旅游的相关概念与特征。

2）简述会展旅游产品的概念、特点与构成。

3）简述会展旅游者的概念、特点与需求。

4）简述会展企业的概念、类型与特点。

5）简述会展设施的概念与类别。

△ 讨论题

1）为什么说会展旅游产品具有综合性？主要体现在哪些方面？

2）如何理解会展企业经营的敏感性？

3）讨论我国会展企业部门设置与国外会展企业部门设置的区别。

▲ 实务题

△ 规则复习

1）会展旅游产品开发设计应着重突出哪些方面？

2）简述会展旅游产品营销。

3）简述会展企业各部门工作职责。

4）会展设施有哪些主要运营模式？

△ 业务解析

1）为了突破会展旅游服务局限，增加旅游业的收益，延长会展旅游者的逗留时间，旅行社可以采用哪些相应的产品策略？

2）会展设施软硬件管理应重点考虑哪些因素？

▲ 案例题

△ 案例分析

【训练项目】

案例分析-Ⅴ。

【训练目的】

见本章“学习目标”中“传承型学习”的“认知弹性”目标。

【教学方法】

同第1章“单元训练”中本题型的“教学方法”。

【训练任务】

1）体验对“附录三”附表3“解决问题”能力（高级）的“基本要求”和各技能点“参照规范与标准”的遵循。

2）同第1章“单元训练”中本题型的其他“训练任务”。

【相关案例】

中国银河会展中心，企业云上办展新标配

背景与情境：在不知不觉间，数字经济已经深入到我们生活的方方面面，吃喝玩乐都能与之挂钩。越来越多的行业开始转型线上，会展行业也是如此。在疫情的影响下，线上会展被按下了快进键，人们对于线上会展的认识和行动逐步从质疑、犹豫到认可尝试的转变。由中国银河会展中心承办的“2020四川国际医疗防疫物资博览会”线上展的成功举办，展现了会展数字化的价值和力量。

提前布局，全国首个云上3D智能云展场馆问世

作为助力会展业数字化的引领者，中国银河会展中心相关负责人坦言，能迅速地在危机时刻作出决策，启动虚拟场馆上线运营，要归功于公司的预见性。早在7年前，移动微世界就已经意识到云上会议、云上虚拟会展模式的价值，布局并开启了3D虚拟场馆的研发之路。多年来，持续深耕云上虚拟会展场馆的产品研发，拥有三大原创技术引擎3D/VR引擎、语音通信引擎、分布式服务器引擎，且拥有40余项著作权。公司先后推出3D会吧、云楼会议室、云楼SOHO等产品和平台，已拥有10余万用户，在新冠肺炎疫情期间助力数千家企业渡过难关。突发事件提高了客户对行业

的要求，客户需求也变得更加多样化。未来，必然会存在客户不能到场参会的情况。在中国银河会展中心办展，无论到场与否都可以达到身临其境的效果，选择观看自己更关注的论坛，不会错过任何一场有价值的会议。

中国银河会展中心，重新诠释云上会展

中国银河会展中心是国内第一个真正意义上实现智能交流、自由游览、精准转化的3D智能云展场馆，重新诠释了云上会展≠网页式浏览≠直播，为会展业树立了新标杆。2020年，中国银河会展中心与华为达成战略合作，成为华为生态严选伙伴。中国银河会展中心利用虚拟现实技术，将现实中的会展场景架构到云上，提出云上会议会展创新型解决方案。凭借“服务平台化、流量数据化、展台特装化、布展灵活化、交流智能化、形象立体化”等独有优势，可实现线上线下双线驱动、站外站内双向引流、降低成本增量流量、三维界面流量可见、自主游览随遇交流、深度畅聊精准对接，真正实现“看得见的站内流量，抓得住的精准客户”，为主办方带来更多的增量流量。

零成本：筹备周期短、省去100%场地费用、100%推广费用等，足不出户云上随时办展。

更多增量流量：线上线下共融，双线驱动，双线营销，双线推广。

移动端、PC端均可登录浏览，打破时间和地域的限制，高效聚拢全球潜在用户，通过传播推广实现站外引流。同时因为独有的“平台标准化”特性，目前中国银河会展中心是唯一支持“多展联动”的平台，多展同时举行，用户大量聚于云上会展，可轻松实现流量互通，资源共享，主动出击站内导流。

盈利模式：云上盈利新模式，各参展商的展位收益、游客的票务收益、展厅的广告收益等。

安全环保：不会产生会展垃圾，不会造成资源浪费，在银河会展中心办展绿色环保且毫无安全隐患。

参展商：看得见的站内流量，抓得住的精准客户

参展成本低：无须耗费巨大的参展成本，如展台租赁、搭建成本，运输成本，物料制作成本等。

高效持久获取商机：企业主页和电子名片营销雷达及时跟踪访问数据，及时分析数据，从而达到高效智能获客。

三维界面流量可见：有别于其他产品网页式的展示方式、展商无法感知用户的到来等弊病，中国银河会展中心呈现360°三维场景会展。

采购商：云上逛展黑科技，自主游览，随意交流

一键入展：无论身处何地，一台手机即可入展并“实景”逛展，想去哪个展就去哪个展。

有趣：让逛展不再枯燥，云上逛展，想去哪里就去哪里，不会耗费体力。

高效：行业信息收集、展商信息、名片互换等更加高效，足不出户逛遍天下展。

自主游览，随意交流：还原线下展馆场景，一个场馆可以有多个参展企业，用户自主游览。作为唯一“真正看得见观众”的云会展平台，中国银河会展中心为采购商和参展商创造多种实时互动方式。“走近即可交谈”的互动模式，极大提升了用户体验和沟通效率。

诚然，线上线下双线驱动展会已成趋势，中国银河会展中心汇聚天下人办展、参展、逛展，足不出户展通天下！

资料来源 Aura Fu.中国银河会展中心，企业云上办展新标配［J］. 中国会展，2020（21）.

问题：

1）该案例涉及本章的哪些知识点？

2）发展云上会展有什么优势？

3）发展云上会展还有哪些方面可以提高？

【训练要求】

同第1章“单元训练”中本题型的“训练要求”。

【成果形式】

1）训练课业：《“中国银河会展中心，企业云上办展新标配”案例分析报告》。

2）课业要求：同第1章“单元训练”中本题型的“课业要求”。

△ 课程思政

【训练项目】

课程思政-Ⅴ。

【训练目的】

见本章“学习目标”中“传承型学习”的“认知弹性”目标。

【教学方法】

同第1章“单元训练”中本题型的“教学方法”。

【训练准备】

同第1章“单元训练”中本题型的“训练准备”。

【相关案例】

中国会展业：交出“十三五”成绩单！

背景与情境： 指导我国会展业在“十三五”时期发展的规划性文件是2015年3月发布的《国务院关于进一步促进展览业改革发展的若干意见》（国发〔2015〕15号，以下简称15号文件）。15号文件发布以后，从2015年到2017年全国先后有26个省、自治区、直辖市政府发布了本地区贯彻15号文件的《意见》《办法》等文件。从2018年开始，又有一批省、自治区、直辖市和副省级城市政府发布了促进本地区会展业创新发展的三年《行动计划》《专项行动》等文件。总体看来，15号文件在全国得到了很好的贯彻。

我国会展业在“十三五”时期取得的主要成绩如下：

第一，全国展览业形成大体量。由于2020年出现新冠肺炎疫情，所以2019年的全国展览业数据就是“十三五”时期的峰值。按照中国会展经济研究会的统计，2019年全国共有187个城市（其中有24个县级市）共举办展览会11 033场，面积14 877万平方米；进入“2019年世界百强商展排行榜”的中国展览项目达到21个，仅次于德国，位居世界第二。全国现已建成展览场馆292座，可供室内展览面积1 197万平方米，其中“十三五”时期建设的场馆大多数是10万平方米以上的大馆；当前还有24座在建的会展场馆，规划室内展览面积为262万平方米。到2019年，全国拥有开设会展专业本专科院校共计344所。以上这些数据都表明，我国展览业的实力在世界上居于领先地位。

第二，会展业地位进一步提升。2002年（即加入世贸组织后的第二年），我国在

《国民经济行业分类》国家标准中首次设立“会议展览服务业（会展业）”类别，作为1 000多个“小行业”之一。随着会展业的发展，在“十三五”的第二年即2017年，国家又将会展业从《国民经济行业分类》国家标准中的“小行业”类别提升为400多个“中行业”之一。这就是会展业地位提升的一个显著标志。

第三，构建一系列会展大平台。通过“十三五”时期的持续努力，全国现已形成一系列承担主场外交使命、完成国家重大任务的会展大平台。其中最为著名的就是“一带一路”国际会展高峰论坛和中国国际进口博览会。

第四，会展供给侧服务新提升。“十三五”时期，全国以供给侧结构性改革为主线的经济新发展不断取得新成果。作为现代服务业的会展业则是要在供给侧结构性改革中能够提供更加优质的会展服务。具体来说，就是要做好为企业的生产性会展服务、为民众的生活性会展服务、为政府与社会的公共性会展服务。由此就产生了一大批知名的国际性产业型展览会，一大批满足民众消费提升的展销会，一大批由专业会展机构承办的政府型会展项目。

第五，大会展领域多业态融合。“十三五”时期一个越来越明显的趋势，就是会展活动日益从商务领域向科技、文化、旅游、体育等领域扩展，形成“会、展、节、赛、演”等多种活动形式相融合的“大会展”模式。此外，通过建设会展场馆而发展起来的“会展地产”模式，也日益受到城市政府的重视，成为“十三五”时期我国会展业发展的显著特点之一。

第六，会展国际化合作新成果。发展国际会展组织的关系与合作是我国会展业国际化的重要方面。2019年我国获得国际展览业协会（UFI）认证的展览项目达140个，UFI成员有159个，都居其中首位。2020年11月在UFI召开的全球大会上，中国展览业的“抗疫与复展”经验在会上做了交流。2019年国际大会与会议协会（ICCA）在成都大学创立了全球首个研究中心。2020年该中心发布了新冠疫情对国际会议业影响的评估报告。

第七，形成会展业多种所有制。随着2019年10月米奥兰特展览公司在深圳创业板上市，我国会展业多种所有制共存的形态正式形成，包括国有、外资、合资、股份、民营等类型。从“2019年全国百强展览项目”的分布情况看，国有单位主办的占52%，外资公司主办的占28%，民营公司主办的占16%，中外合资会展公司主办的占4%。

第八，会展学硕博开设新专业。“十三五”时期，我国会展教育学士、硕士、博士的架构进一步完整。119所本科院校都可以授予会展学士学位，26所高校设有会展硕士学位授予点，4所高校设有会展博士学位授予点。2020年3月，教育部批准在上海大学设立全国首个跨学科的“会展”专业。这对会展教育和会展研究具有很大的推动与促进意义。

第九，会展新经济崭露头角。2019年12月，成都市人民政府办公厅发出《关于促进会展产业新经济形态发展的实施意见》。文件提出六种会展新经济形态。2020年10月，中国会展经济研究会在成都召开的研讨会上，进一步阐述了十种会展新经济形态：会展数字经济、会展智能经济、会展智慧经济、会展绿色经济、会展创意经济、会展流量经济、会展时尚经济、会展共享经济、会展体验经济、会展平台经济。

第十，会展集聚区、会展生态圈。2017年12月，在中国会展经济研究会长沙年度研讨会上，首次举办了关于“城市会展集聚区”的对话交流活动。2018年4月，在中国会展经济研究会学术年会上再次组织了专题讨论。目前全国已有多个城市创办了会展业"集聚区""功能区""孵化区""经济区""产业园""博览城"等项目，还有"会展小镇""会议小镇""示范基地"等新称谓。在此基础上，关于"城市会展生态圈"的建设也提上日程。2020年7月，"成都会展经济产业生态圈推介会"在深圳、上海等城市成功举行，这是"十三五"时期我国会展业发展的一个重要创新点。

资料来源 陈泽炎. 中国会展业：交出"十三五"成绩单！[EB/OL]. [2020-12-22]. https://mp.weixin.qq.com/s/khisdSX2EPikNKjVv-aiVA.

问题：

1）我国会展业在"十三五"时期取得了显著成绩，其原因有哪些？

2）我国会展业在"十三五"时期仍然存在一些不足与短板，主要表现在哪些方面？

【训练要求】

同第1章"单元训练"中本题型的"训练要求"。

【成果形式】

1）训练课业：《"中国会展业：交出'十三五'成绩单！"思政分析报告》。

2）课业要求：同第1章"单元训练"中本题型的"课业要求"。

▲ 实践题

【训练项目】

"会展旅游管理"知识应用

【训练目的】

见本章"章名页"之"学习目标"中的"实践操练"目标。

【教学方法】

同第2章"单元训练"中本题型的"教学方法"。

【训练内容】

专业能力训练：其"技能点"、"名称"和"参照规范与标准"见表5-2。

表5-2 专业能力训练领域、技能点、名称及其参照规范与标准

能力领域	技能点	名称	参照规范与标准
"会展旅游管理"知识应用	技能1	"会展旅游"知识应用技能	1）能全面把握"会展旅游概念"的理论与实务知识 2）能正确应用上述知识，有质量、有效率地进行以下操作：对会展旅游管理的某项工作予以规范化，参照相应范本，出具《会展旅游管理工作手册》目录和关于该项内容的条款
	技能2	"会展旅游产品"知识应用技能	1）能全面把握"会展旅游产品"的理论与实务知识 2）能正确应用上述知识，有质量、有效率地进行以下操作：参照相应范本，拟定会展旅游产品的某项制度
	技能3	"会展旅游者需求"知识应用技能	1）能全面把握"会展旅游者"的理论与实务知识 2）能正确应用上述知识，有质量、有效率地进行以下操作： （1）研究和解决会展旅游者需求中某个核心问题 （2）参照相应范本，制定吸引会展旅游者需求的某项可行实施机制 （3）就兼顾诸方面因素选择会展企业提出具体意见
	技能4	"会展企业"知识应用技能	1）能全面把握"会展企业"的理论与实务知识 2）能正确应用上述知识，有质量、有效率地进行以下操作：参照相应范本，就设置合理地会展企业部门提出具体意见
	技能5	"会展设施"知识应用技能	1）能全面把握"会展设施"的理论与实务知识 2）能正确应用上述知识，有质量、有效率地进行以下操作：参照相应范本，就会展设施的运营模式提出具体意见

职业道德训练：其“道德范畴”、“名称”、等级与“参照规范与标准”见表5-3。

表5-3 职业道德训练选项表

道德领域	道德范畴	名称	等级	参照规范与标准	选项
职业道德	范畴1	职业观念	内化级	同本教材“附录四”附表4的参照规范与标准	√
	范畴2	职业情感	内化级	同本教材“附录四”附表4的参照规范与标准	√
	范畴3	职业理想	内化级	同本教材“附录四”附表4的参照规范与标准	√
	范畴4	职业态度	内化级	同本教材“附录四”附表4的参照规范与标准	√
	范畴5	职业良心	内化级	同本教材“附录四”附表4的参照规范与标准	√
	范畴6	职业作风	内化级	同本教材“附录四”附表4的参照规范与标准	√
	范畴7	职业守则	内化级	同本教材“附录四”附表4的参照规范与标准	√

【组织形式】

同第2章“单元训练”中本题型的“组织形式”。

【训练任务】

1）对表5-2所列专业能力领域各技能点，依照其“参照规范与标准”实施阶段性基本训练。

2）对表5-3所列“职业道德”全选项，依照本教材“附录四”附表4的“参照规范与标准”实施“内化级”相关训练。

【训练要求】

同第2章“单元训练”中本题型的“训练要求”。

【情境设计】

将学生组成若干实践团队，结合实践训练项目，分别选择一个课业题目和当地一家知名饭店集团，应用“会展旅游管理”的理论与实务知识，对其“会展旅游管理”的某方面现状进行调查研究，参照相关文本，就该“会展旅游管理”中的某项业务进行模拟策划，体验相关技能点的操作与“职业道德”全选项的内化级融入活动，分析总结此次实践活动的成功与不足，在此基础上撰写相应实践报告。

【训练准备】

知识准备：

1）本章理论与实务知识。

2）表5-2中各技能点的“参照规范与标准”。

3）表5-3所列选项的“参照规范与标准”。

4）与所选课业和技能操作相关的某种范本。

指导准备：

1）教师向学生阐明“训练目的”和“训练内容”。

2）教师指导学生设计实践计划和撰写实践报告。

3）教师向学生说明本次实践应该注意的问题。

【训练时间】

本章课堂教学内容结束后的双休日。

【训练步骤】

1）根据本项目需要，将班级学生组成若干个实践团队，每个团队确定1~2人负责。

2）各团队分别选择一个课业题目和一家知名饭店集团，结合“情境设计”进行角色分工，制订本次实践计划。

3）各团队实施实践计划，结合所选课业题目，应用“会展旅游管理”的相应理论与实务知识，有选择地体验如下技能操作：

(1) 选择“课业（1）”的团队，依照“技能1”的“参照规范与标准”，体验“‘会展旅游概念’知识应用”中的两项技能操作之一，形成相应文字资料。

(2) 选择“课业（2）”的团队，依照“技能2”的“参照规范与标准”，体验“‘会展旅游产品’知识应用”中的两项技能操作之一，形成相应文字资料。

(3) 选择“课业（3）”的团队，依照“技能3”的“参照规范与标准”，体验“‘会展旅游者’知识应用”中的四项技能操作之一，形成相应文字资料。

(4) 选择“课业（4）”的团队，依照“技能4”的“参照规范与标准”，体验“‘会展企业’知识应用”的技能操作，形成相应文字资料。

4）在“‘会展旅游管理’知识应用”之“专业能力”的上述基本训练中，融入表5-3“职业道德”（内化级）选项的相关训练。

5）在“‘会展设施’知识应用”之“专业能力”的上述基本训练中，融入表5-3“职业道德”（认同级）选项的相关训练。

6）各团队在此基础上撰写、讨论和交流作为成果形式的相应实践报告，其内容包括：团队成员与分工；训练过程；训练总结（包括对“知识准备”所列知识的学习收获、“相关知识应用”情况、本次训练“成功与不足”等方面的分析说明）；附录（指在“实训步骤3”中形成的相应“文字资料”）。

【成果形式】

1）训练课业（任选其一）：

(1)《“‘会展旅游产品’知识应用”实践报告》

(2)《“‘会展旅游者’知识应用”实践报告》

(3)《“‘会展旅游企业’知识应用”实践报告》

(4)《“‘会展旅游设施’知识应用”实践报告》

2）课业要求：

(1) 将《实训计划》和相应“文字资料”以“附件”形式附于实践报告之后。

(2) 其他要求：同第2章“单元训练”中本题型的“课业要求”的（1）、(3) 和（4）。

创新型训练

▲ 自主学习

自主学习-III

【训练目的】

见本章“学习目标”中“创新型学习”的“自主学习”目标。

【教学方法】

同第1章"单元训练"中本题型的"教学方法"。

【训练要求】

1）以班级小组为单位组建学生训练团队，各团队依照本教材"附录三"附表3"自主学习"（高级）的"基本要求"和各技能点的"参照规范与标准"，制订团队自主学习计划。

2）各团队自主学习本教材"附录一"附表1"自主学习"（高级）各技能点的"知识准备参照规范"所列知识。

3）各团队以自主学习获得的学习原理、学习策略与学习方法知识（高级）为指导，通过院资料室、校图书馆和互联网，查阅和整理近年来以"会展旅游发展研究"为主题的国内外学术文献资料。

4）各团队以整理后的文献资料为基础，依照相关规范要求，讨论、撰写和交流《"会展旅游发展研究"最新文献综述》。

5）撰写作为"成果形式"的训练课业，总结自主学习和应用"学习原理"、"学习策略"与"学习方法"知识（高级），依照相关规范，准备、讨论、撰写和交流《"会展旅游发展研究"最新文献综述》的体验过程。

【成果形式】

训练课业：《"自主学习-III"训练报告》

课业要求：

1）将团队自主学习计划和《"会展旅游发展研究"最新文献综述》作为《"自主学习-III"训练报告》的"附件"。

2）《"会展旅游发展研究"最新文献综述》应符合"文献综述"规范要求，做到事实清晰，论据充分，逻辑清晰，不少于3 000字。

3）同第1章"单元训练"中本题型的其他"课业要求"。

建议阅读

[1] 赵春霞. 会展旅游管理实务［M]. 北京：对外经济贸易大学出版社，2007：173-205.

[2] 张艳玲. 会展管理［M]. 北京：清华大学出版社，2009：125-179.

参考文献

[1] 张东明. 旅游学概论［M]. 郑州：郑州大学出版社，2006：6.

[2] 赵春霞. 会展旅游管理实务［M]. 北京：对外经济贸易大学出版社，2007：8.

[3] 张敏. 中国会展研究30年文选［M]. 上海：上海交通大学出版社，2009：309，312-318.

[4] 张显春. 会展旅游［M]. 重庆：重庆大学出版社，2007：41-51.

[5] 黄蔚艳. 基于旅行社层面的会展旅游产品优化创新——以浙江省为例［J]. 经济纵横，2008（11）：1.

[6] 苏文才. 会展概论［M]. 北京：高等教育出版社，2004：120-122.

[7] 郑岩，曾武灵. 会展与事件旅游［M]. 北京：中国科学技术出版社，2008：28-32.

[8] 袁亚忠. 会展企业管理［M]. 广州：中山大学出版社，2010：1-2.

[9] 苏悦. 会展基础 [M]. 北京：对外经济贸易大学出版社，2011：324-327.

[10] 孙明贵. 会展经济学 [M]. 北京：机械工业出版社，2006：232-235.

[11] 许传宏. 会展服务管理 [M]. 北京：北京大学出版社，2010：230.

[12] 郑建瑜. 会展场馆经营与管理 [M]. 上海：上海人民出版社，2006：1-10.

[13] 张艳玲. 会展管理 [M]. 北京：清华大学出版社，2009：68-69，101-103.

[14] 蔡梅良. 基于网络技术环境的湖南会展信息化管理研究 [J]. 湖南商学院学报，2009 (3)：50-52.

[15] 龚维刚. 会展实务 [M]. 上海：华东师范大学出版社，2007：272-276.

[16] 罗松涛. 会展管理实务 [M]. 北京：对外经济贸易大学出版社，2007：241-249.

[17] 马勇，冯玮. 会展管理 [M]. 北京：机械工业出版社，2006：115-122，212-217.

[18] 张晓萍，李伟. 旅游人类学 [M]. 天津：南开大学出版社，2008：224-236.

[19] 徐红罡. 事件旅游及旅游目的地建设管理 [M]. 北京：中国旅游出版社，2005：164.

[20] 周作明，朱平安. 旅游管理学科教学创新研究：武夷学院旅游的研究与探索 [M]. 北京：旅游教育出版社，2009：77-82.

[21] 刘颖. 会展概论 [M]. 北京：中国广播电视出版社，2006：65-75.

[22] 傅广海. 会展与节事旅游管理概论 [M]. 北京：北京大学出版社，2007：22-27.

[23] 胡平. 会展旅游概论 [M]. 上海：立信会计出版社，2006：107-108.

[24] 国际商务会展专业培训考试中心. 国际商务会展管理与营销实务 [M]. 北京：中国商务出版社，2008：174-177.

第6章
旅游酒店管理

▶学习目标

▷传承型学习

通过以下目标，建构以“旅游酒店管理”为阶段性内涵的“传承型”专业学力：

理论知识：学习和把握酒店管理的概念，酒店管理制度的概念与特点，酒店管理制度的体系，酒店战略管理的概念、基本属性和我国酒店企业实施战略管理的重要性，酒店质量管理的概念及全面质量管理的特点，酒店计划管理、组织管理、品牌管理和市场营销管理的概念，酒店市场营销管理观念的演变等陈述性知识；用其指导“同步思考”“延伸思考”“深度思考”和相关题型的“单元训练”；体验“旅游酒店管理”中“理论知识”的“传承型学习”及其迁移。

实务知识：学习和把握酒店管理的内容、基本方法、观念、职能、目标与层次，酒店管理制度的实施，酒店战略管理的层次与过程，酒店全面质量管理的原则与方法，酒店计划管理的内容与任务，酒店组织管理的内容、原则与制度，酒店品牌管理的内容，酒店市场营销管理的内容、任务与步骤，以及“业务链接”等程序性知识；用其规范“深度剖析”“教学互动”和相关题型的“单元训练”；体验“旅游酒店管理”中“实务知识”的“传承型学习”及其迁移。

认知弹性：运用本章理论与实务知识研究相关案例，对“引例”、“同步案例”和“本土酒店争创‘中国品牌’”等案例情境进行多元表征，体验“旅游酒店管理”中“结构不良知识”的“传承型学习”及其迁移；依照相关行为规范对“课程思政6-1”和章后案例进行思政研判，促进健全职业人格的塑造。

▷创新型学习

通过以下目标，建构以“旅游酒店管理”为阶段性内涵的“创新型”专业学力：

拓展创新：参加“拓展创新-II”训练。通过学习和应用其“知识准备”所列知识，系列技能操作的实施，《中外酒店品牌管理比较研究》论文和《“拓展创新-II”训练报告》的准备、撰写、讨论、交流与修订等活动，体验关于“旅游酒店管理”中“创新型学习”（中级）及其迁移。

引例：中国旅游饭店的发展

背景与情境：新中国成立后，我国兴建了一批政府高级招待所和一般招待所，旅游饭店开始逐步兴建。为了适应形势发展，我国先把政府招待所改成了涉外饭店。这一时期，我国的旅游饭店尚属起步阶段，服务水平、经营管理理念等方面与国际市场的差距还很大。1982年，我国旅游饭店业进行了改革。1982年2月，杭州饭店、杭州华侨饭店率先进行了试点，试行岗位责任制和浮动工资制，并在1983年向全国推广，实现我国饭店业从经验管理向科学管理、从事业单位向企业经营的重大转变。自此之后，我国旅游饭店业蓬勃发展，一些著名饭店纷纷开张营业，如广州的白天鹅宾馆，深圳西丽湖度假村，北京的建国、丽都和长城饭店，南京的金陵饭店等。时至今日，许多外资饭店、中外合资经营饭店、国内国资委所属的国有饭店、民营饭店在全国各大城市、各主要游览城市开张营业。在国际知名酒店集团中，大部分集团都通过委托管理模式进驻中国饭店业，形成了一种千帆竞发的局面。

饭店业成为我国开放时间早、开放程度高、最早与国际接轨的行业之一。在管理经验方面，在积极引进外资和国际饭店集团的管理理念的同时，结合中国国情和市场实际，形成了一套相对比较规范的服务体系和先进的管理理念；在饭店行业发展中，依托星级标准引领行业发展，形成了规范的星级评定体制和饭店经营模式；在品牌建设中，锦江饭店集团、首旅集团、如家酒店等已成为国内饭店著名品牌，其经营业绩已进入国际酒店集团百强之列。

资料来源　林壁属. 现代饭店管理概论［M］. 大连：东北财经大学出版社，2016.

6.1　酒店管理概述

酒店管理是酒店经营管理的简称，包括经营和管理两个方面，它是指酒店管理者在了解市场需求的前提下，为了有效实现酒店的经营目标，遵循一定的原则，运用各种管理方法，对酒店所拥有的人力、物力、财力、时间、信息等资源进行计划、组织、指挥、协调、控制、激励等一系列活动的总和。

6.1.1　酒店管理的主要内容

酒店管理的主要内容通常包括：

1）酒店建筑

（1）酒店建筑物的外观有特色，装修精致，环境宜人。

（2）酒店布局合理，即应考虑功能划分合理、设施使用方便安全。

（3）酒店装修具有突出的风格特色。

（4）建筑物应能节约能源，节省人力。

深度剖析6-1

问题：酒店怎么确定建筑风格？

解析提示：酒店作为城市中的一类特殊建筑，是一道城市风景，是一处城市文化的标志和形象代表，是一个城市成员。酒店形象本身就是城市形象的一部分，所以酒店在进行建筑风格选择时，必须考虑到与城市景观相协调，与城市文化相协调，与城市形象相互促进。

2）业务管理

业务管理是指针对酒店前厅、客房、餐饮、康乐等业务部门的工作进行的管理，主要包括以下几方面：

（1）确定管理范围以及管理的目标与要求。

（2）设计操作流程和运转程序，制定服务规程和质量标准。

（3）建立信息管理系统，确定各部门间信息沟通的方式和互相协调的途径。

（4）执行管理职能，实施全过程管理，督导下属完成管理目标与要求。

3）人力资源管理

（1）根据酒店的管理体制与实际状况，设计合理的组织机构。

（2）根据不同部门和岗位要求编制定员。

（3）选择、招收合格的管理者和员工。

（4）对全体人员进行培训，提高管理者素质，建立一支专业化的员工队伍。

（5）科学使用人才，用人所长。

（6）通过激励，充分调动酒店管理者和员工的工作积极性。

（7）建立酒店各项管理制度。

4）财务管理

（1）酒店资金筹措管理。

（2）酒店投资管理。

（3）酒店营运资金管理。

（4）酒店成本费用管理。

（5）酒店利润管理。

（6）酒店财务评价。

（7）有关财务纪律、制度的管理。

5）市场营销和公共关系

（1）酒店市场营销分析，即对酒店市场营销环境、宾客的消费行为、酒店竞争形势的分析研究。

（2）酒店市场营销计划的制订，即对酒店营销策略和具体行动方案的构思，以及对酒店营销计划的调整等。

（3）酒店产品组合、价格组合的制定与调整。

（4）酒店市场开拓，即销售渠道组合、促销组合的设计与调整。

（5）酒店市场营销控制。

（6）制订公共关系计划。

（7）CIS的策划和实施。

（8）在日常工作中进行公关活动。

6）工程设备管理

（1）设备设施配置的投资决策和安装、运行的管理。

（2）建立健全工程设备管理制度。

（3）加强酒店设备的资产管理，即对酒店设备进行分类、编号、登记、保管，并建立酒店设备的技术档案。

（4）合理使用酒店设施设备。

（5）建立合理的设施设备维护保养体系。

（6）对水、电、汽、冷、暖供应的管理。

（7）对工程节能和绿色环保相关工作的管理。

（8）工程人员素质管理。

（9）设备迁移、更新改造以及报废的管理。

7）物资管理

（1）建立酒店物资管理体系。

（2）进行酒店物资采购决策。

（3）制订酒店物资采购计划。

（4）酒店物资采购、验收、进仓、保管、发放等的管理。

（5）酒店各种物资的定额管理，包括消耗定额、储备定额、资金定额等。

（6）仓库管理，即对进仓、堆放、保管、发放、盘点、账务等进行管理。

（7）物资的节约和修旧利废等的管理。

8）安全管理

（1）建立有效的安全组织体系。

（2）制订酒店安全工作计划。

（3）酒店财产安全管理。

（4）酒店消防安全管理。

（5）酒店紧急事故妥善处理。

（6）做好日常工作中的安全管理，保障酒店的正常运营。

9）服务质量管理

（1）明确服务质量的含义、内容和特点，树立牢固的质量意识。

（2）确定酒店及各个部门各岗位的服务规程和服务质量标准。

（3）制订服务质量计划。

（4）建立服务质量管理体系。

（5）进行酒店服务质量教育。

（6）采取有效的服务质量管理方法，实施全面质量管理。

以上九个方面形成了酒店管理的主要内容，构筑了酒店管理的主要结构，使千头万绪的酒店工作变得有序。管理者从事酒店管理工作，首先要把握管理要点，才能发挥自己的管理才能，灵活应变，最终形成自己经营管理的思路，并不断创新。要发展酒店业，就必须研究酒店运行的规律，将研究结果形成酒店知识，系统化、抽象化的知识即为酒店管理理论。因此，酒店管理是以酒店为物质基础，以宾客消费心理、旅居心理及酒店的运行规律为研究对象所形成的管理理论。

教学互动6-1

主题：职业酒店经理人被称为“21世纪十大黄金职业”之一，其年收入远远高于很多其他行业的高管，但酒店业入门级别职位薪水要远低于财务、金融、IT等行业，酒店业的收入呈现倒金字塔形的特点。成为一名职业酒店经理人需要丰富的实践经验及良好的知识储备，并且要耐得住从基层服务员一步步做起的辛苦。

问题：怎样在学习中收获丰富的实践经验和扎实的知识结构，成为酒店管理人才？

要求：同“教学互动1-1”的“要求”。

6.1.2 酒店管理的基本方法

管理方法是管理者履行管理职能和完成管理任务的方式、手段和措施的总称。

1）制度管理法

制度管理法是指酒店根据国家的各种法律、法令、规定等，将酒店管理中具有普遍性的和比较稳定的、带有规律性的管理事务，运用规章和制度的形式确定下来，以保证酒店经营活动正常进行的管理方法。

其特点为：

①权威性。制度本身高度规范，任何人都必须遵守。

②强制性。必须遵守、自省，违者必然受到制裁。

③稳定性。制度一旦形成并颁布实施，就不能因人、因地而异或朝令夕改。

④防范性。制度是人们必须遵守的行为规范，制约任何人的行为，它可以起到预防作用。

2）经济管理法

经济管理法是指根据酒店客观经济规律，运用价格、工资、利润、利息、税收、奖金和罚款等各种经济手段对劳动者进行引导和约束的管理酒店的方法。

其特点为：

①间接性。以经济手段调节人们的利益关系，而非直接干预控制员工的行为。

②有偿性。按多劳多得的原则调节员工的行为。

③平等性。有一个统一的获利标准，如以规章制度来保证员工能平等获利。

④关联性。各种经济利益之间存在一定的关系，并且相互影响。

3）行政管理法

行政管理法是指依靠酒店的各级行政组织及管理者权威，用指令性计划手段的行政法规、命令、指示、规定、制度等强制性手段，按民主集中制的原则来管理酒店的方法。行政管理法的内容有：方针、政策、规章制度、行政命令、指示和计划任务。

其特点有：

①强制性。行政命令、指示等必须执行，不得拖延和违抗。

②权威性。行政权力使下级对上级的指令必须遵守并执行。

③垂直性。行政方法直接作用于被管理者，一级管一级垂直进行，处理问题及时高效。

④无偿性。下级对上级的指令必须无条件服从和执行。

4）教育管理法

教育管理法是指开展思想政治工作，通过说服教育、引导启发等形式，激发酒店员工工作积极性、创造性和工作热情，从而达到管理目的的一种管理方法。教育管理法的内容有：思想、品行、道德和榜样等。

其特点为：

①灵活性。没有统一的模式，应因人、因地、因时而异。

②艰巨性。只有长期不懈的教育，才有可能改变人们的思想并影响其行为。

③广泛性。人的思想和行为的形成原因众多，教育方法也应对症下药，多方着手。

④持久性。只有持久不断的教育才能收到成效，而一旦有成效，其影响也深远而持久。

5）表单管理法

表单管理法就是通过表单的设计制作和传递处理来控制酒店业务经营活动的一种方法。表单主要分为：上级部门向下级部门发布各种业务指令；各部门之间传递业务的表单；下级向上级呈递的各种报表。表单的性质，既属于业务指令，又是工作报表。表单管理法具体规定了表单的种类和数量，它既要全面反映酒店的业务经营活动，又要简单明了、易于填报分析，还要明确规定传递的程序和时间要求及表单资料的处理方式。

6）目标管理法

目标管理法的目标是共同商定的，能使组织中的上下级共同努力去实现组织的共同目标。这些目标决定了部门和个人的责任及经营目标，同时作为考核的依据，也是评估、奖励部门和个人的标准。重视人的因素，建立目标链与目标体系是目标管理法的实质，多劳多得、贡献大者受益多是目标管理法的基础。

7）走动管理法

走动管理法又叫现场管理法，即根据现场问题的需要进行即时管理的一种管理方法。它要求管理者深入现场，加强巡视检查。现场管理法是调节酒店业务经营活动中各方面关系的重要方法，是一种随机管理，其水平与质量由管理者的个人知识、经验、心情和心理决定，与管理者的兴趣、爱好、能力和影响力有关。

8）柔性管理法

柔性管理法是以管理信息系统为基础，以市场为导向，进行产品设计与开发以及提供服务的一种灵活管理方式。柔性管理法的内容包括：特色产品、柔性生产、柔性组织和人性为本。柔性管理法是以权变管理和系统管理思想为基础的管理新模式，它强调信息沟通、网络化结构和快速反应。

学习微平台

延伸阅读6-1

9）创新管理法

创新管理法是对酒店创新活动和创新能力的管理。它包括技术创新、知识创新、服务创新、管理创新和制度创新等。其在酒店管理中的应用包括：设立研发机构；设置创新基金；进行管理创新等。

同步思考6-1

问题：酒店管理中如何理解制度管理与人性化管理的关系？

理解要点：可从酒店管理的基础和趋势探讨，结合人本化理念理解制度管理与人性化管理的关系。

同步案例6-1

两个苹果引发的人员解雇

背景与情境：据报道，在××酒店工作的小张和小王，因为当班时偷偷溜进厨房拿了两个苹果充饥，被酒店解雇。小张、小王对处理不服，诉至法院要求恢复劳动关系。酒店认为，对偷窃酒店以及客人、员工财产物品行为实行零容忍制度是酒店行业的惯例，因此，与两原告解除合同是符合法律规定的。法院认定，小张、小王两人虽然只是"偷窃"了两个苹果，但物品贵贱并不能改变行为本身的性质。因此，法院当庭作出终审判决：驳回小张、小王上诉请求，维持原判。许多人说，在当今这样一个"招工难"的时代，为了两个苹果就将员工解雇，太不人性化了。

问题：请从酒店管理的方法分析，为什么酒店一定要辞退小张和小王两位员工。

分析提示：人性化管理体现了以人为本的理念，是酒店管理发展的趋势；人性化管理可以激发员工的工作积极性，体现了企业对员工的关照；制度化管理是酒店管理的基础；人性化管理并不是去制度化管理，制度化管理基础上的人性化管理才更重要。

6.1.3　酒店管理的观念

1）战略观念

酒店战略是决定酒店全局和酒店发展的关键。因此，酒店战略观念也可以被称为酒店发展观念。酒店管理人员，尤其是酒店的高层管理人员要把注意力放在酒店未来全局发展的重大决策上。必须立足当前，展望未来，有长远的战略思想，确定酒店的经营战略目标。

2）市场观念

树立酒店经营管理的市场观念就是要求管理人员了解市场、面向市场和开发市场。了解市场是指了解国内外酒店的管理水平和服务水平、了解竞争对手的情况、了解市场的需求。面向市场是指密切注意市场发展变化和市场动向，尽可能做到酒店产品的销售与市场的需求相适应，以取得最大的经济效益。开发市场是指努力发掘新的需求层次和需求领域，引导消费潮流。

3）竞争观念

酒店之间的竞争是不可避免的。竞争的实质是酒店服务质量的竞争、技术水平的竞争、信息的竞争、管理水平的竞争和人才的竞争。相同类型酒店的竞争导致市场占有率、客房出租率等方面的差异，并由此产生不同的经济效益。

4）全局观念

就大的范围来说，我国的经济运行体制是"国家调节市场，市场引导企业"，所以，酒店管理人员在按照市场需求制定酒店经营目标、安排经营计划的同时，又必须服从国家对市场的调节。

就小的范围来说，酒店内部的经营管理也必须有一个全局观念。酒店内部的管理目标必须服从酒店的经营目标，各个部门的目标必须和酒店整体目标一致。

5）政策观念

现代旅游酒店属于涉外企业，政策性很强。这就要求酒店工作人员必须认真学习、掌握、执行国家的有关方针和政策，并根据国家的政策制定酒店经营管理的目标。只有这样，才能使酒店的经营管理始终保持主动。

6）效益观念

酒店作为营利性企业，在其经营管理过程中，必须重视经济效益。所以，一方面，酒店人员在制订和实施经营计划时，需要把经济效益与经营成本进行比较，只有低耗高效的经营目标和方法才是可取的；另一方面，效益的含义不仅仅指酒店的经济效益，还有酒店经营管理中的社会效益。最好是经济效益和社会效益两方面都得到重视。

7）信息观念

现在，人们通常将我们所处的时代说成是“知识经济时代”和“信息化时代”，这就要求酒店工作人员重视信息在酒店管理中的作用，不断提高取得信息、加工信息、处理信息和运用信息的能力。酒店提供的服务产品，不仅随着劳动量的增加而增加，更重要的是会随着酒店对客人信息的了解加深而不断地增加，使酒店为客人提供的服务更有针对性。因此，可靠、及时的信息可以给酒店带来更多的利润，而失真、过时的信息则会给酒店带来重大损失。

在酒店内部，信息的流动往往决定物质的流动。在餐厅中，食品原料进入厨房加工成菜肴直至销售，整个生产过程是由领料单、订菜单和账单的信息流控制的。如果没有这些信息流的控制，将无法对餐厅的质量、成本、财务管理等进行控制，也就谈不上管理。总之，要对酒店进行有效的管理，就必须加强对酒店信息的管理和控制。

8）时间观念

在现代酒店管理中，时间作为一项重要的生产要素，日益引起人们的重视。酒店在制订经营管理计划时，不仅要注意人力、财力和物力的消耗，同时还必须注意在时间方面的节约，使决策准确及时。

9）风险观念

酒店管理人员无论是决策还是制订计划都是面向未来的。但未来的情况存在不确定性，因此，会有一定的风险。即使运用科学的决策理论和方法，难免也会发生偏差。这就要求酒店管理人员正确地对待管理中的风险，必须认识到酒店管理中没有风险的经营管理是不存在的。关键是在决策之前，先要加强市场调查、市场预测，获得尽可能多的信息，并准备多种方案和对策，以应付未来的各种变化。

10）服务观念

服务观念是指酒店工作人员必须牢记：酒店提供的产品，主要是以无形的“服务”产品为主。而服务产品的生产、交换和消费是同时发生的，发生的质量问题也是无法弥补的，这是酒店服务产品的特殊性，也表明酒店贯彻服务观念的重要性。

11）人员素质观念

提高酒店全体员工的素质是酒店建设发展的一个重要的方面，只有酒店各级管理人员在内心牢固地树立了以人为本的观念，才能为酒店的长期发展提供源源不断的动力。

12）动态的组织管理观念

整个酒店系统的顺利运营，离不开一个良好的组织结构；酒店的组织结构必须与酒店的经营体制相协调，才能有效地发挥酒店组织的各项功能。当外界环境发生变化时，酒店的组织管理必须作相应的调整，以保证能实现酒店的经营管理目标。

13）开发观念

酒店管理人员应树立各种资源开发、产品开发、市场开发的观念，因为酒店产品的生命周期虽然较长，但随着客人的需求越来越多样化，酒店也必须以满足客人需求的变化为核心，不断地开发新的、满足客人需求的产品。酒店只有不断地开发新产品，扩大经营范围，才能吸引更多客人。所以，"人无我有，人有我新"应该是每个酒店工作人员孜孜以求的目标。

14）专业化观念

随着酒店业的不断发展，各种硬件设施越来越现代化，能源系统、信息系统等越来越受到重视。酒店工作已经不是以前的样子，需要各行各业的专业人员、技术人才。所以，现代酒店管理需要树立专业化的观念，专业技术工作让技术人员去做，充分发挥专业人员的作用。管理人员则将精力放在部门之间、班组之间、人与人之间、岗位之间的协调方面。

6.1.4　酒店管理的职能

酒店管理作为一个工作过程，管理者在其中扮演着极其重要的角色，这就是酒店管理者的职能，也是通常所说的管理职能。其中一项管理职能往往表示管理工作中的一类活动，管理的基本职能就是管理工作中所包含的几类基本活动。对于管理职能，有不同的划分方法，我们通常采用最广泛的划分方法，即把管理职能分为计划、组织、领导和控制。

1）计划

任何有组织的活动，都需要在一定的计划指引下进行。酒店计划就是对酒店未来活动进行的一种预先筹划。酒店工作人员通过预先制订计划，可以帮助组织成员认清所处的环境和形势，指明其活动的目标以及实现目标的途径。任何管理活动在开始之前，首先需要制订出计划，做到有的放矢。计划工作主要包括以下内容：

（1）研究活动条件

酒店组织的活动总是在某种环境条件下进行的。活动条件的研究，包括酒店组织外部环境研究和内部条件（资源能力状况）研究两部分。外部环境研究是分析酒店组织活动的环境特征及其变化趋势，了解环境是如何从昨天演变到今天的，找出环境变化的规律，并用以预测环境在明天可能呈现的状态。酒店内部条件的研究，主要是分析酒店组织内部对各种资源的拥有状况和主观上对这些资源的利用能力。

（2）制定经营决策

活动条件的研究，为酒店组织活动决策的制定提供了基本依据。对酒店这种经济体来说，在酒店活动条件研究的基础上制定经营决策，就是根据研究所揭示的环境、机会、威胁以及酒店在资源拥有和利用方面的优势和劣势，确定酒店在未来某个时期内的总体目标和方案。

（3）编制行动计划

确定了酒店未来的活动目标和方案后，紧接着就必须详细分析酒店在落实这种决策时需要采取哪些方面的具体行动，这些行动对酒店内部各个部门、各个环节在未来各个时期的工作提出了哪些具体的要求。编制行动计划的目的，就是将决策所确定的目标在时间和空间上分解落实到酒店的各个部门、各个环节，对每个单位和每个成员的工作提出具体的要求。

2）组织

酒店制订的计划要能够顺利实施，需要组织中的每个单位、每个成员在工作执行中形成合理的分工协作关系。因此，酒店管理人员需要围绕组织职能完成以下几方面的工作：

（1）设计组织机构

酒店组织机构的设计首先需要在酒店任务、目标分解的基础上，将各个部分需要分工展开的工作落实到具体的承担者，同时设计出相应的机制和手段来确保执行具体工作的个人、单位能够密切配合，协调行动，使个体或局部的力量整合成为组织整体的力量。酒店的组织结构，是指那些界定酒店中进行活动的分工和协作关系的一种架构。

（2）配备人员

根据各岗位所从事工作活动的要求，以及酒店员工的素质和技能特征，将适当的人员安置在酒店适当的岗位上，使每项工作都由适当的人去做。

（3）组织运行

向配备在各个岗位上的工作人员发布工作指令，并提供必要的物质和信息条件，使酒店组织能按既定的轨迹运行起来。

（4）改革组织

对酒店组织运行的过程进行监督，根据酒店经营活动开展及内外环境变化的情况，研究和推行必要的酒店组织改革措施。

3）领导

为了有效地实现酒店的各种计划，管理者不仅要设计出合理的组织结构并为组织配备合适的人员，同时还要设法使组织中的每一个成员都以高昂的士气、饱满的热情投身到组织活动中去。这就是领导工作的任务。所谓领导，是指管理者利用组织所赋予的职权和自身所拥有的权力去指挥、影响和激励组织成员为实现组织目标而努力工作的一种具有很强艺术性的管理活动过程。实施有效的领导，要求管理者在特定的领导环境中，利用自身优秀的素质，采用适当的方法，针对组织成员的需要及行为特点，采取一系列的措施去提高和维持组织成员的工作积极性，使其能将自己的能力充分地发挥出来。

4）控制

控制是为了保证酒店各部门、各环节能按预定的要求运作而实现酒店组织目标的一项管理活动。其内容包括：根据计划标准，检查各部门、各环节的工作情况，判断其工作结果是否与计划要求相吻合以及偏差存在的大小程度；如果存在较大的偏差，则分析偏差产生后对酒店业务活动的影响程度以及偏差产生的具体原因；在此基础上，如果有必要的话，还要针对所发现的原因，制定并实施纠偏措施，以确保酒店组织目标和计划的有效实现。

控制不仅是对组织计划执行情况进行检查和监控，还可能在偏差纠正措施难以取得预期效果或者组织内外环境出现重大变化时，导致管理者在本计划执行期还没有结束前就作出局部甚至全局调整的计划修订或重新制订行动。这样，控制可能意味着新的计划过程的重新开始。

5）管理职能之间的关系

从理论上说，管理职能之间存在逻辑上的先后关系，即按照“先计划，继而组织，然后领导，最后控制”的顺序发生。但从管理的实际活动来看，在计划制订后付诸实施的组织、领导或者控制过程中，有时可能会一边执行一边对原计划作某种程度的修改、调整，甚至有时候还可能需要启动用于应变的备用计划或者编制全新的计划，这样，在进行管理中的某一职能活动时就有可能穿插其他的管理职能活动。所以，管理职能在现实中并不是被严格地分割开来的，它们经常融合在一起进行。管理过程是各个职能活动相互交错、周而复始的不断反馈和循环的过程。由于酒店管理工作的复杂性，管理职能在酒店管理实践中不可能按照理论上介绍的某种固定顺序按部就班地进行。

6.1.5　酒店管理的目标和层次

1）酒店管理目标

酒店管理目标是指策划、组织、领导、控制一个酒店的资源，以求实现该单位的总目标。所谓资源，就酒店而言，有三大类：人力资源、物质资源和信息资源。酒店人力资源是最重要的资源。酒店生产的最终产品是人对人的服务。酒店工作人员由于性别、年龄、兴趣、文化水平、环境、情绪的不同，表现在对待客人的态度、应变能力、工作效率等方面也有所不同。酒店管理要求工作人员在任何时候、任何地点都一致，这非常困难，甚至是不可能的，所以，酒店需要在人力资源管理上下大力气做好员工的工作。酒店物质资源可以分为两部分，即固定资产资源与资金资源。酒店固定资产指酒店大楼、机器设备、设施、家具、器具、部件、存货等一切有形的物质。资金是指利润、流动资金、折旧费或贷款等。信息资源是指对酒店经营有用的各种信息。除此之外，酒店还有与经营密切相关的无形资产。酒店管理目标就是利用其所拥有的资源为客人提供服务，取得良好的经济效益和社会效益，培养和锻炼高水平的工作人员。

2）酒店管理层次

（1）酒店的组织机构

酒店是综合性服务企业，其组织机构的构建要注意：第一，前台、客房、餐饮、商品等部门的划分必须遵循专业分工的原则；第二，职能机构的划分要清楚明晰，有利于为业务部门服务。由于酒店在等级、规模、接待对象、服务等方面存在差异，酒店机构的形式也不一样。

（2）垂直领导管理体制

垂直领导管理体制，是在酒店的业务经营管理中解决各级管理人员的领导权力如何行使的一种领导制度。这种制度必须贯彻层层负责、层层指挥，形成不脱节的领导权限阶梯。

酒店一般是四级管理体制，即总经理、部门经理、领班、工作人员。总经理是酒店的最高级别领导和决策人，负责酒店全面的管理和运营工作，制定酒店战略和决定酒店发展目标；部门经理是酒店的中层领导，负责将总经理的战略和决策具体化，制订本部门的经营计划，主持本部门的日常管理工作；领班是基层服务员的领导者和组织者，负责安排服务员当天的工作以及对服务员的服务质量进行考核；工作人员主要是做好本职工作。

6.2 酒店管理制度

酒店管理制度就是以文字形式对酒店各项管理工作和服务活动作出的规定，是加强酒店管理的基础，是全体员工的行为准则，是酒店进行有效经营活动必不可少的规范。包括酒店财产管理、酒店员工制服的管理及酒店员工的工作态度等在内的各方面都在酒店管理制度中作了相关的规定。

6.2.1 酒店管理制度的特点

1）制度的目标性

酒店实行制度管理是为了实现酒店目标，制度必须为目标服务。酒店目标表现为两个效益，表现为各子系统目标的综合。制度要为两个效益服务，要服从总目标的需要。

2）制度的规范性

制度的直接目的是规范员工的行为进而规范组织行为，制度具有规范性。制度的规范性有两个方面的含义：一是制度对对象要起到规范作用，制度要全面完整并具有可操作性，切实可行；二是制度本身的科学性，制度是根据酒店的每项业务、每个职能的运行规律，以文字的形式来反映规律的，制度的制定要有客观依据和法律依据，要能广泛吸收国内外的先进范例和经验，要能体现时代精神。

3）制度的同一性

制度的同一性是指制度反映了酒店投资方、管理方、员工方等各方面的共同要求和目标。组织的成员都希望组织有个有章可循的运行秩序，有井然有序的工作环境。这就要靠制度来保证，于是就产生了对制度的共同要求。从这个角度认识，制度不应该被认为是由上级制定、下级执行的行为束缚，而应该成为根据各方共同要求而达成的有关共同行为规范的协议。制度要成为酒店各方的自觉要求和习惯行为，而不要成为负担。

4）制度的强制性和公平性

制度是由正式组织明文规定的，具有强制的力量，组织依靠这个力量规范每个成员的行为，组织成员违反制度就会受到组织的处罚。同样，组织具有公平性，组织成员在制度面前人人平等，谁都没有凌驾于制度之上的权力，人人都应该遵守制度。

5）制度的灵活性

制度有其严肃性，酒店的制度在一定的条件下应该有一定的灵活性。因为酒店业务和宾客需求具有随机性，所以酒店应以人为本、以宾客满意为宗旨，在保证规范的大前提下，应在具体作业上作灵活的处理。

6）制度的发展性

酒店制度是酒店管理意识的反映，酒店的发展和管理的变化要求制度也应随之变化，酒店制度变化的原则是让制度真正发挥积极的作用，因此制度变化主要表现在三个方面：新制度的诞生、现行制度的修改、旧制度的淘汰。

6.2.2　酒店管理制度的体系

1）酒店管理制度分类

酒店管理制度种类繁多，按其内容和实施对象可分为四大类：

（1）基本制度包括经济责任制、岗位责任制、酒店管理方案和员工手册等。

（2）部门制度包括业务运转责任制、设备设施管理制度、服务质量标准、部门纪律、劳动考核制度和财务管理制度等。

（3）专业管理制度包括行政性制度、人事制度、安全保卫制度和财务制度等。

（4）酒店工作制度包括会议制度、酒店总结制度、决策和制订计划制度、质量监督制度等。

2）酒店主要制度介绍

（1）总经理负责制

总经理负责制是指总经理既是酒店经营管理的负责人，又是酒店的法人代表。总经理根据上级主管部门或股东（职工）代表大会的决策，全面负责酒店的经营和业务，建立以总经理为首的经营管理体系。

（2）经济责任制

经济责任制是酒店组织管理中的一项重要的基本制度，是酒店各部门以经营的经济效益和社会效益为目标，实行责、权、利相结合，把酒店的经济责任以合同的形式固定下来的一种经营管理制度。酒店经济责任制是调动企业、部门、员工积极性，实现酒店自我激励的重要手段。酒店的经济责任制包括酒店对国家（上级主管部门）的经济责任制、酒店内部的经济责任制两个方面。

①酒店对国家的经济责任制。酒店占有和耗费社会劳动，其经营活动和社会相联系，因此酒店要对国家负有一定的经济责任。酒店要根据国家和上级主管部门的法律、政策、规定，确定酒店的经营管理计划，以正常的手段取得经济效益，并在营业收入、上缴利润、上缴税收等方面完成国家和上级主管部门下达的指标。对达到星级标准的酒店，还需进行星级标准考核。为了使酒店能有效地完成经济责任制规定的各项指标，国家和上级主管部门还应为酒店经营管理提供与其他行业企业相同的经营环境，也就是酒店经营的必要条件，这些条件有：第一，酒店取得与经济责任制相协调的自主权，如决策计划、财务、价格、分配等方面的自主权；第二，在分配上充分体现“按劳分配”“兼顾国家、集体、职工三者利益”的原则；第三，协调好关系，使银行、财政、市场监督管理、税务、公安、环保等社会各职能部门能支持和帮助酒店经营，给酒店创造一个良好的实行经济责任制的环境。

②酒店内部的经济责任制。酒店承担的经济指标是由酒店各部门的全体员工完成的，要完成国家和上级主管部门下达的经济指标，就必须强化酒店内部的经济责任制。酒店内部经济责任制要以社会效益和经济效益为中心，按照责、权、利相结合的原则，把酒店所承担的经济责任制加以分解，层层落实到部门、班组、个人。在落实酒店内部经济责任制过程中，要坚持经济效益和社会效益相结合，实行按劳分配、多劳多得的原则。要强化经济责任指标，加强考核检查，形成一套完成经济效益指标和

扩大社会效益相辅相成的责任制度。

(3) 岗位责任制

岗位责任制是酒店具体规定各工作岗位及人员的责任权限、工作内容、作业标准、工作量等的责任制度。岗位责任制在每个酒店都是必需的，是酒店员工的工作守则，也是工作和服务程序指南及各项业务检查标准的依据。它使每个员工都明白自己所在的岗位要完成哪些工作、怎么做好本职工作。岗位责任制的内容主要有明确岗位和岗位名称、该岗位的直接上级、该岗位的直接下属、岗位的职责和工作内容、工作量、工作质量标准、岗位权限，对有些岗位还要确定人员上岗的标准。

(4) 股东代表大会制

股东代表大会是酒店民主管理的基本形式。股东代表大会具有管理、监督酒店各级管理人员的职责。在实行股东代表大会制的同时，要正确处理好股东和酒店管理者之间的权责关系。

(5) 员工手册

员工手册是酒店的“基本法”，它规定了酒店每个员工所拥有的权利和义务，应该遵守的纪律和规章制度，以及可以享受的待遇。员工手册应人手一册，是酒店发放最广的文件。

学习微平台

延伸阅读6-2

员工手册的内容主要有序言、总则、组织管理、劳动条例（包括用工类别、聘用条件、劳动制度、劳动合同、体格检查、试用期、工作时间、超时工资、人员培训、工作调动、调职与晋升、合同解除等）、员工福利（包括各种假期、医疗福利、劳动保险、培训、津贴等）、店规（包括礼貌、考勤、行为规范、宾客投诉、纪律处分和奖励等）、安全守则、签署人信息等。

6.2.3 酒店管理制度的实施

酒店制定制度的目的是实施制度，使制度作为管理的一部分而为组织目标服务。酒店制定制度固然不易，但执行制度难度更大。制度实施也是酒店组织管理的一个重要内容。

1) 制度实施的组织保证

制度实施的组织保证是指能使制度贯彻执行的客观条件和环境条件，主要有以下几点：

(1) 法纪和制度教育

酒店要坚持不懈地对全体员工进行法纪和制度观念教育。通过各种形式向员工灌输和培养规范意识和制度观念，使员工对法纪、制度有一个深刻全面的认识，牢固树立法纪、制度意识，并把这种意识作为自我约束的动机，自觉规范自己的行为。

(2) 营造优秀的企业文化

酒店企业文化要塑造全体员工的价值观念、共同信念和行为准则。企业文化对实施制度有两方面的作用：一是优秀的企业文化能使员工在良好风气的熏陶中不断得到优化和激励，使酒店形成一种浓厚的自觉执行制度的氛围，使井然有序和遵章守纪蔚然成风；二是企业文化对组织行为的影响，能使非正式组织的群体行为和执行制度的组织要求相吻合，从而产生执行制度的群体行为。

(3) 实行严格公正的考核和奖惩

制定了制度，酒店要对制度执行情况进行检查考核。酒店的管理系统就是制度执行情况的检查考核系统。监督、检查、考核是保证制度实施的重要组织手段。考核必须公正，要以客观公正的态度对待每一个人和每一件事。对考核结果要有结论，并要根据结论进行奖惩，奖惩也可以和经济责任制结合进行。

2）制度实施的主观条件

制度实施的主观条件是指制度执行者的自身条件，主要有以下两点：

(1) 员工的基础素质

酒店在招收员工时应确定员工基础素质标准。基础素质好的员工较易于塑造，也就具备了执行制度的原始素质。一般旅游院校的学生、应届毕业生、在良好环境中成长的年轻人的基础素质比较好。这些对象应成为酒店员工的主要来源。

(2) 员工素质的塑造

素质塑造是一个艰苦的过程，一方面酒店要通过培训、通过企业文化、通过实践锻炼培养和塑造员工的综合素质；另一方面要引导员工进行自我塑造和自我提高。经过内因、外因的共同作用，员工对执行制度从外界制约升华到自觉要求，这样酒店制度的实施才有可靠的保证。

课程思政 6-1

锦鲤还乡：洲际酒店集团带你回家

背景与情境：“锦鲤还乡”是洲际酒店集团发起的吸引人才回流的计划，其为员工提供平台与通道，促成员工回到家乡并加入洲际酒店集团发展职业生涯。该计划在洲际酒店集团大中华区庞大的酒店网络支持下，让员工获得更多的地域间流动，获得自我提升的机遇，帮助员工在家乡就可以有机会实现自己最终的职业期望。洲际酒店集团通过此项计划，表达了对员工的尊重及关爱。对员工而言，回到家乡工作，既能回到熟悉的环境，与家人父母团聚，又可以将积累的经验和全新的理念带回家乡，发挥员工在当地的优势，在新的岗位上谋求更大的发展与突破。

资料来源　中国旅游饭店业协会．洲际酒店集团连续五年蝉联“中国杰出雇主”称号［EB/OL］．［2021-01-08］．http://www.ctha.com.cn/detail-1-55-2043.html.

问题：酒店如何实施内部“人文关怀”管理？

研判提示：“人文关怀”在酒店管理中就是要做到肯定人、尊重人以及关心人。这里的“人”不仅指来酒店消费的外部客人，还包括酒店的内部员工。酒店实行内部“人文关怀”管理，主要就是从三方面着手——待遇、情感、发展前景。实行充满“人文关怀”企业文化的酒店管理，既有利于培养员工的归属感，又能让员工以更饱满的热情投入到工作中，从而使酒店得到更长远的发展。

6.3 酒店战略管理

酒店战略管理是在研究有关酒店经营全局性规律的基础上，为有效地组织和利用酒店内部的各种资源，使之适应外部环境，酒店决策管理人员作出的指导整个酒店在未来一个相当长时期内经营活动的总体谋划。

6.3.1 酒店战略管理的基本属性

一般来说，酒店的战略管理具有以下特征：

1）长期性

它包括两层含义：其一是酒店战略着眼于未来，它不对当前经营和环境的暂时性变化去作出反应；其二是酒店战略是谋求企业长期的持续发展的长期规划。人们常把有无长远观点当作有无战略观念的主要标志，这就要求酒店正确处理好当前利益与长远利益之间的关系，把未来作为当前行为的出发点与归宿，同时，酒店目前的行为也是企业未来的依据。

2）竞争性

酒店战略是为了在激烈的市场竞争中谋求生存和发展，向未来挑战，向竞争对手挑战，以赢得市场上长期的竞争优势。就战略的某一阶段来说可以是进攻性的，也可以是收缩性的，但总体上是竞争性的。

3）风险性

由于酒店战略是以未来为主导，与不可控制的外部环境相联系，而且它也只是为企业提供一个未经实践证明的大致方向，这就不能不带有相当程度的主观性与随机性，因此酒店战略具有风险性。具体地说，酒店战略风险性的产生一方面来自环境变化的不确定性，这与对酒店产品的消费受制于旅游业的发展这一产业特点和相关市场的特性有着直接关系；另一方面来自酒店对环境认识的有限能力和酒店内集体加工信息过程中的非可控因素。

4）社会性

由于制定战略的酒店多为一些大型的酒店或酒店集团，其已经达到了一定的规模，以至于其进一步的发展必须对社会承担相应的责任。或者说，社会（包括政府、民间团体、消费者）的某些现实及潜在的需求如果在酒店战略系统中得不到反映，那么酒店战略在实施过程中就会受到某种程度的阻碍。

6.3.2 酒店战略管理的层次

战略在组织内是分层的，可以将战略分为三个层次。

1）第一层次为公司战略

它关系组织的整个经营范围，确定组织在哪些行业中经营，从事何种业务，追求什么样的战略目标和发展方向，从结构和财务的角度来考虑该如何经营，怎样将资源分配给各业务单位，涉及时间为5～10年。

2）第二层次为竞争战略或企业战略

它要解决如何在市场中竞争的问题，涉及时间为1～5年。竞争战略主要是确定应开发哪些产品或服务，提供给哪些市场，关心它们满足顾客的程度，以及实现组织的目标（如远期盈利能力、市场增长速度或提高效率）等。确定企业的核心竞争力和维持、发展竞争优势通常是这一层次战略的核心。

3）第三层次为经营战略

它关心企业的不同职能——营销、融资、生产、人力资源、行政管理、研究开发等——如何为其他层次战略服务，这些职能对于提高组织竞争力是很重要的。实际上，在大多数企业内，成功的企业战略在很大程度上依赖于经营层所采取的决策和经营层的一些活动，因而，经营和战略的结合很重要。这一层次战略的核心在于实施战略计划，将其细化为每一个职能领域应该采取的措施，以实现组织的长期目标。

6.3.3 酒店战略管理的过程

根据现代战略管理理论，战略管理并不是只管理主要问题决策的过程，还要保证战略的实施并发挥作用。因此，战略管理是管理者的一个连续决策过程，以确保实现其使命和目标。

1）环境审视

环境审视是企业日益重要的职能，它是对企业经营环境的分析，包括对组织内部优势和劣势、外部环境机会和威胁的分析，即SWOT分析。SWOT分析是在西方国家广为应用的一种战略分析方法。SWOT分析可以提供组织决策和行动的必要信息，发现未来的机会，避免威胁，从而确定组织的使命，进行战略选择并实现预期目标。如前所述，企业的外部环境包括一般环境和经营环境。外部环境存在于组织运作之外，组织通常无法改变或控制外部环境因素。企业经营环境指对企业经营有更直接影响和作用的环境变量，企业管理行为通常会影响这些因素，它们是市场和消费者行为、行业竞争结构、竞争者、政府、供应商等。

正如外部环境审视是战略规划过程的组成因素，内部环境审视也是战略规划过程的组成部分，它是对酒店本身的优势和劣势进行评价。酒店内部环境主要包括：酒店的经营目标、经营观念、酒店生产服务过程、财务状况、产品市场占有情况、管理系统、职工素质、有形设施、无形资产等。

业务链接6-1

SWOT分析法

SWOT分析法（SWOT Analysis）又称态势分析法，是将与研究对象密切相关的各种主要优势、劣势、机会和威胁等，通过调查列举出来，并依照矩阵形式排列。管理人员通过对企业内部条件和外部环境因素的分析，可以明确企业组织本身的优势和劣势，以及面临的机会和威胁。在此基础上，管理人员可以进行综合分析和比较，本着使优势、机会最大化和劣势、威胁最小化的原则，制定相应的发展战略和竞争策略。SWOT分析法常常被用于制定集团发展战略和分析竞争对手情况，在战略分析中，它是最常用的方法之一。

SWOT四个英文字母分别代表：优势（Strength）、劣势（Weakness）、机会（Opportunity）、威胁（Threat）。从整体上看，SWOT可以有四种组合策略：①优势-机会组合。这是一种最理想的组合，任何企业都希望凭借企业的优势和资源最大限度地利用外部环境所提供的多种发展机会，应选择最积极、攻击性最强、扩张速度最快的策略。②优势-威胁组合。在这种情况下，企业应该利用自身的优势来对付外部环境的威胁，但这并非意味着一个企业必须用自身的实力来正面迎击外部环境的威胁，而是应该扬长避短、避实就虚，采用迂回的策略达到发挥优势而减少威胁的目的。③劣势-机会组合。在这种情况下，企业应采用的策略原则是，通过外在的方式来弥补企业的弱点以最大限度地利用外部环境中的机会。如果不采取任何行动，实际上就是将机会拱手让给了竞争对手。④劣势-威胁组合。企业应尽量避免处于这种状态，如果企业无法回避而不得不面对这种状态，就可以选择以收缩防御性策略为主；应尽量通过资本运作手段寻求资源重组的机会，若失败则应选择合适时间、节点退出市场。

资料来源 秦远建. 企业战略管理［M］. 3版. 武汉：武汉理工大学出版社，2017.

2）确定公司使命

战略形成过程就是企业确定其基本使命——企业试图实现的目标和决定如何使用企业资源实现其目标的主要战略和政策——的过程。公司使命陈述将有助于达到两个目的：一是组织的一切行为以此为目标；二是组织行为评估以此为标准。当环境条件变化时，企业需要改变或重新确定其使命，因此，一个组织必须定期评估其使命，以确保其合理性。一个公司的使命陈述通常是较宽泛的，区别于非常详细、具体的公司长期目标。一个典型的公司使命应反映其经营哲学、公司形象，表明公司提供的主要产品和服务以及它的目标市场等。以下为两个著名酒店集团的公司使命书：

（1）万豪国际集团。其公司使命是通过有效培训员工，使其提供出色的服务，致力于成为世界最佳住宿和餐饮企业，给股东以最大回报。

（2）假日酒店集团。20世纪80年代初，其公司使命为“在住宿、餐饮、娱乐、交通行业提供服务的一家多元化经营的国际化公司”。20世纪90年代初，其公司使命为“努力成为一家在世界上受顾客和旅行社偏爱的旅馆和旅馆特许经营权公司”。

3）形成长期目标

公司的使命必须转换为具体、详细的目标和指标。长期目标是组织选择与完成其使命的目标，目标必须明确“完成什么”和“何时完成”。目标通常需要量化为更精确的指标，基本的指标有利润、销售收入的增长、市场份额的扩大和风险的分散。无论制定怎样的目标，它必须是可衡量、可达到的，与公司整体使命相一致，确定长期目标也受企业对外部、内部环境分析结果的影响。

4）战略方案的评价与选择

在内外部环境分析、明确经营使命和目标之后进行战略方案的评价与选择。战略选择是企业战略管理的核心。可供酒店企业选择的战略方案有扩张、维持、收缩等总体经营战略。

5）战略实施

制定战略最终还是为了实施。战略实施的重点在于行政组织机构的设置、有效的领导方式、企业文化、信息管理系统、资源分配、评估和控制等，从而确保组织目标的实现。要保证战略的有效实施，首先要将酒店总体战略分解成企业各层次和各方面的具体战略，如组织战略、营销战略、财务战略、人才战略、跨国经营战略、科技开发战略、协作战略等，而后通过发挥管理的各项职能，运用科学的方法、手段，利用合理的资源组合，分阶段、按步骤地来贯彻实施战略，使战略实施成为企业追求战略目标的实实在在的活动过程。

6）年度目标和各职能战略

战略实施起始于制定年度目标，年度目标将长期目标转换为年度应实现的目标，同时确定各职能战略，使既定战略转换为各经营单位在业务层次上的行动计划。

7）战略评估和控制

战略实施过程的最后一个步骤是跟踪战略的实施情况，随时监督、指导和评估组织实施战略的情况。如果战略实施过程中出现外部环境或内部环境的重大变化，管理者必须对战略目标或方案作出必要的修正与调整。与战略的三个层次相对应，组织内战略控制也有三个层次：战略层、管理层和经营层。三个层次的战略控制都要有反馈系统和评价标准。评价和控制的目的是纠正战略实施过程中偏离既定公司使命的情况，评价和控制又是下一个计划期战略规划的一部分。因此，战略管理是一个循环往复、持续不断的过程，当一项战略实施完成后，一个新的战略管理过程又继而复始，从而推动酒店企业的发展。

6.3.4　我国酒店企业实施战略管理的重要性

我国的酒店企业也亟待进入战略管理阶段。我国酒店业从20世纪80年代开始大发展，但由于受计划经济体制的影响，酒店管理水平落后，许多酒店的经营观念仍停留在生产导向型和市场推销阶段，对战略管理不够重视。20世纪90年代中后期，我国酒店业进入重大的历史转变时期，未来的年代充满着机会和挑战。

学习微平台

延伸阅读6-3

一方面，我国酒店要完成转换经营机制、建立现代企业制度、进行组织再造的任务，实现由计划经济体制向市场经济体制的转变，由粗放型经营向效益型发展的转变；另一方面，我国酒店还面临着较为严峻的市场形势，国内大多数地区的酒店呈供大于求的买方市场局面，酒店市场需求增长缓慢，外资酒店与内资酒店的竞争日益激烈，酒店经营环境日益复杂，需要将日常管理与战略管理结合起来，进行更高层次的战略管理。

6.4　酒店质量管理

酒店质量管理是指酒店为保证和提高服务质量，组织酒店全体员工共同参与，综合运用现代管理科学，控制影响服务质量的全过程和各因素，全面满足宾客需求的系统管理活动。它要求以系统观念为出发点，通过提供全过程的优质服务，达到提高酒店服务质量的目的。

6.4.1　酒店全面质量管理的特点

1）全方位的管理

酒店服务质量不仅包括有形产品质量，还包括无形产品质量，既有前台服务质量，又有后台工作质量。所以，酒店服务质量涉及酒店工作的各个方面。全面质量管理就是针对酒店服务质量全面性的特点，对所有服务质量的内容进行管理，即全方位的管理，而不是只关注局部的质量管理。

2）全过程的管理

因为酒店服务质量构成内容的全面性，并且酒店服务质量是以服务效果为最终评价标准的，所以影响服务质量的因素是全方位的，既有服务前的组织准备，又有服务中的对客服务，还有服务后的善后处理，而这三者又是一个不可分割的完整的过程。酒店服务质量管理正是对此全过程的管理。

3）全员参与的管理

酒店服务基本上是通过员工的手工劳动来完成的，因此酒店中的每位员工及其工作都与服务质量密切相关，而且酒店所提供的优质服务也不仅仅是前台人员努力的结果，同时也需要后台员工的配合才有保障。所以，全面质量管理要求全体员工都参加质量管理工作，并把每位员工的工作有机地结合起来，从而保证酒店的服务质量。所以说，酒店服务质量管理是全员性的管理。

4）方法多种多样的管理

酒店服务质量的构成丰富且影响质量的因素复杂，既有人的因素，又有物的因素；既有客观因素，又有社会、心理因素；既有内部因素，又有外部因素。要全面系统地控制这些因素，就必须针对具体情况采取灵活的管理方法，才能使宾客满意。因此，全面质量管理要求酒店管理者能够灵活运用各种现代管理方法，从而提高服务质量。

综上所述，全面质量管理是酒店以宾客需求为依据、以宾客满意为标准、以全过程管理为核心、以全员参与为保证、以科学方法为手段，运用全面质量的思想和观念推行的服务质量管理，它是达到酒店预期的服务质量效果的一种有效的管理方法。但在我国各酒店实施全面质量管理的过程中，由于一些酒店质量管理的前提不完善、认识观念上存在误区、组织结构设计上存在问题等，也出现了一些问题。例如，各部门与质量管理部门人员关系紧张，质量问题得不到根本解决，问题的重新发生率仍然很高，缺乏全员质量管理意识等，针对这个问题需要酒店在实践中不断摸索解决对策。

6.4.2 酒店全面质量管理的原则

1）坚持“以人为本，员工第一”的原则

酒店各级、各部门、各环节、各岗位的优质服务及其服务质量，都是广大员工创造的。为此，在酒店服务质量管理的全过程中，必须始终坚持“以人为本，员工第一”的原则。要始终把人的因素放在第一位，关心爱护员工，要运用行为科学理论和方法，运用各种激励手段充分调动广大员工（特别是一线员工）的主动性、积极性和主人翁责任感，才能提供优质服务，做好全面质量管理工作。

2）贯彻“宾客至上，服务第一”的原则

在酒店全面质量管理过程中，“以人为本，员工第一”和“宾客至上，服务第一”是一个问题的两个方面。两者是互相联系、互相依存、密不可分的。前者是后者的前提和基础，后者是前者的自然结果。只有重视员工、尊重员工，充分调动他们的主动性和积极性，他们才能自觉地做好服务工作，才能将“宾客至上，服务第一”的原则落到实处。同时，要贯彻“宾客至上，服务第一”的原则，必须以酒店客人的活动规律为主线，以满足客人的消费需求为中心，认真贯彻执行质量标准，将标准化、程序化、制度化和规范化管理结合起来，加强服务的针对性，切实提高服务质量。

3）坚持“预防为主，防管结合”的原则

酒店服务质量是由一次一次的具体服务所创造的使用价值来决定的，具有显现时间短和“一锤定音”的特点，事后难以返工和修补。因此，全面质量管理必须坚持“预防为主，防管结合”的原则。其具体要求是：第一，必须根据各项服务的实际需要，把质量管理的重点放在事先做好准备排除各种导致服务质量下降的因素上面。第二，必须重视酒店服务质量的现场管理、走动式管理和优质服务的现场发挥，从而确保提高服务质量。

4）坚持“共性管理和个性服务相结合”的原则

酒店服务质量管理既有共性问题，又有个性问题和个性化服务。从全面质量管理的角度来看，主要是要抓住那些带有共性的、全局性的问题，如质量标准、服务程序、操作规范和不同时期的带有倾向性的问题，但同时又要重视那些影响服务质量的个性问题，如少数客人的投诉、安全事故等。另外，还要特别提倡广大服务人员的应变能力和个性化、感情化服务，要赞扬那些超越要求和标准的优质服务人员和事迹，才能切实提高服务质量，做好质量管理。

5）坚持“定性管理和定量管理相结合”的原则

酒店服务是以劳动的直接形式（即活动本身）来满足客人的消费需求的。这种服务的质量很难用数量标准来界定，大多只能用定性说明的方法来确定其质量状况。但也有些部门的质量状况和标准可以用数量来反映。因此酒店全面质量管理可以将定性管理和定量管理结合起来，以定性管理为主。能够定量管理的质量问题，质量标准要尽可能量化。特别是在质量检查、考核评估中，则要尽量运用质量统计数据来说明问题，从而提高酒店质量管理的客观性和科学性。

6.4.3　酒店全面质量管理的方法

酒店全面质量管理的思想基础和方法依据是PDCA循环。P（Plan）是指计划；D（Do）是指执行、实施；C（Check）是指检查；A（Action）是指处理。也就是说，全面质量管理的各项工作应该按照计划、实施、检查、处理四个阶段的顺序进行，循环往复，不断前进。这种全面质量管理方法的特点是：第一，PDCA四个阶段是首尾相连、缺一不可的，且前后次序不能颠倒。第二，PDCA循环是螺旋式上升的。PDCA四个阶段周而复始地运转，每完成一次循环，都应根据面临的新问题和遗留问题分析原因，制订新的计划，选择新的目标进入下次循环，使酒店服务质量稳步上升。第三，PDCA循环是大环套小环，一环扣一环，即全店质量管理有PDCA循环，各部门的质量管理也有PDCA循环，各个全面质量管理小组和员工也有PDCA循环。这样，就形成大循环中套若干个中循环，中循环又包含若干个小循环。虽然各层次的循环内容不完全相同，但都围绕着酒店的共同目标、质量标准来开展质量管理。大环是小环的依据，小环是大环的保证，由此推动酒店全面质量管理工作顺利开展。

学习微平台

延伸阅读6-4

6.5　酒店计划管理

酒店计划管理就是酒店周密地、科学地进行调查研究、分析预测，并进行决策，以此为基础确定未来某一时期内酒店的发展目标，并规定实现目标的途径和方法的管理活动。

6.5.1　酒店计划管理的内容

酒店计划管理包含两个阶段的内容，即对计划编制本身的管理和对实施计划的管理。就其内容而言，主要包括四个基本点：

1）预测市场和社会需求变化

现代计划管理，特别强调和重视对未来环境变化的分析、预测工作。分析、预测的内容是多方面的，对酒店经营来讲，市场需求及其变化趋势是分析、预测的中心内容。在经济快速发展和外部环境多变的时代，市场需求预测是制订酒店计划的直接和主要根据。重视和搞好预测是提高计划工作水平和经济效益的重要保证。

2）确定计划目标和经营政策

计划目标通常是指管理对象最终应达到的状态。计划目标应建立在科学预测、分析的基础上，计划目标决定着各种管理活动的内容，决定着管理方式、方法的选择和管理人员的挑选等。经营政策，一般指管理过程中的战略性和策略性规定，它决定着管理过程的发展轨道。良好的经营政策和策略是实现计划目标的保证。

3）设计和选择经营方案

计划必须具有可行性。计划管理就是要选择、优化经营方案，以便更有效地实现计划目标。

学习微平台

延伸阅读6-5

4）设计的目的性

制订计划和实行计划管理，其目的在于提高管理工作的预见性，降低经营风险，提高经济效益。酒店经营管理活动效益的高低，是判断计划工作水平高低的最终标准。

6.5.2 酒店计划管理的重要性

计划管理对酒店的经营业务活动具有指导、规范和控制作用，科学的计划管理是保证酒店实现科学管理的必要条件。

1）计划管理是酒店管理的首要职能

在酒店管理各职能中，决策和计划是首要职能。决策和计划为其他各职能的发挥提供了目标和纲领，为发挥各职能的作用提供了依据。不管哪个管理职能，也不管各职能如何发挥作用，只要离开了决策和计划，就是无的放矢。

2）计划管理是酒店管理的客观要求

（1）确定酒店统一行动的目标

计划管理通过确定酒店的经营管理目标，为酒店内各个部门、各个环节以及各位员工的工作或行动指明了方向，明确了责任，有利于相互之间的沟通与协调。尤其是酒店的管理者和员工分布在不同的部门工作，一般都只注意自己部门的利益，很少考虑酒店的整体利益。一个完整的计划能让大家充分了解全酒店的利益，树立全局观念，相互配合，协调各部门的工作，最终实现酒店的目标。计划同时也明确了各自的责任，减少了工作分配上的重叠和浪费，有利于组织好工作。

（2）有效利用酒店的各种资源

酒店的人、财、物等资源都是有限的，要发现和利用更多的机会，降低成本、增加利润，真正做到人尽其才、物尽其用，就必须实行全面计划管理。全方位、全过程、全员参与的计划管理可以使酒店对所拥有的人力、物力、财力和信息资源等进行合理而有效的调配与组合，减少资源的浪费，使酒店的经营管理活动高效、协调地开展，形成尽可能强的接待能力，并实现酒店的效益最大化。

（3）增强酒店的环境适应能力

客观环境是不断变化的，计划可以通过促使管理者具有前瞻性来降低不确定性。一个成功的企业，通常都具有比竞争者更强的适应能力和应变能力。计划在确定酒店的目标时也规定了实现目标的途径和方法，这些途径和方法充分考虑了酒店内外环境的变化及其趋势，使酒店在市场竞争日趋激烈、客人需求日益多变的环境中求生存图发展，变被动为主动，增强了酒店的应变能力。

(4) 设定酒店控制管理的标准

计划设定了目标和标准，这些目标和标准可以用于控制。如果酒店的管理者不能确定酒店试图实现什么，那么怎样判断是否实现了它们呢？计划为控制提供了理想的标准，使管理者能用适当的标准去检验工作的好坏。酒店经营中会遇到一些意料之外的问题，使人措手不及，扰乱正常工作，计划可以促使管理者全面思考实现目标过程中会遇到哪些事，预测出未来的一些不确定因素，管理者对处理紧急情况和重大事件就有了充分的准备，能及时应付，控制住局面。因此，没有计划是不可能进行有效控制的。

6.5.3 酒店计划管理的任务

1）分析和预测酒店未来的变化

酒店应综合内外环境条件，对市场进行科学的预测，通过市场调查来掌握市场状况和发展趋势，了解顾客需求和客源变化，对酒店的条件进行理性的分析，把综合预测的结果和酒店的内部条件有机地结合起来，为确定酒店的计划目标创造条件。

2）以财务预算为基础，确定酒店计划目标

酒店应对计划资料、国家政策和企业经营方针进行对比分析，确定酒店各部门在市场开发、产品销售收入、成本、费用和利润等方面的长期计划、中期计划和近期计划，并且应提出酒店在计划年度各阶段的目标。

3）拟订实现计划目标的方案

对计划目标进行可行性分析和经济论证，从多个方案中选出最优的行动方案和主要的措施，确定最优的实现目标的途径。

4）合理配置资源，搞好综合平衡

计划管理要合理地配置资源，就要与管理的组织职能有机地结合起来，对各部门为实现目标所需要的劳动量作出测算。经过实际测算，得出各部门所需劳动要素的精确量。在取得数据的基础上，进行人、财、物的分配。在劳动量的实际组合与分配上，各部门由于利益的关系会产生许多矛盾和不平衡，只有通过计划管理，在各部门提出合理的量的基础上才能保持各部门的平衡。酒店要充分调动各级管理人员、各部门、各环节的积极性，保证计划任务能够顺利完成。

5）检查计划的执行情况

检查、监督是计划职能和控制职能的交接面。酒店管理者应有一套反馈控制系统，及时检查、反馈计划的执行情况，在操作中给予必要的指导，对偏差和意外情况及时进行调整和纠正，使酒店计划在新的已经发生变化的情况下依然能指导酒店的经营业务活动。

同步案例6-2

亚马逊涉足酒店服务业 酒店巨头既欣喜又忌惮

背景与情境：2018年，国际电商巨头亚马逊宣布将其Alexa技术扩展到酒店业，推出Alexa for Hospitality版本，提供专用于酒店服务的语音助理。Alexa是预装在亚马逊Echo智能音箱中的虚拟助手，类似苹果系统的Siri，接受语音指令。2015年亚马逊宣布向第三方开发者开放Alexa平台，Alexa基于语音的技能不断增加。相比普通用户在家中使用的Alexa，酒店版Alexa的部分功能是根据酒店服务定制的，例如住客可以告知Alexa呼叫客房服务、进行房间保洁、控制灯光和温度、预定水疗等，甚至可以暂时将酒店客房内的亚马逊Echo与自己的亚马逊账户连接，播放音乐或有声读物。新推出的酒店版Alexa已经与万豪国际酒店集团展开合作，试点酒店包括万豪、威斯汀、瑞吉、傲途格、雅乐轩5个酒店品牌的10家酒店。同时，亚马逊表示，专门为酒店开发了用于管理数百个Alexa设备的工具，并向其他连锁酒店发出合作邀请。

对酒店来说，这项新科技将帮助其减少人力和沟通成本。住客通过亚马逊Alexa虚拟助理提出的要求，与酒店管理系统的任务管理同步，由此省去了住客原本需要与前台或其他工作人员进行的沟通。不过亚马逊涉足酒店服务领域，也让酒店业巨头产生担忧，认为这些数字化平台的介入实际将掀起对酒店客户的争夺战。有报道称，在前不久的纽约大学国际酒店业投资会议上，万豪酒店集团CEO Arne Sorenson就表示，酒店业已经进入一场“抢夺客户掌控权的混战”，在这场争夺中，谷歌、亚马逊等带来的威胁甚至超过Airbnb，后者的客户群体与酒店客户群并不完全重合。亚马逊等数字化平台的资产远轻于酒店，却与酒店巨头的整体市值接近。但也有酒店业者认为，面对互联网平台，关键在于合作而非对立，酒店需要为保持客户忠诚度作出努力。

资料来源 中国饭店业协会. 亚马逊涉足酒店服务业［EB/OL］.［2021-01-18］. http://www.ctha.com.cn/detail-1-56-2739.html.

问题：请从酒店计划管理的视角，分析酒店如何把握数字化机遇。

分析提示：在酒店计划管理中，酒店需要对未来发展进行分析和决策；酒店需要预测市场和社会需求的变化；数字化在酒店运营管理、服务质量提升、人工成本降低等方面发挥着积极作用；酒店数字化转型并不意味着完全对技术依赖，而是用技术提高酒店管理效率，并继续提升人文关怀。

6.6 酒店组织管理

酒店组织管理就是通过运用各种管理方法和技术，发挥酒店组织中各种人员的作用，把现代酒店中的有限资金、物资和信息资源转化为可供出售、有形的或无形的酒店产品，以达到酒店管理的目的。

6.6.1 酒店组织管理的内容

酒店组织管理实际上就是对酒店所承担的任务在全体成员之间的分工合作进行管理。组织机构决定酒店的整体功能，并牵制着酒店管理的效率与效能。我国酒店业目前面临的较为普遍的经营管理落后的问题，很大程度上是由组织机构设置不合理造成的。

具体来说，酒店组织管理的内容包括以下四个方面：

（1）根据酒店的实际情况和计划制订的目标要求，设置合理的组织机构并进行人员配备。

（2）按酒店业务性质进行分工，确定各部门和各岗位的责、权、利关系并予以监督。

(3) 明确酒店各项工作上下级之间、同级之间及个人之间的隶属和协作关系，形成酒店的指挥和工作体系。

(4) 建立并健全各种规章制度，使酒店组织效能最大限度地得到发挥，以保证酒店计划的完成。

6.6.2　酒店组织管理的原则

酒店是劳动密集型组织，其工种多、人员多、管理难度大。要建立科学的组织机构来保障组织目标的实现，需要遵循下列组织管理原则：

1）目标导向原则

每个组织和这个组织的每一部分都是与特定的目标相关的，离开目标的组织毫无意义。因此，酒店的组织结构必须服从酒店的经营目标，以提高酒店的效率和效益为目的。酒店的各个岗位都应是为完成总目标而设立的，组织设计要把酒店的全体成员组成一个有机的整体，以便发挥每个人的积极性，实现酒店的社会效益、经济效益。

2）等级链原则

管理学家法约尔提出了等级链的原则。每一个组织必须有一个最高权威，同时从最高权威到组织的每一个人，要有一个明确的权力层次，即所谓的“等级链”。其特点是：组织是有层次、有等级的；链条上的各环是垂直而相互联系的；这根链条是一条权力线。等级链明确了组织管理中的权力和责任、命令发布、指挥控制和信息反馈的途径。

酒店作为一个组织系统，从最高到最低的职位必须组成一个连续的等级链，各职位的权责明确，沟通渠道明晰，命令层层下达，工作层层汇报，从而形成一个连续的程式化的指挥系统。

3）分工协作原则

分工是将各种不同性质的工作分配给专业部门去完成，同时将员工安排到与其职务有关的工作岗位上，有利于发挥每一位员工工作熟练的优势，从而提高工作效率。因此，无论是对操作工还是管理人员都应进行较细分工，并对相关的协作关系作出制度化规定，协调一致，才能形成整体优势，实现酒店整体利益。

4）管理幅度原则

管理幅度是指管理者能够有效领导、监督、指挥直接下属的人数或机构数。酒店的管理幅度主要取决于酒店内部的各相关因素，如管理者的岗位、素质、业务复杂程度及酒店空间分布等因素。针对酒店组织的特点，在实践中管理幅度一般是高层小于中层、中层小于基层比较合理。同时还要建立授权和权力的制约机制。

5）精简、高效原则

酒店组织结构的设置，应在高质量完成酒店目标的前提下，用最少的人、最适宜的组织形式，达到最有效的管理。精简、高效的组织反应速度快、应变能力强，有利于提升竞争能力。

同步案例6-3

跨部门沟通：50%酒店人的“拦路虎”

背景与情境：调查结果显示，有50%的酒店人表示跨部门沟通存在障碍，32%

的酒店人则表示与上级的沟通有障碍，跨部门沟通已经成为大多数酒店员工的“拦路虎”。

酒店各部门员工之间的沟通到位非常重要，沟通不到位往往会延误最佳时机，给酒店带来不必要的损失。有专家说，团队的成功，除了团队本身的努力之外，如何与组织内其他部门协调合作更是关键。通常有许多事情不是只要团队本身做好就有好结果，可能还需要其他部门的配合与支持。

对于跨部门之间存在的沟通障碍，总结起来主要来自两方面：第一方面就是员工个人，由于个体的认知差异、语言的沟通方式、个人的情绪等都存在着差异，同样的一件事，不同的人进行沟通，效果可能完全不一样。第二方面就是酒店这个组织，组织职能和权责划分不明确、架构不合理、气氛不和谐、信息系统不完善等都是造成员工沟通存在障碍的原因。

问题：请从酒店组织管理的角度，分析如何解决跨部门的沟通障碍。

分析提示：酒店组织管理就是对员工之间的分工合作进行管理，科学的组织管理能够提高酒店的效率与效能；酒店组织管理要注意分工协作、目标导向、等级链等原则；跨部门沟通需要员工和组织共同努力，员工要注重倾听、换位思考，营造良好的沟通氛围，组织可采取岗位轮换、营造良好的企业文化氛围、建设沟通调节机制等方法促进员工跨部门沟通。

6.6.3 酒店的组织管理制度

详见6.2.2小节。

6.6.4 酒店组织管理的重要性

组织管理对于现代酒店的重要性主要表现在以下三方面：

1）组织管理是实现酒店所有者、顾客和员工价值的保证

酒店作为一个经济组织，其主要目标是获取利润，实现所有者的价值。为了实现获取利润的目标，就必须对酒店的各种资源进行合理、科学的组织，并分析酒店自身的业务流程中哪些能创造价值，在此基础上，向顾客提供高质量的产品和服务，只有在这一不断循环的过程中，酒店才能实现其员工的价值。因此，组织管理是实现酒店所有者、顾客和员工价值的重要保证。

2）组织管理是调动酒店员工积极性，进而激发其潜能的重要途径

任何工作归根结底都是由人来完成的，酒店作为人力资本密集的服务型行业，员工的重要性更是不言而喻。有效的组织管理、清晰的层级制度、明确的权责安排、通畅的组织关系，可以使员工投入、专注进而发挥工作的潜能；否则，冗余低效的组织只能限制员工积极性的发挥，对客服务的质量也就无从谈起。

学习微平台

延伸阅读6-6

3）组织管理是提高酒店核心竞争力的重要手段

酒店需要通过核心竞争力在市场竞争中开创并保持自己的地位。科学、合理的组织管理，可以优化配置酒店的各种资源，又能以内在的组织弹性适应不断变化的外部经营环境，进而提高酒店的经济效益和应变能力，并以此来保证和提高酒店的核心竞争力。

6.7 酒店品牌管理

酒店品牌管理就是通过品牌设计、品牌推广、品牌保护及品牌资产评估等活动，以提高客人的满意度、忠诚度和酒店的知名度、美誉度。

6.7.1 品牌意识管理

1）充分认识品牌的重要性

纵观国际酒店集团的发展历程，无一不是一部品牌发展史。在目前中国酒店市场形态中，国际酒店集团以品牌、管理和网络为优势，占据了国内大部分高端酒店市场。当今，品牌已成为酒店和酒店集团参与市场竞争的核心竞争力，品牌管理已成为酒店提升核心竞争力和进行规模扩张的关键。未来酒店业的竞争将更多地表现为品牌的竞争。品牌战略是酒店竞争的必然选择。

2）吸取经验

近年来，中国许多酒店逐渐意识到提高品牌复制能力及进行品牌化扩张的重要性，开始实施品牌战略，但由于酒店在品牌建设上起步晚、经验少，与国际品牌相比存在很大的差距。为此，在酒店品牌建设中需要借鉴国际品牌提供的成功经验，结合自身实际深入地研究探讨，采取切实有效的措施，加快品牌建设的进程。

3）在酒店内树立品牌

在品牌建设上，员工的品牌服务很关键。光有房间、设备的投入而没有员工的品牌服务是无法维持品牌的，因为员工才是直接和客户接触的关键元素。以品牌为核心的管理模式应加强员工的内部沟通，使集团内部所有员工都对品牌的定位及价值有统一的认识。在内部形成品牌，使员工和客户打交道时时刻不忘酒店的品牌价值，并在任何时间、地点都能够明确提供具有特色的品牌服务，进而才能在酒店外部形成品牌。只有在每个员工都认可酒店品牌价值的前提下，才能让员工通过具体的服务行为向客人传达这种品牌的价值。

4）要有持之以恒的精神

很多酒店之所以能在市场竞争中取胜，关键在于长期坚持对酒店精神和经营理念的培育，长期开展员工规范化服务方面的培训。作为品牌战略的指挥员，酒店的经营者不但要有强烈的品牌意识，而且要有极大的耐心和责任感来教育员工。打造品牌是一项繁重而艰巨的任务，要发动全体员工齐心协力，既能对大事辨方向、抓纲要，又能脚踏实地地处理好具体的事。

6.7.2 品牌定位管理

在品牌建设过程中，品牌定位是前提。根据市场需求定位品牌，挖掘品牌深层内涵，认清其价值诉求，是品牌建设成功的关键。建设品牌首先要定位品牌的价值，必须先把这种价值界定清楚，弄清酒店品牌的关键价值指标是什么，这是以品牌为核心的管理模式中最重要的一环。先做好品牌定位，再根据具体定位确定品牌服务战略并进行相关的投资。

定位一般要做好以下工作：

一是确认潜在的竞争优势。竞争优势有成本优势和产品差别化两种。前者是指在同样条件下比竞争者定出更低的价格，后者是提供更多的有特色的产品和服务以满足消费者的特定需要。酒店更多的是运用产品差异化来参与竞争。因为产品差异化优势在短时间内不易被竞争对手模仿，而且利用成本优势参与服务产品的竞争，容易造成削价竞争。全方位地获取竞争优势是困难的，因此重要的是不断发现潜在优势，积少成多。

二是准确地向市场传播酒店定位观念。再强的竞争优势也不会自动在市场上显示出来，所以在选定竞争优势后，就需要通过广告宣传、营销等具体行动将其传播开来，深入消费者的心中。

延伸思考 6-1

问题：什么是“主题酒店”？

理解要点：“主题酒店”也称为“特色酒店”，是以某一特定的主题来体现酒店的建筑风格和装饰艺术，以及特定的文化氛围，让顾客获得富有个性的文化感受。同时将服务项目融入主题，以个性化的服务取代一般化的服务，让顾客获得欢乐、知识和刺激。主题酒店和一般酒店的区别在于它有一个明确的主题，用主题来统领建筑和装饰风格，用主题文化来衬托酒店品牌。

6.7.3 品牌推广管理

强化品牌意识，特别是加强品牌的传播和推广，才能实现品牌营销。要保证品牌营销推广的全面实施，必须树立全员品牌意识，保证全员参与的主动性、积极性、创造性。要创品牌、保品牌，要打开市场、占领市场，需要所有人的共同努力。要树立品牌意识，只有全员参与，才能做好服务，实现品牌推广系统工程的全面实施。要把形象展示给市场，展示给客人，让他们去识别，去记住酒店，记住酒店的人和事。品牌的推广管理，需要在满足消费者的同时，努力满足社会各方面的需要，例如生态环境和精神文明的需要，绿色酒店、绿色营销就是满足这方面的需要，使酒店在满足这些需要的同时把酒店品牌推广出去。

6.7.4 品牌维护管理

市场是无情的，竞争是激烈的。创业艰难，守业更难。酒店品牌一旦树立，酒店必须懂得呵护，会珍惜、会爱护，同时还要懂得如何继续拓展。酒店应针对酒店市场上出现的商机，不断推出新的产品（服务），实现服务品牌的不断更新和拓展，留住客户，吸引客户。当今品牌维护管理，应加强自身软件系统的建设，完善其网络管理及中央预订等系统，充分利用先进的现代网络技术来提高其管理效率，争取客源，提高知名度。譬如锦江集团与其成员酒店的主要纽带就是网络。中央预订系统、订户管理系统、PMS系统的应用整合集团的客源及资源，体现品牌优势及品牌效益。随着信息网络技术的普及，客户与酒店的联系方式也将发生改变，越来越多的客人选择利用网络方式进行预订。因为涉及观念及组织结构的改变，同时需要大量的成本投入，软件系统的完善过程会遇到很多困难，但这是提升酒店品牌竞争力的必然选择。信息网络技术能力是酒店在激烈市场竞争中取胜的重要支撑。

6.7.5 品牌文化管理

品牌是一种文化，而且是一种极富经济内涵的文化。酒店品牌是文化的载体，文化是酒店品牌的灵魂，是凝结在品牌上的酒店精神。酒店品牌是物质和精神、生理和心理、实体和符号、品质和文化高度融合的产物，即品牌文化的最终结果，而文化则是酒店品牌的生命、产品的精髓、酒店形象的本质、产品品质的基础。品牌文化的形成，不仅要做好在客房里赠阅书、刊、报，在媒体上做好广告宣传，还需要进行系统化的管理。在品牌文化管理过程中不能急功近利，要耐住寂寞，脚踏实地，一点一滴地完成积累。品牌文化的形成要从每一位员工做起，用每位员工的高素质服务为客人送去温暖与亲情。无论是在酒店服务的人员，还是外出营销的人员，其一言一行不仅代表自己，也是酒店的形象代言人。

6.7.6　品牌质量管理

酒店的产品就是服务，酒店服务质量的控制永远是品牌的可靠保障，没有服务就没有酒店品牌的生存价值。质量是品牌的基础，没有精益求精的质量保证，就不可能有成功的品牌。酒店品牌质量管理通常分为以下几个部分。一是酒店核心质量管理。酒店产品的核心品质就是清洁、舒适的环境，安全、友好的气氛和礼貌而殷勤的服务。核心品质是酒店产品质量管理的重点，核心质量管理重在保证最重要项目的质量，使客人获得最基本的利益。二是酒店无形产品管理。要把服务的核心利益具体化，使无形服务变得较为具体，使服务变得可见可及，并通过某种抽象的联想来美化产品在消费者心目中的形象，通过销售整体中的有形部分，使客人了解更多酒店服务的现实情况，以便在他们心目中树立良好的形象。三是酒店产品的附加值质量管理。品牌附加值是指消费者在购买产品时所得到的附加服务和利益。通过附加值管理为消费者提供超值服务，引导顾客在酒店消费。

6.7.7　连锁管理

中国酒店业发展至今，连锁经营已成为酒店提升核心竞争力、加快集团化进程和进行规模扩张的重要手段。

1）连锁店管理

连锁酒店如果一味地贪多，也许在一定时间内增加了客户绝对数量，但实际上模糊了自身的目标客户定位，损害了目标客户的利益，长此以往会导致目标客户流失和非目标客户远离，最终品牌受损、市场受损、连锁事业受损。连锁店管理，宜稳扎稳打，切实了解连锁行业的特性和市场特点，做到开一个店，成功一个店，积蓄经验和人才。著名IT企业联想有这样一种信念：不知道的路，得先踩上几步，踩踏实了，再撒腿跑。连锁酒店在初创期同样要把路踩踏实了，然后再谋划大的发展。连锁酒店切不可盲目自大，疯狂扩张。常常有许多连锁酒店在如日中天的时候突然销声匿迹，就是因为盲目扩张、追求无限规模造成的。郑州亚细亚集团曾名噪一时，但成名后急于扩散“亚细亚效应”，短期内就在全国各大中心城市广泛开设分店，但是资金、人才及管理却跟不上。结果，不但亚细亚标志的光芒没有照遍四方，连自己的生存都出现了问题。

2）稳健管理

当连锁酒店完成高速增长，打下自己的一片江山之后不宜再进行战略扩大化，而应该步入稳健经营期。此时的连锁酒店应该注意酒店内功修炼，如细化管理、储备人才、提升盈利能力等，以防止酒店“泡沫经济”的过度膨胀。而且，“萝卜多了不洗泥”，连锁酒店在快速扩张的时候，连锁系统中难免出现一些小毛病、小漏洞。如果不能很好地解决这些问题，那么“千里之堤，溃于蚁穴”的悲剧就有可能发生。连锁酒店想要获得经营成功，绝对不能贪心，这山望着那山高。遇到困难或逆境时，应该全面考虑问题，设法强化竞争力，提升酒店的经营实力。功夫练得深、顾客基础打得稳，自然而然就能够开花结果。

3）营销管理

营销管理主要需要做好两方面：

一方面是广告营销。连锁酒店实力雄厚，可以在广告宣传上投入大额资金。中国的连锁酒店应该好好地学习肯德基等外国企业先进的广告促销经验，从而达到提高销售额的目的。

另一方面是公共关系营销。在酒店连锁营销活动中，公共关系作为营销的重要手段，目前得到普遍重视和广泛应用。由于广告媒体费用越来越高，而且面对各种各样广告的轮番轰炸，听众和观众越来越疲于应对，广告营销的作用力有所削弱，而公共关系营销越来越引起人们的重视。但公共关系营销必须同广告营销一起策划，充分发挥广告营销有利于建立顾客对酒店忠诚度的作用和公共关系营销有利于提高酒店知名度和树立酒店形象的作用。

4）总部成本管理

连锁管理要取得成功，必须做好总部的成本管理。譬如总部要做到统一进行成本核算，统一管理，要严格控制自身的费用开支，统一整个酒店的资产折旧，统一支付贷款利息；要建立毛利率预算计划管理制度，对店铺实行计划控制；对一些费用（如水电费、包装费等）进行分解，尽量归集到各店铺和商品大类；各店铺的直接费用（如业务招待费、人工费等）要同利益直接挂钩，对达不到预算计划的店铺，总部通过督导制度，帮助其分析造成费用增长、费用率上升的原因，并提出调整改进建议。

学习微平台

延伸阅读6-7

同步案例6-4

国内国际酒店品牌抢攻市场

背景与情境：近年来，国际品牌纷纷加速在华扩张，高星级酒店在一线城市如雨后春笋般崛起，本土酒店品牌也在激烈竞争中谋求转型。与此同时，二三线城市的兴起也让不少酒店品牌开始寻找自身优势。在消费升级的大背景下，百花齐放，谁能争春？

一、百花齐放，国际酒店品牌抢攻市场

从2003年前后开始，中国就成为各大国际酒店集团急速扩张之地。数年间，万豪、洲际、四季、希尔顿等国际一线酒店品牌全部进驻中国内地。如今，纵观中国酒店市场，不难发现，由于一线城市市场已出现饱和，不少国际酒店巨头开始逐鹿二三线城市市场。那么，在如今百花齐放的中国酒店市场，国际酒店品牌如何才能做到花开不败？

以四季酒店为例，中国作为四季酒店集团的第二大客源地，此前布局侧重于一线城市如北京、上海等。而近年来，随着北上广深一线城市的需求日趋饱和，多家外资酒店集团在中国的发展处于快速扩张的状态，四季酒店开始选择在二三线城市布局，如进驻天津、成都、武汉、三亚等城市。

诚然，具体进入哪个城市，酒店品牌需要考虑的因素有很多，比如旅游细分市场、区位因素、游客需求等。不同发展水平的城市会有不同的表现。例如，在一线城市，激烈的竞争导致国际酒店品牌必然会走向服务战，在扩张的同时引领消费升级；在二三线城市，随着商务和家庭消费增加，将大量涌现国际酒店品牌。

随着我国改革开放不断走向深入，酒店行业如雨后春笋般迅猛发展。中国城镇化步伐的不断加快，二三线城市经济的不断发展和基础设施的日益完善，将给国内酒店市场带来结构性调整空间。面对如今百花齐放的酒店市场，酒店品牌只有发挥品牌优势，统筹地域资源，才能走出自己的路。

二、二三线城市兴起，经济型酒店另寻本土优势

我们知道，相比一线城市，国际酒店品牌对二三线城市市场的把握有限，而这也恰恰成为本土品牌在二三线城市立足发展的有利因素。

近年来，随着二三线城市的兴起，不少酒店品牌开始寻找本土优势，二三线城市的酒店业成为投资者的另一选择。事实上，与国际品牌聚集的一线城市不同，二三线城市具有房屋面积要求小、资金投入少、租金成本低等种种有利因素，这些都进一步为经济型酒店的发展提供了空间。

和国际酒店品牌相比，本土酒店可利用中国旅游业酒店需求旺盛、人力成本低、政策条件稳定等优势。例如，以前较少被关注的西部、内地城市旅游资源开始被不断挖掘开发，各地也开始推出富有当地特色的旅游路线。同时，休闲游、度假游、周边游的兴起，以及交通条件的改善，都为本土酒店的兴起提供了条件。

事实上，国内连锁经营的经济型酒店是近些年才发展起来的。我国第一个真正意义上的经济型连锁酒店是1997年2月开业的锦江之星上海梅陇店，从那时起，我国经济型酒店才开始真正发展起来。经过20多年的发展，首旅如家、华住、7天、锦江之星的市场占有率合计已超过50%。

在这样的背景下，部分经济型酒店业巨头选择下沉三线市场，寻找新的发展转机。尽管经济型酒店市场在个别城市或已趋饱和，但华住酒店集团创始人兼董事长季琦指出，在三四线城市，发展空间依旧吸引人，在可以预见的城镇化大潮中，三四线城市的消费升级也是不可避免的。

资料来源　中国饭店杂志社. 国内国际酒店品牌抢攻市场［EB/OL］.［2018-01-24］. http://hotels263.com/magazine/jujiao/xingyejujiao/2018/0124/251.html.

问题：在消费升级的背景下，国内外品牌酒店如何扩大市场占有率？

分析提示：随着一线城市市场趋于饱和，二三线城市酒店市场正异军突起。在消费升级的大背景下，任何一个酒店品牌要发展壮大，只有随时关注消费者需求变化、调整区域战略布局，才能满足消费者不断升级的多元化需求。

6.8 酒店市场营销管理

酒店市场营销管理是指对酒店理想的经营项目、市场及营销活动进行分析、计划、执行及控制，以便能创立和维持与目标市场的良好交换关系，达到实现酒店总体经营目标的目的。

6.8.1 酒店市场营销管理的内容

酒店企业的销售管理与工业企业相比，存在根本性的差异，不仅内容不同，其方式也不同。酒店企业的市场营销管理基于这样一个现实：任何酒店企业都不可能同时满足所有类型的宾客需求。某些类型的宾客不仅可能与企业类型格格不入，也可能与企业的目标相冲突。酒店市场营销管理的内容主要包括：

1）开展市场分析

市场分析是市场营销管理的重要内容之一。要在激烈的市场竞争中得到应得的份额，首先要充分认识自己产品的长处和短处，包括设施、住房率、市场覆盖面等，还要熟知不同客源的不同需求和竞争对手的长处和短处。市场分析主要是做到四个清楚：一是清楚酒店所在地的社会团体、政治组织、工业商业、风景名胜、交通运输、节日、气候等有关背景资料；二是清楚竞争者的设施设备、经营类别、格调、价格等详细情况；三是清楚顾客情况，建立顾客档案；四是清楚本酒店的客房出租率、营业收入、平均房价等经营情况。

2）制定市场营销组合策略

酒店市场营销管理的另一个重要内容就是制定市场营销组合策略。通过市场分析，更加清楚地了解本酒店的内部情况和现有的市场环境，准确地预测未来市场，作出正确的决策，这是关系到酒店经营成败的关键。一般来讲，酒店市场营销组合策略制定的步骤包括：确定酒店目标，进行目标审定；分析市场因素，进行市场选择并制定市场发展策略；制定市场营销策略，进行财务可行性分析；实施行动；进行计划与实际结果的对比分析。

3）制订销售行动计划

一是制定酒店销售行动总策略，即酒店和各营业部门的总策略和总对策，其中包括：市场经营对策；淡季和旺季对策；利润预测；市场经营成本；明确市场经营策略的近期任务和长远目标；确定增加销售和提高利润的指标；制定时间表等。

二是制定市场经营计划的要点，包括：需解决的问题；目标、背景、地点、交通、本地区的推销特点；优势和劣势分析；按业务类别和不同客源分列出竞争的优势劣势表；现有市场的容量，分析其存在的问题；按客房、公共区域、前台和后台分列对产品需求的变化。

三是制定销售行动计划的要点，包括行动计划和行动时间表；致潜在客人、过去客人的信函、电话和面对面推销计划；周末促销计划，广告及宣传品的发放；其他推销方式；员工培训计划；店内推销；其他特殊的促销方式。

4）实施销售行动计划

在进行市场分析、确定销售策略、制订市场经营计划和销售行动计划的基础上，经酒店总经理批准，全面实施销售行动计划。

一是寻找推销对象，确定客源范围；

二是开辟销售渠道，增加销售网点；

三是签订各种用户合同；

四是拜访客户；

五是完成日常订房业务；

六是建立客房档案等。

5）开展公关活动

一是协调内外关系，树立酒店形象。

二是协调与住店客人、来访者、新闻媒介、社区团体、政府机关等方面的关系，通过新闻媒介宣传酒店，策划各种宣传活动；通过各种渠道掌握市场信息，把酒店商品信息传播给社会公众和住店客人。

另外，实施酒店市场营销管理，还包括制作销售统计表、客源分析表、团队会议预订控制表等。

6.8.2　酒店市场营销管理的任务

酒店市场营销活动以目标市场需求为中心，在满足顾客需求的同时实现企业的经营目标。而需求总是受到多种因素的影响，需求量总是处于波动状态，需求内容也在不断改变，这就加大了酒店经营活动的难度。因此，酒店市场营销管理的首要任务就是针对目标市场需求变化状况进行管理，即根据市场需求的状态，结合酒店现有资源和能力，采取一定的营销策略，协调供求关系，缓和供求矛盾，使供求双方保持和谐。美国市场营销学专家菲利普·科特勒将市场需求划分为八种状态，并针对这八种需求状态提出了营销管理的八项任务，这八项任务对酒店市场营销管理也具有指导意义。

1）负需求状态——扭转性营销

负需求状态是指顾客对酒店的产品持否定和排斥的态度，不愿选择甚至故意避开酒店产品。这种局面的出现可能是因为酒店在经营管理过程中暴露出了一些比较严重的问题，也可能是消费者有误解。在这种情况下，酒店营销管理的任务就是实施扭转性营销措施，寻找、分析顾客排斥酒店产品的原因，并采取应对措施。例如，某酒店客人在房间被杀，法院最终判令酒店承担巨额赔偿，因为犯罪分子在酒店的监控录像中多次出现，且形迹可疑，而酒店没有及时发觉。再如，酒店因食品卫生问题造成顾客人身损害的事件屡见报端等。这类事件的发生，让顾客对酒店缺乏安全感和信任感，自然会排斥购买酒店产品。此时，酒店要采用强有力的措施，加强安全管理，提高服务质量，扭转消费者的抵制心理，重塑酒店在公众心目中的形象。如果是宾客的误解，则要用宣传促销的手段来消除误解。

2）无需求状态——刺激性营销

无需求状态是指消费者对酒店的产品不感兴趣，购买者甚少，大部分人对酒店产品视而不见。造成这种状态的原因有多种，如酒店地理位置偏远、产品没有特色等。在这种情况下，酒店营销管理的任务就是开展刺激性营销。酒店要挖掘自身的潜力和客人的兴趣点，并将两者联系起来，改善产品品质，使其更具代表性和特色，并开展各种有效的促销活动，加大广告、公关力度，将酒店产品纳入消费者视线范围，增加对产品的了解，从而刺激消费者的需求。

3）潜在需求状态——开发性营销

潜在需求状态是指消费者对酒店产品有需要、有兴趣，只是还没有将这种需要转变成现实的购买行为，而没有产生现实购买行为的原因是，目前市场上还没有能够满足这种需要的产品。如产品价格过高，人们无法承受。在这种情况下，酒店营销管理的任务就是开发性营销，即深入了解这一潜在市场的需求类型和规模，开发合适的产品来满足这一需求。

4）下降需求状态——恢复性营销

酒店产品具有自己的生命周期，一种产品投入市场后，会经历导入期、成长期、成熟期，最后必定会进入衰退期，需求量下降，甚至最终会退出市场，其表现是消费者对酒店产品的兴趣越来越低，回头客减少，销售量下降。此时，酒店营销管理的任务就是恢复性营销，分析需求下降的原因，或者发掘新的客源市场来增加新的需求；也可以通过改变原有产品特点，注入新的元素，从而使产品再获新生，推迟衰退期的到来。例如，在经营淡季推出各种特价套餐，吸引更多的消费者前来购买。

5）不规则需求状态——平衡性营销

不规则需求状态是指酒店产品的需求量不稳定，波动性大。酒店产品本身就具有季节性强的特点，旅游旺季，销售量大，酒店甚至处于超负荷运转状态；旅游淡季，销售量锐减，大部分客房闲置。在这种不规则需求状态下，酒店营销管理的任务就是平衡性营销，如利用价格来调节供求关系，旺季适当抬高价格，淡季则推出优惠政策，或采用其他促销手段来平衡淡旺季需求量。

6）充分需求状态——维持性营销

充分需求状态是指酒店拥有足够的市场需求，设施、设备和人员都得到充分利用，供求关系适当，处于最佳经营状态。一般来说，当客房出租率为85%～90%时，就认为酒店进入了充分需求状态。在这种状态下，酒店营销管理的任务就是维持性营销。酒店管理者一方面要采取各种措施稳住客源，维持这种需求状态；另一方面要密切关注顾客需求偏好的变动以及新的竞争对手的出现，使酒店产品始终能迎合顾客需求，确保优势地位，不让其他竞争者介入。

7）过度需求状态——压缩性营销

过度需求状态是指需求量超过了酒店的接待能力。一般认为，当客房出租率超过95%时，酒店就处于一种过度需求状态。此时，酒店出现设备紧张，设施、设备得不到应有的保养，工作人员疲惫不堪，产品和服务质量下降等情况。这是一种破坏性经营，所带来的后果是，顾客满意度下降，酒店声誉遭到破坏，对未来发展造成不良影响。因此，在过度需求状态下，酒店营销管理的任务是压缩性营销，即采取一些办法来压缩市场需求，如提高价格、减少促销等。

8）有害需求状态——抵制性营销

有害需求状态是指依据国家法律法规、社会道德以及酒店形象的要求，都不能被满足的需求，这种需求是对社会有不良影响的有害需求，如酒店客人的色情、赌博、吸毒需求等。在这种情况下，酒店要采取抵制性营销，严格遵守法律法规和社会道德，反对并及时制止这种需求。

6.8.3　酒店市场营销管理的步骤

酒店市场营销管理要经过营销调研、市场细分、选择目标市场及目标市场定位四个过程。

1）营销调研

营销调研就是对酒店赖以生存和发展的外部环境与内部环境进行的调查。营销调研是酒店营销管理活动的起点，通过调查，明确自己的优势、劣势，把握消费者的需求和欲望，并以此为根据，制订营销计划，开展营销活动。

（1）外部环境因素

外部环境因素包括由政治环境、经济状况、人口环境、文化环境等构成的宏观环境，由消费者、竞争者、合作者等构成的微观环境。这些外部环境因素无时无刻不在影响着酒店的经营管理活动。

就外部宏观环境来看，酒店的经营管理要符合所在国家或地区法律、法规的规定，如澳门的葡京酒店可以开设赌场，而在中国内地的酒店则禁止赌博业务。因此，酒店必须了解所在地的政治环境，以保证在法律允许的范围内开展经营活动。又如，受新冠肺炎疫情影响，酒店业发展受到重挫。中国饭店协会相关报告显示，2020年一季度国内74.29%的酒店和民宿选择直接闭店，平均闭店天数达到27天，前两个月酒店和民宿类等住宿企业营业额损失超过670亿元。一些酒店采用低价策略吸引客流，价格相比同期低出很多。可见，酒店的经营管理活动受社会经济状况的制约。所以，为了保证经营活动的顺利进行，酒店应注意搜集相关的经济指标，以指导企业的经营行为。再如文化环境，近些年，我国各地酒店在春节期间推出的年夜饭、团圆饭等，正是迎合了中国人的文化习俗。

就外部微观环境来看，消费者的需求是酒店营销活动的核心，因此，酒店必须对消费者的需求进行调研。酒店还要掌握竞争对手的情况，以便分析酒店目标市场的竞争状况。另外，酒店还应对合作伙伴进行调研，以供应商为例，酒店的经营活动需要众多供应商提供原材料与物资才能进行，因而，供应商的情况直接影响酒店的运转。

（2）内部环境因素

内部环境因素指酒店的发展目标、组织机构模式、企业文化、酒店资源、服务方式、各项规章制度等。相对于外部环境因素，内部环境因素可控性较强。酒店的发展目标对营销管理活动起着指导性作用。而组织机构是否科学合理则决定了酒店营销活动的效率。酒店资源包括人力、物力、财力，其中人员是企业营销策略的确定者和执行者，是酒店最重要的资源。酒店管理水平的高低、规章制度的优劣决定着营销工作效率。资金状况和硬件设施等条件是酒店进行营销活动的物质基础，它决定了酒店营销活动的规模。总之，酒店必须通过内部环境调查，准确掌握自身的优势与劣势，找到对营销管理不利的因素，及时改进，在开展营销活动时做到扬长避短。

2）市场细分

消费者的需求千差万别，任何一家酒店都无法做到满足所有消费者的所有需求，因此，只能选择其中的一部分群体作为自己的目标市场，开发能满足这部分人需求的产品，这就需要进行市场细分。市场细分是指酒店依据选定的标准，将需求不同的异质市场划分为若干个需求大致相同的市场，从而有效地配置资源，保证满足目标市场的需求。市场细分的基础是消费者需求的差异性。

市场细分的标准有地理环境、人口统计变量、心理变量、购买行为变量等。

（1）地理环境

俗话说“一方水土养一方人”，不同地理环境造就了人们不同的生活习惯和偏好，我国“南甜北咸，东辣西酸”的饮食结构就反映了地理环境对人们饮食习惯的影响。

（2）人口统计变量

人口统计变量指性别、年龄、家庭、收入、职业、受教育程度、国籍、种族等。这些变量会影响消费者的消费习惯。例如，收入低的人对价格敏感，要求产品应以经济实用为主；收入高的人更注重产品的品质和内涵；老年人决策慎重，希望获得细心周到的服务；青年夫妇更乐于选择温馨浪漫的酒店。

（3）心理变量

心理变量指消费者的气质性格、生活方式、所属社会阶层等。例如，低层消费者注重产品安全和实惠，中层消费者讲究体面，高层消费者往往追求象征性的产品。

（4）购买行为变量

购买行为变量包括购买动机、购买频率（如经常购买、很少购买）、购买时机（如淡季、旺季、节假日等）、利益追求（追求方便、追求舒适浪漫）、营销因素敏感度（如对服务、价格、广告等的敏感程度）。酒店可以此为根据进行市场细分。

3）选择目标市场

目标市场是指被酒店作为销售目标的消费者群体。酒店无法同时满足所有细分市场的需求，只能根据自身特点选择一个或几个细分市场作为自己的目标市场。

（1）选择目标市场时应考虑的因素

①市场规模和发展潜力。确定目标市场时必须首先对市场进行分析，在营销调研的基础上，分析备选细分市场的需求内容、需求规模、需求满足程度及发展潜力，保证酒店进入后可持续发展。

②市场竞争状况。选择目标市场前应对该细分市场的竞争状况加以分析，有的细分市场尽管规模较大，但也可能因此吸引众多竞争者，或者该细分市场已经强手如林，这时酒店就应慎重考虑是否选择该细分市场。

③酒店自身的发展目标和资源。营销管理是为实现酒店目标服务的，因此，选择目标市场时应保证符合酒店发展的长远目标；同时考虑酒店的资源状况，分析是否具备进入该细分市场的条件。

（2）目标市场营销策略

①无差异目标市场营销策略。这是指忽略消费者需求的差异性，将整个市场作为自己的营销对象。仅用一种产品、一种价格来满足所有消费者的需求。这种策略适用于需求差异不明显或者需求大于供给的市场，也适用于新产品刚刚投入市场、竞争者少的阶段。这种策略的优点是成本低，缺点是可能造成消费者满意度低。

②差异性目标市场营销策略。这是酒店在市场细分的基础上，选择两个或两个以

上的细分市场作为目标市场，并为每一细分市场提供有针对性的产品。这种策略适用于规模大、资源雄厚的酒店和竞争激烈的市场。由于该策略充分考虑了消费者需求的差异性，有利于更好地满足顾客的需求，提高酒店在市场上的占有率，有利于降低经营风险。但是，因为向不同的细分市场提供不同的产品，会造成宣传、促销成本升高。

③集中性目标市场营销策略。这是指酒店选择一个或少数几个最具潜力的细分市场作为目标市场，并为其制订一套有别于竞争对手的营销组合方案，争取在这些细分市场上占有较大份额和绝对竞争优势，而不追求在整个市场上占有较小位置。这种营销策略适用于中小型酒店，有利于降低营销成本，提高酒店资源利用率，形成竞争优势。其缺点是经营风险大，一旦目标市场情况发生变化，酒店就可能面临经营危机。

4）目标市场定位

目标市场定位就是酒店确定自己在目标市场上的位置。具体而言，就是怎样使自己酒店的产品和服务在目标市场客人的心目中占据明确、独特和深受欢迎的地位，在市场上形成与竞争对手差异显著的形象。市场定位的过程实际上是一个有效迎合目标市场特定需求的过程。有效的市场定位，是为了让酒店更好地发现、挖掘、利用市场机会。通过市场定位，针对顾客对产品不同特性重视程度的差异，酒店为自己的产品塑造既能为消费者明确感知，又能很好地与竞争者的产品区别开来的特定品牌形象。

目标市场定位的策略有以下几种：

①市场领先者定位策略。市场领先者是指其产品在行业同类产品的市场上占有率最高的企业。酒店采用该策略，即要率先进入某个目标市场，并在市场上处于主导地位，在市场竞争中成为公认的领先者。采用这种定位策略，必须符合一定的条件：市场发展潜力大；酒店本身具备领先进入的资源条件和能力；该市场有利于酒店创造营销特色。使用该策略使酒店处于领先者地位，有利于酒店进一步发掘和扩大市场需求，提高市场占有率。

②市场挑战者定位策略。这是一种针锋相对的市场定位策略，即把市场位置定在与竞争对手相似的位置上，向市场的主导者挑战，并谋求取而代之。酒店采用这种定位策略，必须做到知己知彼，具有比竞争对手更丰富的资源和更强的营销能力；该市场有足够的容量；酒店能比竞争对手提供更好的商品和服务。采用这种市场定位策略一旦成功，会给酒店带来较大的市场份额，但也有一定的风险，容易引起对手竞争性报复，所以，如果酒店没有足够的实力，不宜采用该策略。

③市场跟随者定位策略。市场跟随者与挑战者不同，不是向市场领先者发动进攻并取而代之，而是跟随在市场主导者之后，提供与之相似的产品，或对产品进行适度调整，从而占据一定的市场份额。采用这种策略虽然不能成为市场的主导者，但是市场占有率相对稳定，而且不需要大量投资。该策略要求必须具备以下条件：市场未被竞争者完全垄断；市场还有很大的需求潜力。

④市场补缺者定位策略。酒店通过市场调研、行业分析以及自身评估，发现未被占领的市场和市场上未被注意的需求，通过提供特色产品和专业化经营占据有利的市场位置。这种定位策略可以帮助酒店在市场上快速立足。采用该策略应具备以下条

件：酒店能提供满足这个市场需要的产品及服务；该市场有足够的潜在消费者；进入后能够盈利。

⑤差别化避强定位策略。有意识地避开强有力的竞争对手，树立与竞争对手不同的形象，使自己的产品和服务与竞争者有显著的区别。这种策略的优点是风险小，能使酒店迅速在市场上站稳脚跟，并能在消费者心目中迅速树立起形象。

6.8.4 酒店市场营销管理观念的演变

酒店市场营销管理观念，是指酒店决策者在组织和谋划酒店的营销管理实践活动时所依据的指导思想和行为准则。酒店市场营销管理观念是酒店管理者对市场的根本态度和看法，是酒店一切经营活动的出发点。目前比较流行的酒店市场营销管理观念大体上有五种，每一种都有其优缺点和适应条件。

1）生产观念

生产观念是指导卖方行为的最古老的观念之一。生产观念认为，顾客喜欢能够买到的、买得起的产品，因此，酒店营销者应该努力改进产品生产和销售的效率，并降低成本。

这种市场营销管理观念只适用于下列两种情况：

一是产品的需求远远大于产品的供给，显然，在这种情况下只要加速生产，保证供给就可以了；

二是人们对某种产品有巨大需求，但被这种产品的高成本和高价格抑制住了，在这种情况下，只要把产品的成本和价格降低下来，就会使这种产品成为畅销产品。

生产观念的缺陷是既不适用于供大于求的情况，又不适用于高声望、高情感和高消费的产品。

2）产品观念

产品观念认为，顾客喜欢质量最好、功能最全和最有特色的产品，因此，酒店营销者应该不断地努力改进产品，提供最好的产品。

这种观念适用于高声望、高消费的产品。这类产品的购买者可以分为两类：第一类往往愿意购买质量高、贵重的产品，如在五星级酒店举行公司开业典礼，来显示公司实力；第二类收入较高，对价格不敏感，只要产品质量高、功能齐全、名气大，他们就愿意购买。

这种观念有两个缺陷：

一是它患了营销近视症，营销者只关注目前的需求形式及生产的具体产品，而忽略了顾客的基本需求问题以及解决这些问题的产品形式的变化；

二是它忽略了消费者购买力的限制。

这要求酒店营销者注意掌握自己目标顾客选择产品的价值观——是低价格低质量，还是中等价格中等质量，还是高价格高质量。

3）销售观念

销售观念认为，一家酒店除非进行大量的推销工作，否则顾客不会去购买这家酒店足够多的产品。

在产品供大于求的情况下，这种观念是普遍适用的。它特别适用于那些顾客不会主动去购买的产品，如新奇或高级的餐饮、娱乐、健身项目。遵照这种观念，每一家酒店都要重视对销售技术的培训。如一家酒店要向本市大公司推销商务会议场所，它可以先将有选择决定权的公司相关人员组织起来，建立他们的俱乐部，让这些人员了解酒店，对酒店产生好感和信任感，在这一基础上进行推销的成功可能性就比较大。

这种观念的缺陷：它把营销中的最不重要的功能——销售，作为唯一的、最重要的功能来看待，而忽略了其他重要的因素，如产品的适销性等。

4）营销观念

营销观念认为，酒店营销者需要综合运用各种营销手段，比竞争对手更好地满足顾客的需要，同时实现酒店长期利润最大化的目标。

营销观念已被普遍接受，特别适用于对消费者的真实福利与环境污染还不太敏感的发展中国家与地区。

营销观念的缺陷主要表现在它忽视了顾客的社会福利，即它只注意到顾客的暂时满意度，而忽视了顾客的长期福利。按照营销观念，香烟可以在酒店里销售，因为吸烟的顾客是满意的，酒店出售香烟获得的利润也是很大的，但它忽视了香烟对公共场所空气的污染，也忽视了社会公众对环境保护的要求。

5）社会营销观念

社会营销观念认为，酒店营销者不但要比竞争对手更好地满足顾客的需要，使酒店的长期利润最大化，而且，要能维护与改善顾客和社会的福利。

显然，它弥补了营销观念忽视顾客社会福利的缺陷，适用于人们对环境保护、身体健康和生活质量更加重视的地区，如发达国家和发展中国家的发达地区。

对酒店来说，运用社会营销观念，特别要注意处理好下列问题：

（1）保持环境整洁，如酒店在清理垃圾时要分类装袋，并密封好，防止产生臭味、滋生细菌。

（2）防止噪声污染，如降低在更新改造客房时产生的各种噪声。

（3）尽量注意各种资源的循环利用，如利用再生纸制作各种宣传品。

（4）要禁止顾客在公共场所吸烟，如可以设立无烟客房、无烟楼层来满足不吸烟顾客的需要。

当然，由于运用社会营销观念往往需要增加酒店的成本，因此，在缺乏法律和社会公众压力的情况下，发展中国家的酒店往往采用营销观念，而不是社会营销观念。

深度剖析6-2

问题：结合上文所述基本知识，分析酒店为什么会进行体验式营销。

解析提示：第一，理解体验的概念。体验是使每个人以个性化的方式参与其中的事件，是客户“意识中产生的美好感觉”。第二，理解体验经济的概念。体验经济是指企业以服务为舞台，以商品为道具，为消费者创造出难忘的感受。当人们购买一种体验时，“他是在花时间享受某一企业所提供的一系列值得记忆的事件，就像在戏剧演出中那样，使他身临其境”。酒店采用体验式营销，能够为消费者创造特殊体验，使其获得额外附加值，提升满意度。

学习微平台

延伸阅读6-8

本章概要

主要概念

酒店管理　酒店管理制度　酒店战略管理　酒店质量管理　酒店计划管理　酒店组织管理　酒店品牌管理　酒店市场营销管理

内容提要

- 本章主要介绍了酒店管理的基本理论和主要内容，包括酒店管理制度、酒店战略管理、酒店全面质量管理、酒店计划管理、酒店组织管理、酒店品牌管理、酒店市场营销管理。
- 酒店管理制度是酒店进行有效经营活动必不可少的规范，具有目标性、规范性、同一性、强制性、公平性、灵活性、发展性等特点，制度实施是酒店管理中的一项重要内容。
- 酒店战略管理是指导整个酒店在未来一个相当长时期内经营活动的总体谋划，具有长期性、竞争性、风险性、社会性的基本属性，酒店战略管理的过程包括环境审视、确定公司使命、形成长期目标、战略方案的评价与选择、战略实施、年度目标和各职能战略、战略评估和控制。
- 酒店全面质量管理以保证和提高酒店服务质量为目的，具有全方位、全过程、全员参与、方法多种多样的特点，实施全面质量管理需要贯彻“以人为本，员工第一”“宾客至上，服务第一”“预防为主，防管结合”“共性管理和个性服务相结合”“定性管理和定量管理相结合”等原则，常用的酒店全面质量管理基本方法是PDCA循环法。
- 酒店计划管理是确定未来某一时期内酒店的发展目标，并规定实现目标的途径和方法的管理活动，包括预测市场和社会要求变化、确定计划目标和经营政策、设计和选择经营方案等，计划管理对酒店的经营业务活动具有指导、规范和控制作用。
- 酒店组织管理就是对酒店所承担的任务在全体成员之间的分工合作进行管理，科学的酒店组织机构需要遵循目标导向、等级链、分工协作、管理幅度、精简高效等原则，组织管理对于现代酒店非常重要。
- 酒店品牌管理就是通过品牌设计、品牌推广、品牌保护及品牌资产评估等活动，以提高客人的满意度、忠诚度和酒店的知名度、美誉度。酒店品牌管理的内容包括品牌意识管理、品牌定位管理、品牌推广管理、品牌维护管理、品牌文化管理、品牌质量管理、连锁管理等。
- 酒店市场营销管理是指对酒店理想的经营项目、市场及营销活动进行分析、计划、执行及控制，以便能创立和维持与目标市场的良好交换关系，达到实现酒店总体经营目标的目的。其内容包括开展市场分析、制定市场营销组合策略、制订销售行动计划、实施销售行动计划、开展公关活动等。

内容结构

本章内容结构如图6-1所示。

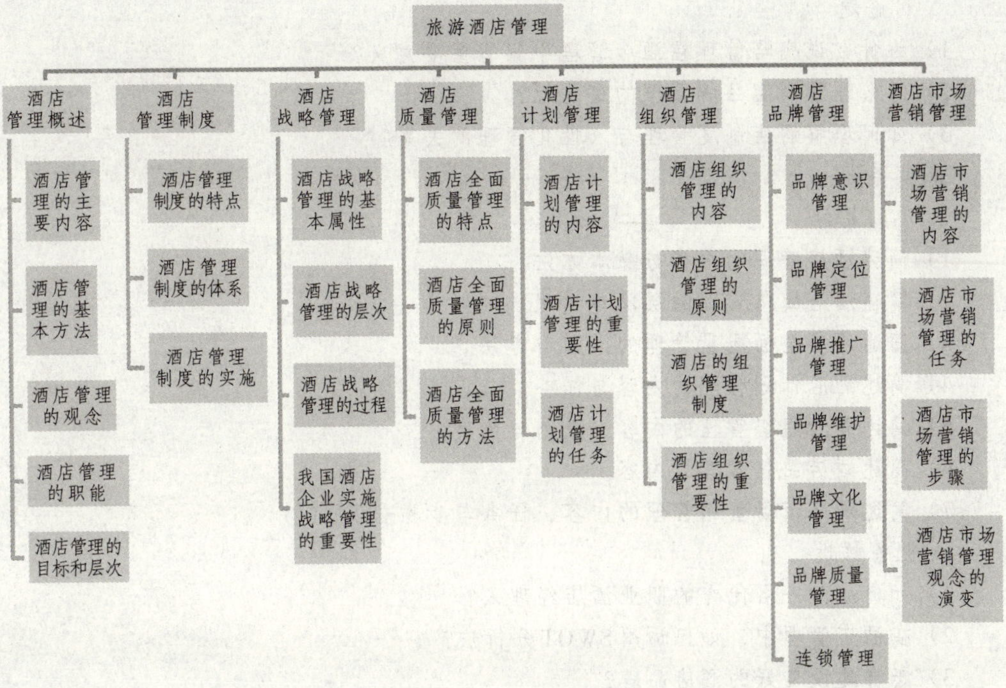

图6-1 本章内容结构

重要观点

观点6-1：酒店管理包括业务管理和经营管理两个方面。

常见质疑：对于普通员工来说，只涉及业务管理，经营管理不是自己需要考虑的。

释疑：普通员工既是酒店管理的对象，也是酒店管理的主体。酒店业务是员工的工作内容，其管理工作也是员工的主要责任，但员工作为酒店的成员，酒店的经营也离不开员工的支持和配合，因此普通员工也应参与到酒店的经营管理中。酒店可以通过管理权力下放、员工参与、员工激励等手段，使普通员工也能参与到酒店的计划、组织、领导等职能中，充分发挥普通员工的积极性，提升酒店的经营管理水平。

单元训练

传承型训练

▲ 理论题

△ 简答题

1）简述酒店管理制度的概念、特点与体系。

2）简述酒店战略管理的概念、基本属性和我国酒店企业实施战略管理的重要性。

3）简述酒店质量管理的概念及全面质量管理的特点。

4）简述酒店组织管理的概念与重要性。

5）简述酒店的计划管理、组织管理、品牌管理和市场营销管理等概念。

6）简述酒店市场营销管理观念的演变。

△ 讨论题

1）为什么说战略管理在酒店管理中具有重要意义？

2）怎么理解酒店品牌管理的重要性？

3）如何理解酒店制度管理与人性化管理的关系？

▲ 实务题

△ 规则复习

1）简述酒店管理的内容与基本方法。

2）简述酒店战略管理的层次与过程。

3）简述酒店全面质量管理的原则与方法。

4）简述酒店计划管理的内容与任务。

5）简述酒店组织管理的内容、原则与制度。

6）简述酒店品牌管理的内容。

7）简述酒店市场营销管理的内容、任务与步骤。

△ 业务解析

1）如何成为一名优秀的职业酒店经理人？

2）在酒店管理中，如何运用SWOT分析法？

3）怎样建设良好的酒店品牌？

▲ 案例题

△ 案例分析

【训练项目】

案例分析-Ⅵ。

【训练目的】

见本章“学习目标”中“传承型学习”的“认知弹性”目标。

【教学方法】

同第1章“单元训练”中本题型的“教学方法”。

【训练任务】

同第5章“单元训练”中本题型的“训练任务”。

【相关案例】

本土酒店争创“中国品牌”

背景与情境： 中国饭店协会发布的《2019中国酒店连锁发展与投资报告》（以下简称《报告》）显示，我国本土酒店在创新、品牌、规模上加速发力，包括锦江、首旅如家和华住在内的中国酒店集团已经在数量上超越了国际酒店集团，成为中国酒店业的主流，并逐步输出独具魅力的中国酒店品牌文化。

近年来，得益于中国日益增长的市场需求、互联网技术的革新以及年轻一代消费思维的转变，我国本土酒店品牌得以迅速成长，在与国际酒店品牌的同场竞技中学习、壮大，并开辟出一番新局面。

一、本土中端酒店表现抢眼

《报告》指出，在市场整体消费升级和大众旅游快速发展的背景下，中端酒店消费群体不断扩大，我国的中端酒店发展趋势良好。此外，酒店投资者也逐渐将目光从高档及以上定位酒店的开发转向投资回报更高的中端酒店。中国饭店协会会长韩明分析2019年国内饭店行业的发展趋势时指出，中端酒店将成为主要消费增长点之一。

业内人士介绍，中端酒店相当于三星级至四星级酒店之间，价格大致为每晚300元至800元。2018年国家统计局发布的数据显示，近两年，我国中等收入群体已超过3亿人，占全球中等收入群体30%以上，他们成为中端酒店消费的主力军。

2010年，因市场趋于饱和、酒店同质化现象严重等原因，我国经济型酒店的发展进入瓶颈期。中端酒店正是从此时逐步崛起的。2010年11月，如家创建中端酒店品牌和颐；2012年11月，华住酒店集团投入大量资源创建中端酒店品牌全季；2013年，更多国内酒店品牌将中端酒店市场作为布局重点。此后，部分传统经济型酒店“升级”、高端酒店“放下身段”，进入中端酒店市场，竞争日趋激烈。

近两年，国际酒店集团才将中国中端酒店市场作为其发展重点。《报告》指出，洲际、万豪、希尔顿、雅高、凯悦等国际酒店品牌，纷纷放开了中端品牌特许经营权，选择与中国本土的酒店管理公司合作，进行中端品牌的市场推广。

二、更懂中国消费者

随着旅游的常态化，人们出行频繁，中等收入群体对酒店的需求更加多元化、个性化，追求出行和住宿的优质体验，同时也更加关注酒店服务背后的人文追求。

经历了近10年发展的本土中端酒店亟待升级换代，打造中端酒店2.0时代的理念为市场所认同。

目前，我国已形成一批本土知名中端酒店品牌，各具特色是它们得以在市场中脱颖而出的共通点。例如，桔子酒店注重设计感，曾获多项业内设计大奖；维也纳酒店开发了多种特色主题；全季倡导东方人文特色；亚朵以人文见长，已形成“亚朵模式”。“每个消费者都有一个潜在的消费想法、需求。他的需求，你怎么能够事先觉察到，并且把他的需求变成一个他所想要的产品？”谈及如何满足消费者需求，亚朵酒店创始人王海军这样说，今天的年轻人秉持着“邻里消费”的理念：在公共区域里互相很熟悉，同时彼此有自己的隐私空间。因此，酒店提供的服务既不能过度，也不能不足。

绿城资产管理集团有限公司酒店管理中心常务副总经理徐翔指出，尽管中国的酒店管理公司在高端市场领域与国际品牌相比存在差距，但这并不能阻碍本土品牌的崛起。尤其是在互联网技术发展的影响下，中国本土酒店品牌更加善于利用互联网营销思维，更关注用户的个性化需求，移动支付、人工智能等应用，更加适应国人需求。

三、中国品牌“出海”试水

中国旅游研究院、携程旅游大数据联合实验室联合发布的《2018年中国游客出境游大数据报告》显示，我国公民出境旅游人数接近1.5亿人次，人均单次境外旅游消费约800美元。中国出境游的蓬勃发展，为中国本土酒店品牌进军海外市场提供了契机。

不久前，铂涛集团在印度尼西亚雅加达宣布，旗下中端酒店品牌丽枫酒店正式进军海外。此前，铂涛集团旗下喆啡酒店首家海外门店在韩国首尔开业，非繁城品酒店的首家海外门店也在韩国江陵签约。

“走出去”意味着将在境外市场上与业已成熟的国际酒店品牌竞争，这对于中国酒店而言并非易事。华美酒店顾问有限公司首席知识管理专家赵焕焱表示，目前中国酒店集团的海外发展还处于试探性阶段，要成长为国际品牌既需要美誉度，也需要一定规模。中国本土酒店管理公司仍需提高自身品牌知名度。

资料来源 尹婕. 本土酒店争创“中国品牌”[EB/OL]. [2019-04-24]. http: //travel.people.com.cn/n1/2019/0424/c41570-31046560.html.

问题：

1）该案例涉及本章的哪些知识点？

2）请从酒店品牌管理的角度，分析本土酒店品牌如何提高竞争力。

【训练要求】

同第1章“单元训练”中本题型的“训练要求”。

【成果形式】

1）训练课业：《“本土酒店争创‘中国品牌’”案例分析报告》。

2）课业要求：同第1章“单元训练”中本题型的“课业要求”。

△ 课程思政

【训练项目】

课程思政-Ⅵ。

【训练目的】

同第1章“单元训练”中本题型的“训练目的”。

【教学方法】

同第1章“单元训练”中本题型的“教学方法”。

【训练准备】

同第1章“单元训练”中本题型的“训练准备”。

【相关案例】

低碳节能，酒店上演“只此青绿”

背景与情境：党的二十大报告提出，要加快节能降碳先进技术研发和推广应用，倡导绿色消费，推动形成绿色低碳的生产方式和生活方式。

如今，各行各业都通过加入绿色低碳、节能减排的行列，而对于酒店人来说，这样的探索已经持续了几十年，通过结合自身资源优势，在运营、管理以及对客服务等方面不断优化绿色环保的措施。当“只此青绿”在酒店上演，那抹“绿意”尤为引人关注。

1）更节能 更环保

在很多酒店已看不到塑料吸管、塑料杯、塑料托盘、塑料刀叉等的使用，其他一次性用品的使用率也在大幅下降。随着节能环保的理念日渐深入各行各业，酒店企业也在不断加大节能减排力度，最大限度降低成本，用实际行动诠释绿色低碳的经营理念。事实上，节能减排不仅是一件需要花钱投入的事情，酒店还能以此节省成本，这样的案例不胜枚举。

南京金陵饭店建立能源管理实施细则，明确灯光区域划分，采用分段开启方式，电梯采取节能运行模式，强化对冰箱冰库等耗电设备的综合利用，调整空调新风机组开启模式，结合自然通风，确保环境安全。南京金陵饭店总经理周蕾介绍，南京金陵饭店通过运用智能空调、变频水泵、新型喷淋、低氮锅炉等设备，每年节电近500万千瓦时，节水14万吨，节气64万立方米。

宁波东钱湖华茂希尔顿酒店在开业时已配有雨水回收系统，在实现自动雨水回收的同时，通过紫外线消毒系统和自动补水系统，提高水质，以达到节约用水的目的。2021年，该酒店雨水回收节约用水约1 438吨。

"坚持低碳发展对于酒店经营管理有两大益处，即一降一升。'降'是指降低经营成本，酒店可以尽可能减少非必要性的服务内容，比如减少提供一次性拖鞋、一次性洗漱用品等。这些小件服务看起来单件的成本并不高，合计起来却占据了酒店成本很大一部分。'升'是指提升工作效率，非必要服务内容大幅压缩，能够帮助工作人员提升工作效率。"南开大学教授马晓龙说。

如今，为了更节能更环保，很多酒店在数字技术应用和智能化建设方面展开了探索。日前，希尔顿集团首台智能化绿色环保型餐厨垃圾处理设备在深圳蛇口希尔顿南海酒店投入使用。通过生物技术将餐厨垃圾降解处理，实现低碳绿色运营。这套设备每日最多可处理餐厨垃圾约2 000千克，4小时即可将95%的餐厨垃圾降解为二氧化碳和水蒸气，全程无废水排放，剩余5%的无害残渣亦可转化为有机肥料。

地中海俱乐部研发了电子手环代替传统门卡，减少了磁卡的损耗和浪费。南京金陵饭店运用新型智能化产品云柜商城及送物机器人，提供"无接触式"服务，还设置了测温机器人，增加大数据筛查及统计能力。太古酒店客房内采用数字综合应用系统，该系统可以提供酒店定制化服务，大大降低了人工成本，提高服务效率。客人可以直接通过系统挑选洗衣时间、订购全天的餐饮等。

2）更舒适，更便捷

酒店想要落实绿色理念，光实现设备上的节能减排是不够的，还要有客人的助力。为了帮助客人树立低碳环保意识，各酒店也采取了行动。

万达美华酒店、万达颐华酒店和万达悦华酒店在客房中增设"护源节流"环保卡，客人如需更换床品和毛巾，就将环保卡放置在指定位置；在"地球一小时"以及世界水日和世界环境日等环境保护日，组织体验活动，让客人参与到低碳行动中。湖州潞村悦柳酒店严格规范用品洗涤、循环次数等，鼓励常住客人按需求减少洗涤床品等。北京东隅酒店推出了由竹粉、稻壳、农作物秸秆和其他天然植物纤维制成的可降解环保杯，并鼓励客人使用环保杯代替一次性杯子，同时为使用环保杯购买饮料的客人提供折扣，引导客人绿色消费。

运用自然资源，结合自身优势推出露营、研学等低碳旅游产品，优化客人体验……记者在采访中注意到，不少酒店通过绿色主题活动增强与客人的互动。地中海俱乐部就鼓励客人走出房间，参与到户外活动中，体验绿色的生活方式。"我们推出了一些主题活动，引导客人体验健康的生活方式，开启低碳行动，尝试慢节奏运动，比如推出太极、瑜伽、高尔夫等项目。"复星旅文集团执行董事兼地中海俱乐部中国首席执行官徐秉璸说。

通过活动来引导"小客人"从小树立低碳环保意识也成为许多酒店努力的方向。北京首钢园香格里拉充分运用首钢园作为工业遗产的优势，打造了多期香格里拉快乐成长计划儿童体验活动，包括垃圾分类、变废为宝手工制作、环保手工花环制作，带领小朋友步行参观首钢园的自然景观和工业遗址，在酒店的户外花园一起放风筝。“我们酒店计划今后推出更多低碳出行的酒店产品，如首钢园骑行、户外花园瑜伽和健康轻食套餐等。”北京首钢园香格里拉相关负责人说。

为了让客人亲近自然、享受自然，宜兴万达美华酒店、北京平谷万达美华酒店于近期与露营运营机构进行合作，推出相关露营产品；南京金陵饭店在酒店公共区域配套建设了面积1.6万平方米的城市中心立体花园，种植草坪、观赏树木，设置了喷泉等园林景观，同时在酒店餐饮设计中使用绿色食材，让客人吃到原生态的有机食物。

希尔顿集团利用厨余垃圾降解产生的有机肥料养护酒店园林，丰富酒店儿童照护项目中的“小小园丁”课程，邀请小朋友和家长到酒店的园林种植区亲手种下玉米、蔬菜等。

“低碳消费在未来的市场结构中将呈持续上升的势头。”北京第二外国语学院旅游科学学院副院长邓宁建议，酒店可以开发更多特色化的服务，引导、鼓励和支持客人形成低碳消费的习惯。

“事实上，酒店持续开展绿色环保的探索还能获得良好口碑和持续客源。”北京理工大学设计与艺术学院文化遗产系副教授张祖群说。

3）更负责，更规范

主打康养理念的湖州潞村悦柳酒店，在建设时最大限度保留了周边的湿地与田园风光，减少对周边植物的破坏，同时密切与潞村社区互动。如今，越来越多的酒店认识到，坚持低碳发展是履行社会责任的体现，是为了持续推动社会的可持续发展。对于接下来的“绿色”计划，不少管理者已经有了进一步的想法。

作为金叶级绿色旅游饭店的南京金陵饭店不断强化社会责任意识。“我们希望在酒店内部实现生产生活方式绿色转型，继续在绿色设计、能源管理、安全与员工健康管理、社会责任等方面发力，实现金陵品牌的可持续发展，为酒店业绿色发展树立标杆。”周蕾说。徐秉璜表示，地中海俱乐部将继续节能降耗，坚持绿色低碳发展，构建健康的酒店、健康的生活、健康的经济和社会，推动人、酒店、环境及整个社会的可持续发展。

业界也为酒店低碳发展提出建议。“酒店在日常运营过程中可以拉出非低碳服务负面清单，在为客人提供住宿服务的内容中剔除或严格限制违背低碳环保行为的非必要服务内容，同时，制定酒店低碳环保服务行为规范，使员工提供的服务流程和服务内容严格限定在低碳环保的制度框架内，做到有章可循、有规可依。酒店还可以制订低碳环保经营成本控制预案和奖惩方案，根据低碳环保执行力度和经济效果采取奖惩措施。”马晓龙说。

张祖群建议，酒店搭建一体化的信息交流平台，利用大数据、云计算、物联网信息技术对酒店进行数据采集分析，对住客碳足迹进行大数采集，对酒店建筑强化能源监控、环境监测提供实时数据，帮助酒店智能化进行减碳工作，依据采集的数据制定完善下一步低碳行为标准，及时发现并解决低碳酒店运营的缺口，更好地为客人提供服务。

“节能减排是在不降低舒适度的前提下，把能源省下来，不是简单地省能和减能，而是提高能效。”清华大学建筑节能研究中心高级研究员李建建议，酒店要从技术和管理两方面抓好节能，要强化对员工的培训，让其掌握节能的最佳节能操作规程，把酒店总经理推到责任第一线；要掌握科学的方法，建立检查奖惩制度，帮助员工形成规范化的认识，并把这种认识传递给客人。

除了强化酒店内部的管理，李建认为，酒店还应遵循生态文明的思想，面对不断变化的形势，要准确识变、科学应变、主动求变，实现以人为本、内外协同，承担起社会责任，顺利实现转型发展。

资料来源　唐伯侬，王玮. 低碳节能 酒店上演“只此青绿”[N]. 中国旅游报，2022-04-21(005). 内容有删改。

问题：

1）本案例中存在哪些思政问题？

2）试对上述问题作出你的思政研判。

3）说明你所作研判的依据。

4）请从旅游酒店管理与道德研判角度对酒店“低碳节能”作出评价。

【训练要求】

同第1章“单元训练”中本题型的“训练要求”。

【成果形式】

1）训练课业：《“低碳节能，酒店上演‘只此青绿’”思政研判报告》。

2）课业要求：同第1章“单元训练”中本题型的“课业要求”。

创新型训练

▲ 拓展创新

拓展创新-II

【训练目的】

见本章“学习目标”中“创新型学习”的“拓展创新”目标。

【教学方法】

同第4章“单元训练”中本题型的“教学方法”。

【知识准备】

学生通过院资料室、校图书馆和互联网等途径，自主学习如下知识：

1）列入本教材“附录一”附表1“能力领域”中“与人交流”、“与人合作”和“革新创新”能力“中级”各“技能点”、“‘知识准备’参照范围”的知识。

2）本教材“附录三”附表3“能力领域”中“与人交流”、“与人合作”和“革新创新”能力“中级”各“技能点”的“基本要求”和“参照规范与标准”。

【训练任务】

1）查阅关于“中外酒店品牌管理比较”的各种观点信息。

2）同第4章“单元训练”中本题型的其他“训练任务”。

【训练要求】

1）体验将关于“中外酒店品牌管理比较”的各种观点信息中的诸多拓展性观念要素整合为一个内在一致、功能统一的新整体，形成一个带有原创性成分的《中外酒店品牌管理比较研究》的“知识创新”（中级）过程。

2）同第4章“单元训练”中本题型的其他“训练要求”。

【训练时间】

本章课堂教学内容结束后的课余时间，为期一周。

【训练步骤】

1）各团队应用“知识准备”所列知识，并遵循相关“要求”和“参照规范与标准”，系统体验关于本项目的如下技能操作：

（1）通过队内分工与合作，搜集和处理本训练项目中存有争议的关于“中外酒店品牌管理比较”的各种观点信息，分析研究、讨论与交流其各自所长与不足。

（2）将关于“中外酒店品牌管理比较”的各种观点信息中诸多拓展性观念要素整合为一个内在一致、功能统一的新整体，撰写带有原创性成分的《中外酒店品牌管理比较研究》论文。

（3）以相互质疑和答疑的方式，在班级讨论、交流、相互点评其《中外酒店品牌管理比较研究》论文。

（4）根据班级讨论、交流结果，各团队修订和完善其《中外酒店品牌管理比较研究》论文。

2）同第4章“单元训练”中本题型的其他“训练步骤”。

【成果形式】

1）训练课业：撰写《“拓展创新-II”训练报告》。

2）课业要求：参照第4章“单元训练”中本题型的“课业要求”。

建议阅读

［1］田喜洲. 论酒店管理中的人性化趋势［J］. 商业研究，2005（1）：163-165.

［2］王捷二. 国际酒店管理集团在我国发展策略研究［J］. 旅游学刊，2006（12）：70-76.

［3］赵建强，郭伟. 我国经济型酒店发展SWOT分析［J］. 商业研究，2006（2）：178-180.

［4］谷慧敏. 中国本土酒店品牌的新发展［J］. 社会科学家，2013（S1）：29-31.

［5］陈顺. 国际酒店业海外市场扩张及地域格局演进分析［J］. 商业研究，2016（6）：178-185.

［6］徐虹. 走出象牙塔：理论在酒店实践中有用武之地吗？［J］. 旅游学刊，2017（11）：13-15.

［7］方田红，鲍曙明，张红历. 中国酒店业的时空演化分析［J］. 西北师范大学学报（自然科学版），2020（6）：116-123.

［8］曹峥. 后疫情时期酒店服务营销策略思考［J］. 商业经济研究，2020（22）：69-71.

参考文献

［1］冯文昌. 酒店管理概论［M］. 北京：科学出版社，2009：17-49.

［2］苏枫. 酒店管理概论［M］. 重庆：重庆大学出版社，2008：30-52.

［3］朱多生，王丽梅. 酒店管理概论［M］. 成都：电子科技大学出版社，2009：

46-51.

[4] 唐少霞，雷石标．酒店管理概论［M］．哈尔滨：哈尔滨工程大学出版社，2011：54-93.

[5] 谢亚峰．现代酒店经营与管理［M］．北京：中国商业出版社，2004：56-59.

[6] 谢雨萍，周江林．酒店管理概论［M］．北京：中国财政经济出版社，2005：38-41.

[7] 蔡万坤，蔡华程．新编现代酒店管理学［M］．广州：广东旅游出版社，2004：341-363.

[8] 闫宏毅．酒店管理实务［M］．北京：电子工业出版社，2009：47-78.

[9] 黄建宏．酒店成功管理［M］．北京：冶金工业出版社，2008：230-237.

[10] 张诗哲．现代酒店经营管理［M］．广州：广东高等教育出版社，1999：46-47.

[11] 李辉作，于涛．酒店经营与管理［M］．北京：中国发展出版社，2009：212-229.

[12] 郑向敏．酒店管理［M］．4版．北京：清华大学出版社，2019：83-84.

[13] 魏卫．酒店管理概论［M］．武汉：华中科技大学出版社，2019：26-27.

课业范例

范例-1

△ 案例分析

【训练目的】

运用本教材第4章的理论与实务知识对“宜昌三峡大坝景区免门票”案例进行多元表征，体验“旅游目的地管理”中“结构不良知识”的“传承型学习”及其迁移。

【教学方法】

采用“案例教学法”。

【训练任务】

1）体验第4章理论与实务知识的具体运用。

2）同第1章“单元训练”中本题型“训练任务”的其他要求。

【相关案例】

宜昌三峡大坝景区免门票

背景与情境：在国内众多景区竞相提高门票价格之际，全国首批5A级景区、首批工业旅游区示范点之一的三峡大坝旅游区却开启“免费时代”。

2014年9月24日，中国长江三峡集团公司和宜昌市人民政府宣布，自当天起，三峡大坝旅游景点对中国游客（含港、澳、台同胞，海外侨胞，华人，华侨）实行门票免费。

此前，三峡大坝景区门票价格为105元（含观光车费和坝顶参观）。此次门票免费涵盖的旅游景点包括坛子岭园区、185观景平台、截流纪念园。

单日上限4万人　交通仍收费

三峡旅游公司副总经理李贞勇介绍，游客进入三峡坝区后，需在游客换乘中心通过安全检查、换乘景区专用观光车游览景点。与此前收取门票时相比，游客游览方式、游览景点和游览线路基本不变。

据悉，虽然不收门票，但景区交通依然收费，分为A、B两条线路。其中A线包括坛子岭、185观景平台、截流纪念园，全程收费为每人35元；B线包括坛子岭、185观景平台半程游，每人收费18元。

三峡集团相关负责人提醒，门票免费实施后，为确保旅游接待服务质量和三峡坝区管理秩序，单日最高接待游客量上限为4万人（历史最高游客量为单日3.5万人）。为迎接门票免费后可能到来的游客激增，10万平方米的停车场、可容纳1万人同时就餐的景区饭店等配套设施都已投入使用，相关配套设施还在逐步完善中。

实名预约方式有两种

景区负责人强调，参观游览实行实名预约制，景区为游客提供在线预约和凭身份证现场预约两种预约服务。游客自驾车、团队车凭车辆行驶证，需到三峡专用公路三角地接待站、冯家湾接待站办理通行手续。

其中，自助游客的在线预约方法为：登录三峡旅游网首页（www.sxly.cn）或途牛旅游网首页（www.tuniu.com），或通过手机移动端关注三峡大坝微信平台，或安装“途牛移动端”后按照提示完成在线预约，交通费预付。

旅行社团队通过三峡旅游网平台完成在线预约，预付交通费。已经到达三峡坝区游客换乘中心但未进行在线预约的游客，可在服务台凭身份证完成现场预约。

三峡集团副总经理、新闻发言人沙先华提醒游客，这项门票免费是长期措施，希望全国游客不必急于在2014年“十一”黄金周涌入三峡，景区需要一个适应过程，希望游客错开黄金周高峰期。

冲击国内旅游格局

三峡大坝景区门票免费这一决策的施行，对宜昌及国内旅游格局产生重大影响。首先是降低游客出行成本，吸引更多游客。其次，免费措施可以倒逼旅游配套产业发展，三峡坝区内外的旅游参观、度假、餐饮等配套产业将更加丰富。最后，还将促进坝区经济转型，包括移民就业，以及相关的种植、养殖业都将随着这一政策的施行而有所调整。

在全国部分5A级景点涨价的背景下，三峡大坝旅游景点门票免费的最大意义在于，湖北省景区开始摆脱“门票经济”的单一盈利思路。

据悉，三峡大坝旅游区现年接待量已高达180万人。按每人每次105元计算，每年门票收入就高达1.8亿多元。面对如此巨大的利益，三峡集团公司何以舍得将如日中天的世界顶级景点作为免费蛋糕，甘愿送与他人分享？

免费后，三峡大坝旅游会有哪些变化？

（1）问：放弃这么大的收益是不是作秀？

“这个决策经过较长时间的调研，是深思熟虑的慎重决策。”沙先华说，“免费将长期坚持。”

他说，门票免费，是促进长江三峡旅游发展的重大举措。作为央企，作为最早向国际市场推出的黄金旅游线路，进一步促进坝区、库区旅游资源的整合，把三峡坝区旅游打造成湖北、重庆两省市旅游发展一体化的重要支撑点、连接点和新亮点，进而促进三峡坝区、三峡库区旅游业的长足发展，致力于把三峡坝区由旅游过境地打造成旅游目的地。

他说，门票免费，是三峡集团落实党中央、国务院“稳增长、惠民生”、拉动内需、促进库坝区经济社会发展和移民安稳致富的重大举措；是三峡集团回应社会诉求、回报全国人民支持、履行社会责任的真诚行动。

这是感恩的决策，是履行社会责任的央企行动。沙先华说，通过免费，更多游客了解三峡工程，见证改革开放以来我国水电工程建设的伟大成就，深化对三峡工程巨大综合效益的认识，亲身感受三峡坝区、三峡库区历史性的巨变，增强对国家发展、民族振兴的自豪感和自信心。

宜昌市副市长王应华认为，这是一个历史性的事件，这一决策影响深远。

（2）问：过去十几年来为何不免费？

2003年，三峡大坝首次蓄水后，三峡大坝即作为景点开始了旅游接待，至今11年来，为何不免费？

特别是2007年前后，有一个“三峡反旅游垄断联盟”的民间声音，要求三峡大坝旅游免费开放。

沙先华说，对此，三峡集团表示理解。同时本着审慎稳妥的态度，组织有关专家进行了专题论证，广泛征求了有关方面的意见，认为当时三峡工程还处于建设高峰期，施工作业任务繁重，如果免费开放、游客激增，旅游观光的安全保障、旅游接待容量和服务品质以及各种软硬件设施尚不够成熟，且势必给三峡工程建设管理造成诸多困难。因此，在那个时候还不具备三峡大坝旅游免费的条件。

随着三峡工程初步设计建设任务的完成，施工队伍和施工机械撤离，坝区旅游设施的改善和旅游环境的整治，三峡大坝旅游接待能力大幅提高。与建设期相比，今天的三峡坝区情况已发生很大变化，具备了免费的条件。

沙先华同时指出，三峡集团重新审视了三峡坝区的功能定位，规划将三峡坝区打造成为现代水电基地、爱国主义教育基地、生态示范基地、科普展示培训基地和旅游休闲度假基地“五大基地”，让游客到来后，增加水电知识和水电文化，尽情欣赏巴风古韵、峡江风情、平湖涌潮。

（3）问：免费后客流量会不会暴增？

“免费后，游客数量会爆发式增长。十一期间，日来客最高可能达到10万人。”宜昌市市长助理、三峡工委主任王万修说。

三峡大坝景点的游客承载量，最高时，一天曾接待过3.5万人。这里最多只有每日4万人的接待容量，蜂拥而至的游客到来后怎么办？宜昌市文化和旅游管理部门已精心准备了配套景点可供游览。在距三峡大坝景点附近50公里范围内，有三峡人家、三峡大瀑布、三峡竹海、屈原故里、高峡平湖等系列5A、4A景点，在100公里范围内，有5A景区清江画廊恭候。

在三峡大坝景点游览，与原来相比，游客游览方式、游览景点和游览线路不变。游客进入三峡坝区后，继续在游客换乘中心通过安全检查，统一换乘景区内专用观光车游览，主要游览景点为：坛子岭园区、185观景园区、截流纪念园。景区开放时间为：上午8：00—下午6：00。

除门票免费外，景区内观光交通实行有偿服务，A线游览长江左右岸3个景点，交通费每人35元；B线游览长江左岸的坛子岭园区、185观景园区两个景点，交通费每人18元。

（4）问：如何方便进入景区？

为保证旅游接待服务质量和旅游秩序，确保三峡枢纽安全稳定运行，景区按照单日4万人的最大接待能力实施流量限制。

届时，将采取三种方式实名预约。散客通过网络预约，登录三峡旅游网首页（www.sxly.cn）、途牛旅游网首页（www.tuniu.com），或手机移动端关注“三峡大坝”

微信平台，或安装登录“途牛移动端”等进行在线预约；旅行社团队通过“三峡旅游网一站通”平台完成在线预约；已到达三峡坝区游客换乘中心，但未进行在线预约的游客，可在服务台凭身份证完成现场预约。

进入三峡大坝景点有6个入口，其中包括3个陆上入口：一是经汉宜高速公路，到宜昌市夷陵区冯家湾入口；二是经宜昌市三游洞入口；三是经秭归县、夷陵区三斗坪镇入口。3个水上入口为长江黄陵庙码头、太平溪码头和茅坪码头。

（5）问：旅游服务质量会不会打折扣？

沙先华说，把好事办好，保证门票免费后旅游服务质量不下降，旅游接待安全、有序、顺畅。三峡集团和宜昌市委市政府共同采取了多项保障措施：

一是三峡集团和宜昌市委市政府共同成立了门票免费工作领导小组，作了精心安排；二是对多项接待服务设施进行了扩建和改造，调集了大量人力、物力服务游客；三是新建了10万多平方米的临时停车场，对景区部分公共设施、参观点进行了扩容；四是增加了3处餐饮点，坝区可同时提供1万人就餐，配合周边市镇，完全可以解决高峰期游客的就餐问题。

三峡集团不因门票免费而减少对软硬件设施的投入，将继续加快坝区深度旅游规划和产品建设，美化坝区环境，完善服务设施，着力把坝区打造成为独具特色的旅游休闲度假目的地。三峡旅游公司将逐步改变单一门票经济模式，转为发展旅游产业链经济，为游客提供更加优质、多样的旅游服务，让游客在三峡坝区看得好，游得好，玩得好，吃得好，住得好，不虚此行。

资料来源 王尚功，郭珊珊，周莹．三峡大坝景区今起免费畅游 参观实行门票预约制［EB/OL］．［2014-09-25］．http://hb.qq.com/a/20140925/013557.htm.

问题：

1）该案例涉及第4章的哪些知识点？

2）请从战略管理的角度，探讨为什么三峡大坝景区要实行免门票政策。

3）请从旅游目的地管理的角度，分析三峡大坝景区的做法是否可以普遍推广。

【训练要求】

同第1章“单元训练”中本题型的“训练要求”。

【成果形式】

1）训练课业：《“宜昌三峡大坝景区免门票”案例分析报告》。

2）课业要求：同第1章“单元训练”中本题型的“课业要求”。

“宜昌三峡大坝景区免门票”案例分析报告

案例分析人________（________级________专业________班）

指导教师________（________大学________学院）

一、案例综述

本案例从产权角度，研究了旅游景区的公益性质。本例中，三峡大坝景区之所以免门票，是由景区的公益性质决定的。

二、问题分析

在本例中，三峡大坝免门票对我国公众而言是一件好事，但可能会产生以下几个方面的问题：

（1）只对中国游客（含港、澳、台同胞，海外侨胞，华人，华侨）实行门票免费，是否有歧视外国游客之嫌？

（2）如何和管控三峡大坝景区的旅游容量，防止因过分拥挤而产生的旅游危机事件？

（3）如何摆脱门票经济模式，建立公益旅游景区自负盈亏和可持续发展机制？

三、总结与结论

面对如此问题，三峡大坝应该做到如下方面：

（1）尽量做到中外游客一视同仁，全都免票。三峡大坝作为人类的一项重要遗产，应该让更多的外国友人前来参观，以提高景区的声誉，为我国旅游形象增光。

（2）在门票预约、容量控制方面要具体化，尤其要加强景区的管理服务和疏导机制。

（3）根据“基础资源免费、服务设施收费”的原则，采用特许经营、有偿增值服务、产业链延伸等形式拓宽收入渠道，吸收企业捐赠以参与景区建设、维护，另外招募志愿讲解员、义工等以降低景区人工成本。

附件范 1-1

“宜昌三峡大坝景区免门票”案例分析提纲

1）关于“知识点”分析

（1）小组成员分别搜集、整理国内外旅游景区免门票的经典案例。

（2）小组讨论各成员收集出本案例涉及的“知识点”，由组长汇总。

（3）小组讨论本案例“背景与情境”是如何涉及知识点的。

（4）组长汇总讨论 1）的阶段性成果。

2）关于“旅游景区性质”分析

（1）小组成员应用本案例相关“知识点”知识，逐一分析“旅游景区性质和收费现状”。

（2）小组讨论各成员分析的“旅游景区性质和收费现状”，由组长汇总。

3）关于“旅游景区免门票解决方案”设计

关于个人设计、小组讨论研究本案例要求的“旅游景区免门票解决方案”。

（1）小组成员模拟本案例中的营销经理，应用本案例涉及的景区经营管理现状，研究设计“旅游景区免门票解决方案”。

（2）小组讨论各成员设计的“旅游景区免门票解决方案”，由组长汇总。

4）撰写、讨论与交流《分析报告》

（1）组长组织组员，综合以上阶段性成果，形成《分析报告》。

（2）在班级讨论、交流各组的《分析报告》。

（3）小组修改《分析报告》，提交教师点评。

范例-2

△ 课程思政

【训练目的】

依照相关行为规范对“后旅游法时代淮安旅游市场面面观”案例进行思政研判，

促进健全职业人格的塑造。

【教学方法】

采用“案例教学法”。

【训练准备】

1）了解本教材“附录二”的附表2中“形成性训练与考核”的“参照指标”与“训练考核点”。

2）了解本教材“附录四”的附表4中各“道德范畴”及其“参照规范与标准”。

3）了解与本案例“问题1）”相关的“伦理与道德”行为规范。

【相关案例】

后旅游法时代淮安旅游市场面面观

背景与情境：云南双飞6日游只要七八百元，不到800元就能游港澳，泰国7日游也只要2 000元……《旅游法》实施初期，大大小小的旅行社把购物、自费环节从行程中剔除，使得旅游回归正轨，然而仅仅过去7个月，零负团费等顽疾就又死灰复燃。记者近日采访发现，旅行社为生存频频打起擦边球，市场重回旅游法实施前的状态。在转型方面，受团队游业务下滑、电子商务冲击等因素影响，淮安一些旅行社的生存状况也不容乐观。“逆水行舟，不进则退”，逆境中的角力，大家都在拼耐力、拼时间，“再等等，再看看”成为普遍心态。

报特价团得先看年龄

“你多大年纪？”市区一家旅行社的职员得知记者要去云南，第一句话竟是问年龄。记者称26周岁，看中了昆明大理丽江双飞6日游这个产品。旅行社职员告知，“5月份去云南有特价团，年龄在28~52周岁之间可以享受700~800元/人的特价团费。如果没满28周岁或者超过52周岁，视情况要加钱，26周岁的价格在1 300元左右”。记者询问为何有这样的年龄限制，旅行社解释，这个规定是云南当地要求的。如果不想加钱，可以选择3 000多元的纯玩团，全程无购物。

记者又走访了市区多家旅行社，发现大部分旅行社的云南游对28周岁到52周岁的游客不加钱，也有旅行社表示可适当放宽限制，26~54周岁都可参加特价团，超出范围只需补几百元的差价。有家旅行社表示，云南游一般价格在1 000元左右，但必须出示所有出行人员的身份证，并且告知出行日期才能查询具体价格，否则无法准确报价。

长线游大多有购物点

在采访中记者发现，几乎所有的境内外长线游线路都会包含购物点，但是旅行社并不强制消费，游客可以自由选择。如北京5日游双卧报价980元，一飞一卧1 180元，包含购物店，并且会在合同上列明，大多不强制消费。

记者来到位于大治路的一家旅行社询问港澳游价格，工作人员表示港澳双飞5日游购物团不超过800元/人，必须进店购物。所有购物点会在行程单上明确标出，但不会单独列在旅游合同书上。记者发现，在行程单上，第二天除黄大仙祠和星光大道合计游览1小时外，剩余时间都是进店购物，包含珠宝店、百货店和手表店等，每家店的逗留时间在90~120分钟，这一天有6个小时都是在购物。此外，这类购物团要求人均消费达到2 000元以上。记者表示不想购物，询问是否有别的团。工作人员表示港澳游的纯玩团4 880元/人，行程与购物团相似，全程无强制进店消费。相较于购物团，差价达4 000元。工作人员建议选择购物团，省下的团费可用于购物，一举两得。

泰国游也是同样的情况，该旅行社泰国7日游的特价团报价是1 580元，包括珠宝中心、皮革中心购物和人妖表演的强制消费项目。经了解，此团的强制消费额度大概在人均2 000元，所有购物点和自费项目会列在行程单上，事先与游客沟通清楚。若选择纯玩团，同样行程的7日游，价格在3 500~4 000元之间，也会有购物点，但不再强制消费。

位于清河路的某旅行社的泰国6日游特价团报价为2 000元左右，同样需要进购物点消费。报此类团必须签订进店协议，明确购物店的名称和停留时间等。而非特价的泰国纯玩6日团，价格在3 500元左右，购物店和自费项目可自愿选择，不强制。

热门地区仍是重灾区

“原来怎么低，现在还怎么低，一步回到解放前。”淮安师苑国际旅行社总经理宋杰这样形容当下旅游市场的状态。他介绍，越是热门旅游目的地，零负团费现象就越明显。“境内游之中，云南、海南、北京线问题最为突出，境外游方面港澳游、泰国游是‘重灾区’。正常情况下，成本加上合理利润空间，云南双飞6日游的报价应该在3 000元左右，而低价团七八百元就能成行。正常港澳双飞5日游报价4 000~5 000元，机票加住宿基本就是这个价，而有的购物游只要800多元就能成行。”

“港澳游800元？再低的价格也有旅行社在做，我们称之为‘赌团’。”市新职工国际旅行社总经理庄德春告诉记者，所谓“赌团”，就是旅行社以超低报价揽客，赌的就是游客会大量购物，旅行社才好从购物店拿佣金。“团费低得连来回机票钱都不够，如果顾客不进店不购物，那地接社的损失就大了。如果连续接的几个团都不怎么购物，导游的脸色恐怕就会有点难看了。”

“零负团费现象最早是在今年3月份，从云南线开始的。”淮安海盛国际旅行社总经理徐志扬说，去年10月旅游法实施之后，淮安旅游市场一片萧条，大家都在观望，都不想做“出头鸟”，但价格过高的产品无人问津，慢慢市场行情也就降下来了，在观望了一段时间之后，低价团才又死灰复燃。“一些旅行社抗风险能力较差，指望这几条热门线路赚钱，有时为了生存会有侥幸心理。”他的这一说法也得到了记者采访的其他旅行社老总的证实。

旅游市场尚不成熟

“其实，对于淮安的旅行社来说，不存在零负团费一说，但卖的很多是零负团费的产品。因为对方地接社的报价就很低，你不做有人做。”庄德春觉得，造成目前这种现状不能简单归结于是谁的责任，原因是多方面的。

“市场有需求，旅行社之间有竞争。”庄德春表示，从某种意义上来说，是市场需求催生零负团费现象，以至于出现旅行社报价“看年龄”的情况。“由于购物团的存在，旅行社也在研究客户，如什么样的客户喜欢购物，以及不同年龄层客户的消费习惯。以前是以18岁为下限，现在上升至25岁。因为在中国内地，18~25岁的年轻人尚未或者刚刚独立，是没有什么消费能力的。老年人的情况也是如此，以前60岁是上限，现在下降到55岁。”庄德春说，在地接社导游看来，老年人和年轻人过多的团是没有什么吸引力的。

“低价团与高价团在线路安排上，基本没什么不同，区别就在于进不进店以及进店时间长短。价格差着好几千元呢，对于游客来说，当然更愿意选择价格更低的团。”徐志扬表示，事实证明，对于突然被抬高的旅游价格，百姓并不认可，市场也不认可，许多市民宁愿报名低价团，宁愿进店购物。“指望一部法律一下子把市场风向扭转过来，其实是不现实的。旅游市场的规范需要一个长期的过程，老百姓的消费观念也需逐渐转变。”

“随着生活与消费水平的提高，高品质旅游团会越来越多，这一点毋庸置疑。但至少目前还不是主流，淮安旅游市场尚不成熟，许多市民还停留在‘出去看看’的阶段。”宋杰说。

资料来源　陈金鑫，姜琳玲．后旅游法时代淮安旅游市场面面观［N］．淮海晚报，2014-05-07（A14）.内容有删减。

问题：

1）本案例中存在哪些思政问题？

2）试对上述问题作出你的思政研判。

3）说明你所作思政研判的依据。

4）请从旅游管理与思政角度对“零负团费等顽疾”作出评价。

【训练要求】

同第1章“单元训练”中本题型的“训练要求”。

【成果形式】

1）训练课业：《“后旅游法时代淮安旅游市场面面观”思政研判报告》。

2）课业要求：同第1章“单元训练”中本题型的“课业要求”。

“后旅游法时代淮安旅游市场面面观”思政研判报告

（项目组组长：________项目组成员：________________________）

一、案例综述

本案例反映了目前我国旅游业发展中急需正视和解决的问题——“零负团费”卷土重来，《中华人民共和国旅游法》效力有限。2013年10月1日，酝酿30多年、历经3次审议的首部《中华人民共和国旅游法》（以下简称《旅游法》）正式实施，全国上下普遍叫好，预想“零负团费”将销声匿迹；但经过一年多的运行，乱象仍在，《旅游法》执行效果打了折扣。

二、关于“思政问题”

1.本案例中旅行社对参游人员划分三六九等，为下一步参团购物做好铺垫，客观上助推了“零负团费”形成，组团社为自身生存考虑帮助地接社甄选适合购物人群，否则要求参游人员补足差价。

2.长线游、旅游热点普遍存在行程购物环节、“零负团费”，一开始淮安当地旅行社并不想作出头椽子，接纳“低价团”“特价团”，但禁不住市场诱惑，迫于生存压力，充当“零负团费”始作俑者。

三、关于“思政研判”

在旅游市场竞争激烈环境下，中小旅游企业抵御市场风险能力较弱，同时考虑到当前旅游者对目的地信息不了解、“物美价廉”传统心理作祟，所以明知“零负团费”对旅游者、旅行社、旅游目的地三方都将产生极其恶劣的社会影响，为旅游目的地组团赚取微薄利润，它们仍抛弃旅行社自身社会责任。

四、关于“作思政研判所依据的行业规范”

1.旅行社需诚信经营，无论组团社还是地接社都需明确告知旅游者“零负团费”违背基本经济规律，建议参加“品质团”，如旅游者不听劝阻，执意“明知山有虎偏向虎山行”，亦需让其了解旅游行程存在购物环节，让旅游者知情。

2.旅行社需具备社会责任感，在整个旅游行程中，旅行社是第一面客窗口，“零负团费”歪风不可能终结于中途或回程，从源头着手，拒绝接收“低价团”，对旅行社行业进行调整、改组，阵痛在所难免，换来的是整个旅游行业的长远利益。

五、关于“对案例作评价”

从以上研判看，“零负团费”为旅游市场顽疾，非“毕其功于一役”的临时性问题，应该从旅游者、旅行社、政府三个角度共同着手，有“壮士断腕”的决心并持之以恒，才有可能从根本上解决这个涉及多方置行业规范于不顾的利益角逐问题。

六、总结与结论

1.“零负团费”在目前有其存在的土壤，非《旅游法》单独实行即可收到“立竿见影”的效果。

2.作为“零负团费”的始作俑者，旅行社需承担更多社会责任，不可因为蝇头小利失去未来一片森林。

3.彻底解决“零负团费”问题需要多方共同努力，做好打长期战、攻坚战的心理准备，单独从某一方进行道德谴责都是有失公正的。

附件范2-1

“后旅游法时代淮安旅游市场面面观”思政研判提纲

（项目组组长：　　　　项目组成员：　　　　）

1）关于“思政问题”分析

（1）小组成员分别分析研究本案例中旅游企业管理中的思政问题。

（2）小组讨论各成员收集来的本案例中旅游企业管理所涉及的思政问题。

（3）小组讨论后旅游法时代“零负团费”为何会死灰复燃。

（4）组长汇总讨论分析内容，形成阶段性成果。

2）关于“思政研判”分析

（1）小组成员应用本案例相关的思政问题进行“思政研判”。

（2）小组讨论各成员分析的“思政研判”。

（3）组长汇总讨论分析内容，形成阶段性成果。

3）关于“作思政研判所依据的行业规范”分析

（1）小组成员分别通过网络及图书馆查找资料，研究“作思政研判所依据的行业规范”。

(2) 小组讨论中国旅游服务行业人员理应具有的职业操守。

(3) 组长汇总讨论分析内容，形成阶段性成果。

4) 关于“对案例作评价”分析

(1) 小组成员分别对该案例进行评价。

(2) 小组讨论各成员的“评价”。

(3) 组长汇总讨论分析内容，形成阶段性成果。

5) 撰写、讨论与交流《思政研判报告》

(1) 组长组织组员，综合以上阶段性成果，形成《思政研判报告》。

(2) 在班级讨论、交流各组的《思政研判报告》。

(3) 小组修改《思政研判报告》，提交教师点评。

范例-3

△ 实践题

“酒店市场营销管理步骤”知识应用

【训练目的】

参加“‘酒店市场营销管理步骤’知识应用”的实践训练。在了解和把握本训练所涉及能力与道德领域相关技能点的“参照规范与标准”基础上，通过对“知识准备”所列知识的运用，相关“参照规范与标准”的遵循，系列技能操作的实施，相应实践报告的准备、撰写、讨论与交流等有质量、有效率的活动，系统体验“营销调研”、“市场细分”、“选择目标市场”及“目标市场定位”等“知识应用”技能的“传承型学习”及其迁移；通过践行“职业道德”选项的行为规范，体验“职业道德”规范的“传承型学习”及其迁移（内化级），促进健全职业人格的塑造。

【教学方法】

采用“项目教学法”和“实践教学法”。

【训练准备】

知识准备：

1) 第6章理论与实务知识。

2) 表范3-1中各“技能点”的“参照规范与标准”。

3) 表范3-2中各道德范畴的“参照规范与标准”。

指导准备：

1) 教师向学生阐明“训练目的”和“训练内容”。

2) 教师指导学生设计实践计划、实践报告和营销方案。

3) 教师向学生说明本次实践应该注意的问题。

【训练内容】

专业能力训练：其“技能点”、“名称”和“参照规范与标准”见表范3-1。

表范 3-1 专业能力训练能力领域、技能点、名称及其参照规范与标准

能力领域	技能点	名称	参照规范与标准
"酒店市场营销管理步骤"知识应用	技能 1	"营销调研"知识应用技能	(1) 能全面把握"营销调研"知识 (2) 能正确应用"营销调研"知识，进行如下有质量、有效率的操作活动： ①结合本市某五星级酒店的实际，对其外部环境与内部环境进行调研 ②分析该酒店的环境因素，确定其优势与劣势 ③调查本市五星级酒店消费者的主要需求和欲望
	技能 2	"市场细分"知识应用技能	(1) 能全面把握"市场细分"知识 (2) 能正确应用"市场细分"知识，依照市场细分的各种标准，将需求不同的异质市场划分为若干个需求大致相同的市场
	技能 3	"选择目标市场"知识应用技能	(1) 能全面把握"选择目标市场"知识 (2) 能正确应用"选择目标市场"知识，进行如下有质量、有效率的操作活动： ①充分考虑市场规模和发展潜力、市场竞争状况和该酒店自身发展的目标与资源，选择目标市场 ②正确运用各种市场营销策略，为该酒店选择目标市场
	技能 4	"目标市场定位"知识应用技能	(1) 能全面把握"目标市场定位"知识 (2) 能正确应用"目标市场定位"知识，进行如下有质量、有效率的操作活动： 结合该酒店的实际，选择适当定位策略，为该酒店进行目标市场定位

职业道德训练："道德范畴"、"名称"、"等级"与"参照规范与标准"见表范 3-2。

表范 3-2 职业道德训练选项表

道德领域	道德范畴	名称	等级	参照规范与标准	选项
职业道德	范畴 1	职业观念	内化级	同本教材"附录四"附表 4 的参照规范与标准	√
	范畴 2	职业情感	内化级	同本教材"附录四"附表 4 的参照规范与标准	√
	范畴 3	职业理想	内化级	同本教材"附录四"附表 4 的参照规范与标准	√
	范畴 4	职业态度	内化级	同本教材"附录四"附表 4 的参照规范与标准	√
	范畴 5	职业良心	内化级	同本教材"附录四"附表 4 的参照规范与标准	√
	范畴 6	职业作风	内化级	同本教材"附录四"附表 4 的参照规范与标准	√
	范畴 7	职业守则	内化级	同本教材"附录四"附表 4 的参照规范与标准	√

【组织形式】

将班级学生分成若干实践团队，根据训练内容和项目需要进行角色划分。

【训练任务】

1）对表范3-1所列专业“能力领域”各“技能点”，依照其“参照规范与标准”实施阶段性基本训练。

2）对表范3-2所列“职业道德”选项，依照本教材“附录四”附表4的“参照规范与标准”实施“内化级”相关训练。

【训练要求】

1）训练前，引导学生了解并熟记本实践的“训练目的”、“训练准备”、“训练内容”、“训练任务”，将其作为本实践的训练点和考核点来准备。

2）通过“训练步骤”，将“训练任务”所列两种训练整合到本实践的“活动过程”与“成果形式”中。

3）系统体验“专业能力训练”各“技能点”和“职业道德训练”所选范畴“参照规范与标准”的遵循。

【情境设计】

各营销团队选择某一酒店或者校内实践基地，将学生组成若干实践团队，应用“酒店市场营销管理步骤”知识，体验旅游酒店市场营销管理相关技能点的系列操作，撰写《××酒店市场营销策划方案》，分析总结此次“酒店市场营销管理步骤”活动的成功与不足，在此基础上撰写相应实践报告。

【训练步骤】

1）各团队结合“情境设计”分配任务，制订“‘酒店市场营销管理步骤’知识应用”实践计划。

2）各团队实施“‘酒店市场营销管理步骤’知识应用”实践计划，依照表范3-1中“技能1”至“技能4”的“参照规范与标准”，应用相关知识，系统体验其各项技能操作，撰写《××酒店市场营销策划方案》。

3）各团队依据相关“参照规范与标准”，在上述各项技能的专业操作中“内化级”融入表范3-2中选项的各种行为规范。

4）各团队总结本次实践的各项操作体验，分析其成功经验和存在的问题，提出改进建议。

5）各团队在此基础上撰写作为“成果形式”的实践课业。

6）在班级讨论、交流、相互点评与修订各团队的实践课业。

【成果形式】

1）训练课业：《“‘酒店市场营销管理步骤’知识应用”实践报告》。

2）课业要求：

（1）实践报告的内容包括：实践团队成员与分工；实践过程；实践总结（包括对“专业能力”各“技能点”训练的成功与不足之分析说明）。

（2）将“‘酒店市场营销管理步骤’知识应用”实践计划等阶段性成果全文以“附件”形式附于实践报告之后。

（3）在校园网的本课程平台上展示班级优秀实践报告，并将其纳入本课程的教学资源库。

“‘酒店市场营销管理步骤’知识应用”实践报告

按照课程规定与要求，我团队以“滇峰”实践训练团队为名，前往昆明市翠湖宾馆进行实际调研，通过对酒店市场营销管理中的营销调研、市场细分、选择目标市场及目标市场定位等步骤进行考察，分析了其市场营销管理的步骤，探讨了存在的不足和问题，提出优化方案。现将具体实践操作说明：

一、实践团队成员分工

1.团队名称

本实践小组根据工作任务情况，为团队命名为“滇峰”。设小组长1人，小组成员4人，共计5人。

2.角色分工

实践小组组长由孙再前同学担任，孙再前同学理论知识比较扎实，又是学生干部，具有较强的组织能力和沟通能力。根据分工，实践小组组长就是实践组织人，主要负责安排实践进度、组织研讨，以及酒店市场营销策划方案及实践报告的撰写工作；李虎同学主要负责“营销调研”步骤资料整理及设计工作；张旭同学主要负责“市场细分”步骤资料整理及设计工作；赵伊曼同学主要负责“选择目标市场”步骤资料整理及设计工作；王丹丹同学主要负责“目标市场定位”步骤资料整理及设计工作。

二、实践过程

1.实地调查

2014年5月19日起，“滇峰”小团队来到位于昆明市五华区的翠湖宾馆，对该酒店市场营销管理过程中的营销调研、市场细分、选择目标市场及目标市场定位等情况进行了调查。调查结果如下：

（1）营销调研。

从外部环境分析，我国经济发展继续保持增长，虽然增长速度放缓，但旅游消费巨大，为酒店带来充足客源；政府严格限制“三公”消费及倡导厉行勤俭节约、反对铺张浪费等背景下，政府举办会议旅游、会奖旅游减少，但企业会议、学术交流、论坛沙龙等形式的会奖旅游活动仍需求旺盛；消费者酒店住宿需求更加多样化、个性化，精品客栈、快捷酒店等多样化住宿设施发展迅速。

从内部环境分析，翠湖宾馆是一家五星级酒店，位于昆明市翠湖南路。建筑面积约50 000平方米，拥有客房294间/套，设有宴会厅、中餐厅、西餐厅，餐位830个，各类会议厅（室）17间。拥有室内游泳池、健身房、广场园林等设施，提供24小时专职管家服务。

（2）市场细分。

通过地理环境、经济因素、人口统计变量、心理变量、购买行为等变量标准，对酒店市场进行细分。结合昆明市近些年游客统计资料，考虑消费者需求的差异性，主要将酒店市场分为旅游团队市场、旅游散客市场及商务游客市场。

（3）选择目标市场。

在营销调研、市场细分的基础上，考虑市场规模、市场潜力、市场竞争及酒店自身的发展目标和资源，建议翠湖宾馆选择商务游客市场为主，旅游团队市场、旅游散客市场为辅。

(4) 目标市场定位。

翠湖宾馆目标市场核心定位为商务游客市场，积极打造高端商务酒店品牌。采取市场领先者定位策略，通过提升酒店服务和品牌建设，定位为西南地区最知名的高端政务商务会议的重要场所。

(5) 综合以上资料，编制《翠湖宾馆酒店市场营销策划方案》。

2.实施“融入性”职业道德训练

我团队在实施上述“专业能力训练”的过程中，按照“实践要求”，依照表范3-1、表范3-2中列入的职业核心能力和职业道德全选项，进行了相关等级的融入性训练。

三、实践总结

1.关于“‘酒店市场营销管理步骤’知识应用”的专业能力训练

(1) 通过酒店的实际调研，我团队加深了对酒店市场营销管理知识的理解，基本掌握了酒店市场营销管理步骤的一般程序。

(2) 通过对“酒店市场营销管理步骤”知识的综合应用，系统体验了表范3-1中的各项技能操作，提升了“理论与实践相结合”的相关专业能力。

(3) 通过对相关资料的整理、分析与综合，初步体验了《翠湖宾馆酒店市场营销策划方案》的规范化编制过程。

2.关于“职业道德”选项的融入性训练

实践前，实践团队重温了列入本“实践题”表范3-2“职业道德训练选项表”中“职业道德”全选项的“参照规范与标准”，这对于我们实施其“融入性训练”是十分必要的，有助于克服实践过程中相关操作的盲目性。在实践过程中，我们在准备和实施“‘酒店市场营销管理步骤’知识应用”的全方位训练的同时，在团队分工与合作中，习惯性地（内化地）融入了“职业观念”、“职业情感”、“职业理想”、“职业态度”、职业良心”、“职业作风”和“职业守则”等的训练，进一步强化了我们“职业道德素质”。这对于实现本课程“健全职业人格”建构的目标来说，是必不可少的。

附件范3-1

“‘酒店市场营销管理步骤’知识应用”实践计划

为了高质量地完成此次实践任务，“滇峰”团队特制订本次实践计划：

一、关于“‘酒店市场营销管理步骤’知识应用”的专业训练

1.实践前期的准备工作。2014年5月15日，首先开展团队实践任务的动员，并在教师的指导下，明确实践内容，根据实践任务需要进行角色分工，指定相关成员按照实践要求和需要，分别对酒店市场营销管理中的营销调研、市场细分、选择目标市场及目标市场定位等步骤进行实际调研和资料收集。

2.2014年5月19日，周一，对酒店进行营销调研，详细调查酒店发展的外部环境与内部环境。外部环境可以通过互联网、图书馆查阅资料的形式调查，内部环境可以从酒店得到第一手资料，全面了解酒店面临的内外部环境概况。返回学校进行集体讨论，根据团队分工，李虎负责记录大家讨论内容和资料的收集、加工工作。

3.2014年5月20日，周二，对酒店市场进行细分，详细调查酒店客源市场。通过访谈、问卷调查、调阅资料等方式进行。返回学校进行集体讨论，根据团队分工，张旭负责记录大家讨论内容和资料的收集、加工工作。

4.2014年5月21日，周三，选择酒店目标市场，作为销售目标的消费者群体。通过对酒店自身发展、竞争对手、市场分析等调研，通过访谈、调阅资料等方式进行。返回学校进行集体讨论，根据团队分工，赵伊曼负责记录大家讨论内容和资料的收集、加工工作。

5.2014年5月22日，周四，酒店目标市场定位，确定酒店在目标市场上的位置。详细调查酒店的竞争地位、发展潜力，结合目标市场的选择及营销调研内容，明确翠湖宾馆的目标市场定位，可通过访谈、调阅资料等方式进行。返回学校进行集体讨论，根据团队分工，王丹丹负责记录大家讨论内容和资料的收集、加工工作。

6.2014年5月23日，周五，孙再前队长组织大家整理、分析和综合上述资料，编制《翠湖宾馆酒店市场营销策划方案》。

7.2014年5月24日，周六，小组成员分工配合，孙再前队长总纂实践报告。

8.2014年5月25日，周日，指导教师和孙再前队长及本团队成员参加班级讨论、交流和相互点评活动，并在此基础上修订本团队的实践课业。

二、关于“职业道德”的融入性训练

组织我团队全体成员，重温表范3-2“职业道德训练选项表”的各“选项”的“参照规范与标准”，要求各成员将“职业道德”各范畴行为的“参照规范与标准”自觉地（“内化级”）融入专业训练的全部过程中。

附件范3-2

翠湖宾馆酒店市场营销策划方案

为了在竞争激烈的婚礼市场中脱颖而出，特制订如下市场营销策划方案：

1.营销目的

（1）提升酒店品牌知名度，促进酒店发展。

（2）吸引顾客光临，扩大酒店知名度和美誉度，促进酒店营销业绩的提升。

2.营销主题

“翠·礼”时尚婚礼发布会。

3.活动时间

2014年9月9日。

4.活动地点

翠湖宾馆。

5.营销内容

（1）市场定位。准确的市场定位是进行婚宴市场开拓的基础。根据需求调查和分析，翠湖宾馆婚礼市场营销定位在个性、年轻、时尚的消费群体，打造西南婚礼典范。

（2）婚礼产品。草坪庭院婚礼，虽身居闹市却能够最大限度地亲近自然、感受自然；金色大厅婚礼，高科技、奢华、舒适，代表着昆明翠湖宾馆的最高接待水平。

（3）婚礼服务。量身定制个性化服务。全新引入的“婚礼顾问”服务，在这里，经典下午茶、时尚餐前酒会是婚礼晚宴前的序幕，无论是西式自助、西式宴会或者中式宴会，均是新人们婚礼宴会无与伦比的组合。

（4）对外合作。联合多家婚庆公司，通过婚礼策划专员的精心策划和婚礼管家的体贴服务，为新人举办一场独特难忘的婚礼。

6. 宣传方式

（1）街头宣传册的发放。客人凭宣传册可享受9折至9.5折的优惠。宣传册的印数初步定在5 000册。

（2）报纸宣传。选择和联系昆明市影响面较广的平面媒体进行文化营销宣传。主要宣传广告语为“翠·礼定制，时尚婚礼”。

（3）网络宣传。借助旅游网等媒体发布信息，针对不同的消费群体充分造势，以进一步提高酒店的知名度和美誉度。

范例-4

△ 自主学习

“自主学习-范”

【训练目的】

参加“自主学习-范”训练。制定和实施《长期学习目标》和《长期学习计划》，通过自主学习与应用其“知识准备”所列知识和“文献综述”相关规范，搜集、整理与综合以“旅游目的地口号”为主题的中外文献资料，撰写、讨论与交流《“旅游目的地口号”研究最新文献综述》等活动，体验“自主学习”（高级）及其迁移。

【教学方法】

采用“学导教学法”和“研究教学法”。

【训练要求】

1）以班级小组为单位组建学生训练团队，各团队依照本教材“附录三”附表3“自主学习”（高级）的“基本要求”和各“技能点”的“参照规范与标准”，确定《长期学习目标》，制订《长期学习计划》。

2）各团队实施《长期学习目标》和《长期学习计划》，系统体验对本教材“附录一”附表1“能力领域”中“自主学习”（高级）各“技能点”“‘知识准备’参照范围”所列知识和“文献综述”撰写规范的自主学习。

3）各团队通过院资料室、校图书馆和互联网查阅和整理近年以“旅游目的地口号”为主题的国内外学术文献资料，系统体验对本教材“附录一”附表1“能力领域”中“自主学习”（高级）各“技能点”“‘知识准备’参照范围”所列知识和“文献综述”撰写规范的自觉应用过程。

4）各团队以整理后的以“旅游目的地口号”为主题的文献资料为基础，通过撰写《“旅游目的地口号”研究最新文献综述》，进一步体验对本教材“附录一”附表1“能力领域”中“自主学习”（高级）各“技能点”“‘知识准备’参照范围”所列知识和“文献综述”撰写规范的自觉应用过程。

5）总结以上各项体验，撰写作为“成果形式”的训练课业。

【成果形式】

1）训练课业：《“自主学习-范”训练报告》。

2）课业要求：

（1）内容包括：训练团队成员与分工；训练过程；训练总结（包括对各项操作的成功与不足的简要分析说明）；附件。

（2）将《团队长期学习目标》《团队长期学习计划》和《“旅游目的地口号”研究最新文献综述》作为《“自主学习-范”训练报告》的“附件”。

（3）《“旅游目的地口号”研究最新文献综述》应符合“文献综述”规范要求，做到事实清晰，论据充分，逻辑清晰，不少于3 000字。

（4）在校园网的本课程平台上展示班级优秀训练课业，并将其纳入本课程的教学资源库。

“自主学习-范”训练报告

一、团队成员与分工

1.团队构成：本小组设小组长1人，小组成员5人，共计6人。

2.任务分工：小组长王桀主要负责训练阶段及时间进度安排，定期小组讨论组织及主持，阶段性成果汇总，文献综述成果统合、整理及汇报；徐尤龙同学负责国内旅游目的地口号相关学术文献的收集、整理及汇报工作；陈永涛同学负责国外旅游目的地口号相关学术文献的收集、整理及汇报工作；张鹏杨同学负责分析国内外旅游目的地口号相关学术文献的分布（国内外分布、时间分布和期刊分布）及汇报工作；于荟鹏同学负责分析国内外旅游目的地口号相关文献的研究取向及汇报工作；吴江涛同学负责分析国内外旅游目的地口号相关文献的研究方法及汇报工作。

二、训练过程

1.时间及进度安排

本训练为期三周。第一周完成“训练要求”中第“1）”和“2）”项要求规定的任务；第二周完成“训练要求”中第“3）”和“4）”项要求规定的任务；第三周完成“训练要求”中第“5）”项要求规定的任务。

2.训练实施

（1）训练第一周

在教师指导下，由组长组织团队成员自主学习本教材“附录一”附表1“自主学习”（高级）各“技能点”“‘知识准备’参照范围”所列知识和“文献综述”相关规范知识，制定了《长期学习目标》和《长期学习计划》，完成了“训练要求”中第“1）”和“2）”项要求规定的任务。

（2）训练第二周

在教师指导下，小组成员实施《长期学习计划》，应用本教材“附录一”附表1“自主学习”（高级）各“技能点”“‘知识准备’参照范围”所列知识和“文献综述”相关规范知识，完成“训练要求”中第“3）”和“4）”项要求规定的任务。

首先，小组成员运用CNKI、Elsevier、万方、谷歌学术搜索等数据库，输入“旅游口号”进行篇名和关键词检索。其中，针对国外文献，以Science Direct、Sage、Taylor & Francis数据库为基础（英文刊物主要限于SSCI刊物，但考虑到Journal of China Tourism Research是一本专门致力于中国旅游研究的英文刊物，也将其纳入文献检索范围内），以“tourist destination”为“摘要、篇名和关键词”（Abstract，Title，

Key Words），搜集相关文献；针对国内文献，以中国知网（CNKI）数据库为基础，将“旅游目的地口号”拆分成“旅游目的地”和“口号”，并分别作为“关键词”、“篇名”和“主题”，搜索相关文献（中文刊物限CSSCI刊物）。

通过小组总结发现，国内外学者对旅游口号研究，其内容主要包括八个方面：旅游口号的概念和类型；旅游口号的功能和作用；旅游口号的设计误区和改进建议；旅游口号的语言特征和有效性；旅游口号的设计原则与设计方法；旅游口号的评价标准与评价方法；旅游口号的翻译、传播与应用；旅游口号的实证研究。国外研究旅游口号的代表性学者主要有：科勒（Keller，K.L.）、派克（Pike，S.）等；国内研究旅游口号的代表性学者主要有：李天元、吴必虎、李蕾蕾、曲颖、李山、马梅等。

然后，小组成员根据各自分工的旅游目的地口号研究内容进行文献梳理和综述撰写工作。由小组总结得出：旅游口号的研究尚未引起国内外学术界的重视，虽然研究文献有逐年增多的趋势，但并未形成研究热点。其中国外的研究重点为有效旅游口号的特征和旅游口号的评价；国内的研究重点为旅游口号的特征、设计和评价。与国内相比，国外旅游口号研究的文献数量少（迄今只有6篇）、内容涉及面窄（仅研究旅游口号评价及有效性）。对60篇论文统计研究发现，国内外旅游口号的研究视角以旅游目的地市场营销为主，包括旅游目的地形象宣传和品牌化定位等；研究方式以理论与实证结合研究为主，其中理论型文章18篇，实证型文章13篇，理论与实证结合型文章29篇；研究方法以定性描述为主，占总数的65.2%。国内外旅游口号的研究存在概念体系杂乱、研究视角单一、评价客观性不足等问题。表现为：类似旅游口号的表述五花八门，研究观点和结论琐碎不系统，停留在浅层次的归纳总结和描述性研究阶段，出现同一旅游口号有两种截然相反的评价结果的情况。

最后，小组成员修改完善相关研究内容的文献综述撰写工作。针对旅游目的地口号的研究取向、覆盖领域、研究方法等进行补充性、滚雪球式的文献搜索，并讨论各自负责方面的工作。组长就修改后的各部分综述进行统合，形成《“旅游目的地口号”研究最新文献综述》，于本周末组织小组讨论，组长就最终综述成果进行汇报，各组员就本次训练进行经验交流和问题总结。

（3）训练第三周

组长组织团队成员，总结对落实“训练要求”中第“1）”、“2）”、“3）”和“4）”各项要求的体验，撰写作为最终成果形式的《“自主学习–范”训练报告》。

三、训练总结

1.关于文献收集

小组成员能够在较短时间内掌握运用校内网络平台查找国内外学术文献的方法，在国内外学术期刊上成功搜集到旅游目的地口号相关学术文献。但是，由于国外文献（英文文献）缺少统一的数据库和平台，且由于语言的限制，小组成员在国外学术文献查找方面存在错查漏查、主题混淆的现象，需进一步加强针对国外学术文献的阅读能力和查找能力。

2.关于文献分类整理

小组成员能够按发表年份、期刊、研究内容、研究取向、研究方法等对海量文献进行分类整理，并从中总结相关研究的发展特征和趋势。但是，在学术期刊的等级、类别、质量的判断方面存在混淆问题，需进一步提升对国内外学术期刊背景信息的了解程度，能够辨识在旅游学术研究中具有较大影响力的国内外学术期刊。

3.关于文献综述撰写

小组成员能够在文献收集和整理的基础上，就自己所负责研究内容的相关研究成果进行综述撰写，并予以评述，但在对具体研究内容的归纳以及有代表性、影响力的学术成果的甄别方面存在不足，需进一步培养学术语言表达能力、归纳能力，培养对核心研究文献的甄别能力。

4.关于“自主学习”融入性训练

《“旅游目的地口号”研究最新文献综述》从资料搜集、讨论、撰写到交流和修订，都是在融入“自主学习”这一“通能”之“强化训练”的过程中进行的。与本课程先前同类训练不同的是，本次训练将其等级由前阶段的“初级”和“中级”提升到“高级”，旨在进一步提高团队成员的“自主学习”能力。

小组成员认识到：在“进入21世纪，不少学科知识更新周期已缩短至2~3年”的情况下，相当多在校学习的知识毕业后已经过时。只有在“授之以鱼”的同时“授之以渔”，即通过“学会学习”，导入关于“学习理论”、“学习方法”与“学习策略”的“自主学习”机制，才能赋予自身以应对“从学校到生涯”的“知识流变”之无限潜力（参见本书《总序》第一部分“社会背景”中的“4.应对‘知识流变性’”，第三部分的“推进‘整体课程观’指导下的中国高校课程及其教材建设”中的“5.课程组织取向”）。

附件范4-1

团队长期学习目标

➢掌握收集和运用信息的方法，能够熟练运用国内外的学术网络平台搜集旅游消费者行为跨文化比较的学术信息（学术论文）。

➢掌握学习的认知策略、元认知策略和资源管理策略，能够对国内外旅游消费者行为跨文化比较的文献进行有效的整理和分类。

➢掌握有效资源利用的策略以及项目论证和测评的方法，能够对旅游消费者行为跨文化比较这一学术领域的研究成果进行评述和综合，并清晰表达自己的学术观点。

➢掌握编写计划和检查调控计划执行的方法，对旅游消费者行为跨文化比较的自主学习进度、关键时间节点、各阶段任务有清晰的界定和严格的执行。

➢掌握团队合作的策略和方法，在组长的组织协调下，通过前期的分工及中后期的合作，通过团队的努力一起完成旅游消费者行为跨文化比较的自主学习任务。

附件范4-2

团队长期学习计划

➢学习时间：××年××月××日—××年××月××日，为期三周。

➢学习小组成员：徐尤龙同学、陈永涛同学、张鹏杨同学、于荟鹏同学、吴江涛同学、王桀同学（组长），共计6人。

学习阶段：共分三阶段，每阶段为期一周。第一阶段完成“训练要求”中第“1）”和“2）”项要求规定的任务；第二阶段完成“训练要求”中第“3）”和“4）”项要求规定的任务；第三阶段完成“训练要求”中第“5）”项要求规定的任务。

➤学习困难和变化预估：在学习过程中可能在如何对国外学术论文进行快速、有效的阅读，如何对国内外学术期刊的背景信息（刊物级别、论文质量）进行准确把握，如何对某一学术问题的研究成果进行清晰归纳，如何运用规范的学术语言对学术成果进行综述撰写等方面存在困难；在小组讨论会的时间确定上可能因小组成员的不同需要予以适时调整。

➤学习计划实施：

①三个阶段学习。第一周完成“训练要求”中第“1）”和“2）”项要求规定的任务；第二周完成应用“知识准备”所列知识，进行相关文献收集及分类整理和“文献综述”撰写和修改工作；第三周完成《“自主学习-范”训练报告》的撰写工作。

②四次小组讨论。第一次小组会：组长组织小组讨论，明确训练目标、计划及任务分工；第二次小组讨论：组长于第一周末组织小组讨论，各成员进行成果汇报，组长统合整理各成员成果；第三次小组讨论：组长于第二周末组织小组讨论，各成员就撰写内容进行汇报，由小组讨论后组长提出修改及完善意见；第四次小组讨论：组长在本周末组织小组成员讨论，汇报最终综述成果，各组员就本次训练进行经验交流和问题总结。

➤学习进度检查：通过每阶段末的小组会，适时检查各小组成员学习进度。通过第一阶段末的小组会，检查“训练要求”中第“1）”和“2）”项要求的落实情况；通过第二阶段末的小组会，检查“训练要求”中第“3）”和“4）”项要求的落实情况，即各成员“知识准备”所列知识的应用、文献搜集与整理和《文献综述》初稿撰写情况；通过第三阶段末的小组会，检查“训练要求”中第“5）”项要求的落实情况，即本次训练的问题交流和经验总结情况。

附件范4-3

“旅游目的地口号”研究最新文献综述

（项目组组长：　　　　　　项目组成员：　　　　　　　　）

一、国外研究进展

最早研究旅游口号的是约翰·瑞查德森和朱迪·科恩（John Richardson &Judy Cohen），二人于1993年发表的论文《美国各州的口号：缺乏独特卖点的实例》被称为旅游口号研究的“开山之作”。派克（Steven Pike，2004）认为，旅游口号是连接品牌识别和品牌形象的纽带；旅游口号是目的地旅游形象的显性表达，是用于向大众传递旅游目的地主题和形象的最有效工具之一，其在目的地宣传过程中起着关键的作用，更是目的地市场营销活动组织过程中所围绕的中心。戴维德·克莱那斯凯和瑞查德·吉特尔森（David B.Klenosky & Richard E.Gitelson）在1997年对美国260家旅行社的经理人员进行电话访谈的基础上，分析人们对美国各州旅游宣传口号的感知，并在《有效旅游口号的特征》一文中明确提出最有效的口号应具备以下4个特点：容易记忆、正确传达了该州的形象、吸引了理想的市场、巧妙有趣。维多克·密德尔敦（Victor Middleton）的“过滤器”理论认为：晦涩、艰深、拗口、平淡等不具有吸引力的旅游口号会因为“认知障碍”而很快被公众所遗忘。

约翰·瑞查德森和朱迪·科恩（John Richardson &Judy Cohen）在饶瑟尔·利夫

斯（Rosser Reeves，1961）提出的独特卖点（Unique Selling Proposition，USP）的概念的基础上，进一步提出了旅游口号独特卖点（USP）的4个衡量标准：必须有其价值命题；价值命题应限于2个以内；价值命题应该能够反映目标市场的利益；利益必须具有独特性。应用USP的评价标准和内容分析法，他们将美国46个州的旅游宣传口号划分为7个层次。李和蔡（Lee & Cai，2006）等则在此基础上进一步将旅游口号评价性划分为5种类别（buy US because we are good；common attribute-based；unique attribute-focused；exclusive appeal；average Joe）。沙派伦和奈岗斯维克（Supphellen & Nygaardsvik，2002）提出了一个用以检测国家旅游促销口号的"三阶段"模型：①测量由口号所引发的联想；②测量口号便于回想和识别的能力；③测量口号在商业传播环境下的作用效果。国外学者研究旅游口号的案例点为美国各州、澳大利亚、新西兰等地。

二、国内研究进展

毕剑（2014）文献梳理发现，目前国内有关旅游口号研究主要集中在旅游形象与旅游口号关系、旅游口号分类、旅游口号设计和旅游口号评价等方面。小组认为，国内旅游口号研究的内容主要包括以下8个方面：

1.旅游口号的类型研究

旅游口号的分类尚不成熟。李燕琴、吴必虎（2004）从创意的角度将旅游口号分为两大类——资源导向型旅游口号和游客导向型旅游口号。李山、王峥（2006）将旅游口号分为定位口号和营销口号，分别表述旅游形象中的理念形象和营销形象。苗雅杰、吕帅（2010）将区域旅游口号划分为资源型、综合型和理念型3种。肖敏、李山、徐秋静、刘晓（2011）根据文字长度差异将旅游口号划分为长型口号、短型口号和标型口号3种类型；根据旅游口号中是否包含目的地的地名信息，将其划分为地名涵盖型和地名脱离型两种类型；根据诉求倾向视角将旅游口号分为资源属性型、功能效用型和复合型3种类型。马秋芳、孙根年、张宏（2011），根据荣格原型理论把旅游宣传口号分成4类：写物型、写物+写原型、写广为人知的文化符号、写知觉概念模型。朱锦晟（2013）根据品牌体验层级理论，将旅游口号分为5种类型：感官口号、情感口号、成就口号、精神口号和心灵口号。毕剑（2014）将旅游口号体系区分为旅游形象口号和旅游宣传口号，认为两者都以旅游形象为统领。

2.旅游口号的效用研究

国内学者主要从功能和作用两个方面来研究旅游口号的效用。李蕾蕾（1998）认为，旅游口号是城市旅游形象设计的核心。曲颖（2008）认为，旅游口号是目的地品牌化战略实施中的关键元素，是建立品牌资产的重要手段。旅游口号展示了目的地独特的地理与文化特征，一句好的旅游口号能使旅游者对旅游目的地产生兴趣和向往，从而影响人们的旅游去向。

李燕琴、吴必虎（2004）认为，旅游口号是旅游目的地形象设计的重要组成部分，是旅游目的地理念核心的精辟表达，并从地方政府和旅游消费者两个方面归纳了旅游口号的作用。夏心愉（2008）从"非常新加坡"这一旅游口号及其蕴含的"两个融合"（传统与现代融合、多种族融合）出发，探讨了旅游符号机制对构建国家整体认同感的作用。李天元、曲颖（2010）认为，一个成功的目的地定位主题口号应能发挥对内外部的双向沟通作用：对内，进行内部品牌推广，促使所有内部利益相关者意愿一致、精诚合作；对外，帮助创建品牌资产，塑造消费者形成理想的品牌知识结构。综上，国内学者主要从旅游形象、旅游品牌、旅游宣传、旅游感知、整体认同感、内外部沟通等方面探讨了旅游口号的效用。

3.旅游口号的问题研究

旅游口号的问题主要体现为设计误区。李蕾蕾（1998）指出，我国普遍存在着以片面的社会征集代替科学的形象调查，将旅游形象的定位和口号混淆，对旅游口号的类型和传播效果认识不清等各种各样的误区和问题，并提出科学的旅游口号的形成，必须建立在形象调查基础之上，同时要区分旅游形象定位与旅游口号的区别，并要结合口号推广的时机和目标市场，使旅游口号具有较强的科学性与实效性。张立建、甘巧林（2006）通过对中国253个县级以上地区459个旅游口号进行统计分析，发现存在五大错误（语言夸张，名实不符；定位雷同，没有特色；面面俱到，重心难找；庸俗平淡，令人厌烦；语言晦涩，表达不清），并剖析了错误的根源（误解定位目的、混淆目标市场与客源市场、没有细分市场、没有把握定位载体与内容、误解定位原则）。曲颖、李天元（2008）对我国244个优秀旅游城市的口号进行了分类评价，剖析了存在的主要问题（口号没有价值命题或价值命题过多，价值命题没有很好地反映目标市场的利益，价值命题提供的利益不具有独特性），并提出了旅游地主题口号的评价标准。谢朝武、李玉红（2010）研究提出，我国优秀旅游城市应该在推动形象设计与口号设计的一体整合、控制口号数量与质量、发挥形象口号的管理作用、注重口号的优化设计、提升口号的想象空间等方面进行改进。马东跃（2012）分析了目前我国城市旅游宣传口号设计中存在的误区，表现为：功能认识不清、忽视征集路径科学性、未能体现城市精神和个性、缺乏语言美感、自恋情结严重、庸俗化和低俗化，并提出强调科学性、注重艺术性、凸显特色性、具有创新性等相关建议。余杰（2014）搜集和研究了我国各省级行政区的旅游广告词（旅游口号），指出我国旅游广告词存在违反商业道德、形象定位不准、繁杂难记、不谐音、不押韵、践踏成语、内容雷同、言过其实、无美感、无情感、无内涵、品牌意识弱等问题，并提出相应的对策建议。

4.旅游口号的特征研究

有效旅游口号的语言特征是较受关注的研究点。文珍、荣菲（2000）浅谈了现代英语旅游广告口号的功能特色与语言风格。赵煌庚（2001）认为形象口号必须新颖、准确、简洁、响亮。余足云（2006）通过分析旅游口号在语言、句式、辞格和语辞等4个方面的使用特点，提出旅游口号的要求是语言简洁通俗、句式变化多样、辞格艺术化使用和语辞典雅风趣。杨梅（2008）以模糊语言学理论为框架，分析了旅游广告语（旅游口号）的模糊性用词使用情况。谢朝武、李玉红（2010）研究了我国优秀旅游城市中高知名度旅游口号的设计特征，包括语词内容、句式特征、语言风格、诉求主题等方面。肖敏、李山、徐秋静、刘晓（2011）从文字长度、短语结构、地名信息和诉求倾向等4个角度对省区、城市和景区等3种目的地尺度的116个旅游口号展开统计分析。范雨涛（2011）通过对国内外旅游广告的收集、整理，从文风、句式结构、修辞手法等方面对世界各地的旅游广告语进行了研究和评价，阐释了成功的旅游对外宣传广告应具有的要素、原则和策略，分析了世界一些旅游目的地旅游广告失败的原因。余凤龙、阚耀平（2012）从旅游口号的语言特征和影响因素两个方面研究了江苏省优秀旅游城市形象口号的评价与设计：语言特征包括词语结构、句式特征、语言风格、诉求主题4个方面；影响因素包括旅游资源、客源市场、时机、受众心理感知和发展阶段5个方面。董皓（2013）从品牌推广与口号使用角度，按照语言学语音、词汇、语义、语法和修辞的分析方法，分析了85个省域和城市旅游推广口号的语言学特征。马如彪、郑小雪、娄思元（2013）搜集全国各省区已有旅游宣传口号并对其进行统计分析，找出全国各省区旅游宣传口号内容和形式总体上的规律：内容上的规律包括以差异化的市场需求为前提而设定的口号规律、旅游地特定的自然旅游资源特色和文化背景特色而设定的口号规律；形式上的规律包括旅游宣传口号的字符长度、音韵、句子数量结构、句式、句型、辞格等方面。

5.旅游口号的设计研究

旅游口号的设计主要包括设计原则和设计方法两个方面。设计原则方面：李蕾蕾（2003）提出旅游口号的确定要遵循4个基本原则，即“内容源自文脉，表达针对游客，语言紧扣时代，形式借鉴广告”。金颖若（2003）提出，旅游地形象口号设计要有独特性、社会性、吸引性、认同性、整体性、层次性、艺术性。张立生、王海燕（2010）认为，旅游形象宣传口号要名副其实，具有独特性、市场定位性、语言艺术性、知名元素、稳定性。刘乐、范斐（2010）提出旅游口号设计要有鲜明的特色、综合加优化、内部系统性、个别优势性、大众认同性。李天元、曲颖（2010）认为，旅游口号设计原则包括：使口号与目的地名称紧密联系在一起；口号要利于目的地品牌战略的长期执行；口号信息内容要构成对游客的“卖点”；口号信息内容要使目的地被有效区分。马东跃（2011）探讨了旅游口号有效性的7个原则，即包含价值命题的原则、信息量适度的原则、反映旅游者利益诉求的原则、独特性原则、情感性原则、创新性原则、艺术性原则。

设计方法方面：李蕾蕾（1998）认为，可用旅游形象定位五大方法来设计旅游口号，即领先定位、比附定位、空隙定位、逆向定位和重新定位。李燕琴、吴必虎（2004）运用旅游市场营销研究中的“过滤器”原理，分别研究了资源导向型和游客导向型两种创意模式。马梅（2004）立足于心理学原型与格式塔的结构法则，通过对知觉原型和手法原型的分析，提炼出最基本的4类旅游口号原型组合，并勾勒出了不同类型城市旅游口号的原型方法。张立生、王海燕（2010）认为，旅游口号设计要采取专家团队研究、市场征询和专家征询相结合的方法。朱锦晟（2013）总结了美国各州旅游口号确立的9种模式：自然资源推介型、理念推广型、历史故事型、媒体转化型、少数民族语言构成型、地理位置型、商业特色型、以家为名、事件营销型。

此外，李蕾蕾（2003）的研究发现，地方旅游口号的形成，基本上是采用公众征集的形式。

6.旅游口号的评价研究

刘荣、李武武、缪爱飞（2013）为构建一套完整的旅游营销口号评价指标体系，对旅游营销口号的相关研究进行了回顾和总结，并从旅游营销口号的评价标准和设计要求、旅游营销口号运用、旅游营销口号效果测评3个方面分别进行评述。李佰帆、谢合明（2014）以56个四川省4A级旅游景区官方网站为研究对象，并以品牌建设的关键要素——景区口号是否传达USP——为标准，将所有景区口号分为8个等级。范小华、牛永革（2014）基于独特销售主张理论，运用规范的内容分析法，对中国5A级旅游景区的旅游口号进行分类评价。

目前，旅游口号的评价方法主要有3种：一是李蕾蕾（1999）的“三度”评价法，即知名度、美誉度和认可度；二是曲颖、李天元（2008）的两轮检验法，即围绕“独特卖点”和“恰当的表述方式”两个尺度，进行一般标准检验和理想标准检验；三是宋薇、杨琳（2009）的七因子评价法，即采用因子分析法，以正面特色性、吸引性、层次性、真实性、新奇性、可感性、大众性7项评价因子来评价旅游口号质量优劣。

7.旅游口号的翻译、传播与应用研究

其他专业往往将旅游口号称为旅游广告语或旅游广告词，认为旅游广告语是旅游广告的灵魂。

旅游口号翻译方面：孙培（2006）以“诗画江南，山水浙江”为例，探讨了旅游口号的特征及其翻译，并认为旅游口号的核心特点之一是要具备广告词的形式，从而达到广告效果，而在翻译时则应遵循简短易记、节奏鲜明、合乎韵律的原则。王永泰（2007）以“桂林山水甲天下”的英译为例，归纳了旅游广告语的特性、目的和追求效果，主张外译时需体现艺术美，并提出“简练、押韵、节律规整”三手法。武萍（2010）从目的论角度分析了旅游广告语的翻译，强调翻译应以目的受众为中心，翻译时必须考虑文化因素。李姝瑾（2012）以功能目的论为基础，探讨了中国城市旅游口号的翻译。闫凤霞（2012）以旅游广告词语篇为例，借用语用学相关理论，提出了顺应—关联框架下的语境翻译观。

旅游口号传播方面：黄翔、唐楠、成曦（2007）认为，旅游产品的无形性、生产效用的不可储存性和整体不可转移性，使潜在的旅游消费者相对更多地依赖于旅游广告；语言文字是旅游信息资源的主要载体，旅游广告语（旅游口号）承担了直接而迅速地诱发旅游者作出瞬时性的旅游决定的责任，是有效帮助潜在旅游者实施旅游行为的标识；客观科学地对旅游广告语的传播效果进行评价是有效投放旅游广告的基础。司艳宇（2009）探讨了高峰体验在旅游目的地促销口号中的作用。

旅游口号应用方面：马秋芳、孙根年、张宏（2011）基于政府旅游网站对中国各省域旅游地品牌符号表征进行比较研究，探讨了各旅游口号与其他品牌符号（图片、视频）的匹配性，并通过政府官方网站和商业网站旅游地口号的对比研究，分析了旅游地宣传口号的流行趋势，即旅游口号愈来愈趋向于抽象“生活方式”的诉求，在商业旅游网站中意识形态的竞争日渐让位于意象形态的主导。牛永革、曾文君（2013）以旅游口号为分析内容评估了我国5A级旅游网站品牌化现状，把我国5A级旅游网站划归为高品牌化、中品牌化和低品牌化3种类别，发现了目的地官方网站的品牌化有助于建立积极正向的目的地形象。

8.旅游口号的实证研究

国内学者研究旅游口号的案例地点包括：新加坡、美国各州等国外旅游目的地；山东、江苏、河南、浙江、重庆等省级旅游目的地；湘潭、焦作、合肥、淄博、洛阳、乌鲁木齐等城市旅游目的地；金秀滴水河景区等景区型旅游目的地。此外，有国内学者分别对我国各省、优秀旅游城市、5A级景区、四川省4A级景区的旅游口号做了系统比较研究（见表范4-1）。

表范4-1 **我国学者区域旅游口号比较研究一览表**

作者（时间）	研究对象及口号数量	研究重点
曲颖、李天元（2008）	我国244个优秀旅游城市的定位主题口号	旅游口号评价
谢朝武、李玉红（2010）	我国第一批54个优秀旅游城市	旅游口号设计研究，包括口号的语词内容、句式特征、语言风格、诉求主题等
苗雅杰、吕帅（2010）	我国31个省级旅游口号	旅游口号的分类对比分析
马秋芳、孙根年、张宏（2011）	中国21个含有旅游口号的省域旅游地官方网站	基于政府旅游网站的旅游地品牌符号（旅游口号、视频、图片）表征比较研究
肖敏、李山、徐秋静、刘晓（2011）	34个省、区、市，39个重点旅游城市和66个国家首批5A级景区等3种目的地尺度的116个旅游口号	旅游口号创意模式的尺度差异研究，包括文字长度、短语结构、地名信息和诉求倾向等4个角度
马如彪、郑小雪、娄思元（2013）	全国34个省、区、市的163个省级旅游口号	总结旅游口号内容和形式总体上的规律
董皓（2013）	全国34个省、区、市和54个国家首批优秀旅游城市共85个旅游口号	按照语言学语音、词汇、语义、语法和修辞的分析方法，分析了旅游口号的语言学特征
朱锦晟（2013）	美国50个州共148个旅游口号	旅游口号的类型、特点、定位模式以及口号对旅游目的地形象构建的作用和整体宣传推广模式
范小华、牛永革（2014）	143个中国5A级旅游景区的官方网站，104个旅游口号	旅游口号分类评价
李佰帆、谢合明（2014）	56个四川省4A级旅游景区官方网站的旅游口号	景区口号与其他要素（景区名称、徽标、图片、文本等）的一致性研究

杨彩凤、海米提·依米提、杨丽等（2007）提出乌鲁木齐市针对国际、国内、省内、市内不同区域客源市场的旅游宣传口号；白海霞（2008）设计出焦作市的旅游主题口号，并从语言与美学、心理、广告、营销等角度对其进行解析；席宇斌（2009）以RMP分析作为理论指导，探讨了金秀滴水河景区旅游口号的设计；毕剑（2010）在形象驱动理论指导下，设计了河南省的旅游主题口号；王艳、张建新、刘培学（2010）遵循“独特性、市场导向性、系统性”三大原则，以旅游形象定位为基础，以润色语言为关键，对江苏省的旅游口号设计进行了探究；张群、彭栋梁（2011）从旅游形象定位出发，探讨了湘潭市旅游口号的设计；白洁（2011）在地方性分析和市

场感知形象调研的基础上，探讨了淄博市的旅游口号设计；董长云（2011）运用CIS战略探讨了扬州“烟花三月”文化旅游品牌塑造；马明、陈方英（2011）从独特性、市场性、注意力、吸引力、记忆力和整体性6个方面对“好客山东”旅游口号作了问卷调查，并与山东以往的旅游口号做了比较调查研究。

三、研究评述

综观国内外学者对旅游口号进行的研究，其内容主要包括8个方面：旅游口号的概念和类型；旅游口号的功能和作用；旅游口号的设计误区和改进建议；旅游口号的语言特征和有效性；旅游口号的设计原则与设计方法；旅游口号的评价标准与评价方法；旅游口号的翻译、传播与应用；旅游口号的实证研究。国外研究旅游口号的代表性学者主要有：科勒（Keller，K.L.）、派克（Pike，S.）等；国内研究旅游口号的代表性学者主要有：李天元、吴必虎、李蕾蕾、曲颖、李山、马梅等。旅游口号的研究尚未引起国内外学术界的重视，虽然研究文献有逐年增多的趋势，但并未形成研究热点。其中国外的研究重点为有效旅游口号的特征和旅游口号的评价，国内的研究重点为旅游口号的特征、设计和评价。与国内相比，国外旅游口号研究的文献数量少（迄今只有6篇）、内容涉及面窄（仅研究旅游口号评价及有效性）。对60篇论文进行的统计研究发现，国内外旅游口号的研究视角以旅游目的地市场营销为主，包括旅游目的地形象宣传和品牌化定位等；研究方式以理论与实证结合研究为主，其中理论型文章18篇，实证型文章13篇，理论与实证结合型文章29篇；研究方法以定性描述为主，占总数的65.2%。国内外旅游口号的研究存在概念体系杂乱、研究视角单一、评价客观性不足等问题。表现为：类似旅游口号的表述五花八门，研究观点和结论琐碎不系统，停留在浅层次的归纳总结和描述性研究阶段，出现同一旅游口号有两种截然相反的评价结果的情况。例如，曲颖、李天元在《基于旅游目的地品牌管理过程的定位主题口号评价——以我国优秀旅游城市为例》一文中，将承德市的旅游口号“游承德，皇帝的选择”评为6个理想口号之一，而张永军在《漫说24城市标语》中认为这是“一根筋的标语”。综述发现，已有少数学者从旅游目的地品牌的角度研究旅游口号（如曲颖），但是对旅游口号资产价值的研究尚属空白。

参考文献

［1］RICHARDSON J，COHEN J.State slogans：the case of the missing USP［J］. Journal of Travel & Tourism Marketing，1993（2）：91-109.

［2］PIKE S.Destination brand positioning slogans towards the development of a set of accountability criteria［J］. Acta Turistica，2004（2）：102-124.

［3］LEE G，CAI L A，O'LEARY J.WWW.Branding.States.US：analysis of brand-building elements in the US state tourism websites［J］. Tourism Management，2006（5）：825－828.

［4］HAWES D K，TAYLOR D T，HAMPE G D.Destination marketing by states［J］. Journal of Travel Research，1991（1）：11－17.

［5］KLENOSKY D B，GITELSON R E.Characteristics of effective tourism promotion slogans［J］. Annals of Tourism Research，1997（1）：235-237.

［6］密德尔敦. 旅游营销学［M］. 向萍，等译. 北京：中国旅游出版社，2001.

[7] SUPPHELLEN M, NYGAARDSVIK I.Testing country brand slogans: conceptual development and empirical illustration of a simple normative model [J]. Journal of Brand Management, 2002 (4): 385-395.

[8] 毕剑. 我国旅游口号研究进展与展望 [J]. 资源开发与市场, 2014 (4): 498-502.

[9] 李燕琴, 吴必虎. 旅游形象口号的作用机理与创意模式初探 [J]. 旅游学刊, 2004 (1): 82-86.

[10] 李山, 王峥. 旅游地品牌化中的旅游形象与旅游口号 [J]. 人文地理, 2006 (2): 5-11.

[11] 苗雅杰, 吕帅. 区域旅游形象口号类型及其影响因素分析 [J]. 旅游论坛, 2010 (3): 314-318.

[12] 肖敏, 李山, 徐秋静, 等. 旅游口号创意模式的尺度差异研究 [J]. 旅游学刊, 2011 (3): 50-55.

[13] 马秋芳, 孙根年, 张宏. 基于Web的省域旅游地品牌符号表征比较研究 [J]. 旅游学刊, 2011 (3): 43-49.

[14] 朱锦晟. 美国各州旅游形象口号及推广实证研究 [C] //中国旅游研究院. 中国旅游科学年会论文集. 北京: 中国旅游研究院, 2013: 409-422.

[15] 毕剑. 旅游口号体系: 概念辨析与关系模型 [J]. 资源开发与市场, 2014 (11): 1397-1400.

[16] 李蕾蕾. 城市旅游形象设计探讨 [J]. 旅游学刊, 1998 (1): 47-49.

[17] 曲颖. 基于旅游目的地品牌化的定位主题口号评价——以我国优秀旅游城市为例 [D]. 天津: 南开大学, 2008.

[18] 夏心愉. "非常新加坡"——从新加坡旅游符号机制看国家整体认同的建构 [D]. 上海: 复旦大学, 2008.

[19] 李天元, 曲颖. 旅游目的地定位主题口号设计若干基本问题的探讨——基于品牌要素视角的分析 [J]. 人文地理, 2010 (3): 114-119.

[20] 李蕾蕾. 旅游目的地形象口号的公众征集: 误区与思考 [J]. 桂林旅游高等专科学校学报, 2003 (4): 43-47.

[21] 张立建, 甘巧林. 旅游形象定位词面面观及错误根源剖析 [J]. 旅游学刊, 2006 (6): 48-51.

[22] 曲颖, 李天元. 基于旅游目的地品牌管理过程的定位主题口号评价——以我国优秀旅游城市为例 [J]. 旅游学刊, 2008 (1): 30-35.

[23] 谢朝武, 李玉红. 基于网络知名度分析的我国优秀旅游城市的形象口号设计研究 [J]. 人文地理, 2010 (3): 134-138.

[24] 马东跃. 我国城市旅游宣传口号设计误区的思考 [J]. 中国商贸, 2010 (30): 154-155.

[25] 余杰. 我国旅游广告词现存问题及对策研究 [J]. 企业导报, 2014 (13): 77-78.

[26] 文珍, 荣菲. 谈现代英语旅游广告口号的功能特色与语言风格 [J]. 北京

第二外国语学院学报，2000（3）：70-77.

[27] 赵煌庚. 城市旅游形象定位探讨 [J]. 云梦学刊，2001（6）：28-30.

[28] 余足云. 旅游口号语言应用分析 [J]. 湖州职业技术学院学报，2006（3）：62-64.

[29] 杨梅. 旅游广告语用词的模糊性分析 [J]. 池州学院学报，2008（4）：73-75.

[30] 范雨涛. 英语旅游广告语的风格特点探究 [J]. 成都大学学报（社会科学版），2011（2）：125-126.

[31] 余凤龙，阚耀平. 江苏省优秀旅游城市形象口号的评价与设计分析 [J]. 南通大学学报（社会科学版），2012（5）：16-21.

[32] 董皓. 旅游目的地品牌推广口号的语言学构成分析——以省域及重点旅游城市为例 [J]. 人文地理，2013（2）：148-153.

[33] 马如彪，郑小雪，娄思元. 各省旅游宣传口号的初步研究 [J]. 楚雄师范学院学报，2013（12）：34-41.

[34] 金颖若. 旅游地形象定位及形象口号设计的要求 [J]. 北京第二外国语学院学报，2003（1）：45-47.

[35] 张立生，王海燕. 河南旅游形象宣传口号设计研究 [J]. 洛阳理工学院学报（社会科学版），2010（1）：69-72.

[36] 刘乐，范斐. 安阳旅游形象设计问题分析 [J]. 经济研究导刊，2010（23）：127-129.

[37] 马东跃. 旅游宣传口号的有效性分析 [J]. 社会科学家，2011（4）：67-70.

[38] 马梅. 格式塔——旅游地形象宣传口号的原型分析 [J]. 城市规划汇刊，2004（3）：67-73.

[39] 马梅. 意向的认同——城市旅游形象口号的原型分析 [G] //夏林根. 国际化进程中的中国旅游业（首届上海旅游论坛论文集复旦旅游学集刊）.上海：三联书店上海分店，2006：163-172.

[40] 刘荣，李武武，缪爱飞. 旅游营销口号评价指标的相关研究综述 [J]. 市场周刊，2013（1）：19-21.

[41] 李佰帆，谢合明. 旅游目的地品牌建设中景区口号及其与其他要素的一致性研究——基于四川省4A级旅游景区官方网站的内容分析 [J]. 西部经济管理论坛，2014（1）：39-44.

[42] 范小华，牛永革. 基于独特销售主张理论的旅游口号评价——以中国5A级旅游景区为例 [J]. 西华大学学报（哲学社会科学版），2014（3）：71-75.

[43] 李蕾蕾. 旅游地形象策划：理论与实务 [M]. 广州：广东旅游出版社，1999.

[44] 宋薇，杨琳. 旅游地形象定位口号的受众评价研究 [J]. 旅游经济，2009（3）：73-74.

[45] 孙培. 旅游形象口号的特征及其翻译——以“诗画江南，山水浙江”为例 [J]. 浙江旅游职业学院学报，2006（3）：53-56.

[46] 王永泰. 旅游广告语及俗语外译的艺术美——从“桂林山水甲天下”英译文谈起 [J]. 上海翻译，2007（1）：35-37.

[47] 武萍. 从目的论角度分析旅游广告语翻译 [D]. 青岛：中国海洋大学，2010.

[48] 李姝瑾. 从功能目的论看中国城市旅游口号的翻译 [J]. 校园英语，2012（4）：190-191.

[49] 闫凤霞. 旅游广告词及语篇语境翻译的语用学阐释：关联-顺应视角 [J]. 云南农业大学学报，2012（1）：110-113.

[50] 黄翔，唐楠，成曦. 基于传播视角的旅游广告语效果研究 [J]. 湖北民族学院学报（哲学社会科学版），2007（6）：106-109.

[51] 司艳宇. 高峰体验在旅游目的地促销口号中的作用 [J]. 郑州航空工业管理学院学报，2009（4）：64-67.

[52] 牛永革，曾文君. 旅游网站品牌化现状研究：以中国5A级景区为例 [J]. 旅游学刊，2013（11）：84-92.

[53] 杨彩凤，海米提·依米提，杨丽，等. 乌鲁木齐市旅游形象定位及推广研究 [J]. 干旱区资源与环境，2007（5）：155-160.

[54] 白海霞. 焦作旅游主题口号的设计分析 [J]. 郑州航空工业管理学院学报（社会科学版），2008（3）：199-201.

[55] 席宇斌. 基于RMP分析的民族县域景区旅游口号设计——以金秀滴水河景区为例 [J]. 武汉职业技术学院学报，2009（5）：81-82.

[56] 毕剑. 河南旅游主题口号的设计分析 [J]. 资源开发与市场，2010（9）：859-861.

[57] 王艳，张建新，刘培学. 江苏省旅游形象口号设计探析 [J]. 山东师范大学学报（自然科学版），2010（2）：105-108.

[58] 张群，彭栋梁. 城市旅游形象的定位及口号设计实证研究——以湘潭市为例 [J]. 旅游论坛，2011（3）：80-85.

[59] 白洁. 基于形象调研的旅游地形象定位与口号设计——以淄博市为例 [J]. 临沂大学学报，2011（6）：90-93.

[60] 董长云. 基于CIS战略的扬州“烟花三月”文化旅游品牌塑造 [J]. 西南农业大学学报（社会科学版），2011（10）：1-3.

[61] 马明，陈方英. 基于旅游者感知的目的地旅游形象口号评价研究——以山东省为例 [J]. 旅游世界，2011（6）：21-25.

[62] 徐尤龙，唐夕汐，刘莎. 国内外旅游口号研究综述 [J]. 云南地理环境研究，2014（3）：40-45.

范例-5

▲ 拓展创新

拓展创新-范

【训练目的】

参加“拓展创新-范”训练。通过学习和应用其“知识准备”所列知识，系列技能操作的实施，《丽江古城民族旅游商品开发研究》论文的准备、讨论、撰写、交流与修订，《“拓展创新-范”训练报告》的撰写等活动，体验“丽江古城民族旅游商品开发”中的“创新学习”（高级）及其迁移。

【教学方法】

采用“学导式教学法”、“项目教学法”和“创新教学法”。

【知识准备】

学生通过院资料室、校图书馆和互联网等途径，自主学习如下知识：

1）关于“丽江古城民族旅游商品开发”的相关知识。

2）列入本教材“附录一”附表1“能力领域”中“与人交流”、“与人合作”和“革新创新”能力“高级”各“技能点”“‘知识准备’参照范围”的知识。

3）本教材“附录三”附表3“能力领域”中“与人交流”、“与人合作”和“革新创新”能力“高级”各“技能点”的“基本要求”和“参照规范与标准”。

【训练任务】

1）自主学习“知识准备”所列知识。

2）查阅关于“丽江古城民族旅游商品开发”的各种观点信息。

3）应用“知识准备”所列知识，依照相关要求和“参照规范与标准”，进行“知识创新”强化训练。

4）撰写、讨论和交流训练课业。

【训练要求】

1）体验对“知识准备”所列知识的自主学习过程。

2）体验对“知识准备”所列知识的应用，以及相关“基本要求”和“参照规范与标准”的遵循。

3）体验将关于“丽江古城民族旅游商品开发”的各种观点信息中的诸多拓展性观念要素整合为一个内在一致、功能统一的新整体，形成一个带有原创性成分的《丽江古城民族旅游商品开发研究》的“知识创新”（高级）过程。

【训练时间】

课堂教学内容结束后的课余时间，为期三周。

【训练步骤】

1）将班级同学组成若干“知识创新”项目团队，每队确定一人负责。

2）各团队根据训练项目需要进行角色分工。

3）各团队自主学习“知识准备”所列知识。

4）各团队应用“知识准备”所列知识，并遵循相关“基本要求”和“参照规范与标准”，系统体验关于本项目的如下技能操作：

（1）通过队内分工与合作，搜集和处理本训练项目中存有争议的关于“丽江古城民族旅游商品开发”的各种观点信息，分析研究、讨论与交流其各自所长与不足。

（2）将关于“丽江古城民族旅游商品开发”的各种观点信息中诸多拓展性观念要素整合为一个内在一致、功能统一的新整体，撰写带有原创性成分的《丽江古城民族旅游商品开发研究》论文。

（3）以相互质疑和答疑的方式，在班级讨论、交流、相互点评其《丽江古城民族旅游商品开发研究》论文。

(4) 根据班级讨论、交流结果，各团队修订和完善其《丽江古城民族旅游商品开发研究》论文。

5）各团队总结本次“‘创新理论与方法’知识应用”训练中的各项技能操作体验，形成作为最终成果形式的训练课业。

6）在校园网的本课程平台上展出经过修订和任课教师点评的优秀训练课业，供相互借鉴。

【成果形式】

1）训练课业：撰写《“拓展创新-范”训练报告》。

2）课业要求：

(1) 内容包括：训练团队成员与分工；训练过程；训练总结（对三项“训练要求”操作体验中成功与不足的分析说明）；附件。

(2) 将《丽江古城民族旅游商品开发研究》论文作为《“拓展创新-范”训练报告》的“附件”。

(3)《丽江古城民族旅游商品开发研究》应符合科学论文写作规范要求，做到创新方法运用正确，观点独到新颖，论据确凿合理，文字简洁准确。

(4) 在校园网的本课程平台上展示经过教师点评的班级优秀《“拓展创新-范”训练报告》，并将其纳入本课程的教学资源库。

“拓展创新-范”训练报告

一、团队成员与分工

1.团队构成

根据工作任务情况，本研究小组设小组长1人，小组成员3人，共计4人。

2.任务分工

小组长康嫄洁同学主要负责训练阶段及时间进度安排、调查问卷的设计、定期的小组讨论组织及主持，阶段性成果汇总，训练报告成果的统合、整理及汇报；张永辉同学负责有关丽江古城民族旅游商品的收集与整理工作；刘莎同学负责丽江古城民族旅游商品开发的理论梳理工作；唐夕汐同学负责问卷数据的统计分析工作。所有4位小组成员均参与问卷的发放、回收与录入工作。

二、训练过程

1.时间及进度安排

本次训练为期三周。

第一周：在教师指导下，由组长组织小组成员自主学习如下知识或规范。

关于民族旅游商品开发的相关知识；列入本教材“附录一”附表1“能力领域”中“与人交流”、“与人合作”和“革新创新”能力（高级）各“技能点”“‘知识准备’参照范围”的知识；本教材“附录三”附表3“能力领域”中“与人交流”、“与人合作”和“革新创新”能力“高级”各“技能点”的“基本要求”和“参照规范与标准”。

第二周：在教师指导下，组长组织小组成员，自觉应用上述所学知识，查阅关于“丽江古城民族旅游商品开发”的各种观点信息，将其中诸多拓展性观念要素整合为一个内在一致、功能统一的新整体，体验形成一个带有原创性成分的《丽江古城民族旅游商品开发研究》的“知识创新”（高级）过程。

第三周：组长组织小组成员，小组总结本次训练，形成《“拓展创新-范”训练报告》。

2.训练实施

在学习和应用“知识准备”所列知识和规范，完成前期论文信息汇总、文献资料收集整理及相关理论知识准备的情况下，研究小组对“丽江古城民族旅游商品开发研究”的相关问题进行了讨论、交流与汇总，情况如下：

小组长康姗洁同学主要负责训练阶段及时间进度安排、调查问卷的设计、定期的小组讨论组织及主持，阶段性成果汇总，训练报告成果的统合、整理及汇报；张永辉同学负责有关丽江古城民族旅游商品的收集与整理工作；刘莎同学负责丽江古城民族旅游商品开发的理论梳理工作；唐夕汐同学负责问卷数据的统计分析工作。所有4位小组成员均参与问卷的发放、回收与录入工作。

（1）有关民族旅游商品开发的收集与整理工作

为了深入了解民族旅游商品开发的信息，小组成员张永辉同学通过阅览大量网络论坛文本，掌握了大量一手数据，通过文本分析，总结出其中的核心关键词。

（2）民族旅游商品开发的理论梳理工作

为掌握民族旅游商品开发的理论进展，小组成员刘莎对国内外有关的文献进行了检索和梳理工作，并选择了核心的参考文献，以指导研究工作的具体开展。

（3）问卷设计、发放与数理统计工作

在上述两方面工作的基础上，小组组长组织成员进行讨论，最终选定了问卷调查需要的量表以及整个问卷的设计。通过预调查，最终确定了调查问卷的格式、测量项目等。通过讨论，确定问卷发放渠道为：在丽江古城的销售商铺发放。问卷回收回来后，由小组成员一起合作，将之录入SPSS统计软件，供后续统计分析之用。

三、训练总结

1.关于专业能力训练

（1）通过“丽江古城民族旅游商品开发研究”拓展创新的训练过程，包括小组成员的交流、协作，资料梳理、解读和汇总，以及汇报材料的准备与汇报等，各小组成员加深了对丽江古城民族旅游商品开发等的理解；掌握了有关民族旅游商品开发的拓展创新的理论与方法。

（2）通过“丽江古城民族旅游商品开发研究”拓展创新提纲与“‘丽江古城民族旅游商品开发研究’拓展探索”短文的拟定与撰写，系统认识了民族旅游商品开发存在的问题，体验了民族旅游商品开发对策的相关操作，并在更高阶段体验了将“丽江古城民族旅游商品开发”的各种观点信息诸多拓展性观念要素整合为一个内在一致、功能统一的新整体，形成一个带有原创性成分的“丽江古城民族旅游商品开发研究”的“知识创新”过程。

2.关于“职业核心能力”训练

通过在准备、讨论和撰写《丽江古城民族旅游商品开发研究》学术论文过程中融入对“知识准备”所列知识学习和运用的强化训练，以及对“附录三”附表3“解决问题”能力“高级”各“技能点”“基本要求”和“参照规范与标准”的遵循，不仅使“拓展创新”学术论文所要求的“拓展创新”由“自发”转变为“自觉”，而且进一步提高了团队成员“与人交流”、“与人合作”和“革新创新”能力。这些“通能”的培养对于我们今后就业和创业，乃至在整个生涯中应对“职业流动性”都是至关重要的。

附件范5-1

丽江古城民族旅游商品开发研究

一、问题的提出

旅游购物在旅游总消费中所占的比重大小一直被旅游界视为衡量旅游消费水平层次高低的重要尺度，而旅游商品是发展旅游购物的基础，旅游商品的开发创新是旅游购物可持续发展的关键。在旅游产业中，旅游购物属于非基本需求，需求弹性系数最大，具有相当的可塑性和拓展空间。2012年世界各地赴美旅游人均购物消费4 000美元。旅游购物在欧美国家占旅游业收入的50%～60%，在亚洲发达国家占40%以上，而在我国目前仅占到28%，在少数民族地区该指标还远低于这个数字。丽江从20世纪80年代开始发展旅游业，到1995年进入高速发展期。旅游业的年均增速超过16%，已毋庸置疑地成为丽江的支柱产业。随着丽江旅游业的蓬勃发展，旅游收入在地方经济的发展中起的作用也越来越明显。然而，目前丽江旅游商品消费比重偏低，丽江旅游商品收入与旅游经济增长不协调的现象明显，旅游商品市场存在不少问题，旅游商品营销成为旅游业发展的短板，严重制约着丽江旅游业的可持续发展。因此，分析和解决丽江旅游商品市场存在的问题，对于增加丽江旅游商品的销售收入，提升丽江旅游竞争力，为丽江创造更多的就业机会和经济收入，使旅游商品消费成为丽江新的经济增长点，促进丽江旅游业的可持续发展具有积极意义。

二、研究过程与方法

1.问卷设计

问卷分为4个部分：销售旅游商品的类型、商铺租金及主要商品价格、个人基本信息、经营中主要面临的困难。

2.调查对象与样本概况

问卷调查的对象为丽江古城各类商铺经营者。累计发放问卷282份（有效问卷有256份）。

3.创新方法

综合运用各种创新方法知识，解决丽江旅游商品开发中存在的问题。

三、调查结果

1.丽江古城旅游商品开发现状

通过对丽江古城旅游商品销售种类、销售商铺进行调查发现，丽江古城旅游商品市场上的商品种类很多，可以概括为5类，其中旅游纪念品、旅游工艺品比较多。如以东巴文化为主要内容的东巴纸产品、东巴绘画、木雕、木刻、蜡染、铃铛（铜铃和木铃）、小装饰品、纳西彩色土布、银制品、首饰等；旅游用品也较常见，如具有纳西特色、异域风情浓郁的服饰；还有蜜饯、牦牛肉等旅游食品。

丽江古城商铺的租金较高，每平方米商铺月租金平均已达400元，每平方米黄金旺铺的月租金高达900元。绝大多数商家均经营两种以上商品类型，也有不少店铺是由两三户出售不同品类的商家共同经营，以分担高房租的压力，所以专卖一个品类的商铺非常少。调查结果如图范5-1所示。

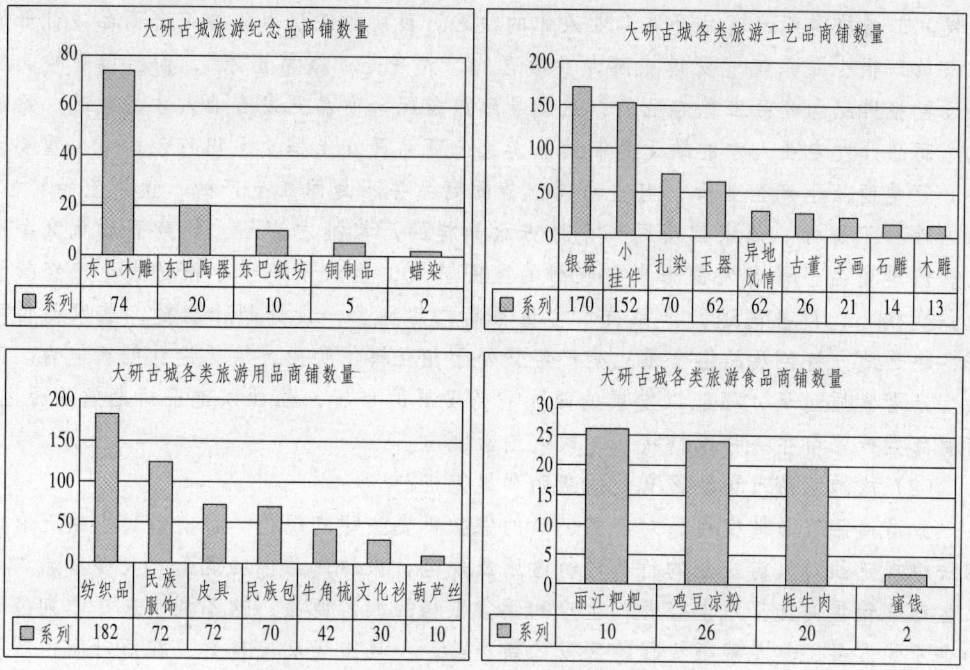

图范5-1　给大研古城各类旅游商品商铺数量

从图范5-1中的数据可看出，古城内旅游工艺品和旅游用品商铺数量最多，其中最多的是旅游用品中的纺织品商铺。主要商品有披肩、围巾、桌布、茶几布、床单、头巾、裙子等。这说明家庭主妇是购买旅游用品的主要人群，实用性是购买商品的主要动机。其次是民族服饰。除了纳西族服饰，还有印度、尼泊尔等其他民族的，以及融合了多个民族的个性服饰。在旅游工艺品中商铺经营最多的为银器，且多数为新华银器，店主多为白族人，只有少部分是纳西族。其次是小挂件。包括东巴姓名链、手机链、项链、手链、挎包上的装饰小件等，品种各异，花样繁多。而富有纳西特色、地方工艺特色、真正蕴含纳西文化的旅游纪念品，如东巴木雕、东巴陶器、东巴纸坊的商铺数量最少，价格相对稍贵。说明对东巴旅游商品开发的力度和深度都不够，还说明我国游客对文化型旅游产品的选购数量远不及实用型旅游产品高。

2.旅游商品存在的问题

（1）旅游商品缺乏特色和创新，品种单一、同质化竞争严重

丽江古城内众多商家经营的商品大同小异，“千店一面”，大多数商店都是卖同样的披肩、东巴铃、东巴T恤，写有东巴文的各式各样的包等，顾客选择余地不大，有当地特色的旅游纪念品很少。目前市场上有纳西特色的旅游纪念品主要有东巴纸产品、东巴木雕、东巴陶器；旅游用品有东巴文化衫；旅游工艺品有铜制品。但在市场上所占份额很少，占8.8%。在昆明、大理、楚雄等云南的各旅游景点销售的产品雷同现象严重，顾客在昆明、大理等地购买旅游商品后不会在丽江再次购买同样的商品。不仅在丽江本地同质化竞争严重，在云南旅游景点旅游商品均出现同质化竞争的趋势。其原因主要有：一是旅游纪念商品开发资金的缺乏。旅游纪念商品的生产经营

需要较大的先期投入。丽江许多旅游纪念商品生产企业规模小，严重缺乏批量生产的启动资金，一些困难企业甚至连制作模具的费用都拿不出来，这就制约了旅游商品的开发。二是旅游纪念商品开发专业人才的缺乏。目前丽江从事旅游纪念商品设计开发的人员，很少是系统地受过旅游专业教育的，大多是"半路出家"，而旅游院校又鲜有设置旅游纪念商品工艺专业的，这就导致旅游纪念商品开发专业人才的缺乏。旅游纪念商品开发专业人才的缺乏是制约旅游纪念商品开发上档次、出特色的一个重要因素。三是商品生产企业少，有些商铺出售的商品并不是丽江生产的，谈不上独特性、地方性和纪念性。商家都去同一个地方跟同样的厂家批发商品，导致同质化竞争严重。旅游商品经营者大都为来自农村的民间艺人，生产多处于小作坊式生产经营状态，规模小，设备简陋，产品技术含量不高，品种少，设计制作粗糙，艺术品位不高，缺乏地方特色及民俗含量。生产经营处于相互模仿阶段，缺乏设计创新能力。商品生产者素质过低，不能以发展的眼光看待发展的市场，往往以追求短期效益为主，使商品生产停留在一种维持状态，缺乏创新观念。

(2) 旅游商品市场缺乏有效的激励和规范机制

旅游商品容易被模仿，对产品创新的保护需要法律来规范。目前市场上缺乏有效的法律规范和对旅游企业的行为进行激励或规范，旅游商品市场混乱。大多数旅游产品生产和销售商选择短期经营，生产和销售低档的旅游商品，这不利于选择长期经营的企业的发展，其花费很大代价研发的新产品，一旦市场反应良好，在短时间内就被其他企业仿冒。在不规范的市场上，经过一段时间后，高质量创新旅游商品研发将陷入困境。目前，丽江旅游商品销售的一窝蜂现象比较严重。电视剧《一米阳光》热播后，一夜之间，阿夏驼铃遍地开花；民族音乐光碟畅销，其他店铺也开始经营"淘碟"；东巴文化衫热卖，其他店铺也开始加卖东巴文化衫。一家店经营的产品畅销后，其他商铺也纷纷效仿，卖该类产品，导致市场上产品同质化竞争严重，一家商铺卖多种商品，由此引发压价竞争，导致古城里的旅游商品店几乎都亏本，不仅造成商品的贬值，而且也失去了旅游商品纪念的意义。

(3) 旅游商品价格差异大

丽江旅游商品市场上的旅游商品基本没有明码标价，质价不符现象突出。同样的商品在不同的地点或不同的人购买，价格相差几倍到几十倍之多，降低了游客对商品价格的信任度，影响游客购买量。更严重的是还存在假冒伪劣商品，假银、假玉、假牦牛皮、假东巴纸普遍存在，不仅导致商家信誉的缺失，还严重影响整个丽江的旅游形象，使游客在购物时更加小心翼翼，更多顾虑，担心买到假货而直接不消费，也影响旅游购物花费比重在旅游消费中的提升。出现上述问题的主要原因是丽江旅游存在明显的淡旺季，"五一""十一"和寒暑假是旺季，其他季节游客稀少。商品经营者普遍抱有卖一季吃一年的心理，导致旅游购物市场宰客现象严重，价格不一，有时相差甚远，同样一件商品淡季卖几十块旺季喊价几百块。

(4) 旅游商品品牌意识薄弱

丽江旅游商品的销售者多是个体经营者，价格取向使他们选择短期行为，谁的东西便宜、好卖，就进谁的货，并非长期经营一种产品，缺乏品牌意识。而品牌是商家无形的资产，一个良好的品牌能提升商家的竞争实力，占领更多的销售市场，为商家带来源源不断的利润。丽江旅游市场上尚缺乏有知名度、美誉度和品牌度的旅游商品，只有金钥匙系列产品稍微有点知名度。打造丽江旅游商品品牌将会是一个长期的过程，需要政府、企业、个人共同努力。

(5) 对传统工艺缺乏应有的开发、重视与保护

丽江民间工艺众多，主要有永胜瓷器、丽江皮鞋（皮匠街）、东巴挂毯、东巴蜡染、永胜他留人的火绒土布、木质工艺品、丽江铜器、丽江银器、纳西木雕、剪纸等。目前的旅游商品中，丽江民族工艺品较少，只有少部分的东巴饰品、铜器、银器，而火绒土布、永胜瓷器几乎没有。银器在丽江旅游工艺品中比例最高，丽江纯银含银量高，硬度低，亮度高，但名气不如新华银器。在市场上遍地开花的银器店中，多数为新华银器，店主多为白族人。而本地人很少开银器店，百岁坊纯银店及分店，算是土生土长，时间较长，信誉很好。市场上丽江铜器店也屈指可数，大研古城有5家，白沙四方街有1家，束河古镇则没有。

近几年来受到商品经济的发展和现代文化的冲击，以及生产传统工艺的企业自身资金、人才等种种原因，传统工艺品的企业经济效益不佳，人才流失，传统工艺产品缺乏创新，影响了这些企业朝着专业化的方向发展。而掌握民族工艺的艺人越来越少，也影响了民族工艺品的开发。以丽江土布为例。丽江土布多彩而不艳，坚持用纯棉原料，纹理稍粗。这种过去认为是土气的土布，在现在的旅游市场上受到青睐。可是，目前丽江土布市场潜伏着3个致命的危机：一是出卖原材料，价格低廉。厂家只卖原材料，而这原材料又由两个厂家竞争出售，价格压得很低，工厂和工人并没有真正获利。二是无创新产品。厂内无高素质设计人才，织机老化，没有更新机种出台，加之要低价竞争，厂内无力研发新产品，厂内发展形成渐退之势。三是优质产品正在消失。部分老产品，由于工艺烦琐，低价出售难以收回成本，厂家就放弃生产了。

四、解决丽江旅游商品开发中存在问题的途径

1.充分挖掘地方化和民族化的特色旅游商品

有特色并满足市场需求的旅游商品才具有生命力。旅游纪念商品地方特色越浓，纪念价值越大，对旅游者的吸引力越强。对于丽江古城来说，现在民族资源的优势运用得不够、不活、不精、不深、不透，因此应该加强商品多样性和特色商品的开发，改变目前旅游商品单一、缺乏特色旅游商品、同质化竞争严重的局面，让旅游商品市场保持生机和活力，构建一个良性的竞争市场。

要以丽江古城民族文化为主调，大力开发文化承载型系列旅游商品。要高度重视旅游商品开发中民族元素的挖掘，组建专门的研究机构研究丽江特有的民族文化（东巴文化）、风俗习惯、传统工艺特色（火绒土布、永胜瓷器、纳西木雕、丽江银器、丽江铜器），并与旅游商品开发有效结合，开发能够彰显民族特色的旅游商品。此外，还可依托丽江农副产品，开发特色旅游食品。如对丽江雪桃、梅子、松子、青刺果进行深层次加工，提高产品附加值。依托当地农副产品开发旅游商品，不仅能生产具有鲜明特色的旅游商品，而且能够带动区域农业、制造业和旅游业平衡发展，有利于实现旅游扶贫。

2. 提高政府的重视程度

第一，提高对旅游商品开发重要性的认识。旅游商品在整个旅游收入中弹性最大、潜力最大、购物消费对旅游总体效应影响大。但相对于丽江发展迅速的旅游业而言，目前旅游商品的发展比较落后，旅游购物中旅游商品的消费所占比重常年较低，影响了丽江旅游总收入的提升以及丽江旅游的可持续发展。各级领导要充分认识到开发旅游商品的重要性，旅游购物在旅游创收中发挥的巨大作用。因此要将旅游商品的生产和销售纳入各类建设发展规划，充分发挥政府的宏观调控作用，在政策上要给予一定的重视和优惠，努力改变丽江旅游购物落后的现状。

第二，加大政府对有关政策、资金的倾斜力度。资金倾斜方面：一是政府应从财政支出中划出一定资金建立“旅游纪念商品开发专项基金”。改善当前旅游纪念商品开发、生产企业规模小、资金筹措能力弱的状况，以促进对旅游商品的开发和生产，奖励对丽江旅游商品有重大贡献的设计、生产、销售人员，激发公众对旅游购物品开发创新的积极性。二是对有发展前途的中小旅游商品生产企业，在经济上，给予税收优惠政策。政策倾斜方面：调整旅游商品市场产业结构，整合企业资源，扶持重点旅游商品企业，推动旅游商品产业的发展；对本市有特色的旅游工艺品要完善商标品牌的注册措施并颁布相关法规保护，以保障工艺品生产企业的合法利益。

3. 激励和规范旅游商品市场

旅游业的持续健康发展离不开良好的旅游市场秩序，规范旅游商品市场秩序，是优化丽江旅游市场环境，提高旅游服务质量和旅游者的满意程度，树立丽江良好的旅游形象的重要保障。而激励旅游产品创新，有利于提高丽江旅游商品的竞争力，提高市场占有率。

激励和规范旅游商品市场，应从以下方面入手：

一是规范旅游商品市场，保护游客利益。政府主管部门颁布旅游商品市场的法律规范，加强对旅游商品市场的监管，打击非法的盗版仿冒，保护正规的旅游商品生产企业利益。引导旅游产品创品牌，申请专利，保护旅游商品生产企业的品牌，保护旅游商品的创新，对生产和销售假冒伪劣旅游商品的企业和个人进行惩罚。维护旅游者权益，对游客购物的投诉，建立合理的处理机制。

二是对旅游商品市场进行合理定价。旅游市场环境直接影响到旅游者购买的欲望，规范的旅游市场环境能让旅游者在消费的时候做到心中放心，买得开心；反之，分不清真假、质价不符的购物环境直接影响旅游者购物情绪乃至使其败兴而归。因此必须规范与整顿旅游商品市场，为游客提供有序、放心的购物环境。

三是整顿旅游商品市场秩序，加大对旅游商品市场监管力度，建立合理、透明的旅游商品价格体系，提供质价相符的旅游商品。文化和旅游管理部门、税务部门、市场监督部门、物价管理部门等要加强分工合作，对旅游购物商店进行明察暗访，监督旅游购物商店明码标价。治理购物环境，打击假冒伪劣商品和强卖行为。同时，对旅游商品商店也要加强管理，旅游商品商店设立信誉牌，使游客能在挂牌的旅游商品商店购买到质优且价格适中的旅游纪念品精品。

4. 提高民族文化品牌意识，打造旅游商品品牌

1999年底，中国丽江国际东巴文化艺术节期间，香港特区非一般商科设计学校

校长——廖仲旋先生，借用纳西族的东巴象形文字与现代商品市场相结合的方法，如对东巴象形符号的演变与转换，设计形成了纳西民族文化的系列产品——眼镜、领带、围巾、化妆品、灯具等，反映出设计者在融合东西方文化时注重把区域特色和现代商业包装巧妙地结合起来。值得一提的是，当时有不少游客到处打听想购买这些产品，工作人员费了许多口舌解释说这些东西是样品，那些人才遗憾地离去。

丽江政府相关部门应加强研究旅游商品的开发、生产和营销，制定发展旅游商品的目标、规划，打响"丽江制造"的品牌，注重营销宣传，提升品牌形象，使旅游商品成为新的经济增长点。还要重视对旅游商品的品牌宣传。一方面各地进行旅游促销宣传时，加强对地方优秀旅游商品和地方名优产品的宣传，改变目前只重视对美景、历史文化、民俗风情等方面的宣传的状况。在地方的旅游宣传网页和旅游手册中，加入旅游商品和地方名优产品以及优秀生产和销售企业的介绍。通过宣传旅游者可以认识当地的旅游商品，减少旅游者的信息不对称，增加旅游者的消费。另一方面要多方面、多渠道充分利用各种媒体进行宣传。如广播、电视、报纸、杂志、图书等，特别是互联网平台，扩大丽江旅游商品宣传力度；利用各种文化节庆活动展销丽江旅游商品，参加旅游商品交易会、旅游节等提高知名度；除导游等人员宣传促销外还要加大广告的投入，扩大宣传。

5.加强民族旅游工艺品的保护与开发力度

丽江民间传统特色工艺众多，但由于资金、政策等原因，民间传统工艺的研究和保护力度不够，同时专门人才流失，青黄不接的现象非常严重。因此，加强民间传统工艺的保护力度迫在眉睫，研究开发旅游特色工艺品成为传承民间传统工艺的重要途径。

首先，应制定特殊政策对铜器、木雕等传统工艺以及民间艺人加强保护，鼓励这些技术的传播和发展。在对传统工艺品进行现代化开发、保持其艺术和工艺特色的同时，要融入现代思想观念和消费观念，使之适应现代旅游者的生活消费方式和纪念方式的需要。但在开发过程中要特别注意保持民间工艺所承载的核心文化，不使其文化变质变味。对丽江土布，应培养或聘请服装设计师与营销人员，向服装化发展；引进人才，开发新产品，更新品种。

其次，要加大保护传统工艺资金的投入力度。对民间艺人进行物质和精神上的奖励，让他们有资金保障去进行民族工艺的生产，有精神动力继续去传承民族工艺。

再次，提高保护民间传统工艺意识。文化是旅游的灵魂，传统工艺作为文化的重要组成部分，只有得到传承与延续，旅游才会有生命力，作为文化载体的旅游商品也才有生命力。

最后，加大对创意人才的培养。政府要加大资金的投入力度，企业要重视人才的培训，个人要加强学习，从旅游商品开发设计、生产、销售等各个环节加强创新。

6.提升民族文化品牌创新意识与效度

要使民族旅游地旅游商品市场实现可持续发展，除了地方化与民族化的内核外，独创性是增强其长久活力的重要保证要素。而现在旅游商品在制作过程中较为突出的一个问题是设计和加工手段比较传统，纸上谈兵多，具体深入研究怎样制造的人少。因此，激励旅游商品企业创新，积极引导新旅游商品开发。各地方可以采取确实的措施鼓励和支持旅游商品生产企业进行产品创新，不断开发具有文化底蕴和地方特色，以及把纪念性和实用性结合起来的旅游商品；引导地方名优产品生产企业开拓旅游市场，把地方名优产品开发成为旅游商品。可以为积极进行旅游商品创新的企业给予提供资金和减免税收方面的支持；鼓励企业和个人进行旅游商品的生产和销售，每年对为地方旅游商品生产销售作出重大贡献的企业和个人进行奖励等等。

此外，加强旅游纪念商品开发设计人才的培养。一是旅游纪念商品生产企业可以与旅游科研单位联合组建旅游纪念商品开发机构，与现有工艺美术研究、设计、生产单位合作，成立旅游纪念商品研制机构，从研制力量上加强旅游纪念商品生产更新换代能力，加大旅游商品的开发力度。二是采取旅游院校与旅游工艺品生产企业联合办学形式，改变理论教学与市场实际脱节的现状，使旅游工艺品人才培养模式走产学结合之路。三是加大挖掘民间工匠和艺人在传统地方特色的商品、土特产品、纪念品制作和开发方面的能力。四是要注意一国或民族地区的历史文化传统和绚丽多姿的风俗民情是开发旅游商品取之不尽的源泉。但应注意，要在继承民族传统的基础上，设计制作出既有时代气息又有民族特色的优质形美的旅游商品。

主要参考文献

[1] 张福昌，等. 发展地方特色旅游商品，振兴区域经济 [J]. 无锡轻工大学学报（社科版），2001（2）：158-161.

[2] 何露. 中国旅游纪念品市场开发策略 [J]. 企业导报，2001（6）：117.

[3] 张文建. 区域文化差异性及其对旅游的影响——以华东和西南地区为例 [J]. 学术月刊，2011（10）：91.

[4] 张宏丽. 旅游纪念品地方特色的挖掘和保持 [J]. 信阳农业高等专科学校学报，2011（2）：64.

[5] 金颖若. 旅游开发中民族艺术的作用与自身发展 [J]. 民族艺术研究，2002（4）：76-79.

附 录

附录一　职业核心能力训练“知识准备”参照范围

附表1　　职业核心能力训练“知识准备”参照表

能力领域	等级	技能点	“知识准备”参照范围
自主学习	初级	确定短期学习目标	激发学习动力的方法；学习的基本原理；学习的认知策略；确定目标的原则和方法；编写学习计划的基本规则；取得他人帮助和支持的方法与技巧
		实施短期学习计划	学习的基本原理；学习的方法和技巧；学习的认知策略；计划落实、控制和调整的方法和技巧；节约时间的诀窍
		检查学习进度	学习方法与学习效果的关系；学习认知策略与学习效果的关系；检查目标进度的方法和技巧（总结、归纳、测量）；成功学的基本要求
	中级	确定中期学习目标	学习的基本原理；学习的认知策略和元认知策略；确定目标的原则和方法；编写学习计划的基本规则；取得他人帮助和支持的方法或技巧
		实施中期学习计划	学习基本原理的知识；学习方法与技巧的知识；学习的认知策略和元认知策略知识；计划落实、控制和调整的方法和技巧的知识；关于方法的知识；时间管理诀窍知识
		检查学习进度	成功学的基本要点；学习的认知策略和元认知策略与应用知识；项目目标检查、总结、归纳的方法；学习迁移的原理与应用知识；学习的观察、认知记忆及提高效率的规律；养成良好学习习惯的方法
	高级	确定长期学习目标	搜集和运用的信息方法；学习的认知策略、元认知策略和资源管理策略；有效资源利用的策略；项目论证和测评的方法；编写计划和检查调控计划执行的方法；团队合作的策略和方法
		实施长期学习计划	学习的方法和技巧的知识；学习的认知策略、元认知策略和资源管理策略知识；有关学习与实践关系原理知识；计划落实、控制和调整的方法和技巧知识；思维方法知识；目标管理诀窍的知识
		检查学习进度	成功学的基本要点；项目目标检查、总结、归纳的方法；学习迁移的原理与应用知识；学习的观察、认知记忆及提高效率的规律；养成良好学习习惯的方法

续表

能力领域	等级	技能点	“知识准备”参照范围
信息处理	初级	获取信息	信息的含义、特征与种类；信息搜集的原则、渠道和方式；文献和网络索引法；一般阅读法；计算机和网络相关知识
		整理信息	信息的分类方法与原则；信息筛选方法与要求；信息资料手工存储方法；计算机信息存贮方法；计算机其他相关知识
		传递信息	信息传递的种类与形式；口语和文字符号的信息传递技巧；现代办公自动化技术；计算机和网络相关技术
	中级	获取信息	信息的特征与种类；信息搜集的范围、渠道与原则；信息搜集方法（观察法、询访法）；计算机相关知识；网络相关知识
		开发信息	信息筛选、存储的方法与原则；信息资料的分析、加工的方法；新信息生成或信息预测的方法
		展示信息	口语和文字符号信息展示的技巧；多媒体制作与使用技术；计算机相关应用技术
	高级	获取信息	调查研究的方法和原理；信息搜集的范围、方法（问卷法、检索法、购买法、交换法）和原则；信息搜集方案选择；计算机和网络相关技术
		开发信息	信息资料鉴别方法；信息资料核校方法；信息资料分析方法；信息资料编写方法（主题提炼、标题选择、结构安排、语言组织）；信息资料加工方法；计算机信息生成知识
		展示信息	口语和文字符号的信息表达技巧；多媒体制作技术；科学决策知识；信息反馈方式与要求；网页设计与网络使用知识；知识产权知识
数字应用	初级	采集、解读数据信息	获取数据的方法（测量法、调查法、读取法）；数的意义（整数、小数、分数及百分数）；常用测量器具的功能与使用方法，常用单位，单位的换算；近似的概念与精度；图表（数表扇形统计图、条形统计图、示意图）知识
		进行数字计算	计算方法（笔算、口算、珠算、计算器计算）；整数、分数四则运算；近似计算法；验算（逆算法、估算法、奇偶对应法）
		展示和使用数据信息	评价指标；最大值，最小值；平均值；精度
	中级	解读数据信息	获取数据信息的渠道与方法（测量法、调查法、读取法）；数的意义（整数、分数、正数、负数）；总量与分量，比例；误差、精度、估计；复合单位（如速度、速率等）；图表（数表、扇形统计图、条形统计图、折线图、示意图）知识
		进行数据计算	计算方法（笔算、计算器计算、查表、Excel等软件）；整式、分式四则运算、乘方、开方；近似计算（误差估计）；验算（逆算法、估算法、奇偶对应法）
		展示和使用数据信息	评价指标；最大值，最小值；平均值，期值，方差；绝对误差，相对误差；图表的制作
	高级	解读数据信息	数据信息源的筛选原则（多样性、代表性、可靠性）；数据的采集方案；图表（数表、坐标、比例尺）；频率、频率稳定性；平均、加权平均；误差分析、估算
		进行数据计算	计算方法（笔算、计算器计算，查表，编程计算，Excel等软件）；整式、分式四则计算，乘方、开方；函数（幂函数、指数函数、对数函数、三角函数、反三角函数、复合函数）近似计算（误差分析）；验算（逆算法、估算法）
		展示和使用数据信息	评价指标；最大值，最小值；平均值，期值，方差；绝对误差，相对误差；图表的制作

续表

能力领域	等级	技能点	“知识准备”参照范围
与人交流	初级	交谈讨论	与人交谈主题相关的信息和知识；正确使用规范语言的基本知识；口语交谈方式和技巧；身体语言运用技巧
		阅读和获取资料	资料查询和搜索的方法；一般阅读的方法；文件资料归类的方法；词典类工具书的功能和使用方法；各种图表的功能；网上阅读的方法
		书面表达	与工作任务相关的知识；实用文体的应用；图表的功能和应用；素材选用的基本方法；写作的基本技法；逻辑和修辞初步技法
	中级	交谈讨论	与交谈主题相关的知识和信息；正确使用规范语言的基本知识；口语交谈的技巧；身体语言运用技巧；掌握交谈心理的方法；交谈的辅助手段或多媒体演示技术；会谈和会议准备基本要点
		简短发言	与发言主题相关的知识和信息；当众讲话的技巧（包括运用身体语言的技巧）；简短发言的辅助手段或多媒体演示技术
		阅读和获取资料	资料查询和搜索方法；快速阅读的原理与方法；文件归类的方法；各种图表的功能
		书面表达	与工作任务相关的知识；实用文体的应用；图表的功能和应用；素材选用的基本方法；文稿排版和编辑的技法；写作的基本技法；逻辑和修辞常用技法
	高级	交谈讨论	与会谈主题相关的知识和信息；语言交流的艺术和技巧；交谈的辅助手段或多媒体演示技术；总结性话语运用的技巧；谈判的心理和技巧；会议准备的基本要点；主持会议的相关程序
		当众演讲	与发言主题相关的知识和信息；演讲的技巧和艺术；演讲辅助手段或多媒体演示技术
		阅读和获取资料	资料查询和搜索方法；快速阅读的技巧；各种图表的功能
		书面表达	与工作任务相关的知识；实用文体的应用；图表的功能和应用；素材选用的基本方法；文稿排版和编辑的技法；写作的基本技法；逻辑和修辞技法
与人合作	初级	理解合作目标	活动要素的群体性与分工合作的关系；职业团队的概念、特征与种类，组织的使命、目标、任务；自身的职业价值，个人在组织中的作用
		执行合作计划	服从的基本概念，指令、命令的含义；求助的意义，人的求助意识；职业生活的互助性，帮助他人的价值
		检查合作效果	工作进度的概念，影响工作进度的因素；工作进程的检查，调整工作程序；工作汇报的程序和要领
	中级	制订合作计划	聚合型团队、松散型团队和内耗型团队的特征；组织内部的冲突情况，剖析内耗型团队的心理根源；合作双方的利益需求和社会心理需求
		完成合作任务	民族、学历、地域、年龄等差异；人的工作和生活习惯、办事规律；宽容的心态，容忍的方法
		改善合作效果	使他人接受自己意见、改变态度的策略；在会议上提出意见和建议的规则；改变自己的态度，接受他人批评指责的心理准备
	高级	调整合作目标	领导科学与管理方法；组织文化的形成与发展；目标管理与时间管理
		控制合作进程	人际交往与沟通的知识和相关能力；有效激励的方法与技巧；批评的途径、方法和注意事项
		达到合作目标	信息的采集与整理，组织经济效益的统计学知识；员工绩效测评的基本方法和程序；合作过程的风险控制意识和防范

续表

能力领域	等级	技能点	“知识准备”参照范围
解决问题	初级	分析问题提出方案	分析问题的方法；归纳问题的方法；对比选择的方法；判断的方法；决策理论与方法；关于相关问题本身的专业知识和发展规律的认识
		实施计划解决问题	撰写工作计划的相关知识；信息检索、文献查询的有关方法；逻辑判断、推理的相关知识；解决问题的技巧
		验证方案改进方式	分析和检查问题的方法；跟踪调查的方法；工作总结的规则和写作方法
	中级	分析问题提出方案	分析问题的方法；归纳问题的方法；对比选择的方法；判断的方法；决策理论与方法；关于相关问题本身的专业知识和变化规律的认识
		实施计划解决问题	应用写作学中关于撰写工作计划的相关知识；信息检索、文献查询的有关方法；逻辑判断、推理的相关知识；解决问题的技巧；与他人合作的知识和方法
		验证方案改进计划	分析和检查问题的方法；跟踪调查的方法；工作总结的规则和写作方法
	高级	分析问题提出对策	决策科学的系统知识；形式逻辑、辩证逻辑思维的系统知识和方法；分析问题的系统知识和技巧；群体创新技法的系统知识；数学建模方法；关于相关问题本身的专业知识和变化规律的认识
		实施方案解决问题	关于撰写工作计划的系统知识；信息检索、文献查询的系统知识和方法；有关价值工程、现场分析和形态分析的知识；解决问题的技巧；有关进度评估的知识；与人合作的系统知识和方法
		验证方案改进计划	分析和检查问题的方法；跟踪调查的方法；工作总结的规则和写作方法；创新技法
革新创新	初级	揭示不足提出改进	关于思维和创造思维的一般知识；关于思维定式和突破思维障碍的知识；关于相关事物本身的专业知识和发展规律的认识
		作出创新方案	列举类技法和设问类技法的原理、特点、适用范围和具体操作的知识；有关分解类技法、组合类技法、分解组合类技法的原理、特点、适用范围和具体操作方法的知识；搜集信息、案例的知识和方法
		评估创新方案	有关创新成果价值评定的知识；可行性分析的知识；撰写可行性报告的知识
	中级	揭示不足提出改进	有关思维障碍形成的知识；横向、逆向、灵感思维的知识；换向、换位思维的知识；逻辑判断和推理知识；关于相关事物本身的专业知识和发展规律的认识
		作出并实施创新方案	有关类比类技法和移植类技法的知识；有关德尔斐法和综摄法的知识；有关还原法、换向思考类技法的知识
		评估创新方案	有关项目可行性测评的技术；有关最佳方案评估的知识；撰写评估报告的知识
	高级	揭示不足提出改进	创新能力构成和提升的知识；有关事物运动、变化和发展的知识；灵活运用各种思维形式的知识；关于相关事物本身的专业知识和发展规律的认识
		作出并实施创新方案	有关价值工程、现场分析和形态分析的知识；针对不同事物运用不同创新方法的知识；综合运用各种创新方法的知识
		评估创新方案	可持续创新的知识；有关创新原理的知识；有关知识产权的知识；技术预测和市场预测知识

资料来源 劳动和社会保障部职业技能鉴定中心. 职业核心能力培训测评标准（试行）[M]. 北京：人民出版社，2007.本表参照“资料来源”所列文献相关内容提炼、编制与同步修订。

附录二 案例分析训练与考核参照规范

附表2 **案例分析训练与考核指标和规范参照表**

<table>
<tr><th colspan="2">参照指标</th><th>训练考核点</th><th>分项成绩</th></tr>
<tr><td rowspan="3">形成性训练与考核
$\sum 50$</td><td>个人准备
$\sum 20$</td><td>案例概况；讨论主题；问题理解；揭示不足；创新意见；决策标准；可行性方案</td><td></td></tr>
<tr><td>小组讨论
$\sum 15$</td><td>上课出席情况；讨论发言的参与度；言语表达能力；说服力大小；思维是否敏捷</td><td></td></tr>
<tr><td>班级交流
$\sum 15$</td><td>团队协作；与人交流；课堂互动等方面的满意度；讨论参与的深度与广度</td><td></td></tr>
<tr><td rowspan="6">课业训练
与考核
$\sum 50$</td><td>分析依据
$\sum 8$</td><td>分析依据的客观性与充分性</td><td></td></tr>
<tr><td>分析步骤
$\sum 8$</td><td>分析步骤的恰当性与条理性</td><td></td></tr>
<tr><td>理论思考
$\sum 8$</td><td>理论思考的正确性、深刻性与全面性</td><td></td></tr>
<tr><td>解决问题
$\sum 8$</td><td>理解问题与解决问题能力的达标性</td><td></td></tr>
<tr><td>革新创新
$\sum 10$</td><td>揭示不足与提出改进能力的达标性</td><td></td></tr>
<tr><td>文字表达
$\sum 8$</td><td>文字表达能力的强弱性</td><td></td></tr>
<tr><td colspan="3">总成绩 $\sum 100$</td><td></td></tr>
<tr><td>教师评语</td><td colspan="3">签名：
20　　年　月　日</td></tr>
<tr><td>学生意见</td><td colspan="3">签名：
20　　年　月　日</td></tr>
</table>

附录三 职业核心能力训练与考核参照规范

附表3 职业核心能力训练考核规范与标准参照表

<table>
<tr><th>能力领域</th><th>等级</th><th>基本要求</th><th>技能点</th><th>参照规范与标准</th></tr>
<tr><td rowspan="9">自主学习</td><td rowspan="3">初级</td><td rowspan="3">具备学习的基本能力，在常规条件下能运用这些能力适应工作和学习要求</td><td>确定短期学习目标</td><td>能明确学习动机和目标，并计划时间、寻求指导</td></tr>
<tr><td>实施短期学习计划</td><td>能按照行动要点开展工作、按时完成任务，使用不同方式、选择和运用不同的学习方法实现目标，并能对计划及时作出调整</td></tr>
<tr><td>检查学习进度</td><td>能对学习情况提出看法、改进意见和提高学习能力的设想</td></tr>
<tr><td rowspan="3">中级</td><td rowspan="3">主要用理解式接受法，对有兴趣的任务可以用发现法掌握知识信息；在更广泛的工作范围内灵活运用这些能力以适应工作岗位各方面需要</td><td>确定中期学习目标</td><td>能明确提出多个学习目标，列出实现各目标的行动要点，确定实现目标的计划，并运筹时间</td></tr>
<tr><td>实施中期学习计划</td><td>能开展学习和活动，通过简单的课程和技能训练，提高工作能力</td></tr>
<tr><td>检查学习进度</td><td>能证明取得的学习成果，并能将学到的东西用于新的工作任务</td></tr>
<tr><td rowspan="3">高级</td><td rowspan="3">能较熟练、灵活地运用各种学习法在最短时间内掌握急需知识信息；能广泛地搜集、整理、开发和运用信息，善于学习、接受新的事物，以适应复杂工作和终身发展的要求</td><td>确定长期学习目标</td><td>能根据各种信息和资源确定要实现的多个目标及途径，明确可能影响计划实现的因素，确认实现目标的时限，制定行动要点和时间表，预计困难和变化</td></tr>
<tr><td>实施长期学习计划</td><td>能保证重点、调整落实、处理困难、选择方法，通过复杂的课程和技能训练提高工作能力</td></tr>
<tr><td>检查学习进度</td><td>能汇总学习成果、成功经验和已实现的目标，证明新学到的东西能有效运用于新选择的职业或工作任务</td></tr>
<tr><td rowspan="3">信息处理</td><td rowspan="3">初级</td><td rowspan="3">具备进入工作岗位最基本的信息处理能力，在常规条件下能搜集、整理并传递适应既定工作需要的信息</td><td>获取信息</td><td>能通过阅读、计算机或网络获取信息</td></tr>
<tr><td>整理信息</td><td>能使用不同方法、从多个资源中选择、搜集和综合信息，并通过计算机编辑、生成和保存信息</td></tr>
<tr><td>传递信息</td><td>能通过口语、书面形式，用合适的版面编排、规范的方式展示、电子手段传输信息</td></tr>
</table>

续表

能力领域	等级	基本要求	技能点	参照规范与标准
信息处理	中级	在更广泛的工作范围内获取需要的信息，进行信息开发处理，并根据工作岗位各方面的需要展示组合信息	获取信息	能定义复杂信息任务，确定搜寻范围，列出资源优先顺序，通过询访法和观察法搜寻信息
			开发信息	能对信息进行分类、定量筛选、运算分析、加工整理，用计算机扩展信息
			展示信息	能通过演说传递信息，用文字图表、计算机排版展示组合信息，用多媒体辅助信息传达
	高级	广泛地搜集、深入地整理开发、多样地传递、灵活地运用信息，以适应复杂的工作需要；具备信息处理工作的设计与评估能力，并表现出较强的组织与管理能力	获取信息	能分析复杂信息任务，比较不同信息来源的优势和限制条件，选择适当技术、使用各种电子方法发现和搜寻信息
			开发信息	能辨别信息真伪，定性核校、分析综合、解读与验证资料，建立较大规模的数据库，用计算机生成新的信息
			展示信息	能用新闻方式发布、平面方式展示、网络技术传递，利用信息预测趋势、创新设计，搜集信息反馈，评估使用效果
数字应用	初级	具备进入工作岗位最基本的数字应用能力，在常规条件下能运用这些能力适应既定工作的需要	采集、解读数据信息	能按要求测量并记录结果，准确统计数目，解读简单图表，读懂各种数字，并汇总数据
			进行数字计算	能进行简单计算并验算结果
			展示和使用数据信息	能正确使用单位，根据计算结果说明工作任务
	中级	在更广泛的工作范围内，灵活地运用数字应用能力以适应工作岗位各方面的需要	解读数据信息	能从不同信息源获取信息，读懂、归纳、汇总数据，编制图表
			进行数据计算	能从事多步骤、较复杂的计算，使用公式计算结果
			展示和使用数据信息	能使用适当方法展示数据信息和计算结果，设计并使用图表，根据结果准确说明工作任务
	高级	具备熟练把握数字和通过数字运算来解决实际工作中的问题的能力，适应更复杂的工作需要	解读数据信息	能组织大型数据采集活动，通过调查和实验获取、整理与加工数据
			进行数据计算	能从事多步骤的复杂计算，并统计与分析数据
			展示和使用数据信息	能选择合适的方法阐明和比较计算结果，检查并论证其合理性，设计并绘制图表，根据结果作出推论，说明和指导工作

续表

能力领域	等级	基本要求	技能点	参照规范与标准
与人交流	初级	具备进入工作岗位最基本的与人交流能力，在常规条件下能运用这些能力适应既定工作的需要	交谈讨论	能围绕主题，把握讲话的时机、内容与长短，倾听他人讲话，多种形式回应；使用规范易懂的语言、恰当的语调和连贯的语句清楚地表达意思
			阅读和获取资料	能通过有效途径找到所需资料，识别有效信息，归纳内容要点，整理确认内容，会做简单笔记
			书面表达	能选择基本文体，利用图表、资料撰写简单文稿，并掌握基本写作技巧
	中级	在更广泛的工作范围内，灵活运用这些能力以适应工作岗位各方面的需要	交谈讨论	能始终围绕主题参与，主动把握讲话时机、方式和内容，理解对方谈话内容，推动讨论进行，全面准确传达一个信息或观点
			简短发言	能为发言作准备，当众讲话并把握讲话内容、方式，借助各种手段说明主题
			阅读和获取资料	能根据工作要求从多种资料筛选有用信息，看懂资料的观点、思路和要点，并整理汇总资料
			书面表达	能掌握应用文体，注意行文格式；组织利用材料，充实内容要点；掌握写作技巧，清楚表达主题；注意文章风格，提高说服力
	高级	在工作岗位上表现出更强的组织和管理能力，通过运用与人交流的能力适应更复杂的工作需要	交谈讨论	始终把握会议主题，听懂他人讲话内容并作出反应，主持会议或会谈，全面准确表述复杂事件或观点
			当众讲演	能为讲演作准备，把握讲演的内容、方式，借助各种手段强化主题
			阅读和获取资料	能为一个问题或课题找到相关资料，看懂资料的思路、要点、价值和问题，分析、筛选和利用资料表达主题
			书面表达	能熟悉专业文书，把握基本要求；有机利用素材，说明内容要点；掌握写作技巧，清楚恰当表达主题；采用适当风格，增强说服力
与人合作	初级	理解个人与他人、群体的合作目标，有效地接受上级指令；准确、顺利地执行合作计划；调整工作进度，改进工作方式；检查工作效果	理解合作目标	能确定合作的基础和利益共同点，掌握合作目标要点和本单位人事组织结构，明确个人在团队中的职责和任务
			执行合作计划	能接受上级指令，准确、顺利地执行合作计划
			检查合作效果	能通过检查工作进展情况，改进工作方式，促进合作目标实现
	中级	与本部门同事、内部横向部门、外部相关部门共同制订合作计划；协调合作过程中的矛盾关系，按照计划完成任务；在合作过程中遇到障碍时提出改进意见，推进合作进程	制订合作计划	能与本部门同事、组织内部横向部门、组织外部相关部门共同制订合作计划
			完成合作任务	能与他人协同工作，处理合作过程中的矛盾
			改善合作效果	能判断合作障碍，表达不同意见，接受批评建议，弥补双方失误
	高级	根据情况变化和合作各方的需要，调整合作目标；在变动的工作环境中，控制合作进程；预测和评价合作效果，达成合作目的	调整合作目标	能发现各方问题，协调利益关系，进行有效沟通，调整合作计划与工作顺序
			控制合作进程	能整合协调各方资源，妥善处理矛盾，排除消极因素，激发工作热情
			达到合作目标	能及时全面检查工作成效，不断改善合作方式

续表

能力领域	等级	基本要求	技能点	参照规范与标准
解决问题	初级	具备进入工作岗位最基本的解决问题能力，在常规条件下能根据工作的需要，解决一般简单和熟悉的问题	分析问题提出方案	能用几种常用的办法理解问题，确立目标，提出对策或方案
			实施计划解决问题	能准备、制订和实施被人认可并具有一定可行性的计划
			验证方案改进方式	能寻找方法，实施检查，鉴定结果，提出改进方式
	中级	在有限的资源条件下，根据工作岗位的需要，解决较复杂的问题	分析问题提出方案	能描述问题，确定目标，提出并选择较佳方案
			实施计划解决问题	能准备、制订和实施获得支持的较具体计划，并充分利用相关资源
			验证方案改进计划	能确定方法，实施检查，说明结果，利用经验解决新问题
	高级	在工作岗位上表现出更强的解决问题能力，在多种资源条件下，根据工作需要解决复杂和综合性问题	分析问题提出对策	在提出解决问题的对策时，能分析探讨问题的实质，提出解决问题的最优方案，并证明这种方案的合理性
			实施方案解决问题	在制订计划、实施解决办法时，能制订并实施获得认可的详细计划与方案，并能在实施中寻求信息反馈，评估进度
			验证方案改进计划	在检查问题、分析结果时，能优选方法，分析总结，提出解决同类问题的建议与方案
革新创新	初级	在常规工作条件下，能根据工作需要，初步揭示事物的不足，运用创新思维和创新技法进行创新活动	揭示不足提出改进	能揭示事物不足，提出改进意见
			作出创新方案	能在采纳各方意见的基础上，确定创新方案的目标、方法、步骤、难点和对策，指出创新方案需要的资源和条件
			评估创新方案	能进行自我检查，正确地对待反馈信息和他人意见，对创新方案及实施作出客观评估，并根据实际条件加以调整
	中级	根据工作发展需要，在更广泛的工作范围内揭示事物的不足，较熟练地运用创新思维和创新技法进行创新活动，并对创新成果进行分析总结	揭示不足提出改进	能在新需求条件下揭示事物的不足，提出改进事物的创新点和具体方案
			作出并实施创新方案	能从多种选择中确认最佳方案，并利用外界信息、资源和条件实施创新活动
			评估创新方案	能按常规方式和专业要求，对创新改进方法和结果的价值进行评估，根据实际条件进行调整，并指导他人的创新活动
	高级	在工作岗位上表现出更强的创新能力，在复杂的工作领域，能根据工作需要揭示事物的不足，熟练运用创新思维和创新技法进行创新活动，对创新成果进行理论分析、论证、总结和评估，并指导他人的创新活动	揭示不足提出改进	能通过客观分析事物发展与需求之间的矛盾揭示事物的不足，提出首创性的改进意见和方法
			作出并实施创新方案	能根据实际需要，设计并实施创新工作方案，并在条件变化时坚持创新活动
			评估创新方案	能按常规方式和专业要求，对创新方法和结果进行检测和预测风险；针对问题调整工作方案，总结经验，指导他人，提出进一步创新改进的方法

资料来源　劳动和社会保障部职业技能鉴定中心．职业核心能力培训测评标准（试行）及训练手册［M］．北京：人民出版社，2007.本表参照“资料来源”所列文献相关内容提炼与编制。

附录四 职业道德训练与考核参照规范

附表4 职业道德训练考核规范与标准参照表

道德领域	道德范畴	参照规范与标准
职业道德	职业观念	对职业、职业选择、职业工作、营销人员职业道德和企业营销伦理等问题具有正确的看法
	职业情感	对职业或职业模拟有愉快的主观体验、稳定的情绪表现、健康的心态、良好的心境，具有强烈的职业认同感、职业荣誉感和职业敬业感
	职业理想	对将要从事的职业种类、职业方向与事业成就有积极的向往和执着的追求
	职业态度	对职业选择或模拟选择有充分的认知和积极的倾向与行动
	职业良心	在履行职业义务时具有强烈的道德责任感和较高的自我评价能力
	职业作风	在职业模拟、职业实践或职业生活的自觉行动中，具有体现职业道德内涵的一贯表现
	职业守则	真诚公道，信誉第一；热情友好，宾客至上；不卑不亢，一视同仁；钻研业务，提高技能；锐意改革，勇于竞争

附录五 能力训练考核参照采分系数

附表5 能力训练考核采分系数参照表

参照系数	达标程度
90%~100%	能依照全部考核要求，圆满、高质地完成此种能力所属各项技能操作，其效率与稳定性俱佳
80%~89%	能依照多数考核要求，圆满、高质地完成此种能力所属各项技能操作，其效率与稳定性较佳
70%~79%	能依照多数考核要求，较圆满、高质地完成此种能力所属各项技能操作，其效率与稳定性一般
60%~69%	能依照多数考核要求，基本完成此种能力所属各项技能操作，其效率与稳定性一般
60%以下	只能依照少数考核要求，基本完成此种能力所属各项技能操作，其效率与稳定性较低